東南アジア
現代政治
入門
［改訂版］

清水一史／田村慶子／横山豪志 編著

ミネルヴァ書房

改訂版へのはしがき

　本書の初版刊行から約6年半が経過した。その間，書評に取り上げていただく
など，多方面からのご好評をいただいた。また併せて，当初は私たちも気づかな
かった記述上の誤りや不足・不備へのご指摘もいただいた。本書の意義をご理解
くださっての応援や励ましとともに，忌憚のないご批判やご意見に，ここで改め
て感謝の意を表したい。

　この改訂版には，「ブルネイ」の章が加わっている。日本の三重県とほぼ同じ
大きさながら，「原油と天然ガスに浮かぶ国」と称されるほど天然資源に恵まれ，
国王が独立以来国政全般を掌握している。ただ，統計データの入手が困難なこと
もあって，これまではほとんど研究の蓄積がない国であった。今回，「ブルネイ」
の章が加わったことで本書は東南アジア11カ国すべてを網羅し，ASEAN（東南
アジア諸国連合）の章も有する東南アジア現代政治の本格的概説書となった。

　各章末には最新の「読書案内」を載せ，本文だけでなく東南アジア各国の基本
情報と年表も訂正・加筆を行った。よりいっそう利用しやすくなったことと自負
しているが，引き続き，率直なご意見やご批判をお寄せいただければ幸いであ
る。

　2017年11月

編者を代表して　田 村 慶 子

目　次

改訂版へのはしがき

序　章　東南アジアを学ぶあなたへ ……………………………………田村慶子…1

 1　欧米の植民地支配以前の東南アジア ……………………………………2

 2　近代国民国家の建設 ………………………………………………………5

 コラム　知っているようで知らない？　東南アジアの人々の名前 ………12

第1章　インドネシア──「多様性の中の統一」を目指して …………横山豪志…14

 1　独立への道のり …………………………………………………………15

 2　議会制民主主義期 ………………………………………………………18

 3　指導される民主主義期 …………………………………………………20

 4　新秩序期 …………………………………………………………………23

 5　改革の時代 ………………………………………………………………28

 コラム　地震大国インドネシアの復興支援活動 …………………………36

第2章　マレーシア──「民族の政治」に基づく民主主義 ………………篠崎香織…38

 1　マレーシア政治の特徴 …………………………………………………39

 2　民族別政党の形成 ………………………………………………………43

 3　「民族の政治」の拡大と行き詰まり …………………………………46

 4　「民族の政治」の仕切り直し …………………………………………48

 5　「民族の政治」とアイデンティティー ………………………………51

 6　「ポリティカル・ツナミ」 ……………………………………………54

 7　「民族の政治」の行方 …………………………………………………56

 コラム　「もう1つのマレーシア」とヤスミン・アフマド監督作品 …………61

第3章　フィリピン──「争われる民主主義」の挑戦 …………………日下　渉…63

 1　植民地主義下の国家建設と国民形成 …………………………………64

 2　エリート支配の確立と動揺 ……………………………………………68

 3　豊かさを模索する政治の試練 …………………………………………74

 4　市民と家父長のナショナリズム ………………………………………79

 5　「争われる民主主義」の挑戦 …………………………………………83

 コラム　都市貧困層の視点から見たフィリピン政治 ……………………86

第4章　シンガポール──「超管理国家」の繁栄とジレンマ ………… 田村慶子…88

　　1　ラッフルズによる建設と植民地支配の「遺産」………………………89

　　2　突然の独立へ ………………………………………………………………91

　　3　新たなる国民国家の創造 ………………………………………………94

　　4　進まない民主化 …………………………………………………………102

　　5　シンガポールは何処へ …………………………………………………105

　　コラム　活発化するNGO活動 ……………………………………………111

第5章　タ　イ──「国王を元首とする民主主義」国家 ………… 永井史男…113

　　1　タイ政治をどう理解するか ……………………………………………114

　　2　「官僚政体」下のタイ政治 ………………………………………………116

　　3　タイ政治の多元化 ………………………………………………………121

　　4　アジア経済危機後のタイ政治 …………………………………………128

　　コラム　地方分権と社会福祉 ………………………………………………138

第6章　ベトナム──社会主義国家の生きる道 ………………………… 遠藤　聡…140

　　1　国民国家建設の過程 ……………………………………………………141

　　2　「戦争の国」から「平和な国」へ ………………………………………145

　　3　ベトナムの社会主義 ……………………………………………………149

　　4　現代ベトナムにおける展望と課題 ……………………………………154

　　コラム　投票率99%の民主主義 …………………………………………159

第7章　ラオス──成熟する人民革命党支配 ………………………… 山田紀彦…161

　　1　独立闘争とラオス人民民主共和国の誕生 ……………………………162

　　2　戦後復興と国家の土台作り ……………………………………………167

　　3　進む経済開発 ……………………………………………………………173

　　4　人民革命党による体制維持戦略 ………………………………………176

　　コラム　村長選挙の実態 …………………………………………………183

第8章　カンボジア──内戦の傷痕，復興の明暗 ………………… 笹川秀夫…185

　　1　独立への道程 ……………………………………………………………186

　　2　サンクム時代（シハヌーク時代）のカンボジア ……………………190

　　3　内戦と民主カンプチアによる圧政 ……………………………………194

　　4　新王国の成立と復興・開発 ……………………………………………199

　　コラム　アンコール遺跡の観光開発をめぐる政治 ……………………207

第9章　ミャンマー——人間関係で動く政治のジレンマ　……………伊野憲治…209

1　ミャンマーの独立とアウンサン　………………………210

2　ネーウィン体制下のミャンマー　………………………213

3　民主化運動と軍政の再登場　……………………………217

コラム　人々にとってのアウンサンスーチー　………………229

第10章　ブルネイ——現代における絶対君主制国家の安定と改革　……金子芳樹…231

1　国家形成の過程——伝統的統治と西欧型制度の狭間で　………232

2　政治体制と権力構造——国王（スルタン）専制の基盤　………236

3　安定を支える国家・社会関係　…………………………239

4　政治改革のかすかな兆し——「上からのレフォルマシ」……242

5　急がれる経済改革，進まない民主化………………………246

コラム　現代に生きる「王様の中の王様」はジーンズ姿で国内行脚………252

第11章　東ティモール——21世紀最初の独立国家　……………山田　満…254

1　独立獲得までの闘争史　…………………………………255

2　フレテリン主導の国家建設　……………………………260

3　グスマン連立政権の政策　………………………………265

4　「紛争から繁栄へ」——開発重視に移行する東ティモール　……272

コラム　東ティモールの3人の政治指導者とポルトガル語公用語化問題………275

第12章　ASEAN——世界政治経済の構造変化と地域協力の深化　……清水一史…277

1　ASEANの設立と協力の過程　…………………………278

2　冷戦構造の変化とアジア経済危機　……………………282

3　ASEAN共同体への道　…………………………………285

4　世界金融危機後の変化とASEAN　……………………290

5　2015年末のAEC創設と新たな目標「AEC2025」………293

6　ASEANの課題　…………………………………………296

コラム　ASEAN憲章とASEANのアイデンティティー………………301

あとがき　303

東南アジア関連年表　307

索　引　313

東南アジア地図

東南アジア各国の基本情報（2016年）

正式国名	面積（平方 km²）	人口（百万人）	1人当たり名目 GDP（US ドル）
インドネシア共和国	1,910	257.9	3,605
マレーシア	330	32.0	9,271
フィリピン共和国	300	13.2	2,947
シンガポール共和国	0.7	5.6	51,269
タイ王国	513	65.9	6,170
ベトナム社会主義共和国	339	91.7	2,164
ラオス人民民主共和国[1]	237	69.1	2,472
カンボジア王国	181	15.6	1,228
ミャンマー連邦共和国	680	51.5	1,307
ブルネイ・ダルサラーム国[2]	5.8	0.4	30,437
東ティモール民主共和国	14.6	1.2	2,183[3]
日本国[4]	378	127.0	38,916

（注）　1．ラオスの基本情報は2017年。

　　　　2．ブルネイの基本情報は外務省2015年各国情報（ブルネイ）。

　　　　3．東ティモールの1人当たり GDP は2016年 IMF 統計（推定）。

　　　　4．日本の面積と人口は総務省統計局の2017年統計。

（出所）『アジア動向年報2017』アジア経済研究所，2016年より作成。

序　章　東南アジアを学ぶあなたへ

田村慶子

この章で学ぶこと

　東南アジアは11の国々から成っている。大陸部東南アジアと呼ばれるベトナム，ラオス，カンボジア，タイ，ミャンマーの５カ国と，島嶼部東南アジアと呼ばれるインドネシア，マレーシア，シンガポール，フィリピン，ブルネイ，東ティモールの６カ国である。

　本書はそれぞれ国別の章を立てたので，目次だけをみるとすべての国家がずっと以前から当たり前のように存在しているように思える。だが，各章を読んでいただければ，タイ以外の10カ国の独立国としての歴史は，第二次世界大戦後に始まったことがわかるだろう。もっとも新しい独立国は東ティモールで，20年以上の内戦を経て2002年にインドネシアから独立したばかりである。これらの国に共通するものはほとんど何もない。強いていえば，タイ以外は欧米植民地支配と日本軍による直接支配を受けたこと，中国系住民が居住していることくらいであろうか。

　共通するものはほとんど何もないが，東南アジアには世界４大宗教がすべて存在し，大きな影響力をもっているという世界的にも稀な地域である。宗教の多様性だけではなく，海や山や農村のさまざまな先住民，移民としてやってきたインドや中国系（華僑，華人），アラブ系の人々，ヨーロッパ人などの多様な人々と言語，文化が織り成す国際色豊かで豊穣な世界が，東南アジアである。

　国別の章に入る前に，この序章では，なぜ東南アジアが国際色豊かで豊穣な文化をもつ地域となったのかについて理解してもらうために，東南アジアのおおまかなスケッチを描いてみた。東南アジアという呼称はいつ頃確立したのか，植民地化される以前の東南アジアはどのような世界だったのか，植民地支配とは何だったのか。また，多様な民族，言語，文化，宗教を国内に抱えるがゆえに，東南アジアの国家は例外なく多くの共通した課題をも抱えることになった。その苦悩と課題克服への試行錯誤についても概説し，さらに，東南アジアの国際関係にも触れた。

キーワード　港市国家，植民地支配，日本軍政，華僑・華人，国民国家建設，開発体制，民主化，冷戦，アメリカ，中国

1　欧米の植民地支配以前の東南アジア

（1）東南アジアという呼称

　もともと東南アジアという地理的概念は，ヨーロッパからみてインドの東，中国の南という程度の曖昧なものであった。日本では長い間この地域を南洋と呼んでいた。地域名称として東南アジアという使い方が確立したのは，第二次世界大戦中の1943年である。当時シンガポールを植民地支配していたイギリスが，対日作戦のための「東南アジア司令部」をセイロン（現在のスリランカ）に置いたときに始まる。これ以後，東南アジアという呼称はしだいに認知されるようになった。

　東南アジアのいくつかの国々が自ら東南アジアという呼称を使い始めたのは，1960年1月に結成された東南アジア連合であろう。タイ，マレーシア，フィリピンが加盟国となって結成されたこの地域協力機構は，自分たちが位置する地域を史上はじめて東南アジアと呼んだのである。この機構は短命に終わったものの，その地域協力の精神は呼称とともに，東南アジア諸国連合（ASEAN）に引き継がれた。

（2）欧米の植民地支配が残したものは？

　東南アジア11カ国の国境は，人間が行き来できないような高い山々や大きな川という自然の国境ではない。現在の国境線のほとんどは，近代になってイギリスやオランダなどの欧米植民地勢力どうしの領土分割協定などによって引かれたものである。タイだけは植民地にならずに独立を保ったものの，約120年前のタイ（当時はシャムと呼ばれていた）の国境はチャオプラヤー川を挟む細長い領域だけであり，その領域がイギリスとフランスの「緩衝地帯」として残されたために独立を保つことができた。もっとも，当時の王朝の外交努力や国内改革もまたタイが独立を維持しえた要因であり，その後の領地回復を成し遂げていく原動力になったことは付け加えなければならないだろう。

　植民地支配される以前の東南アジアには，14世紀から18世紀に栄えたアユタヤ王朝（最盛期には現在のタイ，ミャンマーの東部，ラオスとカンボジアのほぼ全域，ベトナム西部を支配），15世紀に繁栄をきわめたマラッカ王朝（マラッカ海峡の両岸を支

配）など，多くの王朝が栄えた。もっとも，これらの王朝は，現在のわたしたちが考える国家（近代国家）とは全く異なる。貿易船の「風待ち」の中継港に市場が立ち，人が集まり，そこにカリスマ的な人物が現われて王となって，その地を中国やインド，西域までの広いネットワークを持つ港市国家（港と市場によって成り立つ国家）として発達させたものである。中世東南アジアの王朝は，たとえば水面に石を投げると広がる輪のようなもので，石が水に落ちたその場所の輪は小さく深いが，中心から離れれば離れるほど輪の輪郭は大きくなって曖昧になる。そのような王朝や国家はマンダラ国家（マンダラとは王たちの輪という意味）と呼ばれ，輪の中心が港市国家の中心であった。もちろん，そこには国境や国民という概念は存在しなかった。

　だが，欧米植民地勢力が恣意的に線を引いて領域を分割したために，東南アジアのあちこちで人々の交易ネットワークと生活圏は分断されてしまう。植民地支配が残したものの第1は，人々の交易ネットワークと生活圏を分断したことであろう。

　その典型的な事例が，マラッカ海峡を挟む半島部マレーシアとインドネシアのスマトラ島であろう。1824年にオランダとイギリスがマラッカ海峡の中央に両国の植民地の境界を引いたため，それまで海峡を行き来して生活していた人々の交易は分断され，住民はそれぞれ英領マラヤ（イギリスが植民地とした半島マレーシアの呼称）とオランダ領東インド（オランダ植民地時代のインドネシアの呼称）の住民として，全く別の制度のもとで生きていくことになった。東南アジアの国々が，このように植民地勢力が引いた分断線を国境として独立するのは，ほかに国境線を定める方法がなかったからである。さらに，長い植民地時代の間に，植民地宗主国が創った学校で教育を受けて下級官吏として登用された，あるいは弁護士などの専門職に就いた少数の「エリート」住民に「オランダ領東インド（あるいは英領マラヤ）で生きざるを得ない私たち」という連帯意識が生まれ，その「エリート」によって独立運動が担われたからでもある。

　第2に，大量の移民労働者の流入によって東南アジアの人口地図を変容させたことに加えて，「混合すれども融合しない」社会を創ったことであろう。欧米植民地勢力は，プランテーション，港湾や道路建設の労働者としてたくさんの中国人やインド人（インド人はイギリス植民地にほぼ限定される）の入国を奨励した。ほとんどの移民労働者は何年か経って故郷に戻ったが，故郷には帰らずに東南アジ

序章　東南アジアを学ぶあなたへ　　3

アを故郷とする人々も数多くいた。現在東南アジアに居住する2700万人の華僑・華人，300万人のインド系住民のほとんどは，19世紀後半から20世紀初頭にかけて出稼ぎ移民としてやってきた人々の子孫である。移民のなかには，やがて商人として台頭するものもあらわれた。なお，華僑とは国籍を中国（台湾や香港を含む広い中国）に残したまま，ほかの土地に長期滞在する中国系の人々を指し，華人とは移住した国の国籍を取得した中国系を指す。ただ，現在では現地生まれの移民3世，4世が中心であり，仮に中国国籍を保持したままであっても，意識のうえではもはや中国人ではなく現地人であるため，華人という呼び方が一般的になっている。

　中国人やインド人移民はプランテーションあるいは都市部に居住し，先住民は一握りの王族や貴族層を除いては農村や漁村に居住したままであったから，言葉も文化も宗教も異なる移民労働者と先住民は，経済的（市場）に混合するけれども社会的に融合しないモザイクのような社会ができ上がった。さらに，中国人移民が20世紀初頭の中国本土の政治変動に大きな影響を受けて愛国心と中国人としての誇りをもったことも，モザイク社会にさらなる複雑な政治的要素をもたらした。

　第3は，植民地勢力は東南アジアの経済を大きく変容させたことである。植民地政府はそれぞれの植民地社会の経済を天然ゴムや錫，木材，原油，砂糖，米などに特化（モノカルチャー経済といわれる）させ，それら一次産品がヨーロッパ市場やアメリカ市場に向かった。代わりに綿製品などの主にイギリス工業製品が東南アジアに流入した。東南アジア経済はヨーロッパとの統合を強め，かつ東南アジア地域間での交易も盛んになったのである。ただ，その担い手は欧米の投資家と商人であったから，一部の華人商人や資本家を除いて東南アジアの商人は排除され，地場の資本家や企業家は育成されなかった。

（3）日本軍政が残したものは？

　日本の東南アジア支配は軍政（軍隊が行政，司法，立法権の全部または一部を掌握する体制）であるが，せいぜい3年半ととても短い。だが，東南アジアに与えた衝撃は欧米の植民地支配に勝るとも劣らないものであったといえる。

　まず，日本支配によって，東南アジア経済はヨーロッパやアメリカ市場と断絶させられ，経済が崩壊させられたことである。取って代わった日本市場の規模は

東南アジア輸出経済にとっては小さすぎ，かつ日本の敗色が濃厚になると，日本軍は東南アジアの食糧と労働力を収奪した。歴史上はじめて東南アジアで大量の餓死者が出るのは，日本軍政期であった。第2に，日本は力ずくの食糧と労働力収奪のために，東南アジア各地で虐殺事件を起こした。さらに，日本の対中国侵略に対して，東南アジアの華僑・華人が抗日救国運動を展開したため，日本は各地で華僑・華人虐殺を繰り返した。東南アジアは莫大な物的，人的被害を被っただけではなく，日本の華僑・華人敵視は，東南アジアのモザイク社会の亀裂をより大きくしたといわれている。

　この過酷な日本軍政期に勢力を拡大させたのは，共産主義勢力である。宗主国のプレゼンスが一時的に空白となったこの時期に，抗日ゲリラとして農民などの被支配層と共闘した。インドシナ共産党のもとに1941年に結成されたベトナム独立同盟は，日本軍の倉庫から奪った食糧を飢えた民衆に配って支持を拡大し，日本軍政に対する一斉蜂起に成功するのである。戦前は小さな勢力に過ぎなかったマラヤ共産党もまた，マラヤやシンガポール地域のほぼ唯一の抵抗組織として激しい抗日ゲリラ戦を繰り広げた。戦後，イギリスはマラヤ共産党に勲章を与えてその活動を称えた。

2　近代国民国家の建設

(1)「独立は達成した。次は国民と国語を創る」

　東南アジア諸国の独立は，インドネシアのように植民地宗主国との熾烈な戦争によって獲得した場合，あるいは交渉によって獲得した場合とさまざまである。ただ，独立の担い手はみな，現地の「エリート」を含めて長い植民地支配のくびきから自由になって自分たちの国家をもつことを切望したナショナリスト（民族主義者）であった。

　ベトナムでは共産党がその旗手となった。ベトナム現代史は，ベトナムに戻ってきたフランス，さらに共産主義封じ込めのために大軍を送り込んだアメリカとの，独立と統一を求める戦いであった。ラオス，カンボジアも独立後の内戦のなかで，共産主義者が政権を取った。ただ，1978年にベトナム・カンボジア紛争が勃発するなど，インドシナでは泥沼の戦争が続き，インドシナ諸国が安定した環境のなかで本格的な国家建設に着手するのは，1990年代になってからである。一

序章　東南アジアを学ぶあなたへ　　5

方，他の東南アジア諸国の国家建設は独立直後から始まり，その担い手は非共産主義者であった。アジアの冷戦のもと，西側諸国の援助を受けて国家建設が行われたのである。それらの国家では，共産党は徹底的に弾圧された。

　遅れて国家建設を開始したインドシナを含めて東南アジア諸国は，独立後，共通して深刻な課題に直面した。それは，モザイク社会に住む多様な人々をどのように統合して「国民」を創るのか，何語を国語とするのかという問題である。多民族，多言語の国家においては，どの言語を国語にするのかは大きな政治問題となるため，独立を担った人々は時には試行錯誤を繰り返しながら，時には強引に国語を決めて普及させていった。

　その典型的な事例はインドネシアであろう。300以上の民族と250以上の言語があるとオランダ植民地時代にいわれていたインドネシアは，人口の約半分を占めるジャワ人が話すジャワ語ではなく，植民地期以前からマラッカ海峡両岸の広い地域で交易用語として話されていたムラユ語をインドネシアの国語に指定した。ムラユ語には複雑な敬語表現や格変化がないため，意思疎通には便利な言語であった。インドネシア政府は，ムラユ語を近代言語として整備しながら懸命に普及させ，多様な人々をインドネシア人として統合するための最大の武器としたのである。

　100以上の言語を有するフィリピンでは独立後，マニラ首都圏と北部のルソン島中部で話されていたタガログ語を整備し，フィリピノ語（国語，ピリピノ語とも書く）とした。ただ，1898年にスペインに代わって植民地宗主国となったアメリカが英語の普及に努めたため，独立後においても英語は公用語であり，とくに高等教育機関の教育言語として絶対的な地位を維持している。多様な人々を統合して「我らフィリピン人」と認識させる武器はこの国では国語ではなく，英語と民主主義，キリスト教といわれている。だが，それは人口の10％を占める非キリスト教を排除することを意味する。南部ミンダナオのイスラム教徒による抵抗運動が長く続いているのは，自分たちが北部キリスト教徒に差別され，排除されていると感じているからである。

　なお，タイやラオスのように多数を占める民族と国家名が一致する場合は，各国内の少数民族を○○族と呼ぶことが多い。ただ，インドネシアやカンボジアなどのように主要民族と国名が一致しない国の場合は，その国内の民族は一般的に○○人と呼ばれるが，○○族と○○人の区別には明確な決まりはない。

（2） 国民統合と経済発展を目指す開発体制

　独立した多くの東南アジア諸国が抱えた問題は，国民統合だけではなかった。経済発展である。国民に豊かさを実感させなければ独立の熱気は萎んでしまうため，植民地時代の一次産品に特化された産業構造から脱することは，国民統合に続く喫緊の課題であった。内戦が続いていたインドシナ諸国を除いた多くの東南アジア諸国は，1960年代中頃から70年代初めにかけて，開発体制と呼ばれる政治体制を採った。ただ，タイは50年代と少し早く，マレーシアは80年代初頭である。タイが少し早かったのは植民地化されなかったため，ほかの国家よりも早く国民統合と経済発展の問題に着手しえたからである。マレーシアはマレー人，非マレー人の対立の問題に時間がとられたのである。

　開発体制とは，政府が経済発展のために，政治的には独裁もしくは権威主義体制のもとで，経済的には国家主導型開発を行うことである。権威主義体制とは，全体主義体制と民主主義体制の中間にある形態で，複数政党制が維持されつつ選挙は定期的に行われるなどの民主主義的装いはあるものの，実態は軍や1つの政党が政治を独占する体制を指す。国家主導型開発といっても，植民地支配期に地場資本はほとんど育っていなかったから，欧米の外国資本を主力とする工業化政策が採用された。

　経済発展の効率的な遂行を理由に中央集権化が進められ，人材は国家（官僚）に集中させられた。また，政治の安定は絶対条件とされた。野党や労働組合，マスメディアなど政府批判を行う可能性のある集団の活動は抑圧され，国民の政治的自由は厳しく制限された。だが，開発体制においては，経済発展を達成することで国民の不満を抑えるだけでなく，国民の支持を政府に集めて，国民統合を進めることができるとも考えられたのである。

　東南アジアにはこのように中央集権的で抑圧的な政治体制の下で経済発展に邁進するという，「強い」国家が次々と登場した。サリットとタノーム両首相期のタイ，マルコス大統領期のフィリピン，スハルト大統領期のインドネシア，リー・クアンユー首相期のシンガポール，マハティール首相期のマレーシアは「強い」国家の典型である。

（3） 開発体制の変容と民主化の進展

　1980年代後半から「強い」国家で次々と民主化運動が起こり，体制は変容して

いった。民主化運動が短期間に連鎖的に起こった国際的な要因は，東西冷戦が終焉に向かうなかで，政治価値としての民主主義が広く受け入れられ，世界規模で発生した民主化運動が東南アジアにも押し寄せたことが挙げられよう。それまで権威主義体制を支持してきた西側諸国も，東南アジア各国政府に民主化を要求するようになった。一方，各国の内部要因はさまざまであるが，経済成長によって都市部を中心に高い教育を受けた中間層と呼ばれる豊かな人々が，政治的自由を抑圧してきた政府に異議申し立てを行い，民主化運動を担ったことが大きい。ただ，シンガポールのように豊かな中間層が多数形成されても民主化運動が起こらない国もあるし，ミャンマーのように中間層が未形成でも，学生や市民などの間で軍政に対する抵抗運動が発生し，民主化運動が続いていた国もあるので，経済発展段階と民主化運動の発生には必ずしも直接的な関係はない。

（4）東南アジアの国際関係

国家建設と国民統合を模索する東南アジア諸国に大きな影響を及ぼしたのが，アメリカとソ連の間の冷戦であった。1949年10月の中華人民共和国誕生は，アメリカの東南アジアへの介入を決定づけた。独立を担う勢力が共産党の場合は，その国の独立をアメリカは認めず，親米政権を誕生させるなどの介入を行った。アメリカが介入した典型的な事例がベトナムである。

1955年，独立したばかりのアジア・アフリカの国々だけでなく，中国や北ベトナムなど共産主義陣営の国も参加して，「非同盟中立による新興国の結束と植民地主義への反対，国連憲章の尊重」などを謳ったアジア・アフリカ会議がインドネシアで開かれた。会議を主導したインドネシアは，冷戦による世界の分断に一石を投じようとしたのである。

アジア・アフリカ諸国の結束は，1960年代になるとインドネシアとマレーシアの対決などで瓦解した。しかし，その後も東南アジアの国々は米中和解やベトナム戦争の終結とインドシナの共産化というアジア国際関係の大きな変動のなかで，大国の影響を最小限にとどめようと模索を続け，1967年にはインドネシア，マレーシア，シンガポール，タイ，フィリピンの5カ国によってASEANが結成される。ASEANは可能な限り大国の影響を抑えて各国の国家建設を推進するための調整の場となり，冷戦終結後に市場経済化と対外開放を進めたベトナムが1995年に，97年にミャンマーとラオス，99年にカンボジアが加盟し，今や

ASEAN は東南アジアの代名詞になりつつある。

さらに2000年以降，かつて市場の最終目的地をアメリカに定めていた東南アジア諸国は中国との経済関係を緊密化させ，東南アジアにおける中国のプレゼンスが急速に高まっている。2015年で中国は東南アジア11カ国のうち6カ国にとって最大の貿易相手国となり，また中国から東南アジアへのインフラ投資や援助，中国からの観光客と東南アジアから中国への留学生の増加など人的交流も増大している。東南アジア諸国の中でベトナムとフィリピンは中国と南シナ海の島をめぐって激しく領有権争いを繰り広げているものの，一方で，中国との経済交流をより緊密化させるため，領有権争いは棚上げにする動きも見せている。

もっとも，多くの東南アジア諸国は，アメリカの軍事力とプレゼンスが東南アジアの地域秩序を維持する上で大きな役割を果たすと考えている。またアメリカは，中国に凌駕されつつあるものの，貿易や投資の重要な相手国でもある。東南アジアは中国，アメリカ，さらに日本を天秤にかけながら，自国に有利な選択をしていくのだろう。それが「小国の知恵」だからである。

（5）さぁ，東南アジア各国政治の旅へ

さぁ，いよいよ各章に入って欲しい。それぞれの章は，東南アジア各国の国家と国民の物語である。それぞれの国は独立をどのように達成したのか，政府はどのように国民統合を行い，さらに経済発展を目指したのかが描かれている。また政府の政策に対して，国民が個人として，また何らかの集団としてどのように対応したのかという，国家と社会の関係にも力点が置かれている。

本書は東南アジア各国だけではなく，ASEAN にも1章を割いた。2015年のASEAN 域内貿易比率（輸入と輸出の合計金額の比率）は約25％で，域内貿易比率が60％を超える EU（欧州連合）と比べて，統合の歩みの遅さが指摘されることがある。ただ，EU 域内は民族や言語は異なるものの，戦争や紛争を含めて長い民族の交流の歴史や共通の宗教文化を有し，社会の同質性も高い。国家主権の一部を移譲して経済統合を進めるヨーロッパと，長きにわたる欧米の植民地支配によって分断され，言語も民族も宗教も多様な東南アジア諸国の地域統合のあり方は大いに異なるので，EU と ASEAN の単純な比較はできないだろう。

もっとも，組織としての ASEAN は，加盟国の政治過程や政策決定に一定の影響を及ぼし始めていて，ASEAN を無視して地域の政治を考えることは難しく

序章　東南アジアを学ぶあなたへ　　9

なっている。東南アジア諸国はASEANを通して加盟国間の共通の制度や政策を増やしていくだろう。

　各章の冒頭のイントロダクションでは，章の概要とともに狙い（この章で学ぶこと）が書かれている。コラムには本文では触れられなかったエピソードや，異なる視点からの人々の物語が綴られている。執筆者は，東南アジアそれぞれの地域を歩き回り，しっかりと地域をみつめてきた中堅や若手の研究者である。第一線で活躍するこれら執筆者のメッセージを，ぜひしっかりと受け取ってもらいたい。

読書案内

① 白石隆『海の帝国——アジアをどう考えるか』中公新書，2000年。
　＊中世東南アジアのあちこちで栄えた港と市場から成る港市国家が，どのように近代国民国家に変容していくのか，さらに国家による強引な「上からの」国民国家建設はどのように行われ，新しい秩序はどのように構築されたのかなどをわかりやすく概説している。
② アンダーソン，ベネティクト，白石隆・白石さや訳『定本　想像の共同体——ナショナリズムの起源と流行』書籍工房早山，2007年。
　＊ナショナリズム研究の新古典となった初版にさらに2章を加えた増補版。「国民」とは「想像の共同体」であるとし，その「想像の共同体」が人々の心の中にいかにして生まれ，また世界に普及するに至ったのかを，王朝，新しい巡礼などを概念として解き明かしている。
③ 後藤乾一『近代日本と東南アジア——南進の「衝撃」と「遺産」』岩波書店，1995年。
　＊日本の東南アジア軍事侵攻において，日本が提唱した「アジア解放」の理念を独立への悲願に燃える東南アジア各国指導者はどう受けとめ，どのような反応を示したのかを丁寧に検証している。
④ 服部民夫・船津鶴代・鳥居高編『アジア中間層の生成と特質』アジア経済研究所，2002年。
　＊東南アジア4カ国を含むアジア各国・地域で中間層がどのように生成されたのか，その階層がどのような出自や学歴を持ち，いかなる社会移動を果たしたのかを比較，検討し，それによって各地の特徴を明らかにしようと試みている。
⑤ 中村正志編『東南アジアの比較政治学』アジア経済研究所，2012年。
　＊東南アジアの主要な5カ国の政治制度を比較し，何が制度の違いをもたらしたのか，制度の違いがどのような政治的帰結の差異をもたらすのか，の2点を説明している。国別の歴史や事情を説明するのではなく，トピックごとに対象国を比べながら，比較政治学の理論の説明を試みるという意欲的な書である。
⑥ 岩崎育夫『入門　東南アジア近現代史』講談社現代新書，2017年。

＊「多様性」と「統一」をキーワードとして，土着国家から欧米の植民地へ，日本による占領統治，独立後の経済開発と発展，さらには ASEAN 経済共同体の誕生まで500年の東南アジアを概説している。

参考文献

アンダーソン，ベネディクト，白石隆・白石さや訳『定本　想像の共同体——ナショナリズムの起源と流行』書籍工房早山，2007年。
大庭三枝編『東アジアのかたち——秩序形成と統合をめぐる日米中 ASEAN の交差』千倉書房，2016年。
岩崎育夫『入門　東南アジア近現代史』講談社現代新書，2017年。
後藤乾一『近代日本と東南アジア——南進の「衝撃」と「遺産」』岩波書店，1995年。
佐藤考一『「中国脅威論」と ASEAN 諸国——安全保障・経済をめぐる会議外交の展開』勁草書房，2012年。
白石隆『海の帝国——アジアをどう考えるか』中公新書，2000年。
白石隆『海洋アジア vs 大陸アジア——日本の国家戦略を考える』ミネルヴァ書房，2016年。
中村正志編『東南アジアの比較政治学』アジア経済研究所，2012年。
服部民夫・船津鶴代・鳥居高編『アジア中間層の生成と特質』アジア経済研究所，2002年。
原不二夫編『東南アジア華僑と中国——中国帰属意識から華人意識へ』アジア経済研究所，1993年。
弘末雅士『東南アジアの港市世界』岩波書店，2004年。
リード，アンソニー，平野秀秋・田中優子訳『大航海時代の東南アジア』法政大学出版局，2002年。

─── ■■ **Column** ■■ ───

知っているようで知らない？　東南アジアの人々の名前

　本書の各章で現代東南アジアの政治や社会に触れて，「さぁ，東南アジアに行こう」
と思ってくださった読者の方々は，ぜひここで東南アジアの人々の名前についても
知ってほしい。それが一見わたしたちの「常識」とは異なるものであったとしても，
名前とはその社会や民族，宗教，文化の多様性の反映であるから，できるだけ正確に
名前を知ることでその社会への理解を深めてほしいと思っている。ただ，東南アジア
のすべての名前を紹介することはできないので，インドネシア，タイ，ミャンマーの
いくつかの典型的な名前に絞って紹介してみたい。

①　インドネシア

　東南アジアの大国インドネシアは古くは仏教やヒンドゥー教の影響を受け，その後
はイスラム教がほぼ全土に広がり，さらにキリスト教の影響も受けたために，名前に
も多様な類型がある。まず，全人口の45％を占めるジャワ人には，名前が１つしかな
い人が多い。初代大統領のスカルノ，第二代大統領のスハルトはその典型的な例であ
る。ただ，名前が１つしかないと他人と間違われるためか，名前を２つから４つ持つ
人もいる。スカルノの第二夫人（彼は３人の妻との間に８人の子をもうけた）の第二
子で第五代大統領となったメガワティは５つの名前（Diah Permata Megawati Se-
tiawati Sukarnoputri）を持っている。彼女の名前は，一般的にメガワティ・スカルノ
プトリと記されるが，この中黒丸（・）は姓と名を区切るものではなく，複数の名前
を区切っているのである。

　一方，バタックやトラジャ，ミナンカバウ人などは氏族名を持つ。父系氏族の名前
は出身地の特徴を示すものや，創始者を示すものがある。また，貴族の末裔などは氏
族名に類似したものを持っている。

　また，アチェなどイスラム教の影響が強い地域では，男性ならモハメッド，アブド
ラー，女性ならアイシア，ファーティマなどのアラブ風の名が多く，また，イスマイ
ル・ズルキフリのように，個人名に加えて父親あるいはそれ以前の著名な祖先の名を
個人の名の後につけることもある。これはマレーシアのマレー人も同様である。た
だ，マレー人は，イスマイル・ビン・ズルキフリのように，個人名と父親あるいは著
名な祖先の名の間にビン（bin，息子の意味）を入れることが多い。つまり，ビンが
入っていればその個人は男性である。女性の場合はビンテ（binti あるいは binte，娘
の意味）になる。

②　タイ

　タイでは国民の大部分を占めるのはタイ族であるが，タイ族以外の少数民族，中国
系タイ人も多く居住している。ただ，中国系のタイ族への同化はかなり進んでおり，
移住した第一世代や第二世代は中国語の名前を持っているものの，その子ども世代に
なるとタイ語の名前しか持たないものが多い。ここではタイ族を中心にタイ人の名前
をみていく。

1913年の姓名法までタイ族は個人名のみを持っていた。姓を持つという概念そのものが存在していなかったのである。ただ，政府の高官は，任命されると爵位（称号）と欽賜名（官命）を国王から賜り，それを個人名に代えて用いていた。昇進すると，その地位に応じた爵位と欽賜名を与えられた。アユタヤ朝の最高官吏職に登用された日本人山田長政は「オークヤー・セーナープモク」というタイ名であるが，これは彼の爵位と欽賜名である。なお，この制度は1932年の立憲革命以後は廃止された。姓名法を定めたラーマ6世は，姓を使用したほうが公の記録が正確であり，家族の絆を深め，ひいては国家への帰属や愛国心が生まれると考え，自ら3000以上の姓を考案したと言われている。この法以降，タイではほとんどの人が姓と名（順番は，名の後に姓が来る）を持つようになった。

　ただ，タイ社会において，姓が欧米諸国や東アジア諸国と同じ機能を果たしているとは言えない。日常生活でも公の場でもほとんど名のみが使用される。東アジアのような「家制度」がなく，先祖代々とか子々孫々といった系譜の概念がないからである。一方，家族や友人，職場では一般的に愛称が用いられる。以前私が担当したタイ人大学院生はスティーラー・ウォンティーンさんという名前であったが，彼女はこれまでスティーラーさんと呼ばれたことはほとんどなく，ポィという愛称で呼ばれてきたと言っていた。ただ，目上の者に対しては愛称は用いない。タイ社会ではこのように名が重んじられるので，タイ人が書いた英文著作も目録は名で分類されている。

③　ミャンマー

　ミャンマーも多民族，多文化の国であるため，命名の仕方は民族によって異なる。ここでは人口の70％を占めるビルマ族を中心にその名前を紹介する。

　ビルマ族に姓はない。民主化指導者として有名なアウンサンスーチーは彼女の名前である。独立の英雄アウンサンが父であることがわかるよう，父の名前を彼女の名前に入れたのでこのような長い名前になった。ただ，彼女の名前は例外で，ビルマ族の名前は基本的に生まれた曜日によって決定され，水曜だけはこれに午前か午後かが加わる。人は生まれた曜日によって運命が決定され，性格や他人との相性も決まると考えられているからである。その使い分けは，月曜日生まれにはビルマ語のアルファベットの一段目（Ka, Kha, Ga, Gha, Nga）のどれか一文字を基にした好ましい意味の語，たとえばKaung（よい）という語が単独で，もしくは2から4語が組み合わされて名前ができる。

　ただ，このような命名であるために，同名がどうしても多くなるし，男女の区別ができない。そこで冠称が生まれた。呼ぶ方の年齢や地位にもよるが，一般的に，男性で社会的地位があって40歳代後半以上ならウー，社会的地位がまだ定まらない20代から30代前半にならコー，それ以下ならマウンをそれぞれ名前の前に付ける。社会的地位がある年上の女性にはドゥー，社会的地位がないもしくは若い女性にはマを付ける。元首相ウー・ヌの名前はヌであり，ウーは冠称である。また，名前の前に称号を付けることもある。将校ならボー，博士ならドクターなどである。

第1章 インドネシア
── 「多様性の中の統一」を目指して

横山豪志

━━ この章で学ぶこと

　インドネシアは東西5000キロ，南北1800キロにも及ぶ広大な国である。そこには1万数千の島々があり，2億6000万ほどの人が住んでいる。面積でも人口でも東南アジアの約4割を占めるこの国は，言語，文化，宗教などを異にする実にさまざまな人々から成り立っている。

　このインドネシアの国是に「多様性の中の統一」というのがある。理念としては素晴らしいのだが，多様性を尊重しながら統一を図るというのは，現実にはかなり難しい課題である。政治に即して少し考えてみよう。「多様性」，つまりさまざまな立場や意見を尊重するためには，議論を重ねて政策決定をすべきであり，権力は多元的あるいは分散的である方が望ましい。これに対して「統一」，つまり国をまとめること，具体的には国民国家の体裁を整えることに始まり，国民の生活の安定や，そのための経済発展を図るためには，目的にかなう適切な政策決定を行い，かつそれを実行する力が必要である。統一を推進するためには，権力は集中している方が望ましい。この点だけを考えても「多様性の中の統一」を図ることがいかに難しいか，理解できるであろう。

　多様性に富むインドネシアの独立後の政治は，当事者がどれだけ自覚していたかはともかく，この「多様性の中の統一」を図る試みとしてとらえると理解しやすい。

　本章では，独立宣言をした1945年から49年までの「独立革命期」は，いわば非常時であるため主な議論の対象とはせず，1950年以降の時代を，国をまとめる権力がなく結果として多様性が尊重された「議会制民主主義期」，多様性がもたらす不安定な状態を脱するために，個人的カリスマに基づき統一と権力集中を図ったスカルノの「指導される民主主義期」，軍の武力を背景に権力を集中させ政治的安定を図る一方で，経済開発を推進したスハルトの「新秩序期」，そして，過度な権力集中の反省から権力の分散化と政治的安定の両立を目指す「改革の時代」の4つに区分して，多様性の尊重と統一の推進との間で大きく揺れ動いてきたインドネシア政治をみていくことにする。

キーワード　多様性の中の統一，ナショナリズム，スカルノ，指導される民主主義，国軍，スハルト，パンチャシラ，開発，改革，華人，イスラム

1 独立への道のり

（1）インドネシア・ナショナリズム

　インドネシアでは，共通語のインドネシア語のほかに，ジャワ語，スンダ語，アチェ語など500以上の言語が話されているといわれる。信仰されている宗教もイスラム，キリスト教，仏教，ヒンドゥー教などさまざまである。このうち全体の7％の面積しかないジャワ島に6割ほどの人々が住んでいたり，全体の9割弱がムスリム（イスラム教徒）だったりという不均衡が，時に大きな問題を引き起こすこともある。では，なぜこうした多様な人たちがインドネシア人として1つの国民国家を形成することになったのだろうか。この点も含め，本節ではインドネシア政治の前提となる諸条件を理解するため，1950年以前の歴史を振り返っておこう。

　今日，インドネシアに属する地域の唯一の共通点は，かつてのオランダ領東インド，つまりオランダの植民地支配下にあったということである。20世紀の初頭，オランダは中央集権的な植民地機構を整備すべく，原住民官僚を多く採用していった。そのためにオランダ式の教育を受けた原住民エリートが誕生した。彼らは官僚のほかにも医師や技師などの職に就いたが，原住民全体の0.1％ほどにすぎなかった。したがって彼らが，ナショナリズムの意識に目覚めても，それぞれの母語集団，たとえばジャワ人とかスンダ人のなかではきわめて少数派にとどまった。一方彼らは，小学校から大学までの教育を受ける過程で，また官僚になってから配置転換を受ける過程で，オランダ領東インド各地を巡ることになった。この過程で，言語や宗教といった出自は違うものの，同じオランダ領東インド出身で同じ境遇や考え方をもつ「仲間」に出会うことになる。彼らの間で「われわれ」意識が高まっていった（アンダーソン，2007）。

　こうしてオランダ領東インド全体を1つの「共同体」とみなすインドネシア・ナショナリズムが誕生した。1920年代にはスカルノ（Sukarno）という類まれなる指導者が登場したものの，強固なオランダ植民地支配下では，植民地政庁による弾圧のためなかなか勢力を拡大していくことができなかった。

第1章　インドネシア　15

（2）日本軍政のインパクト

　オランダ植民地支配は意外な形で終わる。1942年にオランダは，日本軍によってあっけなくオランダ領東インドから追放されたのである。こうして，1945年までの3年半に渡る日本の軍事占領が始まった。「350年のオランダ植民地支配より3年半の日本占領支配の方が苛酷であった」とすらいわれる日本占領期ではあるが，ここではインドネシアの独立とその後に繋がる点のみ確認しておこう。

　日本のインドネシア支配の目的は，戦争遂行のための人的物的資源の徴用であった。日本軍はヒトやモノを提供させるために，青年団や婦人会，奉公会といった大衆動員組織を作っていった。1944年になると，郷土防衛義勇軍などの半軍事組織も作り動員を図った。一方で，インドネシア人の協力を得るため，大規模集会やラジオなどを通じてプロパガンダ活動を行った。

　こうした日本軍の活動は，インドネシア・ナショナリズムに大きな転換点をもたらした。何よりも，永遠に続くと思われたオランダ支配を終わらせたことのインパクトは大きかった。オランダを主敵とみなしていたスカルノらナショナリストは，将来のインドネシア独立のために，同じくオランダを敵とした日本軍に協力した。彼らは，日本軍のプロパガンダ活動に協力する形で，インドネシア・ナショナリズムをそれまで無関心だった大衆に鼓舞し，浸透させていった。大衆動員や組織化の手法も日本軍から学んだ。

　1945年になると日本軍は更なる協力を得るためインドネシアの独立をちらつかせ，独立準備調査会を設置した。そこでは憲法草案などが審議され，その中でスカルノがパンチャシラと呼ばれる建国五原則を打ち出した。「5つの柱」という意味のパンチャシラは，その後「唯一神への信仰」，「公正で文化的な人道主義」，「インドネシアの統一」，「協議と代議制において英知によって導かれる民主主義」「インドネシア全国民に対する社会正義」と定式化されることになる。このパンチャシラ定式化の過程で生まれた「ジャカルタ憲章」にはシャリーア（イスラム法）遵守を義務付ける文言が付加されたが，非ムスリムに配慮して最終的には削除された。この独立準備調査会（8月には独立準備委員会と改称）で審議された45年憲法とパンチャシラは，後のインドネシアの基礎をなすことになる。

（3）独立革命期

　日本敗戦後の1945年8月17日，スカルノとハッタ（Mohammad Hatta）がインド

ネシア共和国の独立を宣言した。現在ではこの日が独立記念日になっているが，インドネシアが名実ともに独立するにはさらに4年の歳月を要した。なぜなら日本の敗戦を受けて，オランダが植民地支配を復活させるべく戻ってきたからである。こうして独立戦争が始まった。

「独立革命期」と呼ばれるこの時期は，オランダとの戦争のみならず，社会革命が起こり旧来の秩序が大きく変化するのだが，ここでは後の時代に影響を及ぼすことになる3点のみ指摘しておく。

第1に，オランダ軍と対峙したインドネシア国軍は，名称こそ国軍であるが，実際には，各地に点在する武装集団の寄せ集めであったということである。義勇軍などで軍事訓練を受けた若者が，各地でそれぞれゲリラ戦を展開していたというのが国軍の実態であった。

第2に，インドネシアの独立は武力闘争だけでは達成できなかったということである。軍人の自負心とは裏腹に，装備に劣るインドネシア国軍は屈服しなかったとはいえ，オランダ軍に勝つことはできなかった。スカルノら指導者たちは武力闘争と外交交渉を両輪とし，国際社会でインドネシア独立の承認を得るという戦略をとった。国連の場を活用し，アメリカなどの支持獲得を試みた。この点で，1948年のマディウン事件（共産党による武装蜂起事件）を経て共産党勢力を排除したことは，当時，冷戦思考を強めていたアメリカの支持を得るのに役立った。

第3に，独立後のインドネシアで連邦制が忌避されることになったということである。1946年以降，オランダは圧倒的な軍事力を背景にインドネシア各地を支配下に収め，東インドネシア国，南スマトラ国，パスンダン国といった傀儡国家を各地に作り，インドネシア共和国を封じ込めていく戦略をとった。植民地時代から続く分割統治の発想で，インドネシアがいくつかの国に分かれれば影響力を及ぼし続けられるという思惑もあった。

外交交渉の成果もあり，1949年にオランダ，インドネシア共和国，そして傀儡国家の代表が集まってハーグ円卓会議が開催された。ところがその結果であるハーグ協定で独立が承認されたのは，インドネシア共和国と傀儡国家を構成国として含む連邦国家，「インドネシア連邦共和国」であった。独立を優先させたスカルノらは，とりあえず連邦国家としての独立を承認した。しかしオランダの影響力を排除するために，翌50年には傀儡国家を吸収合併する形で単一国家として

第1章　インドネシア　17

のインドネシア共和国に再編していった。こうした経緯もあり，多様な人々を含む国の体制としてより適合的だと思われる連邦制は，インドネシアでは植民地支配の遺物だとみなされ，忌避されることになった。

2　議会制民主主義期

（1）政党政治の時代

完全独立後のインドネシアが最初にとった政治体制は議会制民主主義であった。なぜなら「憲法規定がそうだったから」である。50年暫定憲法は，直前の連邦共和国憲法を微修正したもので，西欧的な性格をもっていた（連邦共和国憲法はハーグ協定で認められたもので，オランダの意向も反映していた）。もっとも，地域的にも階級的にも宗教的にも，きわめて多様な人々が存在する一方で，統一された統治機構が未整備だった当時のインドネシアでは，各代表が議会で議論を重ね物事を決めていく以外に方法はなかった。結果として多様性は尊重されたが，新生インドネシアにもっとも必要な「統一」すなわち国づくりは進まず，政治的にも経済的にも混乱した状況が続くことになった。以下，具体的にみていこう。

まず政治の中心となるべき国会である。各勢力の代表といっても選挙が行われたわけではなく，独立前から活躍してきたエリートがいくつもの政党を作って国会に参加していた。ナショナリズムを背景とする国民党，日本軍政期のムスリム動員組織を起源にもつイスラム系政党のマシュミ，マシュミから分離したジャワに基盤を置くイスラム系政党のナフダトゥール・ウラマ（NU），それに社会党，共産党などがあったが，多様性を反映して最大勢力のマシュミですら20％ほどの議席しか有していなかった。当然，連立内閣が形成されたが，連立の維持は難しく，政党の離合集散により1年に満たないような短命な内閣が続くことになった。加えて政権についた各政党は，公務員の採用や各種許認可権に関して支持者に便宜を図ったため，新しく整備すべき統治機構は政党の「草刈場」になってしまった。

こうした不安定な状況から脱するために，1955年に初の総選挙が行われた。しかし結果は，国民党，マシュミ，NU，共産党が16〜22％ほどの議席数で拮抗し，議会の分立状態を固定化しただけであった。それにとどまらず，イスラム対世俗主義，ジャワ対非ジャワといった対立の構図が顕在化した。さらに選挙運動

を通じて，各政党が青年団，婦人会，学生団体，労働組合などの組織を作り大衆動員を図ったため，対立の構図は議会外でも鮮明になった。

（2）停滞する経済

不安定な政治のもと，一次産品中心のインドネシアの経済は停滞した。日本占領期，独立革命期という混乱期を経て，インドネシアの経済水準はオランダ植民地期のそれをはるかに下回っていた。加えてハーグ協定により，インドネシア政府は旧植民地政府の負債15億ドルを引き継いでいた。一方，植民地時代からのオランダ資本はそのまま温存され，プランテーションや貿易，金融など主要な経済部門をおさえていた。さらに地方の流通などは，これまた植民地期同様，華人資本が握っていた。

こうしたなか，プリブミ（現地民）資本家を育てるために1950年から「ベンテン計画」が実施された。これは政府がプリブミ業者に輸入許可と低利融資を与え，プリブミ資本家を育成しようとするものであった。しかし，上述のような政党による利権分配の結果，許可権などは政党関係者の手に渡ったため，プリブミ資本家は育たず失敗に終わった。結局，財政赤字は慢性化し，物価上昇率は年平均17％にのぼり，経済的な混乱と停滞が続くことになった。

（3）地方の不満

1950年代のインドネシアをさらに不安定にしたのが，地方反乱であった。独立宣言直後から，インドネシア・イスラム国家の樹立を目指すダルル・イスラム運動が各地で展開していた。独自の軍隊を擁したこの運動は，西ジャワ，南スラウェシ，アチェなどで各地固有の要素と複雑に絡み合いながら1960年代まで反中央政府闘争を繰り広げた。

また1950年代半ばには，ジャワ対非ジャワの対立が先鋭化してきた。この「ジャワ」がジャワ人を指すのか，スンダ人なども含むジャワ島（の人々）を指すのか，ジャワ島にある首都ジャカルタの中央政府を指すのかはきわめて曖昧だが，それらが渾然とした形で非ジャワ地域の反ジャワ意識が高まり，地方反乱へと繋がっていった。

地方反乱が生じた主な理由は3つある。第1に，天然資源や農産物など一次産品の輸出地域である非ジャワからみれば，輸出による利益の多くがジャワに吸い

上げられることへの不満がかねてからあった。第2に，非ジャワの立場があまり中央の政治に反映されなかったことがある。総選挙では人口の多いジャワに基盤をおく政党が多数を占め，非ジャワを代表したのはマシュミのみであった（マシュミは全国規模の組織であったが，ジャワを基盤にもつNUが分離したため非ジャワが主な基盤となった）。このため非ジャワでは自治権拡大の要求が高まっていた。さらに穏健な経済政策を模索したマシュミの政治家のなかには，急進的な経済ナショナリズムを唱えるスカルノと対立し，中央政府を去る者も出てきた。そして第3に，不満をもった地方師団が彼らに合流したことがある。独立以降，各地の武装集団の寄せ集めであったインドネシア国軍を，中央集権的なものに再編合理化する試みがナスティオン（Abdul Haris Nasution）を中心になされていた。合理化の対象になった地方師団はこれに強く反発し，1956年末から各地で評議会を設立し地方行政を掌握した。こうしてプルメスタ（全体闘争）と呼ばれる地方反乱が起こり，1958年にはマシュミの有力政治家などがスマトラでインドネシア共和国革命政府の樹立を宣言するに至った。

3　指導される民主主義期

（1）スカルノ，表舞台へ

革命政府樹立宣言に対しスカルノが「革命政府かスカルノか」という選択を迫った時，それまで対立していた多くの勢力が，インドネシアの解体を恐れ，スカルノ支持に回った。これを背景にナスティオン率いる国軍が地方の部隊を鎮圧していったが，「建国の父」スカルノのカリスマの強さを示すこととなった。

これと前後して，議会制民主主義の混乱を収拾させるためにスカルノは1956年ごろから「指導される民主主義」を唱え始めた。これはナショナリズムを前面に押し出し，対立するあらゆる勢力のうえに立つ「指導者」として自らを位置づけるものであった。彼は，多様性に富むインドネシアでは多数決で物事を決める西欧的な議会制民主主義は相応しくないと断罪し，ムシャワラ（協議），ムファカット（合意）といったインドネシア固有の論理を強調した。インドネシアは，選挙やその結果の議会ではなく，国民の意志を体現する指導者（＝スカルノ）の英知によって導かれるべき，と主張した。

スカルノにとって，優先すべき課題は未だオランダ支配下にあった西イリアン

の解放，つまり未完の革命の完遂であった。1957年にはオランダ企業を接収し国有化したが，これも急進的な経済ナショナリズムの表れであった。

地方反乱も収束した1959年，スカルノは大統領布告により45年憲法の復帰を宣言した。こうしてスカルノが自身のカリスマを背景に国家権力の集中をはかる，「指導される民主主義」の時代が始まった。

45年憲法は大統領に強い権限を与えていたが，国権の最高機関は国民協議会であり，大統領任命権も国民協議会にあった。しかし，国民協議会は国会と団体代表，地方代表で構成されたものの，同憲法には国会，国民協議会の議員の選出方法に関する規定がなかった。これを利用しスカルノは政党と各種団体，地方から議員を自ら任命し，その国民協議会によって終身大統領に任命されるという方法をとった。また NASAKOM（ナショナリズム nasionalisme，宗教 agama，共産主義 komunisme の頭文字をとったもの）という概念を打ち出し，自らをナショナリズム，イスラム，共産主義を超越しそれらを1つにまとめる存在と位置づけた。

こうした形式もさることながら，実際にスカルノを頂点とした体制ができたのは彼がナショナリズムに訴えたからである。彼は（地方反乱に加担したマシュミなどは解散させたが）既存の政党や各種団体の活動を禁止したわけではなく，むしろそうした組織の大衆動員能力を利用した。そのエネルギーを各種団体の個別利益ではなく，インドネシア・ナショナリズムに向けさせた。スカルノは，ナショナリズムを煽り革命の継続を訴え，西イリアン解放闘争など対外的危機によって外敵を作ることで国内を団結させ，多様なインドネシアの統一を図っていった。

（2）国軍と共産党

こうして多様な勢力が対外的危機のなかで，スカルノのもとに結集していったが対立の構図がなくなったわけではなかった。ただ1960年代になると，対立の構図は国軍対共産党という形に収斂していった。スカルノはこの2つの勢力のバランスをとりながら権力を維持していくことになる。ではなぜ国軍と共産党だったのだろうか。

まず国軍である。この時期，国軍は国内随一の集権的組織になった。その理由は第1に，地方反乱を平定する過程で軍の集権化が進んだことがある。第2に，オランダ企業を接収し国営化した際，軍の管轄下に置かれたことがある。これにより軍は国家予算とは別の独自財源を獲得した。また軍の合理化に際して生じる

第1章　インドネシア　21

余剰人員を出向させるのに都合のよいポストも獲得した。第3に1960年代に入ると陸軍参謀が独自の強力な部隊をもつことになり，地方師団を抑えることが可能になった。こうして，集権化が進んだ。

国軍が台頭すると，スカルノはそれを牽制するために共産党に接近していった。スカルノは，マディウン事件にみられたように，最初から共産党に近かったわけではない。冷戦も欧米諸国間の争いとしかみておらず，ナショナリズム，反植民地主義の立場からすれば重要ではなかった。1955年にアジア・アフリカ会議（バンドン会議）を主催したのも同じ立場に基づいている。しかしその後，しだいに共産党に接近していった。それには，国際的要因と国内的要因がある。国際的要因として，中国とアメリカの対応が挙げられる。バンドン会議に参加し，「平和共存」を訴えた周恩来の穏健路線をうけ，スカルノは中国に対する警戒感を緩めていった。華人の二重国籍問題（移民である華人に中国とインドネシアのいずれの国籍を与えるのかという問題）もあり，インドネシアと中国の仲は必ずしもよくなかったが，しだいに両国は接近していった。これとは逆に，親共でなくとも容共であったスカルノの姿勢にアメリカは警戒しすぎた。アメリカ，とくにCIAは1958年の革命政府を反共政府として支援したこともあり，スカルノとの距離がさらに広がってしまった。国内的要因として，先述の国軍の台頭に加えて，55年総選挙そして57年地方選挙での共産党の躍進が挙げられる。共産党は労働組合など傘下の組織をまとめ，勢力を拡大していた。

共産党はスカルノと接近することでさらに党勢を拡大し，農地接収などしだいに過激な行動をとるようになった。こうした共産党の行動は，地主層などを支持基盤にするNUなどイスラム勢力との対立も激化させていった。

（3）破綻への道

国軍と共産党の対立が先鋭化するなか，スカルノは革命の継続を訴え続けたが，それは社会的経済的混乱に拍車をかけることになった。

インドネシア・ナショナリズムが，旧オランダ領東インドのオランダからの完全独立を目指すものだとすれば，それは西イリアンの解放とともに完結するはずであった。西イリアンの帰属問題は，国連の仲介もあって1963年ごろには実質的に解決していた。ところが，スカルノは新たな外敵をみつけた。同年のマレーシア成立である。旧イギリス植民地が1つの国になることを，スカルノはインドネ

シアに圧力をかけるためのイギリス帝国主義の陰謀とみなし，反対した。こうして「マレーシア対決」が始まった。

　これによりインドネシアは IMF やアメリカからの援助が停止される一方，軍事費が増大したため，1963年，64年のインフレ率は100％を超えた。1965年には，マレーシアが安保理の非常任理事国になることに反対して，国連を脱退し国際的孤立を深めた。インフレ率はさらに高まり，食糧不足は深刻になり，経済が壊滅的状況になるなかで，共産党の行動はエスカレートしていった。騒然とした状況のなかで起こったのが 9 月30日事件であった。

4　新秩序期

（1）スハルトの新秩序体制

　1965年に起こった 9 月30日事件は，スカルノの「指導される民主主義」の終焉を告げると同時に，スハルト（Suharto）の「新秩序」の幕開けとなった。9 月30日事件は，未だ不明な点も多いが，きっかけは一部の国軍部隊によるクーデタ未遂事件であった。この事件をうけてスハルトは陸軍の実権を掌握し，クーデタの首謀者は共産党であるとし，クーデタの鎮圧と治安回復を名目に，共産党員とその関係者を次々に抹殺していった。陸軍は数カ月の間に，共産党の勢力が強かったジャワやバリなどでイスラム勢力などとともに，50万近い人々を粛清した。また共産党と関係があるとみなされた人は，容赦なく逮捕されたり監禁されたりした。この時の大量虐殺は，人々に恐怖の記憶として残ることになった。

　9 月30日事件を契機に陸軍を掌握したスハルトは，翌66年のいわゆる「3 月11日命令書」によって，スカルノから大統領権限を委譲された。結論的にいえば，9 月30日事件とそれに続く大量虐殺は，スハルトによる反クーデタという名のクーデタとなった（このためスハルト首謀説もある）。彼は1968年には正式に第 2 代インドネシア大統領となり，自身が「新秩序」と呼ぶ新しい政治体制を築いていく。新秩序体制において，権力は名実ともにスハルト大統領に集中することになる。その結果，インドネシアの統一は推進され，経済発展も遂げたが，逆に多様性はさまざまな形で抑圧されることになった。

　新秩序を下支えしたのは，国軍の物理的暴力とそれに対する人々の恐怖心である。新秩序期の国軍は共産党など「内なる敵」に備える組織となり，州や県から

村に至るまで組織の網の目を広げ監視体制を整えた。そして政府に不満をもち抵抗する勢力に対して，共産主義者のレッテルを貼り，容赦ない弾圧を行った。後述のようなアチェや東ティモールでの弾圧はその典型例である。また国軍は，かねてよりナスティオンが唱えていた「二重機能論」（国軍は治安部門だけではなく政治社会部門にも参画すべき，という理論）を正式に採用し，現役の軍人を中央や地方の議会や官僚機構に送り込んだ。

　国軍と共に国民の管理，統制にあたったのが内務省を中心とした官僚機構であった。以前は各政党が影響を及ぼしていた官僚機構であったが，スハルトは公務員の政党所属を禁止し，公務員組合への加入を義務付け，それを通じて翼賛組織であるゴルカル（職能団体）に参加させることで官僚機構を掌握した。そしてこの官僚機構を整備し，管理体制を築いていった。

　スハルトの「新秩序」が，スカルノの「指導される民主主義」と異なるのは，前者が制度化され安定した支配体制となったことである。国軍，官僚機構とともに体制の安定に寄与したのが，スハルトが導入した擬似民主主義的な制度であった。45年憲法では国民協議会が大統領を任命することは前節で述べた。この国民協議会における任命議員の任命権を大統領が掌握したのは，スカルノと同様である。しかし国会に関しては1971年以降，5年ごと総選挙を実施することにした（76年総選挙が1年遅れて77年に実施されたため，以降82年87年……と続いた）。総選挙の翌年に国民協議会が開催され，そこでスハルトが大統領に再選される，という仕組みが作られた。この制度が「擬似」民主主義であるというのは，任命議員の存在もさることながら，総選挙が自由でも公正でもなく，必ずスハルトを支持するゴルカルが勝つように仕組まれていたからである。

　具体的にみていこう。ゴルカルは公務員や国軍，そして官製の労働組合や農業組合などからなる翼賛組織であった。総選挙に際して，たとえば公務員は自身がゴルカルの票田になったのみならず，ゴルカルの得票率が低い所に対して補助金カットなどの脅しをかけたり，逆に利益誘導したりすることでゴルカルの集票組織にもなった。同様のことがほかの団体を通じても行われた。選挙を管理するのも公務員であり，恒常的に不正が行われた。

　一方野党は，1971年の総選挙時こそ9政党が参加したものの，1973年にイスラム系政党は開発統一党に，非イスラム系政党は民主党に統合させられ，以降の選挙はゴルカルとこの2党のみしか総選挙に参加できなくなった。野党は選挙時以

外，郡以下のレヴェルでの政治活動が禁止されたことに加え，国軍による選挙妨害や分断工作も受けた。こうして，新秩序期の総選挙では1997年まで毎回ゴルカルが60〜75％の得票で勝利することになった。

国会には国軍代表という任命議員も存在しており，スハルトの意に反した法律が制定されることはなかった。さらに新秩序期に制定された法律は数も少なく内容も抽象的で，裁量の余地が大きかった。結局，政治権力はスハルトのもとに集中しており，きわめて安定した政治体制ができあがった。

（2）開発の政治

とはいえ，恐らく力による支配だけでは新秩序体制は32年も続かなかったであろう。やはりムチとともにアメも必要である。そのアメに該当したのが経済発展であり，それを可能にしたのが「開発の政治」であった。経済発展により豊かになることで政治的な不満が削がれるのみならず，開発の成果はスハルトに忠誠を誓った者に対する報酬の元になった。経済発展のためには政治的安定が必要である。一方で，経済発展は政治的安定をもたらす。この「安定」と「開発」の政治が新秩序体制の両輪となった（白石，1996）。

ではインドネシアの経済発展はどのようにしてもたらされたのだろうか。スハルトが権力を掌握した1966年当時，インドネシアの経済は混乱をきわめており，経済再建は緊急の課題であった。これに対してスハルトは，外国の支援を仰ぐためにも西側の一員として国際社会に復帰するという，外交上の大転換を行った。1966年にIMFや世界銀行，国連に復帰し，マレーシア対決の終結宣言を行った。1967年になると外国投資法などを整備し，インフレ抑制，対外債務処理など経済再建に着手した。ベトナム戦争が泥沼化していたこの時期，スハルトの反共姿勢は，日本やアメリカから援助を引き出すのに役立った。1967年には東京でインドネシア債権国会議が開催された。日本はその後，インドネシアが産油国であることもあり，ODAの最大の援助国になっていった。

この時期，インドネシアの経済政策を担ったのが国家開発企画庁のテクノクラートであった。彼らはカリフォルニア大学バークレー校に留学した者が多かったので「バークレー・マフィア」と呼ばれ，IMFや世界銀行の支援を受けながら市場メカニズムに依拠した経済成長を目指した。

一方，国家が経済に積極的に介入し，国営企業がインドネシアの民間企業を育

成すべき，と考える集団も登場してきた（宮本，2003）。1973年からの石油価格の高騰により，国営石油公社プルタミナは潤沢な資金を獲得し，1974年には石油収入が国家歳入の約半分を占めるに至った。彼らはこれを元手に大規模な経済開発プロジェクトを行っていった。こうして1980年代はじめまで，石油収入に依存しながら輸入代替工業化を目指す路線が主流になった。もっとも，これらプロジェクトの恩恵を受けたのは「政商」である華人企業や軍企業であった。新秩序期になって華人企業は国内企業扱いになっていた（スハルトは華人の社会文化活動に制限を加えたが，経済面では華人を積極活用した。彼らは経済力が政治力に転化されることのない無害な存在だったからである）。重要なのは，プロジェクトを巡りスハルトに代表される政府関係者，外資，そして政商の「癒着の構造」が形成された点である。急速な日系企業の進出に対して起こった1974年の反日暴動（マラリ事件）の後，外資は国内資本との合弁を義務付けられるなど形を変えながらも，この癒着の構造は新秩序期を通して続くことになる。

　1980年代前半の石油需要の低迷を契機に，石油依存経済からの脱却を目指し，市場指向のテクノクラートが再び実権を握り，輸出指向工業化路線に転換した。このため外資や金融市場に対する規制が緩和され，経済の自由化が進んだ。また1980年代後半からの円高とそれに伴う日系企業の進出などもあり，製造業が急成長した。その結果1990年代にかけて年率7％近い経済発展を遂げていった。

（3）画一化される社会

　新秩序期には政治が安定し経済も発展した。しかし他方で，かつて存在した多様性は抑圧されることになった。この時期「国民統合」の名のもと，社会の画一化が推し進められた。国民統合自体は国づくりに必要な過程であるが，以下にみるように新秩序期には，社会の抑圧，統制に繋がっていった。

　社会の画一化の鍵になったのがパンチャシラである。第1節で述べたように，パンチャシラそのものは建国時から存在した。とはいえスカルノが大統領だった時代，パンチャシラは彼が掲げたスローガンの1つにすぎなかった。ところがスハルトの時代になってパンチャシラは45年憲法とともに絶対視されるようになる。

　パンチャシラは抽象的でありさまざまな解釈が可能だが，スハルトはこれに唯一の解釈を与え，公定イデオロギーとして国民に押し付けた。1978年に国民協議

会で「パンチャシラの理解と実践の指針」が採択され，学校ではパンチャシラ道徳教育が行われ，公務員にはパンチャシラ研修が義務付けられることになった。その内容は空虚なものだが，国民国家インドネシアやスハルトに対する忠誠を求める一方，イスラムや共産主義といったほかの主義を認めない，ということが重要であった。さらに1985年の社会団体法で，全ての団体はパンチャシラを原則とするという「パンチャシラ唯一原則」が定められた。この法律の要点は，イスラムを原則とする団体を認めないということに加え，スハルトが反パンチャシラ的と認定すれば，あらゆる団体を禁止することが可能になったということである。

　一方，新秩序体制下では地方の画一化も推し進められた。州や県の知事は実質的に中央の任命制であった。また1979年の村落基本法は，ジャワのデサ（村）を基本にしたものを全国に適用し，村を官僚機構の末端に位置づけた。政治的自律性は地方に認められず，政治的に無害な芸術文化の分野でのみ地方の個性が認められた。こうした中央集権化，画一化に対して地方では当然反発が生じた。天然資源収入の配分の問題も絡み，アチェやパプア（かつての西イリアン，新秩序期にはイリアン・ジャヤと呼ばれた）では自由アチェ運動や自由パプア組織などの分離主義運動も生じた。しかし1976年に軍事併合された東ティモールも含め，こうした反政府活動に対しては国軍が容赦ない弾圧を加えた。

　このように社会統制が進んだうえ，スハルトに忠誠を誓えば開発の成果というアメが与えられる一方，反発すれば武力弾圧というムチが加えられた。体制に反対する勢力は取り込まれるか，弾圧されるか，あるいは黙り込むしかなくなり，社会の活力が失われていった。

（4）新秩序体制の崩壊

　多様性を犠牲にしながらもインドネシアの統一を図り，政治的安定や経済発展をもたらしたスハルトの新秩序体制は，1998年まで続くことになる。とはいえ，1990年ごろから変化が少しずつ起こっていた。

　第1の変化は，国際環境の変化，すなわち冷戦が終結し，かわって人権問題や民主化が国際的課題として浮上してきたことである。このため，かつては黙認されていた人権侵害が批判の対象になってきた。1991年に東ティモールで起こった「サンタクルス虐殺事件」（第11章参照）はその例である。これに対し，スハルトは社会統制を緩和したが，労働争議や民間団体の活動は限定的なものにとどまっ

第1章　インドネシア　　27

た。なお政治的に力を失ったイスラムが，政治と結びつかないがゆえに，社会的影響力を強めたのもこの時期である。

第2の変化は，スハルトの縁故主義が顕在化したことである。国軍内では以前より，国家のための軍隊なのかスハルト個人のための軍隊なのか，という意見対立があった。軍内で娘婿など個人的にスハルトに近い勢力が台頭するにつれ，この亀裂はさらに大きくなっていった。縁故主義がより露骨に現れたのがビジネスの分野であった。スハルトはかねてから華人政商などを厚遇してきたが，スハルトの息子や娘，親族の企業が国家プロジェクトを優先的に請け負うなど，一族のファミリービジネスが目立つようになってきた。

新秩序体制崩壊の契機になったのは，1997年のアジア通貨危機に端を発した経済危機であった。インドネシアの通貨ルピアの対米ドルレートは，アジア通貨危機の始まった1997年7月から半年足らずで5分の1に暴落した。スハルトはIMFの主導する経済改革案に消極的で，インドネシアの経済再建よりも一族の利権の確保に固執したため，市場の信用を失った。通貨暴落のためインフレ率は80％を越え，失業者が増大した。1998年になると「改革」を訴える学生や労働者が街頭デモを行い始めた。当初「改革」は経済再建や，汚職や縁故主義といった政治腐敗の一掃を意味していたが，しだいにスハルト退陣要求へと結びついていった。国際社会の支援なくして経済再建が困難で，また国軍も一枚岩ではない状況で，街頭に繰り出した人々を武力弾圧することは無理であった。新秩序体制を支えた「安定」も「開発」も崩れ，1998年5月ついにスハルトは辞任した。

5 改革の時代

（1）生き残りをかけた「改革」

スハルトの辞任後，インドネシアは新しい時代に入った。新秩序期の過度な権力集中が経済危機をもたらしたとの反省から，「改革」の名のもと，民主化，地方分権化といった権力の分散が推進されることになった。これは，抑圧されていた多様性が復活することを意味した。ただし結果として，新旧多様な勢力が相争うようになり，インドネシアは一時的に混乱することになる。以下，具体的にみていこう。

スハルトの辞任を受けて大統領に昇格したのは副大統領ハビビ（B. J. Habibie）

であった。スハルトの子飼いともいわれたハビビは，暫定政権とみなされないためにも，また経済再建に向けて国際社会から援助を引き出すためにも，「改革」を推進する必要があった。ハビビに限らず，当時の閣僚，議員，あるいは国軍や官僚に至るまで，自らの生き残りをかけて改革派に「鞍替え」した。こうして権力の分散が一気に進むことになった。

ハビビは就任後まもなく，政治犯の釈放や言論の自由化などを行い，政治的自由を保障した。また選挙制度を民主的なものに改正して，1999年に総選挙を実施することも決め，民主化に着手した。経済再建に向けて，不良債権を抱えた銀行を整理統合する一方，スハルトの親族や側近が経営する企業などの不正蓄財の摘発も行った。東ティモールの特別自治を巡る住民投票の実施を決めたのもこの時期である。

1999年総選挙後の政局については後述するとして，総選挙後に開催された国民協議会（地方代表は州議会が選出するなど，ここでも民主化が行われた）では，スカルノ，スハルト両政権下での権力集中を裏書していた，45年憲法の改正が行われた。憲法改正は，その後2002年まで毎年行われることになる。このうち1999年と2000年の改正では，大統領の任期を2期10年までに限定するなど大統領の権限を縮小する一方，法律制定などについて国会の権限の強化が図られた。国会における任命議員の廃止など，国軍の役割も縮小された。地方行政に関する規定が改正され，地方分権が促進されることになった。また権力の乱用による人権侵害を防ぐため，基本的人権の保障に関する規定もできた。

さて48政党が参加した1999年総選挙は，「自由で公正」な選挙になった。「改革」の実績を背景に総選挙に勝利するハビビの戦略もむなしく，第1党になったのはスカルノの娘，メガワティ（Megawati Sukarnoputri）率いる闘争民主党であった。とはいえ同党の獲得議席率は31％ほどにすぎず，主要政党7党が乱立することになった。一方，大統領任命権は相変わらず国民協議会にあり，1999年11月に国民協議会で大統領選挙が実施された。選挙では大統領に選出されることを当然視し，連立工作に不熱心であったメガワティではなく，いくつかのイスラム系政党が擁立したアブドゥルラフマン・ワヒド（Abdurrahman Wahid）が第4代大統領に選出された。彼は，間接的にではあれ，インドネシア史上はじめて民主的に選ばれた大統領になった。

アブドゥルラフマン・ワヒドは大統領になったとはいえ，彼が率いた民族覚醒

第1章　インドネシア　29

党は第4党にすぎず，彼の内閣では主要7党全てから閣僚が任命された（メガワティは副大統領に就任した）。形式的には主要政党全てが与党となったが，彼の政権基盤は強くなかった。にもかかわらず，アブドゥルラフマン・ワヒドは，スカルノやスハルトのように強い権力をもった大統領として振舞おうとした。華人問題などで異論のある政策を強引に実施しようとしたり，意に沿わない主要閣僚を解任したり，国軍人事に介入したりして，他の政党や軍の反発を招いた。こうして大統領と，国会や国民協議会との対立が先鋭化し，政治は極めて不安定になった。結局，アブドゥルラフマン・ワヒドは2001年7月に国民協議会によって解任され，メガワティが大統領に昇格することになった。

　民主化によって多様な勢力が政治に参加することになったものの，毎年のように大統領が代わり，政治は混乱した。経済も，国際社会の支援を受けたものの，なかなか回復しなかった。新しい「改革」の時代は，混乱の時代でもあった。

（2）地方の「復活」

　この時期，より混乱したのは地方であった。スハルトの退陣によって権力の重石が取れた結果，それまで抑圧されていたさまざまな欲求が噴出することになった。スハルト退陣直後には，県知事から村長に至るまでの「ミニ・スハルト降ろし」が各地で起こった。また天然資源の豊富な非ジャワ地域を中心に，これまで中央に過剰に収奪されていた権益を取り戻すべく，地方分権を要求する運動が各地で起こった。なかには東ティモールの分離独立（第11章参照）に触発され，インドネシアからの分離独立を唱える勢力すらあった。

　混乱はこれにとどまらなかった。カリマンタンではジャワやその周辺からの移住者と先住民との間で民族紛争が起こり，マルクではムスリムとキリスト教徒との宗教対立が発生するなど，地域紛争が各地で起こった。規模も下手人もさまざまだがテロも各地で頻発していた。

　地方の分権化要求に対しては，憲法改正をうけ新法が制定され，2001年から大幅な地方分権が実施された。この結果，中央政府の任命制であった地方首長が地方議会で選出されることになり，原油と天然ガスを除く天然資源収入の80％が地方に還元されることになった。ところが地方分権は，利権争いや政治腐敗の地方への拡散も生み出した。地方の権益が増えたことに加え，たとえば地方首長選挙は候補による議員買収の温床になった。これが，多様性が復活したことの当面の

帰結であった。

　また新秩序期より問題になっていたアチェとパプアに対しては，2001年からそれぞれ特別自治権が付与されることになった。こうしてインドネシアからの分離独立を唱える動きは短期間で下火になったが，その後も分州，分県を目指す動きは各地で続いた。ちなみに1999年からの10年間で州や県，市は4割近くも増えた。新たに州や県になったほうがより多くの利権が得られるためである。

（3）安定を求めて

　話をメガワティが大統領に就任した2001年に戻そう。「改革」の名のもと，権力の分散は進んだが，政治は混乱した。これでは「改革」のもう1つの柱，経済再建はままならない。こうして政治的安定が望まれることになった。

　国民協議会による大統領の解任という悲劇の反省もあり，2001年と2002年の憲法改正では，国民協議会が国権の最高機関であるという規定が廃止され，三権分立が確立されることになった。大統領の直接選挙制が導入されたことにより，国民協議会による任命は形式的になり，併せて解任のハードルも高くなった。また国民協議会は，国会と地方代表議会（地方関連法案の提出や審議はできるが法律制定権はない）から構成されることになり，全ての議員は直接選挙で選ばれることになった。司法権の独立も保障され，憲法裁判所が新設された。

　一方メガワティの政権運営は，保守回帰とでも呼べるものであり，たしかにそれ以前より政情は安定したが，「改革」は進まず，安定というよりは停滞に近い状態になった。このため2004年に実施された総選挙と大統領選挙で，彼女と彼女が率いる闘争民主党は敗北することになった。2004年総選挙で第1党になったのは（新秩序期のゴルカルから改組した）ゴルカル党であったが，獲得議席率は23％ほどにすぎず，ほかの主要政党の議席率も減少し，政党の更なる分散化が進んだ。政党の分散化傾向は2009年総選挙でもみられた。

　2004年の大統領直接選挙で勝利したのはユドヨノ（Susilo Bambang Yudhoyono）であった。政党基盤をほとんどもたない彼が大統領に選ばれたのは，既存の政治に汚れていないクリーンさと，退役軍人であることによる実行力に対する期待からであった。ユドヨノ政権になって，スマトラ沖地震を契機にアチェの分離主義者とも和解するなど，治安の回復が進んだ。また新設の汚職撲滅委員会が本格的な汚職摘発に乗り出した。さらに2004年に改正された地方行政法によって，地方

第1章　インドネシア　　31

首長も（大統領同様）直接選挙で選出されるようになる一方，自治体に対する中央の統制も多少復活した。経済成長率も年6％程度に回復してきた。これらすべてがユドヨノの功績とは限らないが，2009年総選挙では彼の率いる民主主義者党が勝利し（獲得議席率は26％），同年の大統領選で再選を果たした。

（4）政党の離合集散

　ユドヨノ政権以降，インドネシアは政治的にも経済的にも安定してきた。一方で国会に議席を有する主要政党が7，8党もあり第1党の議席率が3割に満たない状況が常態化した。主要政党には新秩序期に起源をもつものもあれば民主化後に結成された新党もあり，またイスラム系政党もあれば世俗政党も存在する。ではなぜ多様な政治勢力が存在するにもかかわらず，政治が安定してきたのだろうか。

　第1の理由として直接選挙の影響がある。選挙制度を少し確認しよう。大統領選挙も地方首長選挙も正副候補がペアで立候補する。立候補に際しては議会に一定以上の議席率を有している政党あるいは政党連合の推薦が必要である（独立候補も立候補できるがハードルが極めて高い）。また1回目の投票で過半数の票を獲得する候補ペアがいない場合，決選投票が実施される。このため各政党や候補は，より幅広い支持層からの票の獲得を目指すため，政治的立場や文化的背景が異なる政党や候補と協力して正副候補のペアを組むことになった。また中小の政党は候補擁立条件を満たすためにも他党と連携することになった。結果として新旧，あるいはイスラム系政党か否か，さらに地方首長選挙の場合は，国政において与党か野党かといった事柄を問わず，あらゆる政党間の組み合わせによって候補ペアが擁立されることになった。もちろん選挙後の連立与党の組み合わせもさまざまになり，選挙ごとに組み合わせが変わることも常態化した。

　当選目的とはいえなぜそこまで選挙協力をするのであろうか。それは与党になることで得られる利権があるためである。これが政治的安定をもたらした第2の理由である。新秩序期から存在した汚職や癒着の構造は，権力の分散とともに分散し，形を変えて存続することになった。ちなみに大統領選挙後に，落選候補を擁立した政党が与党に加わることがある。これは政権安定を目指す多数派工作の意味合いもあるが，与党になることで大臣ポストやそれに伴う利権を求める政党側の事情もある（与党になっても意に沿わない法案には反対する場合もあり，政策より

利権で結びついていることがわかる）。

　これに対しては当然，政党政治家とりわけエリート政治家による談合政治との批判も多い。クリーンさを売りに台頭してきた民主主義者党や福祉正義党の有力者ですら汚職撲滅委員会の摘発を受けるなど，新旧問わず議員や大臣，地方首長などの政治的役職に就いたエリート政治家の汚職が深刻化している。

　多様な勢力が存在するにもかかわらずそれらを結びつけ政治を安定させたのが，エリート政治家による利権の共有であるとすれば皮肉であるが，一見すると「多様性の中の統一」が図られたかのような状況が生まれた。このためインドネシアは「世界最大のムスリム人口を抱える民主主義国」であり，穏健なイスラムの存在や政治的寛容性がインドネシアの特徴である，とすら言われるようになった。

（5）変化の兆し

　2014年の総選挙と大統領選挙前後から，こうした奇妙な安定状態に変化の兆しが見えてきている。総選挙で勝利したのは闘争民主党であり（獲得議席率は20%），大統領選挙で勝利したのは同党から立候補したジョコ・ウィドド（Joko Widodo, 通称ジョコウィ）である。家具輸出業からジャワの地方都市市長，ジャカルタ州知事を経て大統領になったジョコウィは，その貧しい出自からも，あるいは地方首長時代に貧困層向けの政策を実施したり住民との対話を重視したりする姿勢からも，庶民派として知られ，これまで利権を共有してきたエリート政治家とは一線を画す政治家として期待された。

　より重要なのは彼の選挙運動を下支えしたのが，SNSなどを駆使した草の根のボランティアであったということである。これに限らず，汚職まみれのエリート政治家ではなく，市民運動が政治を動かす機会が生まれてきている。もっとも当選後のジョコウィは，開発から取り残された遠隔地や貧困層のための政策を実施する一方で，議会対策の名の下，利権分配も行うようになっている。

　他方2014年の大統領選では，宗教に基づくネガティブ・キャンペーンも展開された。従来の選挙運動では得票の最大化を図るため，政治的文化的な亀裂をもたらすような言動は避けられてきた。ところが今回は，イスラム系団体がジョコウィに投票しないように，というキャンペーンを展開した。妥協と談合を繰り返してきたイスラム系政党とは異なる，議会外のイスラム系団体が「排除の論理」

第1章　インドネシア　　33

を掲げ，50年代のようなイスラム対世俗主義という対立の構図を選挙に利用しようとしたのである。結果的にジョコウィが当選したが，少なからぬ有権者の投票行動に影響を与えた。

　これと前後して地方首長選挙においても，地元出身か否か，ムスリムか否かといった文化的背景を理由にしたネガティブ・キャンペーンが行われるようになり，政治的寛容性とは逆の力学が生まれてきた。2017年のジャカルタ州知事選では，再選が有力視されていた華人でキリスト教徒の現職が，イスラム系団体による強力なネガティブ・キャンペーンにより落選した。イスラム系団体は，社会のイスラム化や活動の自由化によって存在感を高めてきたが，今や自らの意中の候補を当選させられなくても，意に反する候補を落選させられるだけの政治的影響力をつけてきたのである。

　政治的非寛容性や排除の論理に対しては，政党政治家のみならず市民団体からも懸念の声が上がっている。急進的なイスラムに対抗するためにパンチャシラ教育を徹底するべきだという動きもあるが，これについては新秩序期の再現を危惧する声もある。そもそも14年大統領選挙では「行き過ぎた民主主義」を指摘する候補もいた。

　「多様性の中の統一」の名の下，多様な勢力の共存を図るインドネシアの試行錯誤は今後も続くことになりそうである。

読書案内

① 　白石隆『スカルノとスハルト——偉大なるインドネシアをめざして』岩波書店，1997年。
　　＊スカルノとスハルトの個人史を軸にしながら，20世紀のインドネシア政治の展開を，包括的にかつ，わかりやすく論じている。インドネシア政治を勉強したい人は必読。
② 　宮城大蔵『「海洋国家」日本の戦後史』筑摩書房，2008年。
　　＊1950年代から70年代にかけて日本が東南アジアにどのように関与していったのかについて書かれている新書。日本やアメリカ，中国などの対東南アジア外交が中心だが，当時のインドネシアの状況も理解できる。
③ 　宮本謙介『概説インドネシア経済史』有斐閣，2003年。
　　＊先史時代からのインドネシアの経済について時代ごとにまとめられている概説書。独立後の記述は全体の3分の1程度の分量であるが，全体像がつかめる。
④ 　佐藤百合編『民主化時代のインドネシア——政治経済変動と制度改革』アジア経済研究所，2002年。

＊「改革の時代」に生じた政治的経済的変化について，それ以前の時代と対比しながら検討している専門書。多少難しいかもしれないが，しっかり勉強したい人は関心のある章だけでも読んだほうがよい。

⑤ 小林寧子『インドネシア　展開するイスラーム』名古屋大学出版会，2008年。

＊植民地時代から今日までのインドネシアのイスラムの諸相について書かれた専門書。細かな記述も多いが，独立後の政治とイスラムの概要を記した第6章はわかりやすい。

⑥ 川村晃一編『新興民主主義大国インドネシア——ユドヨノ政権の10年とジョコウィ大統領の誕生』アジア経済研究所，2015年。

＊近年のインドネシア政治の動向について2014年の総選挙，大統領選挙を中心に多角的に分析した専門書。④同様，難しいかもしれないが，しっかり勉強したい人は読んでみてほしい。

参考文献

『アジ研ワールド・トレンド』154巻，日本貿易振興機構アジア経済研究所研究支援部，2008年。

アンダーソン，ベネディクト，白石隆・白石さや訳『定本　想像の共同体——ナショナリズムの起源と流行』書籍工房早山，2007年。

川村晃一編『新興民主主義大国インドネシア——ユドヨノ政権の10年とジョコウィ大統領の誕生』アジア経済研究所，2015年。

小林寧子『インドネシア　展開するイスラーム』名古屋大学出版会，2008年。

佐藤百合編『民主化時代のインドネシア——政治経済変動と制度改革』アジア経済研究所，2002年。

白石隆『スカルノとスハルト——偉大なるインドネシアをめざして』岩波書店，1997年。

白石隆『新版　インドネシア』NTT出版，1996年。

土屋健治『インドネシア——思想の系譜』勁草書房，1994年。

宮城大蔵『「海洋国家」日本の戦後史』筑摩書房，2008年。

宮本謙介『概説　インドネシア経済史』有斐閣，2003年。

安中章夫・三平則夫編『現代インドネシアの政治と経済』アジア経済研究所，1995年。

Feith, Herbert, *The Decline of Constitutional Democracy in Indonesia*, Ithaca, New York, Cornell University Press, 1962.

Ricklefs, M.C., *A History of Modern Indonesia since c.1200*, 4th Edition, Stanford, California, Stanford University Press, 2008.

🔳 Column 🔳

地震大国インドネシアの復興支援活動

インドネシアではNGOなどの民間団体は，新秩序期にはさまざまな制約や弾圧を受けながら活動していた。改革の時代になり自由化や民主化が進んだ結果，これら民間団体の活動も活発になってきた。このコラムでは震災の復興支援活動を取り上げ，「改革」の成果として盛んになった，民間活動を紹介していこう。

インドネシアは地震大国であり，毎年のようにM7クラスの地震が発生している。2004年末に発生したスマトラ沖地震はM9.3を記録し，インドネシアだけでも13万人もの犠牲者を出した。インド洋沿岸各地に発生した津波の映像を記憶している人も多いだろう。2006年5月にはジャワ島中部地震が発生した。この地震はM6.3であったにも関わらず，震源が人口密集地近くであったため3500人以上の犠牲者を出すことになった。国際観光都市ジョグジャカルタ近郊であったこと，スマトラ沖地震の記憶がまだ鮮明であったことなどから，震災直後からインドネシア内外の多くの団体が支援活動に乗り出した。

震災直後の医療活動などの緊急支援は，経験に一日の長がある国際NGOや諸外国の活動が中心になったが，スマトラ沖地震の経験を生かしてインドネシア国内の団体や個人の対応も早かった。大企業，政党や宗教団体をはじめ，国内NGOや個人のボランティアが食料など緊急物資の支援活動に加わった。とりわけ仮設住宅建設や生活再建といった復興支援に活動の中心が移るにつれ，国内団体の活動が目立ってきた。

メディア各社はそれぞれの媒体を通じて多額の募金を集め，支援活動資金にした。いっぽう外国の団体や個人からの支援の受け入れ窓口になった国内NGOも多く，時にはそのために新しい団体が作られた。被災者のニーズを把握しながら，その活動は住宅や学校建設のみならず，メンタルケアや職業訓練にまで及んだ。

ドーム村

もちろん規模からすると復興支援活動の中心は行政であった。外国からの資金援助と，州から県，村に至るまでの組織を活用して被災者支援を行ったが，動きが遅かったことに加え，たとえば村長による見舞金の着服が起こるなど（2009年には汚職撲滅委員会による摘発も行われた）問題も多く，個々の活動規模は小さくとも民間の復興支援活動の役割は大きかったといえる。

ここでは，地震から4年ほど経過し，多くの支援活動が終了し震災の記憶も薄れてきた2010年になってもなお，続けられてい

スタジオ・ビルのレンドラさん（左）とラマダンさん（右）

る活動を2つ紹介しよう。

　1つ目は「スタジオ・ビル（Studio Biru）」の活動である。彼らの活動拠点はスレマン県プランバナン郡グルプン村である。ここは山腹にあった村が崩壊し、アメリカのNGOの支援でドーム村が建設されたことで有名である。彼らは当初、仮設住宅建設などを手伝っていたがドーム村の話が出たため、そちらに委ね、いったん活動を打ち切った。しかし「復興」が村人たちの意識も含め、物理的な側面に偏っていることを危惧して2008年に活動を再開した。活動の中心は、幼い子供たちを集めて絵を描くなどの情操教育である。また行政にかけあって診療所を建設するなど、教育、健康といったソフト面での支援を行っている。

　もう1つはバントゥル県サンデン郡グジュン村でスバングン（Subangun）さんが行っている活動である。彼はもともと社会学者であるが最近は農場経営なども行っている。震災後ドイツのカトリック系団体から資金提供を受け、被害の大きかった別の地域で復興支援をしていたが、被害が比較的小さかったサンデンでも活動を始めた。国内で集めた資金を基に彼は、行政ができなかった支援活動を行っている。1つは幼稚園の再建と運営である。学校再建に関する行政支援は小学校までであったが、彼は幼稚園の校舎を建て、その後も運営資金の支援を行っている。もう1つは住宅建設である。公的支援で建てられた住宅は、震災以前のものより小さいことが多い。かつて2、3家族で住んでいたものの居場所がなくなった高齢者などのために小さな住宅を建設した。こちらの活動はほぼ終了している。

　2つの事例とも、規模は小さいものの、復興支援で見落とされがちな事柄に対して、息の長い活動を地道に続けていることがわかるであろう。こうした草の根の活動の積み重ねから、今後インドネシアの自立と発展が生み出されることを期待したい。

グジュン村に建てられた家

第2章 マレーシア

―― 「民族の政治」に基づく民主主義

篠崎香織

この章で学ぶこと

マレーシアの政治を特徴づける最たるものは，「民族の政治」である。「民族の政治」には，2つの側面がある。その1つは，人々が公権力と意思疎通を図る枠組みとして，民族が機能しているという側面である。マレーシアでは過去半世紀にわたり，複数の政党で構成される政党連合が国政を担ってきた。その中心に位置するのが，特定の民族の庇護者・代表者を自認する民族政党である。この連立政権のもとでは，誰がどの代表者に責任の履行を迫りうるのかが，民族という枠に沿って明確に確認されうる。また「民族の政治」は，選挙という多数決原理を，多数派の民族ばかりに有利に作用させない状況も作り出している。

もう1つは，社会進出が遅れているとされる特定の民族を支援するため，政府が一定の割合で資源を確保し，その民族に分配するという側面である。ここでの資源とは，政府奨学金や公立の高等教育機関への入学，事業許認可などであり，特定の民族とは，マレー人など「原住民」である。この側面は，民族によって資源にアクセスできる機会が平等でない状況を作り出しているため，マレーシア国内外で批判的にとらえられることが多い。

「民族の政治」には問題もある。だが，多民族社会を安定的に運営する仕組みを提供したのも，「民族の政治」だった。マレーシアが独立して以降，国政レベルでの政権交代といった大きな政治的変化が起こっていないのは，「民族の政治」がそれなりに評価されてきたためでもある。大きな政治的変化が起こるとすれば，それは，「民族の政治」では公正さが実現できないと多くの人々が判断した時だ。本章は「民族の政治」を軸に，マレーシア政治をとらえていく。

キーワード 民族の政治，5月13日事件，国民戦線，新経済政策，ブミプトラ，イスラム化，レフォルマシ，ポリティカル・ツナミ，人民連盟

1 マレーシア政治の特徴

（1）多民族国家

　マレーシアは，タイから南に延びる半島と，ボルネオ島北部の2つの地域で構成される。前者は「半島部」や「西マレーシア」と呼ばれ，9州で構成される。後者は「東マレーシア」と呼ばれ，2州で構成される。半島部の9州は，1957年にマラヤ連邦としてイギリスから独立した。東マレーシアの2州は，1963年にマラヤ連邦とともにマレーシアという新しい国家を結成し，イギリスから独立した。

　マレーシアは，多様な民族で構成される多民族国家である。数のうえでもっとも多い民族はマレー人で，総人口の約55%を占める。マレー人とは，ムラカ王国（15世紀初〜1511年）で花開いたイスラム教とマレー語を核とする文化と，イスラム教の受容前から実践していた伝統的な慣習を受け継ぐ人たちとされる。次に多いのが，中国から移住して来た華人で，総人口の約26%を占める。それに続くのがインド人で，総人口の約8%である。すでにムラカ王国の時代以前にも，華人やインド人の定住コミュニティが存在したが，今日の華人とインド人の大部分は，19世紀以降にマレーシア地域で開発が進展したのにともない，資本家や商人，労働者として移住してきた人たちの子孫である。残りの約11%は，東マレーシアのカダザン人，イバン人，バジャウ人や，半島部のオラン・アスリなどである。

　このようにマレーシアには，マレー人や華人，カダザン人など，文化的な固有性をそれぞれに主張する多様な民族が存在する。そしてこれらの多様な民族が，「マレーシア人」を構成している。マレーシア人とは，マレーシア国籍をもち，国民としての義務を履行し，マレーシアという国のあり方を決め，それによって自分を取り巻く社会を作り上げる権利をもつ人のことである。文化の共有よりも，物事を決める場に参加する資格によって，結びついている人たちといえる。

（2）5つのブロック

　マレーシアの政治は，半島部の3つの「民族ブロック」と，東マレーシアの2つの「地域ブロック」に着目するととらえやすい。各ブロックの代表者を選出す

第2章　マレーシア　　39

る選挙を中心に，政治が動いている。

　半島部の3つの民族ブロックを構成するのは，華人，マレー人，インド人である。現実には混血者も存在するが，政治の運営上は，社会の構成員はマレー人，華人，インド人のいずれかに所属することが前提とされる。そして，自分と民族を同じくする代表者を通じて政治に参加し，その代表者を通じて，民族ごとに定められた資格に応じて，資源の公的な分配や行政サービスを受けることになっている。また，民族内の問題は基本的にその民族内で解決し，ほかの民族は干渉するものではないとされる。

　こうした仕組みが，「民族の政治」と呼ばれている。この仕組みは，民族の庇護者・代表者を自認する民族ごとの政党，すなわち，統一マレー人国民組織（United Malays National Organization：UMNO），マラヤ華人協会（Malayan Chinese Association：MCA，1963年以降はマレーシア華人協会），マラヤ・インド人議会（Malaya Indian Congress：MIC，1963年以降はマレーシア・インド人議会）のもと，1955年以降半世紀にわたって継続してきた。

　「民族の政治」というと，華人が華人政党を支持し，マレー人がマレー人政党を支持し，各民族が政党を通じて競合・対立し合うイメージをもつかもしれない。また，数のうえで多数派の民族がそれ以外の民族に対して，圧倒的に有利となるような印象を受けるかもしれない。だがそのようにはなっていない。

　まず，UMNO，MCA，MICは，有権者の票を争う競合関係にはない。これら3党は，それぞれが各民族の代表者であるという了解のもと，互いをパートナーとして連立与党を構成しており，事実上，緩やかな多民族政党が政権を担当している。

　たとえば選挙は以下のように行われる。マレー人有権者が多い選挙区では，与党からUMNOのマレー人候補者が立てられる。その対立候補は多くの場合，マレー人の庇護者を名乗る野党のマレー人候補者である。この選挙区のマレー人有権者は，与党と野党のマレー人候補者のうちどちらかを選ぶ。マレー人候補者にとってまず重要なのは，マレー人有権者の支持を獲得することとなる。

　ただし，マレー人候補者は非マレー人有権者をないがしろにすることもできない。たとえば，マレー人有権者が9割を占める選挙区の華人有権者は多くの場合，与野党いずれかのマレー人候補者に投票することになる。華人の場合，UMNOの候補者に投票することは，連立与党を信任し，MCAを自らの代表者

表 2-1　半島部の主な政党

政　党	庇護する対象
国民戦線	
UMNO（統一マレー人国民組織）	マレー人
MCA（マレーシア華人協会）	華人
MIC（マレーシア・インド人会議）	インド人
グラカン（マレーシア人民運動党）	多民族（実質的に華人）
野　党	
PAS（汎マレーシア・イスラム党）	ムスリム。華人やインド人のムスリムも庇護者となるが，主にマレー人の庇護者として認識されている。
PKR（人民公正党）	多民族。自らの庇護者として認識するマレー人も多いが，華人の党員・幹部も多い。2008年の総選挙後，インド人の加入が増加。
DAP（民主行動党）	多民族。しかし自らの庇護者と認識する華人が多く，他の民族も同様に認識。
アマナ（国家信託党）	多民族。しかしイスラム教を基礎とした公正な社会づくりを党是とするため，ムスリム／マレー人の庇護者として認識されている。
PPBM（マレーシア統一プリブミ党）	ブミプトラ。マレー人および東マレーシアの先住民の「特別な地位」の擁護と，全ての民族の権利の擁護を党是とする。

(注)　1．アマナ：Parti Amanah Negara。PAS の離脱者が2015年6月に設立。
　　　2．PPBM：Parti Pribumi Bersatu Malaysia。UMNO の離党者が2016年9月に設立。
　　　　　党首はマハティール元首相。

として信任することを意味する。他方で，連立与党と MCA に対する不信任を表明するため，マレー人の野党候補者に票を投じることもある。近年は，マレー人有権者の票が与野党に二分することが多く，そのなかで非マレー人の票がマレー人候補者の当落を左右することも少なくない。

　東マレーシアの2つの地域ブロックを構成するのは，サバ州とサラワク州である。両州は半島部に対して，高い自立性を維持している。これは，1963年にマレーシアが結成された時，半島部の影響力が及ぶのを懸念した両州の政治指導者に対し，半島部の政治指導者が両州の内政に干渉しないと保障したことに由来する。

　各州には州憲法や州法があり，イスラム法の施行や土地の管理，地方行政などを管轄している。その一方で連邦議会は，州間の統一性を維持する法律を制定することができ，それが州の権限を制限することもありうる。だがその法律は，サバ州とサラワク州には適用されない。また両州は，出入境管理の権限をもつ。州

第2章　マレーシア　　41

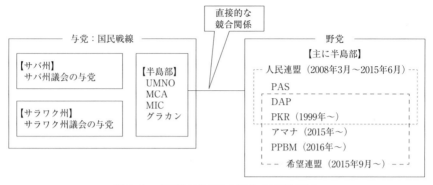

図2-1　与野党の基本的な構図（1978年以降）

外出身者はマレーシア国内からの移動でも，身分証やパスポートの提示を求められ，両州での就労には就労許可が必要である。これに対し，両州の出身者は，半島部への移動や半島部での就労において，とくに制限を受けない。

　半島部と東マレーシアの2州は，「内政不干渉」のような関係にある。マレーシア結成の際，半島部の政党が東マレーシアに進出することはなく，またその逆もなかった。東マレーシアでは，国会議員も州議会議員も，地元政党から選出されてきた。これらの政党はいずれも多民族政党で，何らかの民族を核とすることはあっても，特定の民族の庇護を掲げてはいない。これは，東マレーシアでは民族間の社会的亀裂が半島部ほど明瞭でなく，民族の範囲が重なり合う部分が多いためである。選挙の争点は，地元社会における利害をめぐるものであることが多く，半島部の争点に必ずしも影響されない。こうしたなかで東マレーシアでは，州議会で与党となった政党が半島部の与党と連立を組み，国政に関わってきた。その基本的な構図は図2-1のとおりである。

　以上の2種類のブロックのうち，半島部の「民族の政治」は，ほかにあまり例のないマレーシア政治の特徴といえる。「民族の政治」という仕組みがあるからこそ，選挙という多数決原理が多数派の民族に一方的に有利になることはなく，また有権者が代表者に責任の履行を迫りうるのである。マレーシアで政権交代が起こらない要因として，与党に偏向的で，公正さに欠け，民主的でない選挙制度がしばしば挙げられる。選挙を取り巻く環境は，たしかに与党に有利な部分はある。しかしだからといって，マレーシア人はその環境にただ流されて，票を投じているわけではない。彼らはさまざまなメディアを通じて，代表者たちの言動を

常日頃から観察し，審判の日に備えている。

以下では，「民族の政治」がどのように構築され発展してきたのかをみていく。その際，「民族の政治」の2つの側面をとらえ，それがもたらす次元の異なる2つの政治に着目してほしい。1つ目の側面は，自分と民族的背景を同じくする代表者を通じて政治に参加し，その代表者を通じて資源の公的な分配や行政サービスを受けるという側面である。これは民族の内部で，代表者の座をめぐる政治を生じさせる。2つ目の側面は，資源の公的な分配や行政サービスを受けるうえで，民族によって機会が異なるという側面である。これは民族間で，資源の分配をめぐる政治を生じさせる。

2　民族別政党の形成

（1）UMNO

「民族の政治」の基盤を成すのは，UMNO，MCA，MICという民族別政党である。その形成過程をみてみよう。

半島部は19世紀以降，イギリスの植民地となった。それは，直轄領の海峡植民地（ペナン，マラッカ，シンガポール）と，保護国の9つのマレー人王国（ペラ，スランゴール，ヌグリスンビラン，プルリス，クダ，トレンガヌ，クランタン，ジョホール，パハン）で構成された。「直轄領」とは，イギリス人の総督が首長として，内政も外交も担当する形態である。これに対して「保護国」とは，各国のマレー人首長（スルタンやラジャ）が主権を維持し，イギリスと条約を結び，外交上はイギリスの一部となる形態である。この条約では，各国にイギリス人駐在官が常駐し，マレー人首長はマレー人の宗教と慣習に関する事柄以外は全てにおいて駐在官の助言を求め，それに従わねばならないとされ，実際にはイギリスが内政でも大きな影響力をもった。それでもマレー人は，マレー人首長が統治する国で，自分たちの主権が確保されていると認識していた。

1942年2月～1945年8月の日本軍政を経て，イギリスが半島部の統治に復帰した時，行政の効率化と半島部の独立を見据えた政策がとられた。その結果，スルタンの権限を縮小し，中央集権を進め，あらゆる民族に同一の権利を付与するとしたマラヤン連合（Malayan Union）が1946年1月に発足した。これには，9つのマレー人王国と，ペナンとマラッカが含まれた。

第2章　マレーシア　43

だがこれに対して，マレー人の間に強い反対が巻き起こった。第1に「マラヤ
ン連合」という名前が問題とされた。当時のマレー人にとって「マラヤン」と
は，外来の定住者をイメージする言葉であった。これは，1930年代に華人やイン
ド人が「マラヤン・チャイニーズ（Malayan Chinese）」や「マラヤン・インディア
ン（Malayan Indian）」と自称し，マレー人と同等の権利を主張したことが背景と
なっていた。そのためマレー人は，「マラヤン連合」とはマレー人を排除するも
のだとイメージした。第2に主権に関する問題であった。マレー人首長を廃止
し，全ての住民に平等な市民権を与えることは，マレー人が国を失い，マラヤを
構成する単なる一要素に成り下がり，主権を失うことだと認識された。

　このような認識のもと，マラヤン連合に反対するマレー人が結集し，1946年5
月にUMNOが設立された。UMNOはスルタンに代わってマレー人の庇護者を
名乗り，マレー人の代表者として，イギリスやほかの民族の代表者と協議・交渉
を行った。その結果，1948年1月にマラヤ連邦（Federation of Malaya）が成立し
た。マレー人首長制は維持され，マレー人は主権が保証される「特別な地位」を
確保し，非マレー人の市民権取得の条件は厳格化した。

　ところで，「特別な地位」が保証されるマレー人とは誰か。これについては，
「イスラム教を信仰し，日常的にマレー語を話し，マレーの慣習に従う者」と定
義された。この定義は1957年にマラヤ連邦が独立する時，憲法にも盛り込まれ
た。

　ただし，全てのマレー人がこのようなマレー人概念を構想していたわけではな
い。たとえば，左派の流れを汲むマラヤ・マレー民族党（1945年10月結成）は，血
統と切り離した「マレー民族」概念を提唱した。同党は，マラヤのイギリスから
の即時独立を掲げ，そのためにマラヤの統一が必要だとし，マレー人諸国の解体
とマラヤの全住民の協調を求めた。彼らが掲げる「マレー民族」とは，マレー語
の能力と新たな国家の担い手としての意志をもつ人で，その意志がなければ血統
的にマレー人であっても「マレー民族」ではないとされた。だが1948年6月にマ
ラヤ共産党が非合法化されて以降，左派勢力に対するイギリスの締め付けが厳し
くなり，マラヤ・マレー民族党も活動の余地を狭められ，解体に至った。その後
同党の関係者は，左派政党を設立したり，UMNOから派生した汎マレーシア・
イスラム党（Parti Islam Se-Malaysia：PAS）に合流したりするなど，多方面に分岐
していった。PASは，1959年から78年と90年以降，クランタン州で政権を維持

するなど，強力な野党に成長した。

　UMNOに結集したマレー人は，「特別な地位」の確保にこだわった。だがそれはマレー人だけの国家を目指したためではなく，むしろ非マレー人と国家をともにすることを想定していたためであった。このことは，マラヤ連邦に2つの名前があることに示されている。1つは英語の"Federation of Malaya（マラヤ連邦）"である。"Malaya"は地理的な概念で，誰に属するものでもない。この名前には「この地はマレー人だけのものではない」という思いが現れている。もう1つはマレー語の"Persektuan Tanah Melayu（マレー人の地の連邦）"である。この名前には「この地は本来マレー人のものである」という思いが現れている。この時からマレー人は，とくに政治指導者は，この2つの思いの間でバランスをとることになる。

（2）MCAとMIC

　MICは1946年8月に，MCAは1949年2月に，それぞれ設立された。その目的は，マレー人に対抗するためというよりは，マレー人と同じ土俵に自らも代表者を送るためであった。

　UMNOとMIC，MCAの関係だけみると，マレー人が組織化したのに触発されて，インド人や華人も組織化したようにみえる。インド人や華人は，インドや中国に対する帰属意識が強く，半島部における政治参加に消極的だったという説明がある。だが，必ずしもそうではないことは，1930年代の「マラヤン・チャイニーズ」や「マラヤン・インディアン」を掲げた動きをみても明らかであろう。

　インド人や華人は，意思決定の場に自分の代表者を送ろうとする試みを，植民地期から行ってきた。たとえば，華人商業会議所の例がある。植民地期にヨーロッパ人は，商業会議所を通じて，意思決定の場に代表者を送り出す権利をもっていた。これを受けてペナンの華人は，1903年にペナン華人商業会議所を設立し，意思決定の場にペナンの華人の代表者を送り出そうとした。また1921年以降，半島部の主な都市に設立されていた華人商業会議所が代表者会議を定例化し，そこでも同様の試みを行っていた。

　実は，華人商業会議所のメンバーが新たな「器」に自らを組織化しなおしたのが，MCAとみることもできる。MCAの設立時のメンバーの大部分は，各地の華人商業会議所のメンバーであった。UMNOがマレー人の代表者としてイギリ

第2章　マレーシア　　45

スと交渉するのを横目にし，華人は華人商業会議所のメンバーを中心に，自分たちの代表者を認知してもらう新たな枠組みとして，MCAを結成したのである。

（3）3政党の提携——連盟党

UMNO，MCA，MICは，それぞれ個別の政党という身分を維持したまま，提携関係を結ぶこととなった。その契機となったのが，選挙であった。1951年12月以降，市議会のレベルで，直接選挙が各地で行われた。

最初に選挙が行われたのは，ペナンのジョージタウン市議会であった。9議席が争われたこの選挙では，多民族政党が勝利し，UMNOは1議席しか獲得できなかった。これに続き，1952年1月には首都クアラルンプールでも市議会議員選挙が行われることになっていた。この選挙に際し，UMNOとMCAの地方レベルの指導者が，選挙協力を行うことで合意した。これには党内外から批判もあったが，両党は選挙で圧倒的な勝利を収めた。その後，各地で実施された市議会選挙でも，両党の選挙協力と勝利が定式化した。

UMNOとMCAは1953年に連盟党（Alliance Party）を結成し，1954年にはMICもこれに加盟した。連盟党は，最初の国政レベルの選挙である1955年7月の立法議会選挙で圧勝した。

この間，民族政党を解体して，多民族政党を作ろうという動きもあった。たとえば，UMNOの初代党首オン・ジャアファル（Onn Jaafar）や，MCAの初代党首のタン・チェンロック（Tan Cheng Lock）は，そのような考えをもっていた。だがそうした考えは，UMNOやMCAのメンバーに支持されなかった。オン・ジャアファルはUMNOを離脱し，多民族政党を結成し，選挙に参加した。だが人々が選んだのは，UMNOとMCAの提携であり，そこから発展した連盟党であった。

3 「民族の政治」の拡大と行き詰まり

（1）「民族の政治」への参加者の拡大

連盟党はマラヤの人々の代表者として，マラヤ連邦の独立に向けて，イギリスと交渉した。また，連盟党に参加する各民族の代表者は，「国民たりうるのは誰か」をめぐって交渉し，その結果を憲法に明記していった。マレー人は「特別な

地位」を確保し，非マレー人は国籍取得における出生地主義の原則を確保した。国語はマレー語であるが，それ以外の言語を使用・学習する権利が保障された。マレー人の「特別な地位」を守るのは国王の責務であるが，非マレー人の正当な利益を擁護することも，国王の責務とされた。

マラヤ連邦は1957年に独立した。だが非マレー人のなかには，マレー人の「特別な地位」を不満に思う人が少なくなかった。また華人のなかには，華語（北京語）で教える中等・高等教育の保障や，華語の公用語化を求める声も大きかった。そうした声を吸収したのが，1960年代に結成された多民族政党であった。

MCAでは，MCAは連盟党でもっと大きな地位を占め，華語教育と華語の公用語化をより積極的に働きかけるべきだという主張が強まった。そのなかにはMCAを離れ，別の政党を結成した者もいた。68年3月に設立されたグラカン（Parti Gerakan Rakyat Malaysia：マレーシア人民運動党）は，そのような背景をもつ政党の1つである。

65年10月に設立された民主行動党（Democratic Action Party：DAP）は，野党の中心的存在であり続けてきた。DAPのルーツは，シンガポールの人民行動党（PAP）にある。63年9月にマレーシアが結成された時，シンガポールもその一員で，PAPはマラヤに支部を設立した。それらの支部は，65年8月にシンガポールが分離独立した後，DAPとして再出発した。DAPは多民族政党だが，特定の民族が「特別な地位」を享受するのではなく，あらゆる民族は平等であるべきだと主張したため，非マレー人の庇護者として認識されるようになった。

（2）5月13日事件

1969年5月10日に行われた総選挙では，1960年代に現れたこれらの政党が躍進した。連邦議会選挙では，連盟党の議席数は89議席から66議席に減少し，DAPやグラカン，PASなど野党の議席数は12議席から37議席に増加した。州議会では，クランタン州でPASが，ペナン州でグラカンが，それぞれ単独で過半数を獲得し，スランゴール州とペラ州では与野党の議席数が拮抗した。

この選挙結果を受けて，DAPとグラカンの党員や支持者が，党の躍進を祝う街頭パレードをクアラルンプールで行った。これに対抗して，UMNOの党員と支持者が街頭パレードを計画するうちに，マレー人と華人が衝突し，それが瞬く間に暴動に発展，死者196人，負傷者439人を出す惨事となった。

第2章　マレーシア　　47

この出来事は発生日にちなみ,「5月13日事件（May 13 incident)」と呼ばれる。マレーシア人はこの事件の記憶により，多民族の共存に懐疑的なところがある。しかしだからこそ，安寧を維持するために，一人ひとりの自制が不可欠だと強く認識している。

4 「民族の政治」の仕切り直し

（1）新経済政策

5月13日事件の後，政府は非常事態を宣言し，国会と州議会および憲法を停止し，軍・警察・連盟党で構成される国家運営評議会（National Operation Council)を設置した。同評議会は，71年2月に議会が再開するまで，治安秩序の回復と行政を担った。同評議会は，5月13日事件の主な原因はマレー人と非マレー人との経済的不均衡にあるとし，それを是正し国民統合を促進するために，国家が積極的に介入していくとした。この方針は71年5月に，新経済政策（New Economic Policy）として発表された。

マレーシアの憲法は，政府が資源を分配するうえで，マレー人に一定の「割り当て」を確保しうると定めている。新経済政策はこれに基づき，20年の時限付で，「割り当て」が適用される分野を具体的に設定し，実施するものであった。71年3月の憲法改正により，「割り当て」を享受しうるのは，マレー人と東マレーシアの先住民とされた。これらの人々を総称するのに，ブミプトラ（bumiputera）という言葉が使われるようになった。ここから排除されたのは，華人とインド人であった。

「割り当て」は以下のように適用された。ブミプトラの株式所有率を，1990年までに1.9％から30％に引き上げるという数値目標が設定された。それを実現し，ブミプトラの雇用を確保するために，工業調整法が制定された。資本額や従業員数が一定の規模に達する製造業者は，資本と従業員の30％をブミプトラに割り当てることが求められた。国立大学の入学者の割合は，ブミプトラ55％と非ブミプトラ45％に設定された。ブミプトラのみを対象とする公立の高等教育機関や政府の留学制度も拡充した。

文化や教育の面でも，マレー文化を主流とする政策がとられた。政府は1971年に国民文化政策を策定し，国民文化の原則を①土着の人々の文化を基礎とする，

②ほかの文化要素はふさわしいと思われるもののみ国民文化に組み入れうる，③イスラム教が国民文化の重要な要素である，とした。これに対して非マレー人は，マレーシアという国家の文化は多元的であり，非マレー人の文化もマレーシアを構成する文化の一要素として認めよと主張した。

（2）「敏感問題」

国家運営評議会は扇動法を改正し，憲法のいくつかの条項について，公の場で議論することを禁止した。その条項とは，市民権付与を定めた第3部，国語をマレー語と定めた第152条，資源の公的分配においてマレー人に一定の割合を留保しうることを定めた第153条，マレー人統治者の統治権を保障する第181条であった。これらの条項は「敏感問題（sensitive issue）」と呼ばれるようになった。

これらの法改正は，民族の利益に関する議論を禁止することで，マレー人優先政策に対する非マレー人の主張・反論を法的に封じ込め，マレー人の政治的優位性を制度上確保することを企図したものだと指摘されることがある。だが，必ずしもそうとは言い切れない。

第1に，「敏感問題」とされた条項は，マレー人の権利のみを保障するものではない。第3部の市民権付与は，非マレー人が求めていた出生地主義に基づく国籍付与を保障している。第152条は，国語をマレー語と定めているが，マレー語以外の言語の使用や，マレー語以外の言語で教育を受ける権利を保障している。第153条は，社会的上昇に資する資源をマレー人のために一定の割合で確保するとしつつ，非マレー人の既得権益を不当に奪うことを禁じている。マレー人の「特別な地位」の擁護者である国王は，非マレー人の正当な利益の擁護者としての責務も課されている。

「敏感問題」を規定したことで，「マレー人の特別な地位を廃止し，全ての民族に平等を」と主張することはできなくなった。だが同時に，マレーシア国籍を持つ非原住民系の人を不当に排除したり，その人たちに「中国（インド）に帰れ」と言ったり，華語やタミル語の学校を不当に廃止したりすることもできなくなった。

第2に，これらの条項によって保障されている権利や利益が正当に行使されているかを検討し，不満があれば異議申し立てを行う自由は，憲法などで保障されている。マレーシアの人々は「敏感問題」というルールを確認したうえで，その

第2章　マレーシア　49

なかで保障されている自身の権利や利益が正当に行使されているかを常に検討し，問題があると思えばすかさず声をあげている。

　その例に，ブミプトラへの優遇措置をめぐる議論がある。一方では，憲法が定めるマレー人の「特別な地位」と，新経済政策で導入されたブミプトラへの優遇措置は別個のものであり，優遇措置は状況に応じて，その廃止も含めて見直すべきだという意見がある。他方で，マレー人の「特別な地位」とブミプトラへの優遇措置は同じものだとする意見もある。それぞれの主張は社会の支持を得るべく，機会があるごとに，「敏感問題」というルールの範囲内で表明される。

（3）国民戦線の成立と新たな対抗勢力

　1969年の総選挙の結果，クランタン州とペナン州に野党政権が成立した。前者はPAS政権，後者はグラカン政権である。UMNOは両党に対し提携を働きかけ，これらの野党を体制内に取り込もうとした。PASとグラカンでは，連盟党に参加するか否かをめぐり，党内に激しい対立が生じた。両党は最終的に，州の開発に政府の開発資金を活用すべく，72年に連盟党に参加した。さらに連盟党は，東マレーシアの与党も迎え，国民戦線（Barisan Nasional，正式登録は74年7月）を発足させ，連立政権を打ち立てた。

　半島部では，78年にPASが国民戦線を離脱するが，それ以外は今日に至るまで国民戦線の構成政党（UMNO, MCA, MIC, グラカン, PPP）に変化はない。これに対抗する主な野党は，DAPとPASであった。これが半島部における基本的な競合・対立の構図となった。そこに90年以降，UMNOからの分派者が設立した政党が，野党として参入していくようになる。

　東マレーシアでは，州議会の与党が基本的に国民戦線に参加してきた。選挙前は州議会で野党であった政党や個人が，選挙に勝利した後に国民戦線に加入する例もある。この背景には，よりよい生活を求めて，自分の代表者が政府の開発資金にアクセスできることを期待する有権者の存在がある。

　国民戦線の成立により，政府に対抗する勢力は，DAPのみとなるはずだった。だが，そうはならなかった。政府に異議申し立てを行う勢力として，学生組織が名乗りをあげた。

　67年ごろから，マレー語やイスラム教を掲げたマレー人の学生組織を中心に，学生運動が活発化していた。とくに，社会是正を実現する価値をイスラム教に見

出そうとする動きが高まり，さまざまなイスラム教組織が設立された。汚職や搾取，貧困の除去や社会是正を訴え，批判的な精神を養いモラルを支える基盤をイスラム教に求めるグループもあれば，イスラム国家を設立し，イスラム的な価値や制度を全面的に導入することを求めるグループもあった。

　こうした運動がピークに達したのは，74年後半であった。かつての野党がいまや与党となり，政府をチェックする勢力が不在になったと感じた学生は，自らがその役割を担うこととした。74年11月にクダ州バリンでゴム園の農民が，ゴム価格の下落と日用品の急激な値上がりに起因する生活の困窮を訴えて大規模なデモを行うと，これに共感した学生が各地で農民を支援する運動を行った。運動の参加者の多くはマレー人学生であったが，非マレー人学生も参加していた。この運動は，首都クアラルンプールで5000人規模のデモに発展し，警官隊と激しく衝突した。

　デモの中心人物と目された人物は，逮捕された。そのなかには，現在政界やNGO，ジャーナリズムで活躍している者も多い。アンワル・イブラヒム（Anwar Ibrahim）もその1人である。アンワルは，マラヤ大学在学中に学内・学外の学生・青年組織の会長を務め，74年にマレーシア・イスラム青年運動（ABIM，71年設立）の会長に就任した。ABIM は会員数約4万人（80年代初頭）の一大組織で，政府に対し社会正義の実現や汚職追放，民主化を求め，多文化主義を掲げ，特定の民族を対象とした新経済政策を批判した。ABIM から UMNO や PAS に活動の場を移し，党幹部となった者も多い。

5　「民族の政治」とアイデンティティー

（1）アイデンティティーの画一化と多元化

　今日のマレーシアではアイデンティティーのあり方をめぐり，画一化と多元化の動きがみられる。画一化とは，「○○人ならかくあるべし」という規範を強く意識し，それを他人にも求める圧力である。これは往々にして，民族間の関係を疎遠にしうる。多元化とは，「○○人ならかくあるべし」という規範を絶対視せず，個人や集団が実践する文化や生き方の多様性を積極的に認めるものである。

　こうした動きの起源は，81年7月に第4代首相に就任したマハティール（Mahathir Mohamad）の政治にたどれるといわれている。マハティールは当初，「超マ

レー主義者」と認識されており，非マレー人に人気がなかった。それはマハティールが，5月13日事件後に当時の首相ラーマン（Abdul Rahman）に公開書簡を送り，「華人が求めるものを何でも与えすぎだ」と非難し，UMNOを除名された過去をもつためである。またマハティールは『マレー・ジレンマ』を著し，マレー人は恵まれた自然環境で生きてきたうえ，近親婚が多く劣性遺伝子をもち，遺伝的に競争力に欠けるとして，マレー人に対する優遇措置を設けるべきだと主張していた。

　だが首相就任後のマハティールは，「超マレー主義」的な政策を行ったわけではなかった。次々に打ち出した政策は，効率的で信頼しうる清廉な行政の確立，専門知識や技術をもつ高学歴の若手の登用，政治犯の釈放，ルック・イースト政策を通じた生産性向上・労働倫理の確立，重工業の促進，日本と韓国からの投資・合弁事業の奨励など，開発を重視するものであった。マレーシアは1980年代末以降，年率8〜9％に達するGDP成長率を記録した。

　マハティールは，民族ごとの要求に個別に対応した。イスラム教の価値観に根ざす生き方への志向が高まっていたマレー人社会に対しては，若い世代に広く支持されていたアンワルを82年3月にUMNOに迎え入れた。アンワルは急速に昇進し，93年12月に副首相に就任した。社会のさまざまな領域でイスラム的な価値が導入され，各州のイスラム法廷の整備・制度化や，イスラム金融機関の設立・金融サービスの提供，国際イスラム大学の設立などが行われた。こうした展開は一般に，「イスラム化」と称される。

　他方でイスラム化の進展は，マレー人にアイデンティティーの画一化を迫る圧力と競争をもたらし，マレー人と非マレー人との関係を疎遠にしたと指摘されている。80年代以降UMNOとPASは，「マレー人の代表者」としての由緒正しさを示すため，相手を非イスラム的だと非難し合い，激しく対立した。それは社会のレベルでも，マレー人はよりイスラム的であるべきだという圧力を生み出し，よりイスラム的であろうとする競争をマレー人の間にもたらした。また，非ムスリムの文化・習慣にはイスラム的価値にそぐわないものもあり，それに触れたり触れさせたりすることを互いに避けるうちに，ムスリムと非ムスリムとの関係が疎遠になったといわれている。

　新経済政策は1991年に終了し，国家開発政策（National Development Policy）がスタートした。そのなかで「割り当て」の原則は引き継がれた。他方で，非マ

レー人に対する割り当ての拡大や，割り当ての領域外での機会の開放が進展した。これはマハティールが非マレー人の要求に個別に対応した結果であった。工業調整法は大幅に緩和された。マレー語以外の言語で教授する私立の高等教育機関の設立が認められた。また，非マレー人の文化も，マレーシアの正当な構成要素として，積極的に位置付けられるようになった。

1991年にマハティールは，「バンサ・マレーシア」の構築を提唱した。これは，領域的・民族的に統合し，公平な関係で結ばれ，平和と調和のなかにあり，運命共同体としての意識をもつまとまりのある「マレーシア国民」と説明された。この構想を，あまりに多様な民族をはたしてまとめられるのかと，懐疑的に受け取る人もいる。他方で，民族の出自を問わない人間関係・社会秩序を構築しうる可能性をこの構想に見出し，その可能性を積極的に推し進めようとする人もいる。

（2）ねじれる「民族の政治」

マハティール政権は，経済成長をもたらした実績と，さまざまな要求への個別の対応が，おおむね有権者に支持された。だがその安定は，1997年7月のアジア経済危機をきっかけに揺らぎ始めた。

マレーシア経済は，資本の急激な流出，為替と株価の暴落，資産の急激な縮小，企業業績の悪化，不良債権の増大など，深刻な状況に陥った。この対応において，マハティールとアンワルとの間に意見の相違が生じた。また，経営危機に陥った企業の救済策が，マハティールに近い企業家の救済だとの批判が現れ，アンワルは政府の汚職と縁故主義を批判した。両者の関係は悪化し，アンワルは98年9月に副首相を解任され，UMNOも除名された。

アンワルは「レフォルマシ（reformasi：改革）」を求める運動を開始した。全国で遊説を行い，権力乱用と汚職の防止，司法の独立の確立，成長のパイの公正な分配などを訴えた。アンワルや彼に近い人物はほどなくして逮捕されたが，マレー人の若い世代を中心に，アンワル支持・改革要求・首相退陣を掲げた運動は続いた。多民族的な人権NGOなども，政府の権威主義の高まりを批判した。99年4月には，アンワル夫人のワン・アジザを党首とする国民公正党（Parti Keadilan Nasional：PKN）が結成された。

11月に行われた総選挙では，PKN，DAP，PASが与党国民戦線に対抗する「もう1つの戦線（Barisan Alternatif）」を結成し，選挙協力を行った。マレー人の

表2-2　マレーシア下院議会選挙結果（1995～2013年）

	マレーシア全体				半島部			サバ			サラワク		
	議席総数	与党		野党	議席総数	与党	野党	議席総数	与党	野党	議席総数	与党	野党
		議席数	得票率										
1995年	192	162	65.2%	30	144	123	21	21	13	8	27	26	1
1999年	193	147	56.5%	46	144	102	42	21	17	4	28	28	0
2004年	219	198	63.8%	21	165	146	19	26	25	1	28	27	1
2008年	222	140	51.5%	82	165	85	80	26	25	1	31	30	1
2013年	222	133	47.4%	89	165	85	80	26	23	3	31	25	6

表2-3　半島部における連邦下院議会選挙結果（1995～2013年）

		1995年	1999年	2004年	2008年	2013年
	総議席数	144 (316)	144 (306)	165 (336)	165 (340)	165 (399)
国民戦線	UMNO	79 (91)	60 (72)	95 (103)	65 (103)	73 (107)
	MCA	30 (35)	28 (35)	31 (40)	15 (40)	7 (37)
	グラカン	7 (10)	7 (10)	10 (12)	2 (12)	1 (11)
	MIC	7 (7)	7 (7)	9 (9)	3 (9)	4 (9)
	PPP	(0)	(0)	1 (1)	0 (1)	0 (1)
	国民戦線合計	123 (143)	102 (144)	146 (165)	85 (165)	85 (165)
野党	PAS	7 (44)	27 (60)	7 (83)	23 (65)	21 (65)
	DAP	8 (40)	10 (38)	11 (37)	26 (35)	31 (36)
	PKR	—	5 (42)	1 (49)	31 (64)	28 (64)
	PRM	0 (3)	0 (4)			
	S46	6 (66)	—	—	—	—

（注）　1．PRM：マレーシア人民党。1955年設立の労働党が改組を遂げたもの。
　　　　2．S46：46年精神党。UMNO の離党者が89年に設立。後に多くが UMNO に復党。
　　　　3．PKR：03年までは国民公正党。同年 PRM と合併し、人民公正党（Parti Keadilan Rakyat）に改組。
　　　　4．カッコ内の数字は立候補者数。総議席数の立候補者数には、国民戦線および主な野党に所属しない者も含む。

票はアンワルの処遇をめぐって，与野党に二分し，UMNO は苦戦した。だが非マレー人はアンワルの処遇にそれほど強く同情せず，多くが国民戦線を支持した。それがマハティールと UMNO を救った。ここに，マレー人政治家の当落を非マレー人が左右するという「民族の政治」のねじれが顕著となった。

6　「ポリティカル・ツナミ」

　2003年10月にマハティールは首相を退き，アブドゥッラー・バダウィ（Abdullah Badawi）が第 5 代首相に就任した。清廉なイメージで知られるアブドゥッ

ラーは，治安の改善や汚職の追放などを公約に掲げた。人々はそれを大いに支持し，2004年3月の総選挙で国民戦線は圧勝した。UMNOを中心とする連立政権は，しばらく継続すると誰もが思った。

だが2008年3月8日に行われた第12回総選挙で，「ポリティカル・ツナミ」と呼ばれる大きな政治的変動が生じた。国民戦線が半島部で，大幅に議席を減らしたのである（表2-2，2-3）。

国会では，国民戦線の議席数は改選前の146議席から85議席に激減し，野党の議席数は19議席から80議席に激増した。また11州あるうち5つの州議会で野党が勝利した。これらの州では，DAP，PAS，PKR（Parti Keadilan Rakyat：人民公正党，2003年にマレーシア人民党と国民公正党が合併して成立）の野党3政党が人民連盟（Pakatan Rakyat）を結成し，そのもとで州政権を発足させた。

野党が躍進した要因として，1990年代半ば以降マレー人の票が与野党に分裂するなかで国民戦線を支えてきた非マレー人の票が，今回は野党に流れたことが指摘されている。その背景には第1に，国民戦線による多民族社会の運営の仕方への不満があった。マレー人の支持が与野党に二分される状況が続くなか，マレー人の支持を獲得しようとするUMNOのパフォーマンスが2005年頃から過激になった。UMNO党大会でクリス（マレー人のシンボルとされる短剣）を高々と掲げ，それにキスをする青年部長の姿や，クリスを血で染めてまでもマレー人の利益を死守するというUMNO青年部幹部の言葉は，非マレー人に嫌悪感を与えた。また2006年より半島部各地で，不法占拠地の強制撤去を行う際にヒンドゥー寺院が破壊されるケースが多発し，インド系住民が不満を抱いていた。非マレー人は国民戦線内の自分の代表者に，UMNOの抑止や政府との調整を求めたが，それが当てにならないと判断した。

第2に，アブドゥッラー首相が公約を履行しなかったと評価された。治安の悪化を感じさせる事件が多発し，決定的な根拠はないが，国民戦線の指導者が政治力を使って不正に富を蓄積したり，犯罪をもみ消したりしたと社会が判断するような出来事が発生した。世界的な石油価格の高騰で物価が上昇し，社会に不満が広まった。

第3に，野党の充実がある。これに関して，アンワルの政治復帰が大きかった。アンワルは2004年に釈放され，2006年より本格的に政治活動を開始した。PKRを実質的に指導し，同党が「公正」を追求する多民族政党であることを，

有権者に印象付けるのに成功した。また野党の協働を強化した。

　選挙結果に驚いたのは，実は有権者自身であった。多くの人は，何が何でも政権交代というより，国民戦線の続投でもよいが不満は伝えねばと思う程度だった。だが選挙戦の間，各メディアは連日国民戦線の優勢を伝えたため，自分が野党に投票しなければその不満は国民戦線に伝わらないと思う人が増えた。投票日の夜，開票作業が進み，1969年以来の野党の躍進が明らかになるにつれ，互いが自制を強く呼び掛けた。秩序の混乱もなく平穏に数日が過ぎたころ，マレーシア人は自分たちの政治のあり方に新たな自信を得た。

　2013年5月5日に実施された第13回総選挙は，国民戦線対人民連盟という明確な対立構図のもとで展開した。選挙運動期間中に人民連盟が主催した政治集会には，大勢の参加者が集まり，この選挙に政権の獲得を賭けた人民連盟のスローガン「今度こそ！」が高らかに叫ばれた。政党の動員によらない街頭の政治活動も多く見かけられ，その多くが政権交代を唱えていた。これらの活動はSNSと連動して行われることも多く，SNS上にも政権交代を叫ぶ声があふれた。こうしたなかで第13回総選挙は，マレーシア史上初の政権交代が起こりうるのではないかと，マレーシア国内外の注目を集めた。

　しかし選挙の結果，国民戦線が連邦下院議会222議席中133議席を獲得し，政権交代は実現しなかった。半島部における与野党の議席数は拮抗を維持したが，サバ州とサラワク州では国民戦線の候補者がおおむね勝利を収めた（表2-2）。得票数において，人民連盟（約503万票）が国民戦線（約432万票）を上回ったが，一票の価値が軽い都市部において人民連盟の死票が多くなっていた。州議会選挙では，人民連盟は3つの州で政権を維持したが，1つの州で政権を失った。

7　「民族の政治」の行方

　政権交代が実現できなかったなかで，人民連盟との関係を見直す政党が現れた。PASである。人民連盟は最終的に，2015年6月に解散に至った。この背景に，「民族の政治」に対応する上で各政党が共通して抱えるジレンマが，PASにおいてとりわけ先鋭的に現れていた状況があった。

　PASは，イスラム法の施行を通じて公正な社会を実現すべく，イスラム国家の樹立を党是とし，政権を目指してきた。そのために1970年代に，UMNOを中

核とする国民戦線に参加した。しかし1978年に国民戦線を離脱し、マレー人の代表者の座を UMNO から奪取することにより、政権を獲得する方針に転換した。PAS はイスラム教の擁護者として言動し、マレー人から一定の支持を得ることに成功した。しかしそうした言動により PAS は、非ムスリムに、自分たちの権利や利益を考慮しない政党だと認識されることとなった。

　すでに述べたように、マレーシアで選挙に勝つためには、自分が庇護の対象とする人たちから支持を得ることが最も重要である一方で、自分が直接庇護の対象としない人たちからも支持を得ることが重要となる。こうしたなかで PAS は2000年代頃から、非ムスリムの支持獲得も重視するようになった。PAS, DAP, PKR が選挙協力を行った2008年総選挙で、PAS は大幅に議席数を増やした。その要因の一つは、DAP や PKR を支持する非ムスリムが PAS に票を投じたためであった。3党の選挙協力が人民連盟に再編されて以降 PAS は、イスラム国家の樹立という党是を全面に押し出すことを差し控えるようになった。

　これに対して2013年の総選挙は、PAS にとって満足な結果とはならなかった。同選挙で PAS は、2008年総選挙で政権を獲得したクダ州議会を国民戦線に明け渡し、拠点とするクランタン州議会で議席を減らした。このことを、PAS が基盤としてきた地方のマレー人の「PAS 離れ」と見る分析もあった。

　2013年9月以降 PAS から、人民連盟との関係を見直す必要があるとの発言が聞かれるようになった。2014年以降 PAS は、クランタン州におけるイスラム刑法の実施に向けた動きを強め、そのために UMNO との連携も視野に入れるとし、UMNO からもこれに呼応する動きがあった。イスラム刑法の実施に強く反対してきた DAP は PAS と激しく対立し、PAS と PKR の間にも亀裂が生じた。DAP と PKR は PAS との協力関係を解消し、人民連盟は解散した。

　PAS 党員の中には、野党連合を通じた他政党との関係維持を重視する者もいた。それらの党員は PAS を離れ、2015年6月にアマナ（Parti Amanah Negara, 国家信託党）を設立した。アマナは、マレーシア国民の安寧を守り、公正な社会を実現する基盤としてイスラム教を掲げ、党員資格を全てのマレーシア国民に開いている政党である。同9月に DAP, PKR, アマナは、新たな野党連合・希望連盟（Pakatan Harapan）を結成した。

　PAS をめぐるこうした一連の経緯は、自らが庇護の対象とする人たちからの支持の獲得と、自らが直接庇護の対象としない人たちからの支持の獲得という2

つの課題に対して，PASの政治家たちがその時々の情勢に応じてそれぞれの判断で対応した結果であると言える。2つの課題への対応は，近年PASにおいてとりわけ先鋭化したかたちで現れたが，PAS以外の政党も同様の課題に対応せざるを得ない状況にある。マレーシアの有権者の政党への支持は必ずしも固定的ではなく，代表者の仕事ぶりを見て選挙のたびごとに審判を下す傾向が強い。こうしたなかで政党は，その時々の有権者のニーズを把握し，それに柔軟に対応していかなければならない。

　希望連盟には2017年3月に，PPBM（Parti Pribumi Bersatu Malaysia，マレーシア統一プリブミ党）が加わった。PPBMは，2016年9月に設立された政党で，マハティール元首相が党首を務める。ナジブ首相（Najib Razak，2009年4月第6代首相就任）兼財務大臣が主導して2009年に設立した政府系投資会社1MDB（1Malaysia Development Berhad）が，巨額の債務を抱えていることが2014年末に明らかになり，さらに2015年7月にはその資金の一部がナジブ首相に不正に流れたと報道された。ナジブ首相に対する批判が高まる中で，UMNO党内でも批判の声が上がった。そうした声を上げた人たちがUMNOを除党されたり，離党したりして，PPBMに結集した。PPBMの指導層と，DAPおよびPKRの指導層は，与党と野党として宿敵の間柄にあったが，いまや希望連盟を通じて協力関係にある。

　マレーシアの有権者とその代表者は，審判の日を間近に控えている。次回の総選挙は，2018年8月までに行われることになっている。その選挙では，国民戦線，PAS，希望連盟がそれぞれ候補者を立て，多くの選挙区で三つ巴の争いとなることが予想される。その一方で，政党間の連携が新たに生まれる可能性もある。希望連盟は2017年8月にPASとの選挙協力を行わない方針を示した一方で，PASとの選挙協力の可能性を示唆する声がUMNOから聞こえている。

　2008年以降の半島部における与野党の拮抗状態は，サバとサラワクにとって有利に働いた。もしサバとサラワクの代表者が，国民戦線との提携よりも野党連合との提携の方がより多くの利益を地元にもたらしうると判断し，野党連合と提携を組むことになれば，国民戦線は政権を失うことになる。こうしたなかでサバとサラワクは半島部の国民戦線に対して，より具体的にはUMNOに対して，強い交渉力を発揮することができた。しかし，もし半島部で国民戦線が多くの議席を獲得するようになれば，半島部の国民戦線にとってサバとサラワクの重要度が下

がり，サバとサラワクの半島部に対する交渉力に変化が生じるかもしれない。

　世界では民族紛争が絶えないなか，マレーシアでは多民族社会の運営が，それなりに安定的に行われてきた。5月13日事件（47-48頁参照）のような不幸な出来事もあった。しかしマレーシア人はこの事件から，一人ひとりが自制の重要性を学び，それを各自が実行してきた。社会や政治のあり方を変えるうえで，数の力や物理的な力に訴えるのではなく，選挙という制度に依拠しなければならないというルールを遵守してきた。社会が公権力と意思疎通するチャンネルを明確にした「民族の政治」のもとで，定期的に行われる選挙を通じて，有権者が代表者に対して責任の履行を迫りうることが，マレーシアの人たちにルールの遵守を納得させてきたと言えるだろう。

読書案内

① 金子芳樹『マレーシアの政治とエスニシティ——華人政治と国民統合』晃洋書房，2001年。

　＊5月13日事件がいかにして発生し，新経済政策に至ったのかを，華人のマレー人に対する交渉と，華人社会内部のさまざまな利害の衝突という2つの側面から論じる。「民族の政治」の成立過程を理解するための必読書。

② Ariffin Omar, *Bangsa Melayu: Malay Concept of Democracy and Community 1945-1950*, Kuala Lumpur, Oxford University Press, 1993.

　＊マレーシアの憲法には，マレー人に関する定義がある。だがそれは，さまざまなマレー人概念が構想される中で，結果的に主流となった1つにすぎない。本書はその過程を鮮やかに描き出し，マレー人概念の多様な可能性を示している。

③ 山本博之『脱植民地化とナショナリズム——英領北ボルネオにおける民族形成』東京大学出版会，2006年。

　＊脱植民地期のサバで，秩序構築に影響を与えたさまざまな系譜の人たちに光を当てる。動員する側とされる側の交渉を重視し，「戦わないナショナリズム」を積極的に評価する。半島部の考察もあり，合わせてマレーシア全体の理解が深まる。

④ 山本博之編『「民族の政治」は終わったのか？——2008年マレーシア総選挙の現地報告と分析』日本マレーシア研究会，2008年，山本博之編『二大政党制は定着するのか——2013年マレーシア総選挙の現地報告と分析』日本マレーシア学会，2013年。

　＊いずれも日本マレーシア学会ウェブサイト（http://jams92.org/jamswp.html）で公開。2008年および2013年の総選挙を，さまざまな視点から分析した論文を収める。71年以降の国民戦線体制の理解にも有効。全政党・選挙を網羅した資料も非常に有用。

⑤ 鈴木絢女『〈民主政治〉の自由と秩序——マレーシア政治体制論の再構築』京都大学学術出版会，2010年。

＊1971年以降の法制定過程を分析し，国民戦線体制の継続要因を，政府の抑圧的な政策から説明するのではなく，多様な利益代表者を包括した協議的なルール形成と，ルールの遵守を重視する社会のあり方から説明する。

参考文献

塩崎悠輝『国家と対峙するイスラーム──マレーシアにおけるイスラーム法学の展開』作品社，2016年。

杉村美紀『マレーシアの教育政策とマイノリティ──国民統合のなかの華人学校』東京大学出版会，2000年。

トゥンク・アブドゥル・ラーマン・プトラ，鍋島公子訳『ラーマン回想録』井村文化事業社，1987年。

多和田裕司『マレー・イスラームの人類学』ナカニシヤ出版，2005年。

坪内良博『マレー農村の20年』京都大学学術出版会，1996年。

鳥居高編『マハティール政権下のマレーシア──「イスラーム先進国」をめざした22年』アジア経済研究所，2006年。

中川利香『マレーシア通貨危機と金融政策』青磁書房，2006年。

中村正志『パワーシェアリング──多民族国家マレーシアの経験』東京大学出版会，2015年。

西尾寛治「17世紀のムラユ諸国──その構造と諸変化」池端雪浦ほか編『岩波講座東南アジア史3　東南アジア近世の成立』岩波書店，2001年，151-177頁。

信田敏宏『周縁を生きる人々──オラン・アスリの開発とイスラーム化』京都大学学術出版会，2004年。

原不二夫『マラヤ華僑と中国──帰属意識転換過程の研究』龍渓書舎，2001年。

マハティール・ビン・モハマド，高多理吉訳『マレー・ジレンマ』勁草書房，1983年。

山田満『多民族国家マレーシアの国民統合──インド人の周辺化問題』大学教育出版，2000年。

■ Column ■

「もう1つのマレーシア」とヤスミン・アフマド監督作品

マレーシアでは，「民族の政治」が展開されるなかで，「○○人ならかくあるべし」という規範が，個々人への圧力となることがある。この圧力のなかで，文化や宗教の違いを乗り越えて関係を築くことに，人々が消極的になってしまう側面もある。

これに対して近年，「もう1つのマレーシア」を模索する文芸活動が活発化している。これは，マレーシア社会について，マレーシア人が当然視してきたあり方を相対化し，今現実にあるものとは異なる多様なあり方を構想し，マレーシア人とマレーシア社会のもつ多様な可能性を開いていこうとする試みである。

そうした数多くの試みのなかで，ヤスミン・アフマド（Yasmin Ahmad）監督の作品はひときわ強い光を放つ。ヤスミン監督は1958年生まれで，広告業界を

ヤスミン監督（2006年東京国際映画祭で筆者撮影）

経て映画の世界に入った。マレーシアでは，国営石油会社ペトロナスのCMで，90年代後半より知られていた。同社は毎年，独立記念日や各民族・宗教の祝日に際し，家族の大切さや，民族・宗教を超えた友情や信頼，愛を描いたCMを流しており，その多くをヤスミンが監督した。それらのCMにマレーシア人は，温かさや切なさ，反省，希望など，さまざまな感情で心を揺さぶられた。

最初の映画作品は，2003年の『ラブン（Rabun）』。そして2作目『細い目（Sepet）』（2004年）で，彼女の名は国内外に一躍知られるところとなった。その後，『グブラ（Gubra）』（2005年），『ムクシン（Mukhsin）』（2007年），『ムアラフ——改心（Muallaf）』（2008年），『タレンタイム（Talentime）』（2009年）を発表した。

ヤスミン監督は作品のなかで，人類はさまざまな言語・文化・宗教に分かれており，その間で対立が生じたり，個人の関係が引き裂かれたりする現実があることを直視する。その一方で，言語や文化，宗教の多様性こそが人類社会を彩るものであること，またそれぞれの社会には，伝わり方は異なれど，ほかの社会と共有しうる普遍的な価値が存在し，それを互いに理解し認識していれば，異なる背景をもつ人同士が関係を築きうることを，一貫して訴えてきた。

たとえば，彼女の映画の冒頭には「慈悲あまねく慈愛深き神の御名において」というクルアーンの一節が常に挿入される。アラビア語がそのまま引用された作品もあれば，マレー語や英語，タミル語，華語に翻訳して挿入した作品もある。彼女にとって神とは，許し愛することを人類に教え，運命を受け入れる力を人類に与えてくれる大きな存在である。人類は，さまざまな方法でその大きな存在と繋がり，さまざまな言語でその教えを共有し，それぞれの学び方で共通の価値にたどりつく。したがって言語・文化・宗教が違っても，愛や信頼に基づく関係性を築くことができる。彼女はそんなメッセージを作品に込めてきた。

『細い目』　　　　　『ムアラフ——改心』　　　　『タレンタイム』

　ヤスミン監督の作品は，広い共感を得た一方で，「あれは現実ではない」という強い批判も受けた。それは彼女の作品が，「ありそうでない麗しいマレーシア社会」を積極的に描き，それが既存のさまざまな権力関係を覆す描写となることが多いためである。彼女は批判に屈せず，自分の信じるマレーシア社会の可能性を描き続けた。

　マレーシアはこれまで，マレーシア人自身によっても，また外部の観察者によっても，民族を超える一体性を欠くまとまりのなさが，否定的にとらえられてきた。これに対して今日マレーシアから，自分らしさをそれぞれに維持したまま，文化・言語・宗教が異なる人との間で，信頼や愛を醸成できるのだという強い信念を，マレーシア人のみならず，人類一般に訴えうる作品が発信されている。マレーシア人は，その信念を受け止めつつある。そして，「その信念が実現できたら，マレーシアは素晴らしいな。いや，実現できるんじゃないか？」という希望や自信を抱き始めている。

　ヤスミン監督は，2009年7月に急逝した。私たちはまだ，彼女の豊かな世界観のほんの一部にしか触れていないというのに。だが，死による喪失は嘆くべきものではなく，再生の契機なのだと，彼女は最後の作品『タレンタイム』で描いている。彼女の死＝彼女の存在から，自分や人類社会を彩り豊かにする心がけを息づかせていくことが，彼女のメッセージに応えることなのだ。

第3章 フィリピン
── 「争われる民主主義」の挑戦

日下　渉

この章で学ぶこと

　フィリピンは，東南アジア諸国でもっとも長い民主主義の歴史をもつ。20世紀初頭から始まったアメリカ植民地支配のもとで，民主制度が導入されたためである。だが，その実態は限られたエリート一族が富を独占し，大多数の貧しい住民を支配する政治であり，経済成長の妨げにもなってきた。

　エリート一族には，植民地期に形成された大地主制に起源をもつものと，戦後にビジネスや高等教育を通じて台頭したものがある。彼らは，選挙という民主主義の制度を通じて国家の要職に就き，軍隊や警察，税収や海外融資を利用して，一族の権力基盤を強化してきた。

　他方で，エリート支配の政治に対抗して，共産党，ポピュリスト，数多くのNGO，独裁者までもが，既存の不平等な民主主義の変革を掲げてきた。貧農や労働者，スラムの住人など困難な状況を余儀なくされた人々も，自らの利益と権利を実現しようと困難な戦いを試みてきた。いわば，フィリピンでは，「民主主義」の意味と実践が激しく争われてきたのである。

　本章では，東南アジアでもっとも民主的な制度をもつフィリピンで，なぜエリート支配の構造が形成・維持されてきたのかを明らかにする。また同時に，きわめて不平等なエリート支配の構造の改革を目指してきた多様な挑戦にも焦点を当てる。そして，国家主導のトップ・ダウンの開発ではなく，多様な勢力がより豊かなフィリピンの姿を求めて展開してきた不断の闘争に，フィリピン政治の可能性が宿っていると論じたい。

キーワード　エリート支配，クライエンタリズム，市民社会，ポピュリズム，未完の革命，争われる民主主義

1　植民地主義下の国家建設と国民形成

（1）スペインの支配とフィリピン革命

「フィリピン」という国家と「フィリピン人」という国民は，植民地主義の歴史のなかから生まれた。今日フィリピンと呼ばれる地域が切り取られたのは，フェルディナンド・マゼランの艦隊が1521年にこの群島を「発見」し，1565年にスペインが植民地支配体制を築いた以降のことである。それ以前，この群島では，各地域の首長が中国王朝やイスラム商人と交易を行いながら各々の統治を行っていたが，統一国家は存在しなかった。フィリピンという名も，当時のスペイン王子「フェリペ二世」の名にちなんだもので，それ以前は「フィリピン人」もまた存在しなかった。スペイン植民地時代，「フィリピン人」とは，この群島出身のスペイン人のことを意味し，原住民は「インディオ」と呼ばれた。

スペインの植民地支配では，原住民のキリスト教への改宗が大義名分とされたため，政治と宗教は密接に結びついた。また，スペイン総督府は原住民を支配するにあたって十分な官僚と軍隊をもたなかったため，スペイン人修道会に依拠した。修道会はフィリピン各地で教会と広場を建設し，その近隣に原住民を強制的に集住させ，キリスト教への改宗を進めた。修道会が原住民に課した貢税や強制労働の負担は重く，彼らの生活を苦しめた。

エリート支配というフィリピン政治の特徴は，スペイン植民地支配下で形成されたきわめて不平等な大土地所有制に起源がある。18世紀末にフィリピンは世界経済に組み込まれ，イギリス商人らによって輸出される商品作物が大きな利益をもたらした。そのため，修道会，スペイン人や華人のメスティーソ（現地人との混血者）は，大規模な商品作物の栽培を行うために土地を収奪し，大農園を形成した。こうして大土地所有者となったメスティーソらが，地域のエリート層を形成していったわけである。

他方，原住民もスペインの支配に黙ってしたがったわけではない。マゼランを倒したマクタン島の首長ラプラプに始まり，「独立」を保ち続けた南部のイスラム教徒や山岳地の先住民，重税から逃れようと数々の反乱を起こした低地キリスト教徒など，多くの人々が植民地支配に抵抗した。

19世紀末になると，農園経営から富を得た華人メスティーソの子息たちが，

ヨーロッパに留学するようになり，「イルストラド」（啓蒙された人々）と呼ばれた。ヨーロッパの自由な雰囲気にふれて，彼らは出版活動を通じてスペインの圧政を糾弾し，「我々フィリピン人」の権利向上を主張する「プロパガンダ運動」を展開する。その中心には，独立の父と呼ばれるホセ・リサール（Jose Rizal）らがいた。彼らの出版活動は，主にスペイン人を対象にスペイン語で行われたが，スペイン語を理解した人口が1割にも満たなかったフィリピンでは，影響力は限られた。しかし，リサールはスペインに処刑されたことで，祖国に命を捧げた「殉教者」の象徴になり，自由を求める人々の希望を解き放った。

　貧しい出自ながら独学でスペイン語を学んだアンドレス・ボニファシオ（Andres Bonifacio）は，リサールの熱烈な信奉者で，1892年に秘密結社カティプーナンを結成する。そして1896年にはスペインに対する武装闘争を開始し，「フィリピン革命」の波が全国に拡大していく。だが大多数の大衆は，かならずしも主権国家の樹立を目指して戦ったわけではない。むしろ現地語のキリスト受難詩「パション」の宗教的な世界観と現世を重ね合わせて闘争に身を投じていった。

　パションは，もともとスペイン人修道士が原住民にキリスト教を布教し，教会とスペインに忠誠を誓わせる目的で出版したものである。だが，大衆は数世代にわたってパションを朗読し，受難劇として演じていくうちに，植民地支配に対抗的な解釈を含むものへと書き変えていった（イレート，2005）。パションは，キリストの受難，死，復活，審判の日という一連の出来事において，貴人や富裕者を悪しき迫害者として，キリストとその信者たちを抑圧された貧しく無学の者たちとして描いた。そして，現世の混乱を善きキリスト者として戦うことで辿り着ける，暗黒から光へという世界の逆転を大衆に印象づけた。それゆえ，彼らはボニファシオらを苦しみから解放された光の世界へと導く「メシア」としてみなし，カティプーナンの闘争に参加していったのである。

　この闘争の過程で，「我々フィリピン人」という「想像の共同体」（アンダーソン，1997）が形成される。だが，そこには階層分断があった。大衆層出身のボニファシオ派は，愛や美徳，水平的連帯を通じた公正な社会の実現を目指した。これに対して，地主層出身のエミリオ・アギナルド（Emilio Aguinaldo）やイルストラドは，国際社会における主権国家の樹立を目的とした。やがて独立闘争の主導権をめぐる争いが生じ，1897年にアギナルド派はボニファシオを処刑，運動の性質は大衆の解放を目指すものから，現地人エリートの支配確立を目指すものへと

第3章　フィリピン　　65

変わる。そのため，アギナルドらが設立したマロロス共和国は，選挙権に収入制限を設け，再配分に無関心であるなど，エリート的性格が強かった。

（2）アメリカの支配と民主制度の導入

　結局，フィリピン独立戦争は，国家の独立にも大衆の解放にも失敗した。米西戦争を口実にフィリピン独立戦争に介入したアメリカが，1898年にスペインからフィリピンを買い取ったからである。アメリカは，当初フィリピンの独立を支援するとして戦争に介入したものの，数十万人ものフィリピン人犠牲者を出しながら暴力的に植民地体制を築いていった。革命を遂行すべくアギナルドは，1899年に独立を宣言してマロロス共和国を設立したが，翌年にはアメリカ軍によって逮捕され，独立共和国は新たな植民者の前に屈してしまう。

　アメリカは，フィリピン人に福利をもたらし民主主義を教えるための「友愛的同化」という大義名分で植民地支配を正当化し，公職選挙制度を導入した。だが，これはエリートのみに政治参加を認める限定的なものだった。しかも，その実際の目的は，全国各地で独立運動を率いていたエリートを懐柔し，戦争の人的・物的コストを下げることであった。そのもくろみ通り，エリートの多くは，アメリカとの戦争をやめて，植民地体制下における地位と利権の確保を目指した。またアメリカは，民主主義の実践には教育を受けた市民の創出が不可欠だとして，英語による全国的な教育制度を導入した。新設された学校には大量の教師がアメリカから送り込まれ，英語教育は親米感情を醸成していった。

　だが，カティプーナンの残党のなかには，アメリカの植民地統治を否定し，独立を目指してゲリラ闘争を続けた者たちがいた。また，農村の困窮化を背景に，1930年代初頭には反米的なフィリピン社会党とフィリピン共産党（PKP）が結党され，1935年にはサクダル党が農地改革とアメリカからの即時完全独立を掲げて反乱を起こした。こうした闘争の継続は，抑圧と貧困からの解放を求める大衆の希望に根ざしていた。

　これに対して，武装闘争を否定したエリートは，親米の連邦党を結成し，その多くがフィリピンのアメリカ併合を主張した。彼らは，アメリカ植民地政府によって地方政治職に任命され，1901年から進められた地方行政の民政移管を担った。しかし，連邦党は1907年のフィリピン議会選挙で大敗を喫す。これは，制限選挙であったにもかかわらず，有権者の間で独立への希望が強かったことを示し

ている。

　フィリピン議会選挙で連邦党に圧勝したのは，アメリカとの交渉による自治権
拡大と独立を主張した国民党であった。国民党に参加したのは，連邦党に不満を
抱いた元カティプーナンのメンバーや知識人，エリートたちだ。国民党の指導者
マニュエル・ケソン（Manuel Quezon）は，アメリカ議会に働きかけ，1934年に
フィリピン独立法を制定させることに成功する。これによって，フィリピンは
1946年に独立することになり，それまでの移行期間には独立準備政府（コモン
ウェルス政府）が設立された。結局，武装闘争も親米の連邦党もしだいに勢力を
失い，穏健な民族主義を掲げた国民党が主導的な役割を果たすことになったので
ある。

　アメリカ植民地政府の導入した民主制度は，逆説的にもエリート支配の構造を
形成した（川中，1997：104-107）。アメリカは官僚組織の設立に先駆けて1902年か
ら地方選挙を実施し，各地のエリートは町長や州知事といった公職に就いていっ
た。同時にアメリカは，徴税，公共事業，警察，保健衛生，土地・森林・鉱山開
発などに関する権限と財源を，中央の植民地国家に集中させた。そして1907年に
独立後の下院に相当するフィリピン議会が開設されると，地方のエリートは国政
に進出して，植民地国家に集中した権限と財源を獲得していったのである。たと
えば，政治家が広範な官僚の人事権を握るアメリカ流の猟官制がとられたため，
彼らは自らの親族や支持者に政府の役職を斡旋した。また，ビジネスに関わる国
家の許認可権を自らに有利なように利用した。

　こうした政治のあり方に対して，1935年に独立準備政府の初代大統領に就いた
ケソンは，中央集権化を進め，競合するエリートを抑え込もうとした。だが，ケ
ソンは日本軍の侵略によって亡命を余儀なくされたため，この試みは頓挫する。
こうしてフィリピンでは，エリートの個別利益から自律的な国家は建設されず，
地方エリートが国家資源の獲得をめぐって競合する政治が形成された。これは，
植民地主義のもとで強力な官僚機構（国家）が作られたほかの東南アジア諸国と
は対照的であり，現在に至るまでフィリピン政治を規定する要因になっている。

第3章　フィリピン　67

2　エリート支配の確立と動揺

（1）エリート支配の民主政治

　日本軍のフィリピン侵略は，現地に多大な被害をもたらし，住民の怒りを招くと同時に親米感情を強化した。戦後，フィリピンは予定通り1946年にアメリカから独立したが，これは「与えられた独立」であったため，その後もアメリカの影響力が温存された。

　他方で，戦争の混乱は，エリート支配を動揺させ，新たな政治の萌芽をもたらした。中部ルソン地域では，抗日ゲリラとして活躍したフクバラハップが地主層を追放して農民による自治体制を築き，戦後には民主同盟を形成して7名の下院議員を輩出した。また，戦前の国民党一党支配から，国民党と自由党の二大政党制が形成され，政策をめぐる政党政治が生まれた。1946年大統領選挙の際に，自身が対日協力者であったマニュエル・ロハス（Manuel Roxas）らは，対日協力者への強硬な処罰を主張した国民党から離党して自由党を結党した。そして，アメリカとの通商法をめぐってアメリカ協調派の自由党と，自主派の国民党との政策的対立に進展していく（高木，2009：22-27）。

　しかし，こうした新たな政治の可能性は，冷戦下で閉ざされることになる。独立後の初代大統領ロハスと，次の大統領のエルピディオ・キリノ（Elpidio Quilino）は，アジアにおける冷戦の波及を恐れたアメリカの軍事支援を受けて，共産主義の脅威を名目に民主同盟から議席を奪い，フクバラハップを武力で弾圧した。また，政策をめぐる二大政党の対立軸も，両党がともに反共親米路線を取ったことで曖昧化する（ibid：27-31）。たしかに，経済の脱植民地化をめぐっては異なる政策理念に基づく政治が1960年代まで展開された（Takagi 2016）。しかし二大政党政治は，政策をめぐる政党政治というよりも，利権を求めて合従連衡するエリート派閥間の競合へと化していく。

　二大政党は垂直的な「パトロン・クライアント関係」（恩顧主義）の連鎖によって形成されており，その垂直的ネットワークに基づいて末端の地方選挙から大統領選挙までを互いに争った（川中，1997：107-119）。パトロン・クライアント関係とは，垂直的な二者間において，上位の者が下位の者にさまざまな便宜を提供する見返りに，後者が前者に支持と忠誠を提供する互酬的関係である。その典型は

大地主と小作の関係だ。だが，都市化や人口移動が進むにつれて，大地主以外の
エリートも現れ，彼らと貧困層の関係も流動的になった。その結果，もっぱら選
挙時にエリートと住民が現金や利便と票を交換する「マシーン政治」が形成され
た。

　この仕組みのもとで，国会議員は公共事業や物資・現金を，下位の政治家や有
権者に提供することで権力基盤を強化していった。国会議員は，与党に所属する
ことによって，自らの裁量で執行できる「ポーク・バレル」予算など国家資源を
より多く得られる。そのため，選挙前には有力大統領候補の政党へ，選挙後には
当選した大統領の政党へと議員の党籍変更が相次いだ。

　こうした政治の問題は，エリートの個別利益が国家の長期的目標に優先してき
たことである。たとえば，1950年代に導入された輸入代替工業化は，国家に保護
された製造業への参入機会をエリートに与えた一方で，マクロな経済政策として
は失敗した。中央銀行の資源もエリートとその取り巻き起業家によって略奪さ
れ，経済発展は停滞した。エリートは議会を通じて直接税の導入を拒否し，自身
や親しい企業家の脱税を黙認した一方で，国家予算を際限なく用いたため，財政
収支は破綻していった。

　大統領が主導する政策も，エリートが支配する議会の反対に直面した。国防長
官としてフクバラハップを制圧し，1953年大統領選挙で圧勝したラモン・マグサ
イサイ（Ramon Magsaysay）は，農村反乱の原因を取り除こうと農地改革法案を提
出したが，議会で否決される。続くカルロス・ガルシア大統領（Carlos Garcia）
は，輸入制限を設けることで民族資本を育成する「フィリピノ・ファースト」政
策を掲げたが，多くの企業家やエリートが政権に優遇を求めたため汚職が蔓延す
る。ディオスダド・マカパガル大統領（Diosdado Macapagal）は，テクノクラート
の計画に基づく経済発展と農地改革を試みたが，結局，個別利益の介入から自由
になれなかった。

　大統領は，1935年憲法のもとで広範な人事任命権や予算決定権を与えられてい
たものの，エリートの要求に応えざるをえない理由があった。そもそも大統領選
挙に勝利するためには各地のエリートから支持を得る必要があった。また，議会
は大統領の決定に拒否権を発動できたので，大統領は自らの政策を実施するため
に彼らの支持を取り付ける必要があったのである。

　地方政治では，エリート支配のもとで，貧困層の利益は選挙制度によって代表

されず，むしろ不平等な支配関係を再生産した。地方選挙では，エリート同士が，銃（gun），私兵（goon），買収（gold）の「3G」を用いて熾烈な選挙戦を繰り広げた。そうしたなかで，貧困層は利便供与と暴力にさらされ，自由に投票できなかった。選挙制度が貧困層の利益を代表しないので，社会経済的平等を求める運動の多くは，武装闘争に向かった。

（2）マルコスの「民主的革命」

　エリート支配の政治に対抗して，国家による中央からの社会統制を試みたのは，フェルディナンド・マルコス（Ferdinando Marcos）だった。彼は，大地主の伝統的エリート出身ではなく，戦時に組織した私兵団や，戦後の高等教育を通じて台頭した新興エリートの1人である。マルコスは，司法試験に首席合格するといった輝かしい経歴を持って政治家として頭角を現し，1965年選挙で大統領に就任した。

　マルコスは，優秀なテクノクラートを集めて官僚組織を強化すると同時に，共産主義の脅威を喧伝することでアメリカから多額の融資を獲得し，いくつかの政策を成功させた。そのうちの1つは，道路や橋梁の建設といった全国的なインフラ整備である。また，高収量品種米の導入，農民への融資，灌漑施設の整備などを柱とする「緑の革命」によって，米の自給化を達成した。

　1969年選挙で，マルコスは史上初の再選を果たした大統領になる。しかし，第二期マルコス政権下では，積極的な財政支出による経済成長に陰りが生じ，財政状況が悪化した。また，マルコスの強権政治に対して，マニラでは学生や労働者が，反米・反マルコスのデモを繰り広げた。農村部では，毛沢東思想の影響を受けて新設されたフィリピン共産党（CPP）の軍事部門である新人民軍（NPA）が，ゲリラ戦を展開した。さらに国会議員は，憲法改正によって権力維持をもくろむマルコスと激しく対立した。

　このようななか，マルコスは1972年9月に戒厳令を布告し，反対派の国会議員やメディア関係者を逮捕し，議会を閉鎖した。その最大の理由は，三選を禁じた1935年憲法を停止し，ライバルの権力を奪うことで権力を維持することにあった。マルコスは1973年憲法を新たに制定し，自身に行政・立法権を集中させると同時に，村レベルで国民投票を行わせる制度を整えた。彼は，この新体制を合法的な「立憲的権威主義」だと主張した。非効率で腐敗した議会政治に不満を抱

き，左派の台頭を危惧していた財界と中間層は，戒厳令による治安の回復と経済成長に期待を寄せた。こうして，フィリピンも国家主導の経済成長を目指す「開発独裁」の時代に入っていった。

マルコスが戒厳令を布告できた背景には，彼が国軍を掌握していたことがある。マルコスは，大統領に就任以降，自らに忠誠を誓う同郷者で国軍幹部を固めることで国軍全体の統制をはかり，兵員数も大幅に増強してきた。また，アメリカが冷戦下での共産主義の封じ込めと経済的利益の確保を重視して，戒厳令を黙認したことも重要である。

マルコスは，この戒厳令体制を「中央からの革命＝民主的革命」によって「新社会」を建設するためのものとして正当化した。左派の「革命」ではなく，国家主導の「革命」によって，エリート支配を切り崩し，経済成長を達成し，不平等や貧困を解決すると主張したのだ。しかし，当初は改革的な性格をもった権威主義体制も，70年代中頃から腐敗と非効率の様相が高まり，改革も停滞していく。

まず，議会から自由になったマルコスは，競合するエリートの権力基盤を奪い，また共産主義の芽を摘むために，本格的な農地改革を試みた。だが，その効果については否定的な見解が多い。地主はさまざまな手段を用いて農地改革の実施を妨げた。新たに土地を得た農民の多くも，高収量品種米の栽培には大量の肥料や殺虫剤を購入する必要があったため，借金を重ねて再び土地を手放すことになった。また，この農地改革はコメとトウモロコシ農地を対象としたが，マルコスの取巻き企業家が所有するサトウキビとココナツ農地は対象外とされた。

次に，マルコスはテクノクラートが主導する国家経済開発庁を設立し，積極的な外資の呼び込みと輸出加工区の建設に基づいた輸出指向工業化によって，経済成長を目指した。だが，戒厳令の施行から70年代中頃にかけては6〜7％という持続的なGNP成長率を記録したものの，1979年の第二次石油危機を契機に経済成長は滞り，インフレが深刻化する。実質賃金も60年代初頭の半額以下にまで落ち込んだ。経済破綻の背景には，マルコスが経済合理性を無視した経済介入を行い，取巻き企業家に独占的ビジネスの特権を与えたことがある。その結果，多額の赤字を出すビジネスが続出し，その損害補償のために国庫から多額の費用が当てられた。イメルダ（Imelda Marcos）夫人が長官を務めた居住省が，非生産的な公共事業に巨額の支出を垂れ流し続けたことも財政を悪化させた。

さらにマルコスは，1973年憲法でタガログ語を「ピリピノ」語として国語に制

第3章　フィリピン　71

定し，国語の憲法も作成するなど，うえからのナショナリズムによる国民形成も試みた。しかし，その国民は，マルコス夫妻と垂直的な紐帯でつながれ，その恩恵に忠実な存在であるべきものとして構想された。たとえば，マルコス夫妻は，マラカス（勇者）とマダンダ（美女）というフィリピンの創世神話に登場するカップルとして自らを表象した。イメルダ夫人がマルコスの政治集会で歌った「ダヒル・サ・サイヨ」（あなたゆえに）も，大衆に対して，マルコスによって与えられた恩恵を改めて思い出させ，感謝と忠誠でもって応えるように求めるものであった（清水，1991：146-147，156-157）。

（3）「ピープル」による民主化

1983年，政治的，経済的な閉塞感が深まるなか，マルコス最大の政敵ベニグノ・アキノ（Benigno Aquino Jr.）元上院議員が，心臓手術のために亡命していたアメリカから帰国した直後，空港で狙撃され暗殺された。この事件では，マルコス政権の関与が疑われ，その残虐性を象徴するものとして，国民に強い衝撃を与えた。そして，これを契機にマルコスに対抗する意識が形成され，1986年の民主化へと至ったのである。

それまでマルコスに対抗してきた勢力には，共産党，穏健派社会運動，財界，エリートがあった（藤原，1988）。共産党は学生や労働者を取り込み，農村部で武装闘争によって解放区を拡大するなど勢力を増大させ，穏健派社会運動も選挙と議会制の回復を目指す活動を展開していた。財界も1979年の第二次石油危機以降，マルコスの取巻き企業ばかりが優遇される状況に反発するようになっていた。エリートもマルコスが内外に向けて政権の正統性を強化しようと1978年に厳しい制限を設けて議会を再開すると従来の権限を要求していった。

もっとも，これらの勢力は，いずれも単独でマルコス政権を打倒し，新政権を樹立する力はなかったし，イデオロギー的分断が連携を拒んだ。それゆえ，1986年2月にマルコスが繰り上げ大統領選挙を実施すると宣言しても，統一候補を擁立できなかった。しかし，財界と穏健派社会運動を中心に，暗殺されたアキノの妻コラソン・アキノ（Corazon Aquino）を大統領候補に擁立しようとする100万人署名運動が展開され，やがて本人もこれを受け入れた。これによって，共産党を除く諸勢力が結集することになる。共産党は，運動の主導権を奪われることを恐れて選挙のボイコットを決定した。

選挙戦では，マルコスの不正を防ごうと全国で50万人が市民団体「ナムフレル」に参加し，恐怖を顧みずにボランティアで選挙監視にあたった。選挙後，議会はマルコスの勝利を宣言したが，アキノ派は不正選挙を主張して抗議運動を展開した。事態の進展をめぐって緊張が高まるなか，2月22日，マルコスに不満を抱く国軍改革派のクーデタ計画がマルコス側に漏れ，この反乱軍が包囲される事態が生じる。すると，反乱軍をアキノ派と見なした市民が，彼らをマルコスから守ろうと街頭に飛び出した。マニラのエドサ通りでは，マルコス打倒とアキノ支持を叫ぶ数十万人もの群衆が，連日のデモを繰り広げた。そして，ついに国軍とレーガン米大統領の支持を失ったマルコスは，ハワイへの亡命を余儀なくされたのである。これが「ピープル・パワー」による民主化だ。

この民主化劇のはじまりは，ベニグノ・アキノの死であった。なぜ彼の死が，それまで戒厳令を甘受してきた人々を突き動かしたのだろうか。それは，ありうるかもしれぬ自らの死を口にしつつ亡命先のアメリカから帰国し凶弾に倒れたアキノの姿が，人類を救うために自ら予言した死を受け入れたキリストの人生に重ねられ，彼の死は祖国への「殉教」として理解されたからである（清水，1991）。夫を失ったコラソン・アキノの悲しみは，聖母マリアの悲しみに重ねて理解された。それゆえ，人々は彼女に対して深い共感・共苦を抱いたのだ。

ベニグノ・アキノの人生に深い関心を寄せた人々は，彼が帰国前に語った「フィリピン人は命を捧げるに値する」という言葉を通じて，「フィリピン人」という「想像の共同体」を，命を捧げる価値あるものとして再発見した。その結果，それまで私的生活のなかに閉じていた人までもが，彼の死に対する深い共感・共苦を抱き，「我々フィリピン人」という連帯感に基づいて，恐怖におののきながらも街頭での抗議活動に身を投じていったのである。

ピープル・パワーに参加した人々は口々に，そこでは貧富の差を超えて誰しもが団結し，幸福感を共有したと語る。しかし，この共同性は，マルコス打倒という劇的な出来事から生じた非日常的な高揚感とともに急速に失われていった。この「革命」の後，スラムに住むある若い男性はこう述べたという。「エドサでは金持ちも貧乏人も一緒になったんだ。だけど今じゃそれも終わってしまったみたいだ。彼らが俺たちのことを構うわけがない」（Pinches, 1992：186）。

階層を超えて団結した「ピープル」ないし「国民」が「革命」の主体になったということは，深刻な不平等という争点が「革命」から抜け落ちたことを意味し

た。社会経済的平等を掲げた共産党は，選挙をボイコットしたために民主化劇の蚊帳の外に置かれ，民主化後に影響力を保持できなかった。コラソン・アキノの家族が国内有数の大地主であることからも明らかなように，この「革命」はエリートを交代させたにすぎず，社会経済的な権力関係を変革するものではなかったのだ。

3　豊かさを模索する政治の試練

（1）民主主義の定着化と経済の自由化

　アキノ政権にとって最大の課題は，民主制度を定着させることであった。アキノ政権は，1973年憲法との連続性をもたない「革命政府」であったため，まず新憲法を制定することで法的正統性を確立しようとした。

　憲法制定会議と国民投票を経て新たに成立した1987年憲法は，大統領制，上院（定数24）と下院（定数250）の二院制という戒厳令以前の制度を復活させた。ただし，戒厳令の経験から大統領の任期は，4年2期までから6年1期のみに改められた。上院議員の任期は6年，その他の選挙職の任期は3年とされ，特定の政治家による長期支配を防ぐため，最大で連続3選に制限された。

　大統領と上院議員は，全国を単位とする選挙区から選出されるため，全ての社会集団から支持を得られるような政策を志向する。上院議員は，潜在的な大統領候補として大統領に対抗する傾向がある。他方，下院議員の多くは，地方の小選挙区から選出されるために地元への利益誘導を優先し，大統領の与党に加わることでより多くの資源配分を獲得しようとする。なお1998年以降，下院の定数の2割では，農民，労働者，女性，先住民など周縁化された社会集団の代表を比例代表制で選出する政党名簿制が導入されている。

　アキノ政権は，ピープル・パワーに寄せられた新たな政治に対する期待を実現しようとした。しかし，アキノ政権は，国軍改革派から穏健派社会運動まで幅広い勢力が「反マルコス」一点で集った寄り合い所帯だったため，異なる利害を抱く勢力間の反目によって不安定であった。初期に政権内で主導権を握った穏健派社会運動は，共産党幹部の恩赦を進め，戒厳令下における国軍の人権侵害を追及したが，これに危機感を覚えた国軍の改革派やマルコス派は度重なるクーデタ未遂事件を起こした。その結果，国軍側の要求によって穏健派社会運動は政権を追

われ，政権は保守化していった。またエリートが復活した議会政治も，アキノが約束した農地改革法を骨抜きにするなど，保守化が明らかであった。

　だが他方で，民主化以降，数万もの非政府組織（NGO）が結成され，1991年の地方分権法などによってNGOによる政治参加の制度化も進んだ。NGOは農民，都市貧困層，労働者，女性，先住民などの組織化を支援し，彼らの利益を促進する公共政策の策定と実施のために活発な政策提言を行っている。このようなNGOや住民組織による政治参加は，フィリピン市民社会による政治改革の可能性として着目されている。

　だが，市民の直接的な参加に基づく新たな政治の実践は，政党が社会の利益を代表するという本来の役割を果たしていないことの反映でもある。民主化後の政党制は二大政党制の外観さえ失った。選挙になると有力大統領候補の数だけ政党が形成され，選挙後には利権を求める議員が集って大統領の与党連合が形成されるというパターンが続いている。ほとんどの政党は，特定のイデオロギーや政策を持たず，大統領候補の流動的な支持組織・派閥に過ぎなくなった（藤原，1993）。

　民主化後のもうひとつの課題である経済の立て直しを実現したのは，1992年大統領選挙で勝利した元軍人のフィデル・ラモス（Fidel Ramos）だ。彼は，1986年にクーデタ首謀者の1人から一躍ピープル・パワーの立役者になり，アキノ政権では国防大臣としてクーデタから政権を守ることでアキノの信頼を獲得し後継指名を受けた。ラモスの勝利は僅差だったが，議会における多数派形成に成功し，自らの政策を促進できる環境を整えた。また，前政権からの懸案であった新人民軍，イスラム分離独立運動との停戦協定を実現し，治安を回復した。

　ラモスは，フィリピンを2000年までに新興工業国にさせる「フィリピン2000」を掲げ，市場原理を大幅に導入する経済の自由化によって長らく不調であった経済を再建した。マルコス政権下では，経済合理性を無視した国家の経済介入が経済危機を招いた。これに対してアキノ政権は，前政権から引き継いだ270億ドルもの対外債務の支払いと自由主義的な経済改革の実施を約束することで，IMFなどの国際金融機関から支援を受けた。改革の成果はアキノ政権期には表れなかったが，ラモスは数百にわたる政府系企業の民営化，規制緩和，貿易・投資の自由化などを断行し，経済成長をプラスに転じさせたのである。

　ラモスは経済改革を行う一方で，貧困対策として「社会改革アジェンダ」を打

ち出した。その特徴は，農民，労働者，先住民，都市貧困層などを代表する諸組織と諸官庁が協働して，貧困対策の制定と実施を担うことである。これも市民の参加に基づく新しい政治スタイルの1つであり，従来の「ばら撒き」型の貧困対策に対して画期的であった。

（2）ポピュリズムと「国民」の分断

アキノとラモスは頻繁にピープル・パワーの記憶に言及し，全ての「ピープル」ないし「国民」にアピールすることで支持を得ようとした。これに対して，1998年大統領選挙では，貧しい「大衆」にアピールするポピュリズムが台頭した。この選挙で当選したのは，「エラップ」の愛称で知られる元アクション映画スターのジョセフ・エストラダ（Joseph Estrada）だ。彼は「金持ちに抑圧される貧者を救う義賊」という映画のなかの主人公役を，政治の世界でも演じようとした。エストラダは，庶民の言葉であるタガログ語を駆使して「貧者のためのエラップ」，「大衆の父」などの言葉を貧困層に投げかけ，彼らの支持を得て圧勝した。史上はじめて英語ではなくタガログ語で就任演説を行い，「長い間人々は新しい朝を待っていた。今こそフィリピン大衆の時代の到来なのだ」と宣言した。

ポピュリズムは，抑圧された「大衆」にアピールし，既得権益を握る支配勢力に敵対する政治として基本的に理解できる。エストラダは，エリート支配を批判し，貧困層のための政治を実現すると主張した。莫大な格差があり，貧困層が人口の6〜7割を占めるフィリピンにおいて，この戦術はきわめて有効だった。

ポピュリズムが台頭した背景には，都市化の進展や国内外への人口移動の増加によって，大統領と上院議員を選出する全国区選挙ではエリート支配が弛緩し，貧困層も自由に投票できるようになってきたことがある。1990年代にテレビが貧困世帯の間でも普及し，メディアを通じたイメージ戦略が選挙において果たす役割が増大したことも重要だ。

だがエストラダは，親しい企業家や政治家と酒を飲みながら政策決定をするなど，適切な統治に失敗した。貧困対策も限られた貧困世帯への「ばら撒き」にすぎず，成功したとはいえない。むしろ彼がメディアを通じて貧困層に届けたのは，彼らとともに手づかみで食事をして物資を与える「貧者に優しい」イメージだった。それでも，長らくエリートに支配されてきた政治の表舞台で，エストラダが彼らを気遣う仲間の1人であるかのように振る舞ったことは，貧困層の心に

深く響き，彼らは熱烈な支持をおくったのである。

　他方，エストラダに反発を抱いたエリート，財界，教会，中間層は，彼の「品性と知性の低さ」を批判した。そして2000年末に，公金横領，違法賭博への関与といった彼のスキャンダルが次々と暴露されると，街頭で数十万人もの人々が彼の退陣を求めて「ピープル・パワー2」を連日展開した。その結果，エストラダ政権は崩壊し，2001年1月20日，最高裁はグロリア・マカパガル・アロヨ（Gloria Macapagal-Arroyo）副大統領の大統領就任を認めた。

　このピープル・パワー2は「民主主義の勝利」として称賛されたものの，その主役になった「ピープル」とは富裕・中間層であり，エストラダを支持し続けた貧困層との間に，深刻な対立が存在した。政権交代の3カ月後には，貧困層がエストラダの復帰を求める「ピープル・パワー3」を繰り広げ，暴徒化した一部のデモ隊が大統領府への突入を試みた。これに対して，アロヨ政権は非常事態宣言を発し，警官隊と国軍がデモ隊を制圧して危機を脱したものの，深刻な政治不安が生じたのである。

　その後，アロヨは，エストラダ派の不満を懐柔しようと，貧困層への「ケア」を強調して，さまざまな物資や公共事業の「ばら撒き」を行った。だが貧困層は，マカパガル元大統領の娘のアロヨに親近感を抱くことはできず，彼らの不満と階層対立はくすぶり続けた。2004年大統領選挙では，貧困層の多くはエストラダの友人でやはり映画スターのフェルナンド・ポー（Fernando Poe Jr.）を支持したのに対して，富裕・中間層は高校中退で政治的経歴のないポーの勝利を恐れてアロヨに投票した。結局，経済学博士号をもつアロヨが，経済発展によって貧困を解決する「能力」を主張して辛勝し再選を果たしたものの，後に彼女の不正選挙疑惑が暴露されたため，ポーが当選していた可能性もある。

　こうした富裕・中間層と貧困層の対立は，「あるべき政治」をめぐる構想の違いに基づく。富裕・中間層は「説明責任」や「良い統治」を要求し，多数派の貧困層が「政治的資質のない政治家」を選出することを恐れる。他方，貧困層は社会経済的な平等を求めて，貧者の苦境に冷淡な政治を批判する。両者とも伝統的なエリート支配とは異なる政治を求めながらも，「あるべき政治」をめぐる対立ゆえに分極化した政治参加が政治不安を引き起こしたのである。

第3章　フィリピン　　77

（3）腐敗に対する「道徳」の希求

だが，2004年以降の第二期アロヨ政権下では，この階層対立が曖昧化した。アロヨの腐敗疑惑が次々と明らかになり，また政治的暴力が多発したことで，階層を超えた「共通の敵」としてアロヨが認識されるようになったためである。

前政権に続いて大統領の腐敗が繰り返された背景には，民主化以降，資源の配分をめぐって大統領の権限が強くなったことがある。かつては国家資源を議会のエリートが奪い合った。これに対して，民主化後は経済改革が進み，政府系企業の民営化や海外投資の増加が進展したため，民間資本の許認可権を持つ大統領の裁量がより重要になっている（川中，2006）。それゆえ，ビジネスへの参入を狙う民間資本は，大統領からの便宜獲得をめぐってライバルと競争する必要がある。ここに大統領への贈賄が発生する要因がある。

第二期アロヨ政権下では深刻な暴力も吹き荒れた。共産党は，1992年に武装闘争による革命をめざす伝統的路線を再確認したRA派と，それを拒絶して議会闘争を重視するRJ派に分裂する。RA派（共産党）は，新人民軍の武装闘争を継続する一方，2001年以降の政党名簿制選挙で合法組織「バヤン・ムーナ」の議員を当選させてきた。アロヨ政権下では，バヤン・ムーナ傘下の農民や労働団体のリーダーが暗殺される「政治的殺害」が相続き，その犠牲者の数は1000人以上といわれる。これは，バヤン・ムーナの躍進を脅威として受け取った国軍が，その組織的基盤を切り崩そうとしたためだとされる。国軍を権力基盤とするアロヨは，この人権侵害を実質的に黙認した。

ミンダナオ島では，2009年11月に有力エリートの私兵団が，ライバルの家族や報道陣57人を虐殺した。ミンダナオの貧困地域では，海外投資，ODA，公共事業による開発利権が選挙職に集中しており，その独占を目指すエリート間の対立が背景にはあった。アロヨは戒厳令を出して粛清を命じたが，その一族に利権を与えて2004年の不正選挙などに利用してきたのは，そもそも彼女自身であった。

アロヨは，このように道徳的正統性を失いながらも，国軍と下院を支持基盤に，前政権から引き継いだ4年と自身の6年という10年の任期を全うした。その間，左派は抗議デモを，国軍改革派はクーデタ未遂事件を繰り返し，アロヨに退陣を迫るピープル・パワーを呼びかけたが，人々が街頭に繰り出すことはなかった。その後の政権構想が不明であったし，アロヨへの幻滅から人々はピープル・パワーの可能性をもはや信じられなくなっていたからである。

アロヨを「共通の敵」とする意識は，2010年大統領選挙で，アキノ夫妻の長男ベニグノ・アキノ三世（Benigno Aquino III）上院議員を支持する方向に向かった。当初，彼は立候補を予定していなかった。しかし，2009年8月にコラソン・アキノ元大統領が死去すると，アロヨの腐敗に強い不満を抱いていた人々は，道徳的に高潔だと評価されていたコラソンへの感情移入を深めた。そして，マルコスの腐敗に立ち向かったピープル・パワーの記憶が蘇るなかで，多くの有権者が「道徳」によって汚職を根絶すると訴えた彼女の息子に希望を託したのだった。

この大統領選挙では，貧困地域出身ながら不動産業で億万長者になったマニュエル・ビリャール（Manuel Villar）上院議員が，「貧困層派」の政治を訴えて，途中までアキノと接戦を繰り広げた。だが，彼には多くの不正疑惑が付きまとったため，「道徳」を求める声の中で，貧困を争点化しようとした彼のポピュリズムは劣勢に追いやられた。アキノの勝利の逆説は，政治の一新を約束する「道徳」の名のもとで，伝統的エリートの支配が温存されたことである。ただし，不平等社会のなか，少なからぬ貧困層は「貧者への優しさ」に根差した政治を求め続けており，エリート支配に対するポピュリズムの挑戦が解消したわけではない。

4 市民と家父長のナショナリズム

（1）「道徳」による変革は可能か？

「道徳」による変革を掲げたアキノは，政敵である対抗エリートの疑惑を追及する。2013年，行政監察院は，架空のNGOを通じて議員の裁量経費「ポーク・バレル」を不正に還流していたとして現職の国会議員ら51名を起訴した。そのなかには「貧者への優しさ」を訴えた映画俳優出身の上院議員2人も含まれる。貧者へのサービスで人気を得たジェジョマール・ビナイ（Jejomar Binay）副大統領も，アキノ政権の政敵だったので腐敗追及の対象となった。

アキノ政権は，貧困層を「善き市民」へと道徳的に包摂していく社会政策も実施する。その代表は，世界銀行などから援助を受けて実施した条件付現金給付「フィリピン家族の架け橋プログラム」だ。受益者は，貧困地域に住む14歳以下の子供をもつ母親と妊娠中の女性で，彼女らは30人ほどのグループを作り，ソーシャルワーカーの指導のもと，妊娠検診，公衆衛生，教育義務，責任ある親子関係などに関する「家族開発講座」を受講する。そして賭けビンゴなどをやめて，

第3章 フィリピン　79

子供を毎日学校に通わせるなど責任ある家族形成に従事したことを条件に，健康栄養費として月500ペソ，教育費として子供1人あたり月300ペソを最大3人まで給付される。

　貧困層の大多数は，この条件付現金給付プログラムを好ましく思っているし，自身が生まれ変わったと語る者もいる。しかし，その支給額は貧困層にとって生活の支えになっても，貧困から脱却するには少なすぎる。このプログラムの本当の目的は，貧困層を「責任ある自由な存在」に変容させることで，子供たちの教育と健康を促進して貧困の世代間連鎖を断つことにある（Seki 2015）。ただし，現金の給付と引き換えに生活様式を改めるよう説教してくる道徳的介入に反発を覚える人々もいる。すべての貧困層が自ら「道徳的市民」に変容しているわけでなく，貧困層のなかに分断が生じているのだ。

　同様の問題は，「性と生殖に関する健康・権利法」（2012年）にも見出せる。この法は，貧困世帯の女性に家族計画の手段と情報，そして身体を尊重する権利と子供の数を決める「実質的な選択の自由」を与えることで貧困の再生産を食い止めようとする。こうした道徳による貧困改善の試みは，表向きには女性のエンパワメントを掲げる。しかし，その背後には，貧困層が貧しいのは，彼らが自堕落で，賭け事，酒，タバコといった悪癖に浸りきって，無責任にも多くの子供を作りすぎるからだという国家と中間層の暗黙の想定がある。貧困世帯の女性を道徳的に啓蒙したうえで，彼女たちに家庭内で子供や夫を規律化させることによって貧困を改善しようというのだ。

　ただし，こうした道徳的介入は，貧困の構造的要因を隠蔽するだけでなく，自ら市民的道徳を受け入れて自己変容をはかる「善き貧者」と，それを拒絶する頑迷な「悪しき貧者」へと貧困層を分断した。このことは，次のロドリゴ・ドゥテルテ（Rodrigo Duterte）政権誕生の背景として大きな意味をもつ。

（2）「規律」が勝利した2016年大統領選挙

　2016年大統領選挙では，ビナイは「貧者に優しい政治」を訴え，貧困層への学用品の無料支給，医療の無償化，所得税の免除などを打ち出したが，惨敗した。その理由にビナイの汚職疑惑を指摘するのは容易だ。だがスラムで話を聞くと，選挙のたびに叫ばれる「貧者に優しい政治」に貧困層も飽きてきたようだ。「ビナイに投票すれば腐ったシステムを継続させてしまう。腐敗した政治家からおこ

ぼれをもらうよりも、自分たちを苦しめる腐ったシステムそのものを変革しなくてはならない」というのだ。従来の選挙で大きな力をもってきた「貧者に優しい政治」が凋落した背景には、経済成長のなかで一部の貧困層の生活が改善していることもあるし、そこから取り残された人々の苛立ちもあろう。

マニュエル・ロハス（Manuel Araneta Roxas II）前内務自治大臣は、腐敗と戦うアキノの「誠実な道」を引き継ぐと約束した。アキノ政権は数々の政治改革を実施し、海外投資家からの信頼も得て平均6％という高い経済成長を達成した。支持率も、民主化後の政権のなかでもっとも高い水準を維持した。だが、この改革路線の継続に支持が広がらなかった。たしかに、エリート一族出身のロハスは大衆的な魅力に欠けるし、台風ハイエンの復興支援やミンダナオ島和平での失敗も目についた。だが、ロハスの不人気だけでは、アキノの改革路線が支持されなかった理由にはならない。

人々は、アキノの改革が正しい方向に向かっているのは知っているが、その進展があまりに遅いと語る。彼らの「誠実な道」による改革も、遅々として進まず渋滞中だと揶揄された。またアキノ政権は、政敵の腐敗疑惑を執拗に追及していったが、大きな腐敗のネットワークは温存され、自身の所有する大農園の農地改革にも着手できなかった。その結果、「道徳」を語るアキノやロハスの偽善性に対する認識が深まっていった。

では、なぜ強権的な「規律」を訴えたロドリゴ・ドゥテルテ元ダバオ市長が勝利したのだろうか。一言で言えば、広範な人々の間で非効率で腐敗したシステムに相当の不満が蓄積していたからである。支持者に聞くと、フィリピンでは民主化後、人々が自分勝手な放縦に走り、政治家や役人の腐敗、違法賭博、犯罪、麻薬が蔓延するなど、きわめて混乱した社会ができあがってしまった。この「自由と民主主義の過剰」が生み出した混乱を変革するには、強権によって国家と社会に規律を植えつけなくてはならないというのである。

経済成長が続き「新興国フィリピン」となった今、かつて「しょせん途上国」として諦めていた問題に、多くの人々がもはや耐えられなくなってきた。しかも国民の10人に1人が海外に出稼ぎに出て海外旅行者も激増するなか、フィリピンの問題は他国と比較されていっそう鮮明に浮かび上がった。ドゥテルテは、こうした人々の多様な不満や怒りを一身に引き受けて結集させ、根深い階層・地域・宗教の分断を乗り越えて、変革を望む「私たち」という共同性を作り上げたの

だ。

（3）義賊の家父長政治

だが，このナショナリズムは，ドゥテルテの規律を自ら受け入れる「善き市民」と，それを拒否する麻薬関係者ら「悪しき他者」への暴力的な排除に基づいている。ドゥテルテは麻薬戦争を宣言し，麻薬犯罪者に対する超法規的処刑さえ黙認・奨励してきた。警察は銃で抵抗してきた麻薬犯を正当防衛で射殺したと説明し，犠牲者数は数千人にのぼる。それにもかかわらず，2017年9月の世論調査では7～8割の人々がドゥテルテを支持し続けている。

被害者の多くは貧困層だが，貧困層の間でさえ「更生の余地のない麻薬犯罪者がいなくなれば社会が良くなる」といった言説が支配的だ。その背景には，悪徳警官や政治家まで関与してきた麻薬密売が，フィリピンの腐ったシステムの象徴として認識されていることがある。家族やコミュニティで麻薬常習者に悩まされてきた人々が，ドゥテルテに触発されて，彼らの排除を容認するようになりつつあるのだ。

ドゥテルテは，麻薬犯を殺すのはフィリピン人を救うためだと主張し，法を超えた正義に訴える。こうした超法規的な正統性は，義賊的な道徳に由来する。フィリピンでは，正義の喪失が強く認識された植民地期や戦後の混乱期に，法を破って活躍した盗賊らが，家父長的な温情と暴力に基づく社会秩序を提供して庶民の英雄になった。現代政治では，エストラダをはじめ大衆映画で義賊を演じた俳優が政治家として成功してきた。政治に義賊的な人物が希求されるのは，法は所詮エリートのためのものにすぎず，法を畏れぬアウトローでないと，この国は変えられないという認識が受け継がれてきたからだ。2016年選挙では，フェイスブックなどのSNSを通じて共有されたドゥテルテに関する真偽の入り混じった都市伝説が，彼を義賊的なリーダーとして構築した。

ただし，国家の外側で活躍するはずの義賊的リーダーが，国家権力の頂点を奪取したのは大きな矛盾だ。義賊が人格的な暴力と温情で社会秩序を維持するのなら，国家は厳格で非人格的な公式の法の支配によって統治する。だが，ジョルジョ・アガンベン（2007）によれば，近代国家の特徴は，自ら定義する危機において，恣意的に法の執行を停止する「例外状態」を作り出すことにあるという。そう考えると，実は義賊的リーダーと近代国家の相性は良く，ドゥテルテはこの

近代国家の特質を活用しているだけとも考えられる。支持者たちは，義賊的な正義に基づいて法を停止し例外状態を作り出す統治が，既存の腐ったシステムを打破するものと期待を寄せている。

　逆説的にも，多くの麻薬関係者さえドゥテルテに変革の契機を見出した。新政権発足から10カ月間で，全国で126万人以上もの麻薬関係者が警察に自首している。これだけの人々が自首したのは，単に恐怖に駆られただけではない。彼に進んで投降し服従を誓った者は許され，守られるに違いないという家父長的な義賊の道徳を信頼したからだ。ドゥテルテは，多くの麻薬使用者に「善き人間」に生まれ変わろうとする自己変革の契機を与えた。だが，麻薬戦争では自己変革を誓った者たちさえ悪徳警官らによって殺され，ドゥテルテに裏切られたと感じる人々が増えている。彼の恣意的な意思決定が国家制度をいっそう弱体化し，現場レベルで警察の暴走を助長しているのだ。このことは，義賊的リーダーによる超法規的な統治の脆さを示している。

　もとよりドゥテルテは複雑な諸問題の原因をひたすら麻薬に還元するが，末端の麻薬関係者をいくら殺害しても腐ったシステムを改善できるわけではない。自ら任命した関税局長官や自身の長男が中国からの麻薬密輸に関わっていた疑惑もある。ドゥテルテは合法的な正統性を軽視するので，国民を救うための規律という義賊的道徳が信頼を失えば，政権の正統性も深刻に蝕まれるだろう。

5　「争われる民主主義」の挑戦

　フィリピン政治の特徴は，より良き政治と社会を実現しようとする実践や運動が民主主義の制度に優先してきたことにある。制度を重視する立場からすれば，こうした政治のあり方は不安定で，成熟した民主主義とはいい難い。だが，民主主義の制度は，エリートの個別利益の要求によって歪められ，貧困層など周縁的な集団を排除してきた。それゆえ，既存の制度を改善していくための運動も必要だ。こうした立場からすれば，フィリピンでは，多様な運動や実践によって既存の不平等な権力関係が問いただされ，争われる場が開かれてきたといえる。

　今後の課題は，不平等な権力関係の改善を目指す運動が，より公正な制度を新たに構築し強化していくことである。たとえば，貧困や不平等といった問題を実際に改善していくためには，政策を適切に実施できる有効な行政制度が必要だ。

また，諸勢力の闘争が深刻な政治不安を招かず，民主主義のルールに従って展開
されるためには，政党制をはじめとする制度の改善と強化も不可欠である。

　未来に向かって開かれた不断の闘争と国家建設の試みは，フィリピン政治の危
うさであると同時に，可能性と魅力でもある。フィリピンでは，スペインに対す
る「革命」も，アメリカからの「独立」も，権威主義や腐敗に対する「革命」も
望ましい社会の実現をもたらさなかった。そのため，多くの人々が，今あるフィ
リピンの姿を，あるべき本来の姿が出現していない仮のものととらえ，より豊か
なフィリピンを未来に構想し「未完の革命」を完遂しようとしてきた（清水，
1998）。いわば，フィリピン政治の可能性は，現在の確たる制度や，過去の輝か
しい伝統のなかに存在するのではなく，多様な勢力がより良き未来を求めて闘争
する「争われる民主主義」の実践のなかに宿っている。

　一般の人々による「自己統治」が民主主義の理念であることを想起すれば，社
会の諸問題を自らの手で解決していこうとするフィリピン人の試みには，民主主
義の根源的な可能性が宿っている。より公正で豊かな社会を自ら築いていこうと
するフィリピン人の実践からは，私たちが学ぶことも多いはずだ。

読書案内

① 　鈴木静夫『物語フィリピンの歴史』中公新書，1997年。
　＊フィリピン通史の入門書であり，スペイン期からアキノ政権までをカバーしている。
　　植民地主義史観を否定したフィリピン・ナショナリズム史観に立脚し，植民地主義や
　　エリートの圧政に対する民衆の闘争に焦点を当てている。
② 　清水展『文化のなかの政治——フィリピン「二月革命」の物語』弘文堂，1991年。
　＊マルコス戒厳令体制を打倒したピープル・パワーの精神世界を説得的に描いた文化人
　　類学者による政治の文化分析。フィリピン人の宗教的な世界観が，いかに民主化劇を
　　もたらしたのかを内在的に理解することができる。
③ 　川中豪編『ポスト・エドサ期のフィリピン』アジア経済研究所，2005年。
　＊民主主義の定着と経済自由主義改革という，民主化後のフィリピンが取り組んできた
　　2つの課題の相互関係を分析している。民営化，金融・銀行業，司法，社会保障政策
　　にも焦点を当てた政治経済学的な分析に特徴がある。
④ 　中野聡『歴史経験としてのアメリカ帝国——米比関係史の群像』岩波書店，2007年。
　＊アメリカ植民地主義との関わりの中で，フィリピン政治史を分析した書。アメリカ支
　　配下のフィリピンにおける国民形成，民主主義の導入など，現代フィリピン政治を理
　　解するうえでも重要な視座が豊富に提示されている。
⑤ 　日下渉『反市民の政治学——フィリピンの民主主義と道徳』法政大学出版会，2013年。

＊スラムでのフィールド調査に基づき，中間層と貧困層の「あるべき政治」をめぐる道徳的な対立という視点から，民主化から2010年までの政治を分析する。格差社会の民主主義の困難について，フィリピンからの知見を提示している。

⑥ 井出穣治『フィリピン──急成長する若き「大国」』中公新書，2017年。
＊元IMFエコノミストが，かつて「アジアの病人」と呼ばれたフィリピン経済の急成長を説明する。サービス産業中心の経済成長と人口ボーナスを指摘すると同時に，今後の課題についても分析している。

参考文献

アガンベン，ジョルジョ，上村忠男訳『例外状態』未来社，2007年。

アンダーソン，ベネディクト，白石さや・白石隆訳『増補　想像の共同体──ナショナリズムの起源と流行』NTT出版，1997年。

イレート，レイナルド，川田牧人・宮脇聡史・高野邦夫訳，清水展・永野善子監修『キリスト受難詩と革命──1840～1910年のフィリピン民衆運動』法政大学出版局，2005年。

川中豪「フィリピン──『寡頭支配の民主主義』その形成と変容」岩崎育夫編『アジアの民主主義──政治権力者の思想と行動』アジア経済研究所，1997年。

川中豪「フィリピン──特権をめぐる政治と経済」片山裕・大西裕編『アジアの政治経済入門』有斐閣ブックス，2006年。

清水展『文化のなかの政治──フィリピン「二月革命」の物語』弘文堂，1991年。

清水展「未来へ回帰する国家──フィリピン文化の語り方・描き方をめぐって」『立命館言語文化研究』第9巻第3号，1998年。

高木佑輔「政党システムと冷戦の国内化，1946-1948年──フィリピンにおける二大政党間の対立と協調」『アジア研究』第55巻第3号，2009年。

藤原帰一「フィリピンにおける「民主主義」の制度と運動」『社会科学論集』第40号，1988年。

藤原帰一「フィリピンの政党政治」岩崎育夫編『ASEAN諸国の政党政治』アジア経済研究所，1993年。

Pinches, Michael, "The Working Class Experience of Shame, Inequality and People Power in Tatalon, Manila", *From Marcos to Aquino: Local Perspectives on Political Transition in the Philippines*, Kerkvliet, Benedict J. Tira, Mojares, Rasil B. (eds.), Honolulu, University Hawaii Press, 1992, pp. 166-186.

Seki, Koki, "Capitalizing on Desire: Reconfiguring 'the Social' and the Government of Poverty in the Philippines". *Development and Change* 46(6): 1253-1276, 2015.

Takagi, Yusuke, *Central Banking as State Building: Policymakers and Their Nationalism in the Philippines, 1933-1964*. National University of Singapore Press and Kyoto University Press, 2016.

■ Column ■

都市貧困層の視点から見たフィリピン政治

私は，2002年から2003年にかけてマニラ首都圏のスラムに住み込み，都市貧困層と政治のかかわりを内在的に理解しようとしてみた。

スラムの住民は，貧しい農村を後にして，マニラでより豊かな生活を築こうとしてきた者とその子供たちである。だが，彼らの生活は不安定で，住居や生計を強制的に奪われる危険にさらされていた。スラムの多くは不法占拠地で，国家と投資家が計

住居を取り壊されても逞しく微笑む親子

画する都市開発の障害になってきたし，彼らの多くが生計を立てる街頭販売も交通や都市の近代化の障害であると批判されてきた。私が住んだ地域でも，たびたび政府機関によって住居の取り壊しや，露天商の商品押収が行われた。彼らは，こうした経験を，自らの努力で築き上げてきた生活に対する攻撃として，また対等な人間として扱われない尊厳の否定として受け止めている。

他方で，政治家にとって有権者の多数派を占める貧困層は，重要な票田でもある。そのため選挙時になると，候補者たちは競ってスラムの住民に無料診察，医薬品，食料，葬式代などの「サービス」や現金をばら撒く。テレビやラジオでは，「貧困層派」をアピールする大統領候補のコマーシャルが繰り返し放送される。しかし，こうした選挙が，貧困層の利益を促進しているとは限らない。なぜなら，貧困層への利益配分は，選挙前の一時的かつ恣意的な「ばら撒き」，あるいは単なるイメージに終始してしまい，体系的な再配分政策の制度化は進まないからである。

都市中間層は，このような政治のあり方に対して，別の観点から否定的である。彼らは，自らが納めた税金を政治家が貧困層にばら撒き，貧困層がその金に操られて腐敗した政治家を選出し続けるために，フィリピンの発展が損なわれてきたと認識している。中間層は，高等教育を受けて正しい判断ができる「市民」として，貧困層の「非合理な」政治参加と，貧困層を利用する腐敗した政治家が，フィリピンを停滞させていると批判しているのである。

もっとも，都市貧困層の政治行動は決して「非合理」ではなく，彼らは住居や生計を守るためにさまざまな方法で政治に働きかけてきた。しかし，彼らの実践は，短期的利益の獲得にはある程度成功してきた反面で，長期的利益の確保にあたっては困難に直面してきた。また，多くのNGOが貧困層の政治活動を支援してきたが，両者の間にはさまざまなズレがあり，貧困層のおかれた状況を根本的に改善することに成功してきたとはいえない。

たとえば，選挙時に貧困層は，さまざまな「サービス」や現金をばら撒く多くの候補者のなかから，「真の優しさをもって困窮者に救いの手を差し伸べる者」を見極めようとし，選挙後には当選した政治家に支援を要求していく。だが，こうした実践

は，政治家による恣意的な「ばら撒き」を助長することで，公的社会保障や再配分政策の制度化を妨げがちである。NGO は，そのような政治を否定し，より長期的に貧困層の置かれた社会経済状況を改善しようと，独自の候補を擁立したりしてきた。だが，貧困層にとって，選挙は利益を得られる貴重な機会であり，「ばら撒き」を全く行わない候補者は魅力的ではない。

また，不法占拠者や露天商は，末端の役人や土地の権利をもつと主張するシンジケートに「みかじめ料」を支払うことで，強制立ち退きのリスクから生活を守ってきた。他方で，NGO は国家に政策提言を行い，貧困層の生活基盤を公的に保証する制度を構築しようとしてきた。その結果，不法占拠者への住宅供給を規定した都市開発住宅法（1992）や，指定地域での街頭販売を認める行政命令452号（2001）などが制定された。だが，彼らの生活基盤が非合法であることから利益を得てきた役人やシンジケートは，それを合法化する制度の実施に抵抗してきた。都市貧困層からすれば，彼らの生活基盤を合法化する制度が適切に実施されないのであれば，NGO とともに法制度の構築に関与するよりは，「みかじめ料」で生活を守る方が遥かに効率的である。

このように，都市貧困層は，政治家への個別利益の要求や「みかじめ料」の支払いを通じて短期的利益を確保してきた。だが，そうした実践には，公的社会保障の制度化や生活基盤の合法化といった長期的利益の獲得を困難にするジレンマがある。もっとも，これは彼らの視野の狭さを意味するものではない。都市貧困層の生活は，強制立ち退き，家族の病気といったさまざまなリスクに対して不安定であり，彼らは長期的利益を犠牲にしてでも短期的利益を確保せざるを得ないことも多いのである。

このジレンマを克服するためには，都市貧困層が，水平的な相互扶助組織など，従属性を再生産しないオルタナティブなリスク回避の手段によって短期的利益を確保しながら，粘り強く長期的利益の実現を国家に要求していくことが重要であろう。

街頭でフルーツを売る露天商の親子

第4章 シンガポール
── 「超管理国家」の繁栄とジレンマ

田村慶子

この章で学ぶこと

シンガポールの1人当たりGDPは2015年には独立時（1965年）の約100倍になり，今や東南アジア地域でもっとも目を見張る物質的豊かさを達成した国家である。この驚くべき経済成長とともに，シンガポールは独立以来，人民行動党政府の独裁的な長期政権でも知られている。政府の力が絶大で，政治のみならず経済，社会のあらゆる分野に大きな影響を及ぼし，国民を管理していることは，不安定な国際環境のなかで資源のない小さな都市国家を生存，発展させ，かつ国民統合を達成するためには重要であると考えられたし，現在でもそうである。この考え方のもとで，野党やマスメディアなどの批判勢力は容赦なく弾圧されてきた。また，経済発展によって豊かになった中間層と呼ばれる人々は，発展を牽引してきた外資系企業や政府系企業の幹部社員，あるいは高級公務員などとして発展の恩恵にもっともあずかっている層であるがゆえに，政府の抑圧的な姿勢を表立って批判して来なかった。経済発展とそれによる豊かさの実現は，自由民主主義を不可避的にもたらすものではないことを，この国の事例は物語っている。

だが，政府は豊かな社会を実現しながらも，それによって高まる国民の政治意識や政府批判を巧みにかわすための手段として，経済発展を継続させてモノの供給をし続けなければならないというジレンマに直面している。

この国はどのようにして民主主義を犠牲にして経済発展に邁進してきたのか，新しい国家と国民の創造のためにどのようなことがなされてきたのか，「置いてきた」民主主義が実現する可能性はあるのか，本章はこれらのことに答えていく。

キーワード ラッフルズ，リー・クアンユー，人民行動党，華人，マレー人，労働者党，生き残りのイデオロギー，外資による経済発展，英語国家，公共住宅

1 ラッフルズによる建設と植民地支配の「遺産」

（1）「シンガポールの建設者」ラッフルズ

シンガポール島およびその南に位置するインドネシア領のバタム島は，中世の東南アジア域内貿易ネットワークと，中国や西方イスラム世界や南インドを接合する役割を担って繁栄した島々であり，マレー半島の錫，近隣の島々の香辛料や米，金などとともに商人や海の民が行き交う交易拠点であった。だが，イギリスとオランダが東南アジア植民地支配を拡大するにつれて交易の拠点は移動し，やがて両国がそれぞれの領土の確定をするにともなってこの地の交易ネットワークは閉ざされていった。

シンガポールが再び繁栄を取り戻すのは，1819年1月，イギリス東インド会社社員トーマス・スタンフォード・ラッフルズ（Thomas Stanford Raffles）の上陸後である。東インド会社とは，ヨーロッパとアジアの香辛料貿易という巨大な利益を求めて1600年にイギリス政府が設立した会社で，イギリスは会社にアジア貿易の独占権と貿易領域における条約締結権や軍事権など准国家的権限まで与えていた。

海賊の住処であり，寂れた漁村となっていたシンガポールにラッフルズが注目したのは，その地理的な重要性であった。シンガポールはマラッカ海峡を臨むマレー半島の南端にあり，大陸部東南アジアと島嶼部東南アジアを結び，インド洋と太平洋をつなぐ十字路に位置する。彼はこの小さな島がイギリスとインド，さらに中国を結ぶアジア貿易の拠点になると確信して，当時のシンガポールを治めていたジョホール王国の王位継承問題に介入，強引に条約を結んだのである。

彼がシンガポールの植民地経営に携わったのはわずか数年に過ぎないが，彼の政策はシンガポールのその後の発展を特徴づけるものとなった。その第1はシンガポールを自由港として，あらゆる物資の持込および人々の流入を許可したことである。これによってシンガポールは瞬く間に中世以上の賑わいをみせるようになった。中国南部と南インド，近隣の島々からの出稼ぎ移民の急増によって，人口は1860年には約8万人と膨れ上がり，このころにはすでに中国人（華僑）人口が全体の61％を占めていた。その多くはやがてシンガポールを故郷として生きることを選択し，中国本土の中国人と区別して自らを華人と呼ぶようになる。第2

第4章　シンガポール　89

は，貿易と商業が発展するための実用的な都市作りと民族別居住区を作ったことである。港湾，造船所，政庁などを整備するとともに，中国人居住区，インド人居住区，ヨーロッパ人居住区，アラブ人居住区を作って，教会やモスクの建設も行った。これらの名残が現在のチャイナタウン，リトルインディア，アラブストリートである。シンガポール発展の礎を築いたラッフルズは「シンガポールの建設者」と称され，彼が最初に上陸した場所には大きな銅像が建っている。だが，彼がシンガポールを実用的な一大中継貿易港としてのみ発展させようとしたことと民族別居住区は，後に国家としての経済的自立と，ほとんど接触のなかった多様な人々を統合して「シンガポール人」を創出するという国民統合の達成に，きわめて大きな困難を投げかけることになった。

シンガポールは1826年にペナン，マラッカとともにイギリス直轄の「海峡植民地」となった。19世紀末にイギリスは大規模なゴムのプランテーションと錫鉱山開発のためにマラヤに本格的に介入し，シンガポールは英領マラヤ（現在の半島マレーシア）のゴムと錫の中継・加工貿易港として飛躍的に発展した。シンガポールにはイギリスの極東軍事基地も置かれ，東南アジア植民地支配の要となった。

（2）「昭南島」時代

シンガポールはまた1942年から3年半続いた日本のマラヤ軍政においても拠点となり，「昭南島」と命名された。イギリス東洋艦隊のあっけない敗北は，「大英帝国」の没落を象徴するに十分な事件であり，それまでイギリス植民地政府の存在を前提に暮らしてきた住民にとって，全く未知の時代の始まりとなった。日本軍政の特徴は徹底した民族別支配で，マレー人は官吏や警察官に登用され，インド人はインド独立のための組織であるインド独立連盟への参加を促されるなど比較的優遇された。もっとも，労務者として強制労働に駆り出されたマレー人やインド人も多かった。だが，華僑・華人は冷遇された。それは日本の中国本土侵略に対して東南アジアの華僑・華人が抗日救国運動を起こし，シンガポールはその中心地だったからである。日本軍は1942年2月末に「粛清」と称して，大量の華僑・華人の虐殺を行った。さらに，抗日運動の「償い」として巨額の献金を華僑・華人に課した。また，日本軍政期の慢性的な食糧不足は住民を苦しめた。学校教育では日本語教育が強行され，偶像崇拝を行わないイスラム教徒も含めてす

べての住民に伊勢神宮を模して造られた昭南神社参拝が義務付けられた。

このようにほとんどの住民，とりわけ華僑・華人にとっては苦渋に満ちた3年半であったが，日本軍政期の恐怖とその後に「何事もなかったかのように戻ってきた」イギリスに対して，シンガポールで育った移民2世や3世は親の世代とは異なった感情を抱いた。植民地支配を打倒し，自分たちの国家を樹立しようという独立ナショナリズムである。後に初代首相となるリー・クアンユー（Lee Kuan Yew）は，日本軍政時代を回想して「その日から私は我々自身の運命は，我々自身で決める決心をした。（中略）欧米外国勢力の統治下に受けた恥辱は十分な苦しみだった。（中略）アジアの強国日本の統治下ではさらに苦しかった。私は，再びわが国土を外国人の手に渡してはならないと誓った」と述べている。

2 突然の独立へ

（1）人民行動党

イギリスが東南アジアに戻ってきた1945年9月，もっとも大きな影響力をもっていたのは，日本軍政下で唯一の抵抗組織としてイギリスから武器援助を受けながら激しいゲリラ戦を繰り広げたマラヤ共産党（Malayan Communist Party）であった。日本の中国侵略，シンガポールでの華僑・華人「粛清」や強制献金は，東南アジアの華僑・華人社会に大きな衝撃を与え，多くの青年をマラヤ共産党の抗日運動に参加させた。したがって，党員の多くは中国系であり，党は中国共産党の支援と影響を受けていた。

マラヤ共産党は公認政党として各地で労働組合を組織し，労働条件の改善と基本的人権の擁護を求めるストライキを行った。戦争直後の食糧事情の悪化と深刻な失業問題を背景に多くの労働者がストに参加，ほとんどの場合，雇用者側は要求を飲んだ。だが，マラヤ共産党の急速な勢力拡大は，イギリスの許容範囲を越えていた。イギリスは党勢を削ぐべく，徐々に共産党の活動に制限を加えていった。

さらにイギリスは，1945年10月，シンガポールだけを単独の植民地として残し，効率的な植民地支配を図るために，それまで分割統治していたマレー諸州を統合してマラヤ連合（あるいはマラヤン連合，Malayan Union）を形成することを発表した（第2章参照）。シンガポールは，イギリスのアジアにおける経済上軍事上

第4章 シンガポール 91

の要であったことと，共産党の活動がとくに活発で安全保障上の不安があったために，単独の直轄植民地としたのである。だが，この案には民族に関わらず一定の条件を満たす者には市民権を付与することや，マレー人首長制の廃止も含まれていたために，先住民であるマレー人支配層の強い反対に遭った。イギリスは48年２月にマラヤ連合を廃して，非マレー人の市民権を制限してマレー人首長制を復活するマラヤ連邦（Federation of Malaya）を結成した。同年６月，イギリスはマラヤとシンガポールに非常事態宣言を発して，共産党勢力を徹底的に弾圧した。

　このようにマラヤがマラヤ連邦として独立に向かうなか，単独の植民地として残されたシンガポールでは，イギリスが共産党への武力弾圧をほぼ終えた1954年から，言論や出版の自由を再び認めるようになったために，政治活動や労働運動が活発化した。このころは移民２世や３世の時代になりつつあり，独立ナショナリズムをもった若い世代のもとで，シンガポールの政治は自治そして独立に向けて大きく動き出していたのである。

　1959年５月に実施された初の総選挙で大勝したのは，イギリス帰りの弁護士リー・クアンユー率いる人民行動党（People's Action Party：PAP）であった。リーは1923年に裕福なシンガポール華人商人の家に生まれた。彼の父方の曾祖父は，1863年に広東からシンガポールに渡った。リーの父は子どもたちをすべて英語学校に学ばせ，長男だったリーはイギリスのケンブリッジ大学で法律を学び，1950年に最優秀の成績で卒業した。PAPはリーをはじめとする英語教育を受けたイギリス留学帰りのエリートと，左派の労働組合活動家や学生とのいわば連合政党として結成された。当時，イギリス植民地支配下で英語教育を受けることが出来たのはほんの一握りの裕福な層にすぎず，圧倒的多数の民衆は無教育か初等教育のみであった。

　なお，華人民衆への教育は，華人コミュニティが運営する私立華語学校（東南アジアでは北京語のことを華語という）で行われていたが，イギリス政府は英語校やマレー語校にのみ補助を与えて華語校には無関心もしくは親中国教育を行う場所として抑圧したために，教師や学生は反イギリス感情を強くもち，また独立運動を担おうとする若者が多かった。民衆とくに華人民衆に支持されていたのは，労働組合活動家や華語校教師や学生であった。リーは彼ら・彼女らがシンガポール政治の主役になりつつあることを認識し，ともに「反植民地，独立」を掲げて選

挙を戦い大勝したのである。

　総選挙後にシンガポールは内政自治権をもつ自治領となり，リーは初代の自治領首相となった。彼は1990年に首相を辞めたものの，その後は上級相，2004年からは閣僚顧問として内閣にとどまり続け，2011年5月の総選挙後に辞任するまで大きな影響力を行使し続けた。

（2）マラヤ連邦との統合，分離，独立

　政権を取ったリーは，すでに1957年に独立していたマラヤ連邦との統合による独立を目指して活動を開始した。天然資源は皆無で，農業生産も乏しく，中継加工貿易に大きく依存する小さな島国が単独で独立するなど，考えられないことであったからである。さらに，周辺諸国の独立によってシンガポールの中継貿易機能は相対的に衰微しつつあり，工業化推進のためにゴムと錫が豊富で人口の多いマラヤ連邦との統合は必要不可欠とみなされていた。

　1963年9月，マラヤ連邦にシンガポール，イギリス保護領のサバ（当時は北ボルネオ）とサラワクを統合して新連邦マレーシアが結成され，シンガポールはマレーシアの1州となることで独立を達成，シンガポールの発展は保障されたようにみえた。しかしながら，マレーシア連邦時代はわずか2年で終わる。その最大の要因は，シンガポールとマラヤ連邦の思惑の違いであった。マラヤ連邦がシンガポールを受け入れたのは，シンガポールとの経済協力のためではなく，左派の労働組合運動や学生運動が盛んなシンガポールが単独で独立すれば，やがて中国やソ連の支援を受けた共産主義政権が誕生すると恐れたためであった。63年当時のシンガポールの1人当り所得は539USドル，一方，錫とゴムに依存するモノカルチャー経済のマラヤ連邦は220USドルでしかなく，連邦政府は経済協力どころか，発達したシンガポール経済にブレーキすらかけようとしたのである。

　一方で，マレー系優遇政策の是非でも両者は対立を深めた。連邦政府は，経済的・社会的に華人よりも遅れたマレー系に特権を与えてその地位を向上させるというマレー系優遇政策をマラヤ連邦以来堅持していたが，それはリーをはじめとする英語教育を受けたエリートには受け入れ難いものだった。彼らは出身の民族から遊離し，民族意識は薄い。彼らは，特定の民族に対する優遇よりも，もっと一般的な社会的・経済的改革こそが恵まれない人々を援助する基本であると考えていた。だが，このような考え方は，連邦政府の眼にはマレーシアの国家原理そ

第4章　シンガポール　　93

のものを脅かすものと映った。

両者の対立は統合成立直後から激しくなり，このままでは新連邦全体の安定に深刻な問題が生じると判断したマレーシア連邦政府は，シンガポールの分離を決定した。1965年8月9日，シンガポールは共和国として独立した。

しかしながら，マレーシア連邦時代の2年間は，シンガポール政治舞台におけるリーら英語教育を受けたグループの立場を強固なものとした。新連邦マレーシア結成の直前にPAP内の左派の主要メンバーは統合を強引に進めるリーのやり方に反発，PAPを離党して野党社会主義戦線を結成したが，新連邦が結成されると連邦警察と名前を変えたシンガポール警察によって，社会主義戦線党員とともに大量の華人学生や教師，労働組合活動家などが「共産主義の危険分子」として容赦なく逮捕されたからである。冷戦がアジアにおいても深化するなか，左派をすべて「共産主義者」として弾圧する論理がそこにはある。この逮捕をリーは黙認しただけでなく，情報を出して積極的に協力し，政敵をほぼ壊滅させた。

3　新たなる国民国家の創造

（1）「生き残りのイデオロギー」

国内の政治舞台ではPAPの安定支配が確立したものの，独立国家となったシンガポールは「未来のない都市国家」と揶揄され，マレーシアと再統合されなければ生存できないとさえいわれた。確かに当時のシンガポールをめぐる国際環境は最悪だった。シンガポールにとってマレーシアは重要な貿易相手国であり，主要な投資先であり，水の供給も受けるというもっとも密接な関係にある隣国であるが，分離に至る摩擦によって両国の関係は冷え切っていた。また，やはり重要な貿易相手国であるもう1つの隣国インドネシアとの関係も悪化していた。この時期のインドネシアは新連邦マレーシアの結成を「イギリスの新植民地主義」であるとみなして反対するだけでなく，ボルネオ地域に軍隊を送って軍事行動に出た（対決政策と呼ばれる）。シンガポールの独立はインドネシアにとってはこの対決政策の勝利を意味したが，シンガポールにイギリス軍基地が置かれたままであるために，インドネシアはこの政策を終わらせる様子はなかった。2つの隣国との関係が改善するのは1970年代中ごろである。

独立時の近隣諸国との関係の悪化に加えて，人口の76%を華人が占めるシンガ

ポールは，マレー人が多数を占める近隣諸国とは異質で，いわば「マレーの大海に浮かぶ華人国家」であり，この時期は中国本土と推定2000万人の東南アジア在住華人との関連で「第三の中国」という猜疑の眼でみなされがちであった。とくにマレーシアやインドネシアように国内にマレー人と華人との深刻な対立を抱える国家の場合には，それがシンガポールとの関係に跳ね返ってくることは避けられなかった。

このような国際環境のなかでシンガポールが生き残って繁栄するために，独立時の150万国民にPAP政府は何を求めたのだろう。それは，「生き残りのイデオロギー」と呼ばれる価値観あるいは考え方であった。

まず第1に，国家利益を決定するのはPAPであり，シンガポールの生存イコールPAPの生存であるとされた。同党の安定した一党支配こそが，国家の生存と繁栄の前提であるという考えである。「我々のような面積の小さく資源の乏しい都市国家では，余分なことに費やされるエネルギーはない。我々は痩せて健康的でいるか，もしくは死ぬだけである」と，リーは複数政党制は時間的にも人的にもシンガポールには適当でないとした。同党の安定した一党支配継続のために，後述するように野党やマスメディアなどの批判勢力は抑圧されていった。表4-1に示すように，内政自治権を得た1959年から今日に至るまでPAPは国会で圧倒的な議席数を誇っている。とくに68年から81年の補欠選挙で野党候補者が勝利するまでの13年間は，国会の全議席がPAP議員であった。国会は独立前の立法議会とは異なり，政策論争の場ではなく，どうすれば政策をすばやく実行できるかを議論する場となった。

第2は，激烈な国際社会のなかで生き残るために，国民すべてに愛国心と自己犠牲の精神，さらに強靭さが求められたことである。リーは1966年にこう述べている——「求められているものは，頑健で，強固で，訓練と鍛錬の行き届いた社会を創ることである。そのような社会が出来れば，我々はここで1000年以上にわたって生き残っていくことが出来るであろう」。シンガポール憲法には国民が主権を有するとの明文規定はない。これは，独立時の状況を反映して，国家の生存と発展をもっとも重要な憲法原理としたためであろうが，国家主導型の政治をめざすPAP政府の意図でもあったろう。

さらに，国民には異なる民族の文化や言語を尊重することも求められた。すべての国民は4つの民族（華人，マレー人，インド人，その他）のいずれかに分類さ

表4-1 シンガポール総選挙の結果

実施年	国会定数*	PAP当選者数	野党当選者数	PAP得票率（%）
1959*	51	43	8	53.4
1963*	51	37	14	46.6
1968	58	58	0	84.4
1972	65	65	0	69.0
1976	69	69	0	72.4
1980	75	75	0	75.6
1984	79	77	2	62.9
1988	81	80	1	61.8
1991	81	77	4	61.0
1997	83	81	2	65.0
2001	84	82	2	75.3
2006	84	82	2	66.6
2011	87	81	6	60.1
2015	89	83	6	69.9

（注）*59年と63年は独立前の立法議会選挙，なお国会は一院制。
（出所）*Singapore: The Year in Review*, Singapore: The Institute of Policy Studies, 各年版。

れ，人口比に関わらずそれぞれの民族の文化，生活様式，宗教，言語は尊重されて平等に扱われる。これはとくに，華人の華語や中国文化への執着を抑えるためでもあった。独立によって多数派となった華人が華語や中国文化を国家の主流とするよう要求すれば，「マレー人の大海に浮かぶ華人国家」の安定はないと判断したためである。

　第3には，限られた人的資源を最大限利用するための能力主義社会の実現である。社会的上昇の機会は個人としての国民に一律・平等に与えられることを原則とし，いかなるグループであれ優遇措置を受けることはない。憲法上，マレー人は先住民として特別な位置づけがなされているものの，教育費以外の具体的優遇措置は講じられていない。

　このように「生き残りのイデオロギー」は，規律，強靱性，愛国心，能力主義などいくつもの相互に関連する価値から成り立っていた。突然の分離・独立，緊迫する国際関係という危機感によって，「生き残り」という言葉は国民に浸透していった。「生き残りのイデオロギー」はまた，国民の眼を未来に向けさせるためにも必要であった。PAPにとって振り返るべき過去はない。過去を振り返れば，マラヤ連邦との統合を推進し，その成功からわずか2年後に分離した責任が問われよう。創造すべき未来にのみ国民の眼を向けさせ，開発と経済的成功を達成してPAP統治の正統性を理解させること，「生き残りのイデオロギー」はそ

のためのキャッチフレーズであったといってよい。

　以下,「生き残りのイデオロギー」を掲げたPAPが新たな国民国家を創るために どのように統治を行っていったのかを考察する。それは一言で言えば,国民の政治活動の極端な制限と国家による「上からの統制」であった。

（2）批判勢力の封じ込め

　「生き残りのイデオロギー」のもと,批判勢力の封じ込めが行われた。それはまず,マスメディアへの規制と監視である。PAPのマスメディアに対する考え方は,「シンガポールにおけるメディアの役割とは,シンガポールの利益,そして民衆に選ばれた政府の目的のために奉仕することである」（リーの1972年の発言）に集約されよう。70年代初頭から政府批判を行ったいくつかの新聞が廃刊や統合に追い込まれ,同時に法律も改定されて,政府が新聞社の人事に介入できるようになった。このころから報道機関自体が政府批判を控えるようになっていたが,84年に政府は東南アジア最大の新聞・出版企業としてシンガポール・プレス・ホールディング（Singapore Press Holdings Ltd）社を設立し,シンガポールで出版される主要な新聞すべてを発行するようになった。放送メディアには国営テレビ,ラジオのほかに私営ラジオがあるが,私営ラジオも厳しい監督下にある。外国紙・誌も例外ではなく,1986年の「新聞報道（改正）法」によって,政府は「内政に干渉した」外国の出版物の持込や販売の禁止,販売部数の制限を行えるようになった。

　野党も封じ込められた。1981年の補欠選挙でPAP一党支配を崩した野党労働者党（Workers' Party）書記長ジェヤラトナム（Josua Benjamin Jeyaretnam）は,83年に過去の会計報告に虚偽の記載があったとしてPAPから告訴されたが,判事は告訴された5件のうち4件を無罪とし,直後に判事は更迭された。ジェヤラトナムがこの更迭を非難すると,PAP政府は国会議員の特権に関する法を改定し,彼の非難は「国会議員の特権の乱用」であるとして巨額の罰金を科し,結局,彼は議員資格を剥奪されて97年総選挙まで立候補する資格を奪われたのである。国会で議席を獲得したもう1つの野党シンガポール民主党（Singapore Democratic Party）が,96年に国会に提出したレポートに虚偽の記載があったことに対してもこの法は適用され,民主党議員には巨額の罰金が言い渡された。

　さらに,与党有利の選挙区制度も忘れてはならない。1988年総選挙から小選挙

区制度と並列されたグループ選挙区制度である。この制度は数人が１つのチームを作って立候補し，有権者は個人ではなくそのチームに投票するという制度である。新制度の目的は，これまで圧倒的に華人に偏っていた国会議員の民族比率をより人口比に近づけるためとされ，１つのチームのなかには必ずマイノリティのマレー人やインド人を入れなければならなくなった。たしかにグループ選挙区導入で非華人の立候補者は増加したが，新制度のための選挙区再編で野党有利の選挙区が真っ先に統合されたことや，ただでさえ人材の乏しい野党が複数の候補者を準備するのは大変であるため，野党が棄権するグループ選挙区はとても多いことを考えると，この制度は PAP 一党支配維持に大きく貢献する制度だともいえる。

また，PAP 政府は，イギリスが「危険分子」を取り締まるために制定した治安維持法を，現在でも破棄していない。これは，容疑者を逮捕令状なく無期限に拘束する法で，独立から1970年代はたびたび発動され，新聞編集者や野党関係者などが逮捕された。87年には，外国人労働者救済活動を行っていた教会関係者や弁護士が逮捕された。リー・クアンユーは88年に国会で「（シンガポール社会安定のための財産は）治安維持法と秘密警察である」と述べたといわれている。

（3）奇跡の経済成長

批判勢力を厳しく抑圧する PAP 政府の支配を唯一正当化するものは，目にみえる豊かさの実現しかない。独立直後に，政府は国家主導の輸出指向工業化政策を採択した。その主役は外資である。外資を選択したのは，近隣諸国との関係悪化によって近隣諸国がシンガポールへの依存を減らすべく国内の港湾の整備を進めていたため，これまでの中継・加工貿易の拡大には限度があると判断したためである。また，数少ない地場企業のほとんどが華人企業であったことも，外資を選択させた政治的要因であろう。華人資本家は，戦前から華人コミュニティのリーダーとして私財を投じて華語学校を設立するなど，華語・華人文化教育への貢献がきわめて大きかった。PAP にとっては，このような華人資本家を抑えることは，後に述べる英語国家への誘導のためにも，当時の国際環境からも必要だったのである。

シンガポールに進出した外資は，1960年代後半から70年代にかけては労働集約型産業が中心であった。アメリカの大手半導体や家電メーカーなどが相次いでシ

ンガポールで生産を開始した。だが，70年代末には労働者不足が深刻となって賃上げ圧力が高まり，また周辺諸国が低賃金を武器に追い上げてきたため，資本・技術集約型産業（コンピューター関連産業や石油化学産業など，大規模な設備や高い技術を有する産業）の誘致に取り組んだ。90年代以降には，製造業部門ではコンピューター，化学・バイオテクノロジー，非製造業部門では研究開発，地域統括部門などの知識・情報集約型産業の誘致に取り組み，世界有数のコンピューター生産拠点となり，世界最先端レベルでの金融・貿易サービスが集積するようになった。外資の進出元では，アメリカ，日本，EU諸国で三分されてきたが，近年は日本以外のアジア諸国（とくに中国）からの投資の増加も目立ってきている。

　このように経済成長を牽引しているのは外資であるが，政府が果たしている大きな役割を忘れてはならない。政府は外資が進出しやすいように，まず，港湾，電力，工場用地などの整備，労働者の訓練などのインフラ整備を行った。とくに用地確保をスムーズにさせたのは1966年に成立した土地収用法で，これによって公共公益目的のために必要な土地は，すべて政府の広告によって行われることになり，住民の立ち退きに伴う補償額もすべて政府が決定できることになった。住民は補償額のみ裁判にもち込める（一審のみ）が，決定に異議を唱えることはできない。さらに68年の雇用法は，労働時間や諸手当を減少させただけでなく，雇用者が直接・間接に労働者に支払う賃金をかなり節約させた。同じ68年に制定された労使関係調整法は，経営者側の特権を大幅に拡大させた。これら土地収用法と労働関連法への反対は，すでに述べたような批判勢力への徹底した抑圧と管理のなかで消えていった。

　政府のもう１つの注目すべき役割は，准政府機関と政府系企業の経営であろう。政府は，国家にとって重要な部門については公的所有とし，政府の法令で設立された准政府機関を設けて直接所有している。これらは，外資誘致促進機関として大きな権限をもち，海外事務所ももつ経済開発庁，公共住宅を建設する住宅開発庁，シンガポール港湾局などである。民間部門における政府の進出も大きく，政府は３つの持株会社と傘下企業を政府系企業として民間企業と同様に経営し，外資と合弁して製造業から金融・サービス業，貿易まで幅広い分野で重要な役割を担い，政府系企業はGDPの10％を生産しているといわれている。政府の役割は，外資への支援とともに製造業など企業活動への直接参加にまで拡大されていったのである。

第4章　シンガポール　99

1985年の経済不況以降，民間活力導入が求められて政府系企業の民営化・再編が行われているものの，大株主は政府であり，新規参入には規制を設けて独占を維持しているために，実態はあまり変わっていないといわれている。

（4）英語国家への誘導とエリート主義的教育政策

　「生き残りのイデオロギー」は学校教育の現場にも浸透した。PAP 政府が1966年から教育現場で実施した2言語政策は，すべての生徒に英語を学ぶことを義務付けた。同時にそれぞれの母語（華人は華語，マレー人はマレー語，インド人はタミル語）を第2言語に選択することが出来るようにした。しかし2言語政策といっても，英語とそれぞれの母語は同程度に学ぶのではない。英語は「国際語であり，経済発展のための言語」と高い位置づけがなされ，第2言語は「それぞれの伝統や文化を継承するための言語」で，第2言語を習得してもその言語で学べるのは道徳や文学，歴史の一部でしかない。外資導入の工業化政策が本格化するにつれて英語の習得はよい就職，高い収入につながり，ほとんどの生徒は英語習得に多大なエネルギーを費やし，シンガポールはまたたく間に英語国家になっていった。1987年からは小学校から大学まで授業はすべて英語で行われるようになり，第2言語は多くの生徒にとって「試験のための言語」となった。これは，多様な国民の意思疎通と統合，シンガポール人意識の創造に大きな力となったのだが，華語や中国文化を排除して経済発展に資する英語を国民自ら選択させるという政府の巧みな誘導の結果であった。

　さらに，初等教育がほぼ普及し，かつ資本・技術集約型産業の誘致にともなって，より早く優秀な人材を確保するための選抜主義的教育政策が取られるようになった。79年以降，生徒たちは小学校4年時の統一試験結果（2004年からは6年時）で3つのレベルに分けられることを手始めに，たくさんの選抜試験とそれによる成績別クラス分けを経て社会に出るようになった。この選抜制度は，教育を受ける機会がすべての生徒に開かれているという意味で平等であるが，選抜試験の結果によって初等教育のみで学校を去る者，中等教育で終える者，高等教育に進む者などの成績別レッテルが貼られ，子どもたちの将来の職業や収入はほぼ10歳から15歳の間に決定されてしまう。したがって，国民の教育熱はすさまじく，落ちこぼれることへの恐れと失望は大きい。選抜制度には強い批判もあるが，政府は能力主義の結果であるとして譲らない。ただ，最近はスポーツや芸術の成績

も加味するような新制度が検討されている。

　選抜制度の頂点に立つ大学卒業生の割合は，大学が1校しかなかった90年には4.7％，大学が6校となった2012年で25％であったが，政府は2020年には大学進学率を40％へ増大させて大学卒業生を増やす予定である。大学卒業生は政府公務員や外資系企業，政府系企業に就職し，将来は国家の発展を担う指導者になることが強く期待されている。

（5）シンガポール人意識を持たせるための住宅政策

　政権に就いたPAPにとって，住環境の整備もまた大きな課題であった。独立当時，多くの国民は劣悪なバラックのような住宅に居住していたために，安価で良質な住宅の整備はPAPの安定支配のためにも重要だった。すでに述べた土地収用法は，公共住宅建設をスムーズにした。この法によって政府は短期間に土地を収用することが出来るようになり，国有地は68年の26.1％から2012年には87％にものぼったと推定される。住み慣れた家から強制的に公共住宅へ移される住民のなかには決定に従わない者もいて，60年代末までは住民と警察の衝突も相次いだが，住民には他に選択肢がなく従うしかなかった。

　現在は国民の80％が公共住宅に住んでおり，公共住宅は都市国家中に広がっている。さらにその90％が持ち家である（日本の持ち家率は約60％）。この高い持ち家率は，中央積立基金の資金を住宅購入資金に利用できるという政策を，1968年に導入したことによる。中央積立基金とは，国家管理の強制積立・貯蓄制度で，雇用者と非雇用者がそれぞれ一定額を被雇用者の毎月の給与から強制的に積立て，退職後の年金として支払うという制度である。退職後の年金である各自の中央積立基金を自宅購入資金として使うというこの政策は国民の購買意欲をかきたて，持ち家率は65年の5.5％から瞬時に上昇した。国民は自分の貯金を借りて持ち家購入が可能となる。政府にとっては，持ち家促進によってシンガポール人としての自覚を国民にもたせることが出来，まさに一石二鳥の仕組みと言える。

　さらに公共住宅には植民地時代の民族別居住区を崩壊させて，異なる人々の交流を図るというもう1つの大きな目的があった。公共住宅には同じ民族が集中して居住できないように民族別上限比率が設定されて，同じ公共住宅の敷地内で多様な人々を混住させ，隣人として接触させることで，国民としての一体感を持つことが図られている。

第4章　シンガポール　　101

4　進まない民主化

（1）PAP 統治の変化

　PAP の長期に及ぶ安定した一党支配と野党や圧力団体の不在，政府に従順な
マスメディア，政府と国家の一体化による行政，経済運営によって，権威主義体
制もしくは開発体制の典型といわれる支配が，現在までのシンガポールである。
では，まさに民主化を犠牲にして経済発展に邁進してきた PAP 統治に変化はあ
るのだろうか。また，豊かになった国民による民主化運動はどうなっているのだ
ろうか。

　独立以来，国会運営のフリーハンドを握り続け，政治のみならず経済，社会で
強大な影響力を行使してきた PAP 統治に少しずつ変化がみられるようになった
のは，1980年代後半以降であった。その背景は，84年総選挙で支持率を大きく低
下させたこと，その後の選挙でも支持率が低迷したことである（表 4 - 1 参照）。

　その 1 つが社会開発省のもとに1985年に設置されたフィードバックユニット
で，国民から電話，ファックス，E メールで受け付けた意見や情報をもとに，政
府指導者と労働組合，ビジネス団体などとの「対話集会」を定期的に開催してい
る。ただ，フィードバックユニットは政府管轄下での意見や情報収集であり，そ
れ以外で国民が自由に意見を述べることを認めたものでない。

　さらに，政府自ら「野党議員」を選出することも行われるようになった。
PAP 以外の政党メンバーを国会に一定数確保するために，落選した野党議員候
補者のうち高い票を得た者（ 3 名を超えない）を国会議員として指名するという非
選挙区選出議員制度である。ただ，この議員には憲法改正や予算法案など重要法
案に対する投票権はない。これは，PAP によってのみ政策が決定されているの
ではなく，野党の意見も取り入れていることを国民に示すためのものであった。
もっとも，世界にも例がないであろうこの制度は，野党が PAP の恩恵は受けな
いと就任を拒否したために，1997年総選挙後まで実施されなかった。もう 1 つ
は，1990年の任命議員制度で，優秀な人材を社会各層から広く確保するために，
国会が 6 名を超えない範囲（2011年から 9 名）で議員を直接指名するという制度で
ある。任命議員にはやはり憲法改正や予算法案への投票権はない。

　非選挙区選出議員と任命議員という 2 つの制度は，国会に PAP 以外の議員が

表4-2 業種別就労人口（15歳以上） （%）

	1970	1990	2005	2014
専門・技術・行政・管理職	10.3	27.0	47.3	53.1
事務・販売・サービス職	42.9	29.4	27.4	24.8
生産（工員）職	39.2	27.7	16.7	10.9
その他*	7.7	16.0	8.6	11.3

（注）*1990年以降の業種別就労人口の分類には「清掃および清掃関連職」が設けられたが，それ以前にはこの分類はない。したがって，1970年の「その他」は「農業・漁業」を，90年以降の「その他」には「農業・漁業」の他に「清掃および清掃関連職」を含んだ。

（出所）Singapore Department of Statistics, *Yearbook of Statistics*（各年版）より筆者作成。

いるのだから，敢えて野党に投票する必要がないと国民に伝えるための制度であったともいえる。また，任命議員となったのが医者や会社役員，大学教授などの専門・管理職従事者という次に述べるような経済的に豊かな中間層であり，政府内に中間層を取り込むこともその狙いであった。その意味で，PAP統治の変化といってもそれは統治を永続させるための国民懐柔策の域を出ていないのである。

その姿勢は，1990年に第2代首相となったゴー・チョクトン（Goh Chok Tong），2004年に第3代首相となったリー・シェンロン（Lee Hsien Loong，リー・クアンユーの長男）の時代になってもほとんど変わっていない。リー新首相は，2006年総選挙の直前，「もし国会に野党議員が多くいたらどうなるか。私はシンガポールが進むべき正しい道を考えるのではなく，野党議員をどのように押さえ込むかばかり考えることになる」と発言した。これは野党の存在を「面倒で邪魔なもの」としてしかみなさない，政府与党の変わらない体質を示したものであろう。

（2）民主化を求めない？　中間層

表4-2は，15歳以上の業種別就労人口の変化を示している。40年ほどの短い間に，専門・技術・行政・管理職という中間層の割合が増大していることがわかる。この中間層の平均給与（月額基本給）は4800シンガポールドル（1シンガポールドルは約82円，以下Sドル）で，これは労働者全体の平均給与3000Sドルをはるかに超えている。全労働人口の52.2%が豊かな中間層であるというのはアジア諸国のなかでも抜群に高い数字であり，これはこの国の急激な経済発展と社会の成

第4章　シンガポール　103

熟度を表している。

　だが，豊かになったこの人々が民主化を求めて立ち上がる可能性は小さい。それは第1に，経済発展を牽引してきたのは外資と政府系企業であり，2006年で労働人口の15人に1人は外資もしくは政府系企業で働いている。比較的高賃金のこれら企業に勤める人々の多くが中間層なのであり，国家の発展と彼ら・彼女らの将来は分かちがたく結びついているため，政府批判はなかなか出来ない。

　第2に，政府が中間層の関心を物質的な欲求に向かわせていることである。国民の80%が公共住宅に居住していることはすでに述べたが，政府は1980年代から公共住宅を差別化し，エグゼクティブタイプというより高級な住宅を高所得の国民に購入させるという政策を開始した。また，政府は公共住宅居住者を一定以下の所得者に限定した。したがって，高級公共住宅や民間の高級コンドミニアム，一戸建てに住むのは高額所得者であることを示しており，富裕層は自らのステータスを誇示できる。政府は民間コンドミニアム購入に4万Sドルの補助金を交付する制度を96年に開始し，富裕層の高級住宅願望を後押ししている。このようないわば「成功者」への物質的供給は，豊かな中間層をますます豊かにさせ，現状に満足させてきた。中間層の関心はその地位の維持向上に向かい，より高い収入の職を探すか，子どもに高い教育を与えて自分たちと同じ高い収入に直結するような職に就かせようとするから，その関心は現状の改革から離れていくのである。

（3）拝金主義のシンガポール人

　高学歴と高収入の仕事，高級住宅の直結という豊かな中間層への目にみえる物質的供給に加えて，PAP政府の批判勢力への容赦ない抑圧によって，国民の関心は政治から離れて物質的なものへと向かっている。現在，多くの若者の夢は4Cを得ることといわれる。4Cとは，クレジットカード（credit card），コンドミニアム（condominium），ゴルフクラブ会員権（club membership），車（car）で，いずれも物質的なものばかりである。これは「シンガポール21委員会」（1997年にPAP国会議員を中心に組織された委員会で，社会の幅広い層を募り，21世紀のシンガポールの指針を示すことを目的として現在もさまざまな活動を行っている）が行った99年の調査結果にも表れている。「社会が定義する成功の尺度は何か」という問いに対し，全体的には「幸せな家庭をもつこと」がトップであったが，年齢別に見ると

30代では「金持ちであること」が47.4％を占めて第1位であった。また仕事を選ぶ基準は「たとえ好きでなくても給料の高い方を選ぶ」が60％と第1位で，「報酬よりも仕事のおもしろさ」と答えた者は16.7％に過ぎなかった。

ただ，若者がこのように物質至上主義であることは，政府にジレンマを抱えさせることになる。若者は豊かになるために懸命に働き，より高級でステータスシンボルとなるものを政府に求めつづけ，政府はそれに応えていかねばならない。応えられなければその支持を失うからである。ここにおいて経済発展を続けることが目的となり，そのために政府の力はますます強大にならざるを得ない。

（4）増加する海外移住

英語に堪能で優秀なシンガポール人は海外でも仕事をみつけることができる。海外への「頭脳流出」は1980年代後半から顕著となり，90年代には1年間に約2000人と推定された。2012年の統計によれば，20万人のシンガポール人が海外で生活している。また，2001年から2011年にかけて毎年約1000人が国籍を放棄して海外に定住している。生活費の高騰，生活環境のストレス，子どもの教育などが主な移住の理由である。経済がますますグローバル化するなか，よりよい生活を求めて多くのシンガポール人がこれからも海外を目指すに違いない。このような人々を，経済発展以外の手段でどのように国内につなぎとめるのか，政府は大きな課題を抱えているといえる。

5　シンガポールは何処へ

（1）2011年5月総選挙

長い間政府が認める範囲内で行動してきた多くのシンガポール人であったが，2000年代になると，大量に流入し始めた外国人移民との雇用をめぐる熾烈な競争，拡大する深刻な所得格差に不安と不満を持ち始め，それが2011年総選挙での投票行動に大きな影響を与えた。

まず，表4-3に示すように，外国人居住者の数は急増し，総人口に占める割合は2014年には29％にまで達した。以前はシンガポール人とはあまり競合しない高度技術者や建設労働者，家事労働者が中心でその数も限られていたが，2004年から中級技術者やサービス産業の中間管理職従事者も受け入れるようになり，雇

第4章　シンガポール　105

表4-3　シンガポールの人口と外国人居住者の推移（単位万人）

年	総人口	市民（国民）	永住権保持者	外国人居住者
1980	241	219	9	13
2000	403	299	29	75
2014	547	334	53	159

（出所）*Yearbook of Statistics of Singapore* 各年版。

用をめぐってシンガポール人との競合が増えた。しかしその後も政府は高い経済成長を支える人材を確保するために，単純労働者から専門・管理職に至るあらゆるレベルで外国人の受け入れを拡大した。

　また，急増する外国人を受け入れるための住宅や交通機関の整備・拡充も追いついていなかった。外国人も永住権を持てば中古の公共住宅を購入できるため公共住宅が不足してその価格が上がり，また民間のコンドミニアムや一戸建て価格も高騰した。土地が狭く，娯楽の少ないシンガポールでは，多くの国民の夢はコンドミニアムや一戸建てに住むことであるが，これらが高額所得者以外の一般国民には絶対に手が届かないような価格になったのである。

　外国人の大量受け入れは年平均6％以上の高い経済成長を支えるのに貢献した。しかし，高所得の外国人の増加は国内の高所得層の収入を世界レベルへと引き上げる一方で，アジア近隣諸国からの低熟練・低所得の外国人の流入は清掃人に代表されるような低所得者層の所得を圧迫している。

　しかし，貧困層への公的な支援はほとんどない。すでに先進国入りしたシンガポールであるが，その社会福祉は貧弱で，GDPに占める医療・社会福祉関連費は16.7％でしかなく，欧米諸国の平均35％をはるかに下回っている。政府は西欧の福祉主義が個人の自立を阻むこととその経済的負担を懸念して，「福祉国家」を明確に否定している。困窮者や高齢者の支援は家族が行うべきものというのが社会政策の基本理念であり，政府は失業者や低所得者には一時的で期限付きの金銭的支援や金券の配付，医療補助，学童期の子供がいる家庭には教育費の補助を行うだけである。失業保険や公的な年金制度もない。高齢者などが公的介護施設に入所するには所得制限などの厳しい条件がある。

　拡大する所得格差が顕著になるにつれて，この社会政策の基本理念の問題点を問う声は高まりつつある。政府は貧困の原因を個人の問題として片付けてしまい，失業保険や最低賃金がないという制度上の不備を是正せず，拡大する所得格

差を放置しているのではないかという声であり，弱者への公的支援制度や社会福祉の充実を求める声である。

このような国民の不安と不満によって，2015年5月の総選挙でPAPの支持率は60.1%と史上最低となった（表4-1参照）。野党はこれまで議席を取ったことがなかったグループ選挙区5人区と1人区で勝利し，独立後最高の6議席を獲得したのである。

（2）リー・クアンユーの死と2015年総選挙

2011年総選挙の直後，1965年の独立から1990年まで首相，その後20年以上も内閣に留まって絶大な影響力を行使してきたリー・クアンユー初代首相が閣僚を辞任した。さらにその4年後の2015年3月にリーは91歳で死去した。葬儀は国葬として行われ，日本を含む各国の首相や大統領が参列した。

国葬までの約6日間，国会議事堂に安置された彼の棺に哀悼の意を捧げた人や全国各地に置かれた祭壇で手を合わせた人は，のべ140万人にものぼった。シンガポールの総人口の4人に1人が訪れたことになる。長い列に何時間も並んで哀悼の意を捧げた人々のなかには，彼の権威主義的な統治のやり方に不満を持っていた人も多かっただろう。しかし，小国シンガポールに繁栄と安定をもたらした人物として，人々はそれぞれの政治的立場を超えて，彼の存在には一目置いていた。140万人もの人々は，「長い間ご苦労様でした」と彼に最後の別れを告げたのである。

2015年総選挙はリーの死去の半年後に行われた。2011年総選挙でPAPの支持率が急落したこと，独立50年を迎えるメモリアル・イヤーに彼が死去したため，国民は野党をさらに支持し，抑圧的な体制を変革させるのではないかと予想された。

しかし，表4-1で示すように，PAPは支持率を10%近く回復させて大勝した。その最大の要因は，選挙のタイミングであったろう。3月のリー初代首相の死から8月9日独立記念日まで，PAPはシンガポールが歩んできた道（マレーシア連邦からの分離・独立，独立直後の経済的苦境など）の険しさと経済発展の軌跡，政策の「正しさ」を何度も国民に訴えて愛国心を喚起し，現政権の下での団結を訴え続けた。さらに，政府が2011年総選挙後から，外国人移民数を抑制して国民を優先的に雇用する取り組みを開始したこと，これまで最低限に抑えてきた社会福

第4章　シンガポール　107

祉政策をある程度見直したことを，国民は評価したのである。

（3）シンガポールは何処へ？

2015年総選挙でPAP一党支配の継続を選択した国民であるが，政府が言論の自由を制限していることにはかなり批判的である。2010年に行われた大規模な世論調査によれば，「公然と政府を批判する自由がもっと与えられるべき」という項目には回答者全体の50%が賛成し，「政府のメディア規制は強すぎる」という項目には56.2%が賛成した。国民の半数以上は言論の自由の拡大を望んでいる。政府はこれを受けて規制を緩和し，近年は野党の動向が主要メディアに取り上げられるようになった。

ただ，メディアや国民による自由な政府批判を認めたわけでは決してなく，反対に，政府批判を行うソーシャルメディアや個人のブログの規制に乗り出している。2013年6月，政府はインターネットでニュースを配信するオンラインメディアに対しても既成のメディア同様に，ライセンス制度を導入することを発表した。またライセンスを取っていても，「問題がある」として政府が記事の削除を要求すれば，24時間以内に応じなければならないとされた。2014年5月には，国家管理の強制積立・貯蓄制度である中央積立基金の運用についてブログで批判した青年を首相が名誉毀損で訴え，彼には罰金が科せられた。

このようにソーシャルメディアにも規制や管理を行い，弱い立場の一般市民をも名誉毀損で訴えて罰金を科すという抑圧的な政府の姿勢は，権威主義的な統治が今後も続くことを示唆していよう。

しかしながら，2011年総選挙が示したように，政府の政策が国民の意思と乖離することがあれば，国民はより多くの野党議員を国会に送り込むという選択をするであろう。また，国民は所得格差の増大や社会福祉の未整備に敏感になっている。「経済発展がすべて」であったリー・クアンユー初代首相の時代は，彼の死とともに間違いなく終焉に近づいている。

政府は，経済発展の実績以外でどのように国民の支持をつなぎとめるのか，言論の自由の拡大を求める声にどう答えるのかなど，これまで積み残してきた課題に取り組まねばならないだろう。

読書案内

　①から⑤という順番で読むことをお勧めする。本文の内容は，ほとんどいずれかの文献から引用したものである。

① 田村慶子編『シンガポールを知るための65章』（第4版）明石書店，2016年。
　＊シンガポールの歴史や社会，経済，政治，国際関係から食文化，文学や映画，環境問題など65のトピックを選んでわかりやすく解説し，関連書ガイドも載せている。

② 田村慶子『シンガポールの基礎知識』めこん，2016年。
　＊シンガポールの歴史，政治，経済，社会，国際関係を網羅した上で，経済発展の光と影，近年の社会の変動にも触れている。「シンガポールの10人」というコラムには植民地時代から現代までの著名な10人を写真入りで取り上げ，本の最後には丁寧な読書案内と文献案内もついている。

③ 岩崎育夫『物語シンガポールの歴史——エリート開発主義国家の200年』中公新書，2013年。
　＊イギリス植民地時代から日本占領期，自立国家の模索の時代，独立後の国家建設という200年の歴史潮流を，それぞれの時代に支配者が誰だったのかを基準にして時代の動きと特徴を追った書である。

④ 田村慶子『シンガポールの国家建設——ナショナリズム，エスニシティ，ジェンダー』明石書店，2000年。
　＊リーを中心とする人民行動党という政治集団が1950年から60年にかけてどのように覇権を確立していったのか，独立後の新たな国家と国民の創造をどのように行ったのかを分析している。

⑤ 岩崎育夫『シンガポール国家の研究——「秩序と成長」の制度化・機能・アクター』風響社，2005年。
　＊シンガポール国家をアクター国家として，その政府系企業の運営方法，地域機関による住民指導など国家の役割を詳述，シンガポールモデルの有効性と問題点を明らかにしている。

参考文献

岩崎育夫『リー・クアンユー——西洋とアジアのはざまで』岩波書店，1996年。

岩崎育夫『シンガポール国家の研究——「秩序と成長」の制度化・機能・アクター』風響社，2005年。

岩崎育夫『物語シンガポールの歴史——エリート開発主義国家の200年』中公新書，2013年。

シム・チェン・キャット『シンガポールの教育とメリトクラシーに関する比較社会学的研究——選抜度の低い学校が果たす教育的・社会的機能と役割』東洋館出版社，2009年。

田中恭子『国家と移民——東南アジア華人世界の変容』名古屋大学出版会，2002年。

田村慶子『シンガポールの国家建設——ナショナリズム，エスニシティ，ジェンダー』明石書店，2000年。

田村慶子・本田智津絵『シンガポール謎解き散歩』KADOKAWA，2014年。

田村慶子編『シンガポールを知るための65章』(第4版) 明石書店，2016年。

田村慶子『多民族国家シンガポールの政治と言語──「消滅」した南洋大学の25年』明石書店，2013年。

田村慶子『シンガポールの基礎知識』めこん，2016年。

丸谷浩明『都市整備先進国シンガポール──世界の注目を集める住宅・社会資本整備』アジア経済研究所，1995年。

リー・クアンユー，小牧利寿訳『リー・クアンユー回顧録──ザ・シンガポール・ストーリー』上・下巻，日本経済新聞社，2000年。

リー・クアンユー，小池洋次監訳『リー・クアンユー未来への提言』日本経済新聞社，2014年。

ロダン，ギャリー，田村慶子・岩崎育夫訳『シンガポール工業化の政治経済学──国家と国際資本』三一書房，1992年。

■ Column ■

活発化するNGO活動

　シンガポールのNGO活動は政府の厳しい規制と監視下にあるため，他の東南アジア諸国特にタイやフィリピン，インドネシアに比べてきわめて低調である。

　NGOは，社会団体法や相互扶助団体法などの団体法に基づく登録が義務付けられている。登録官は，団体が治安を乱したり，当初の目的から逸脱する行為を行っていると見なした場合には，いつでも登録を取り消す権利を有している。さらに，登録を許可された団体でも毎年の活動と財政報告が義務付けられている。政府は，国内の団体が海外から献金や資金援助を受けることにも厳しい監視を行っている。

　このような厳しい規制下であっても，近年，国民の間には社会福祉や奉仕活動への関心は高まっており，慈善活動を行うNGOは増加している。社会福祉予算を増大させたくない政府が1990年代から慈善活動を行うNGOを積極的に支援しはじめたことも，活動を後押しした。活躍するNGOをいくつか紹介したい。

　「移住者と巡礼者への助言のための聖職者委員会（ACMI）」は，主に家事労働者を支援するNGOである。1998年にフィリピン人宣教師によって提案，結成されたこの組織は，外国人労働者が本国に戻ってより高収入の職に就けるように，英語，看護・介護，コンピュータ教育などのトレーニング（受講する意識を高めてもらうために，微々たる金額であるが有料）を行うセンターを運営している。さらに，雇用者と家事労働者のトラブルの相談，カウンセラーや病院の紹介，建設現場の労働者に食事を届ける活動も行っている。

　2002年に活動を開始した「市民社会のための調査・活動委員会2（TWC2）」は，外国人労働者の処遇そのものを問題視する初のNGOとして注目されている。この組織は，1999年に市民社会を考える討論グループ（市民社会のための調査・活動委員会＝TWC）に集った人々によって結成され，その精神を引き継ぐという意味で，TWC2と命名された。TWC2は，外国人家事労働者の待遇改善と法的保護などを掲げて，討論会や啓発活動，家事労働者の法的保護を盛り込んだ「家事労働者法」草案を発表した。2012年から家事労働者に週に1日の休日を与えることが雇用者の義務になった（ただ，家事労働者が同意すれば，日給を払って休日を与えないことも出来る）のも，この活動の影響が大きい。

ACMIが組織した集会に集う外国人家事労働者

貴重な樹木と渡り鳥の宝庫の華人墓地
（政府の再開発計画に対してネイチャー・ソサイエティは保護活動を行っている）

　1983年に政府が打ち出した「高学歴女性の多産奨励政策」（高学歴女性には多産を奨励し，低学歴女性は避妊すると補助金を出すという政

第4章　シンガポール　111

策であったが，批判が相次いだために数年で廃止された）をきっかけに結成された「行動と研究のための女性協会」は，シンガポールでほぼ唯一のジェンダー平等を掲げる NGO である。女性協会は，すべての分野における女性の参加と意識向上を促進することを目的とし，そのための調査・研究活動から，女性の社会教育，セミナー主催，家庭内暴力などに悩む女性の電話相談など多岐にわたり，現在は東南アジアで最も著名な女性 NGO になっている。政府は，女性協会の会長を任命議員として国会に招請したり，国連女性差別撤廃条約批准国に義務付けられている報告書の執筆を依頼するなど，その活動を評価し，協力を求めている。

「ネイチャー・ソサイエティ」は，自然環境の保全を掲げて1991年に結成された。この NGO は政府が発表した湿地帯埋め立て計画やゴルフ場建設に対して，それらが環境をどれだけ破壊するのかを詳細な調査で明らかにし，いくつかの計画を白紙に戻させ，多くの国民を驚かせた。シンガポールにわずかに残された自然環境に対する国民の意識を高めるために，緑地などを歩くツアーを年に数回実施している。

ACMI や TWC2，女性協会，ネイチャー・ソサイエティは，政府と柔軟に交渉，協力しながらも，シンガポールが多様な価値観が認められる民主的な社会に移行する大きな一歩を作り出しているのである。

第5章 タイ
—— 「国王を元首とする民主主義」国家

永井史男

この章で学ぶこと

　本章では絶対王政を打倒した1932年立憲革命以降のタイ政治を概説する。タイ政治の特徴は，軍事クーデタの勃発や憲法や議会の廃止が頻繁に起こるなどの政治的不安定を抱えつつも，外国投資を積極的に受け入れ経済成長が着実に進んだ点にある。本章はこうした一見矛盾ともみえる経緯に着目しつつ，なぜそれが可能になるのかを王室，軍，政党政治家などの政治的主体の動きと，それら勢力が織りなす相互関係の変化に焦点を合わせながら説明する。

　第1節では，このようなタイ政治の特徴について簡単に説明する。その際，それら政治的主体がそれぞれ異なった「民主主義」思想を背景に行動していること，経済成長が政治勢力の動向に影響を与えている点に注目する。タイにおける「民主主義」は欧米流の議会制民主主義だけを指すわけではない。王政など伝統的権威を一切認めない人民民主主義（社会主義，共産主義），国王の後見的役割を重視する「国王を元首とする民主主義」，軍や官僚など非選出部門の政治関与を認める「半分の民主主義」など，民主主義の意味内容は多様である。

　本章では1932年以降の政治史を前半期（1932〜73）と後半期（1973〜）に分ける。前半期は軍を含む官僚がもっとも重要な政治的主体であった（第2節）。一方，後半期は王室，政党政治家も重要な政治主体として登場し，民主化が重要な政治的イシューとなった（第3節）。第4節では，以上の理解のうえに，1997年アジア経済危機以降現在までのタイ政治の動きについて触れる。

　なお，タイの国名（タイ国）が現在のようになったのは，1939年のことである。それ以前はSayaam（サヤーム。日本語ではシャム）と呼ばれていたが，本章では便宜上タイで呼称を統一する。

キーワード　立憲革命，官僚政体，サリット体制，ラック・タイ原理，10月14日事件，タイ政治の悪循環，5月流血事件，1997年憲法，タックシン体制，国王を元首とする民主主義

1 タイ政治をどう理解するか

（1）タイ政治の特徴

　他の東南アジア諸国の近現代史や政治体制と比べた場合，タイがもつ最大の特徴は，19世紀から20世紀初頭の帝国主義の時代を通じて，欧米列強や日本の植民地にならず政治的独立を維持した点であろう。第2次世界大戦期には一時日本の同盟国となったにもかかわらず，タイは敗戦国の地位を免れるなど，老練な外交でも広く知られている。インドシナ戦争（1946〜54年）やベトナム戦争（1960年頃〜1975年）においても，タイは直接の戦火を被らず，東南アジアにおける反共軍事同盟であった東南アジア条約機構（SEATO）の事務局もバンコクに置かれた。カンボジア紛争（1979〜91年）期には，タイは共産化したインドシナ3国に直接対峙しつつ，西側資本主義国に近い立場を堅持してきた。1967年に結成された東南アジア諸国連合（ASEAN）でもタイは原加盟国の1つとなり，地域協力に努めてきた。首都バンコクには国際連合のアジア太平洋支部が多数置かれて，国際協調でも知られる。タイでは他の東南アジア諸国で見られるような民族独立戦争，域外大国による直接的介入にも見舞われなかったので，民族独立の父にあたるような存在が認められない。

　タイ政治でもっとも重要な課題は，欧米流の議会制民主主義をいかにしてタイ政治に根付かせるかにあった。タイでは19世紀末から20世紀初頭にかけて，国王がうえからの近代化改革を進め，絶対王政を樹立した。国王が権力を集中させ，王族や貴族は国王の強い統制下に置かれていた。その絶対王政は，1932年に軍や文民の中堅官僚を中心に結成された人民党（khana raasadon）によって打倒され，立憲君主制に移行した（立憲革命）。革命後にはタイ政治史上はじめて憲法が制定され，議会の設置や住民による選挙なども行われるようになった。しかし，議会制民主主義はタイ社会に容易に浸透せず，その後タイ政治は頻繁な軍事クーデタの勃発と度重なる憲法の制定・改廃に見舞われた。つまり，議会制民主主義体制という点からいえば，タイ政治はきわめて不安定であった。立憲革命以来今日まで，タイでは実に60以上の内閣が組織され，暫定憲法も含めると20篇の憲法が制定されている。1つの内閣の平均寿命は1年3カ月にすぎず，憲法の平均寿命も5年未満にすぎない。政治危機の発生→軍の介入によるクーデタ発生と憲法・議

会の停止→恒久憲法制定→政党活動の容認→総選挙実施→議会活動→議会と軍の
ハネムーン→政治危機の発生という「タイ政治の悪循環」(Chai-Anan, 1982) が長
年にわたって繰り返されてきた。実際，立憲革命後の政治史のなかで，文民が首
相を務めた期間も，全体の3分の1程度にすぎない。

　このように考えるとタイ政治はいかにも不安定で将来の先行きが暗く，およそ
経済成長など望めないように思われるかもしれない。だが実際にはそうではな
く，タイは今や「アジアのデトロイト」と称されるほど自動車産業が集積し，在
留日本人の数もアジアのなかでは中国についで2番目（2017年度）に多い。政治
が不安定でも外国企業がタイに直接投資を続けるのはなぜか。その理由は，この
国が一見不安定でありながら安定している部分があるからであろう。それを象徴
するのが，国王の存在である。

　国王は立憲革命後，いったん象徴的地位に祭り上げられたものの1960年代に復
権し，1970年代以降緊迫した政治的局面において幾度か重要な役割を担った。と
りわけプーミポンアドゥンヤデート前国王（Phumiphonadunyadej，在位1947～2016。
以下，プーミポン国王と略）は国民の敬愛を集め，前国王夫妻の写真は官庁舎や学
校をはじめ主要幹線道路の目抜き通り，タイ人一般家庭のなかでも大切に掲げら
れている。大学の卒業式で王族から卒業証書を受け取った様子を収めた写真は，
どのタイ人家庭でも大事なお宝である。軍事クーデタも常に成功してきたわけで
はなく，前国王の承認が得られず失敗したこともある。民主化を求める民衆のデ
モ隊と軍・警察が衝突し流血の惨事が生じたとき，国民に和解を呼びかけて調停
を斡旋し，超憲法的に首相を任命したのも前国王であった。この前国王の存在こ
そが，政治的安定を担保する重要な要因の1つになっていたと考えてよいだろ
う。

（2）政治史の時代区分

　ではこのように一見不安定なタイ政治を，どう理解すればよいだろうか。政治
を考えるときにまず重要なことは，「誰が（政治を）支配するか」(Who governs?)
である（ダール，1988）。この観点からタイ政治史を整理すると，1932年以降のタ
イ政治史は大きく2つの時期に分けて考えるとわかりやすい。

　第1の時期は1932年から1973年にかけての時期である。この時期はさらに，立
憲革命の立役者である人民党が政治を支配した前半期（1932～57年）と，人民党

世代に属さない陸軍将校が中心となって政治を支配した後半期（1957～73年）に分けられる。この時期は国家の独立維持や国民国家建設，ある程度の経済成長には成功したものの，民主化が十分に進まなかった時期でもある。1932～60年代はじめにかけてのタイの内閣は軍人を含む官僚出身者によって占められ，官僚制外の社会勢力が弱体であった。この時期のタイ政治の特徴は，一般に「官僚政体」と呼ばれている（Riggs, 1966）。

　一方，第2の時期は，1973年から現在まで続く時期である。第1の時期に比べると，政治を支配する主体が多くなった。それまでは軍が政治的主体だったが，1973年以降はそれまでの経済成長の恩恵を受けて政治力をつけた実業家政党や，反軍事政権を掲げた民主化運動に由来する政治的混乱を収拾して政治的権威を高めた国王も加わり，3者の勢力が拮抗するようになった。3者間の力関係は時期により微妙に変化しているが，長期的傾向としては実業家が政党結成や閣内の大臣比率を増やして力をつけてきたのに対し，軍による剝き出しの権力行使は困難になりつつある。とはいえ，1991年2月や2006年9月，2014年5月に勃発した軍事クーデタにみられるように，実業家政党が軍や国王の意向に著しく反した行動をとった場合には，国民や国王が軍事クーデタを支持することもある。

2　「官僚政体」下のタイ政治

（1）1932年立憲革命と人民党

　1932年6月24日未明，人民党と名乗る文民・軍の中堅官僚を主体とする100名余りの政治結社による絶対王政打倒のクーデタが敢行された。ラーマ7世王（在位：1925～35）は立憲君主制受諾を求める人民党からの最後通牒を受け入れ，数日後暫定憲法が国王の裁可によって発布された。人民委員会（内閣に相当）や人民議会（国会に相当。人民党員を含む任命議員からなる）が設置され，人民委員会委員長（首相に相当）も任命された。また12月には恒久憲法が制定された。こうしてタイは，絶対王政から立憲君主制へと無血クーデタを通して政治体制を転換した（村嶋, 1996）。

　立憲革命でタイはどう変わったのか。人民党が革命に際して発表した「人民党綱領」には，王族貴族の特権否定，王族の政治参加禁止など，クーデタの革命性を示すものが含まれていた。しかし，立憲革命は徹底した革命ではなかった。た

とえば，憲法制定は人民党による奏上と国王の裁可という形式をとった。このことは，タイにおける立憲民主主義の正統性が国王に由来するという解釈の余地を残し，王室の政治的正統性を温存することにつながった。立憲革命はまた，民衆不在のもとでの官僚と国王との争いという性格を色濃くもつ。人民党主要メンバーが官僚であることが，このことを示している。恒久憲法で正式に認められた議会も，初等教育修了者が国民の5割を超える10年間が経過するまで，民選議員と同数の任命議員を維持するとされた。民選議員には政党結成の自由さえ認められておらず，結社の自由という点でも不徹底であった。つまり，立憲革命によって絶対王政期における国王の権力独占という状況は打破されたが，民主主義制度は不十分であり人民党も国民からの民主主義的支持基盤を欠いていた。このことは，立憲革命後も人民党は，王権を支持してきた旧支配層と権力闘争を続ける必要があったことを意味する。

　人民党の弱い立場は，人民党内部にも原因があった。絶対王政の打倒に成功したとはいえ，人民党は決して一枚岩ではなかった。人民党内には中堅の陸軍将校，若手陸軍将校，海軍将校，文民官僚，実業家などさまざまな勢力が混在した。たしかに人民党の主要メンバーには現役軍人が多かったが，人民党政権は当初から軍事政権だったわけではない。人民党各派閥は総選挙を実施しながら激しい主導権争いを演じていた。人民党の当初の政治理念も時代の変遷とともに変質したが，1957年クーデタで政治的主導権を最終的に失うまで，人民党の政治家たちは民主主義に対する考え方，王室に対する対応，経済政策などで共通性を保持していた。

（2）人民党政権による国民国家建設

　立憲革命直後，人民党と反人民党勢力の間で物理的暴力をともなった激しい権力闘争が繰り広げられたが，1933〜38年にかけて人民党政権は相対的には安定していた。この時期に国家の基盤作りと議会制民主主義の定着に尽力したのが，人民党党首でもあったパホン（Phahon Phonphayuhasena）首相である。パホンは在任中5回にわたって内閣を組織したが，彼は議会に対して施政方針演説を行い，憲法の規定に基づいて辞職した（任期満了2回，辞任2回，議会解散1回）。彼はまた国家行政組織法や省局設置法を制定（1933年）したのをはじめ，競争試験による文民公務員規則法も導入した（1934年）。地方自治推進も施政方針演説で何度も触

れ，1935年には都市部に自治体（テーサバーン）を設置した。パホン政権はまた，国家の対外的独立にも関心を払っていた。欧米諸国との不平等条約改正は喫緊の国家的課題であった。長く編纂が課題とされてきた民商法典の第5編（家族）と第6編（相続）を1935年に公布してようやく完結し，それを受けて1938年までに欧州諸国の領事裁判権がすべて廃止された（刑法典は1908年に制定）。このようにパホンは，対外的独立と対内的な法治国家整備に尽力した。

王室に連なる旧保守層に対抗し，国民からの支持を得ようとする人民党政権の特徴を考えるうえで，1938年に首相に就任したピブーン（Plaek Phibunsongkhram）の政策は興味深い。ピブーンは第2次世界大戦末期の1944～47年を除き，1957年に軍事クーデタでその地位を追われるまで，のべ15年間首相を務めた人物である。時代が下るにつれ，施政方針演説で「人民党綱領」への言及がなくなるなど革命精神が形骸化する一方，人民党世代の共通性も継続的に認められる。

1つは，上からのナショナリズムの高揚である。ピブーンは首相就任後，「国家信条」（ラッタ・ニョム）を首相府布告という形で12度にわたって出し，さまざまな施策を行った。たとえば彼は，国名をシャムから民族名である「タイ」に変更し，それまで使われていた赤地に白象が描かれた国旗に代えて，現在使われている赤（＝民族），白（＝宗教），青（＝国王）の3色からなる国旗を新たに制定した。国歌も新たに策定された。1939年からは立憲革命が断行された6月24日が「国民の日」と定められ，7世王の肖像画を室内に掲げることが禁止された。このようにピブーンは，国王や王室に対して距離を置き，国民主義に立脚する政治姿勢を前面に押し出した。さらにピブーンは，「タイ国民」を創出するため，国内最大のマイノリティである中国系住民に対し，中国語学校の閉鎖や中国語新聞の発行停止など，タイ人への同化政策を進めた。第2次世界大戦後も東西冷戦の進展，中国の共産化で，中国系住民に対する同化政策はさらに強められた。

もう1つは，上記とも関係するが，経済ナショナリズムに基づく国家主導型工業化を進めたことである。それまでのタイ経済は，イギリスをはじめとする欧米資本や中国系資本に事実上支配されていたが，関税自主権の回復を契機に保護関税導入も可能となった。ピブーンは「タイ人のためのタイ経済」を標榜し，米，繊維，石鹸，紙，ガラス，シルク，たばこなどの分野で製造・流通に従事する国営企業や流通・保険・金融に関わる国営企業を設立した。新たに設置された国営企業の数は，1945年までに30，1946～52年に19，そして1956年までに37に上る。

工業省が設置されたのもピブーン政権時代である。もっとも、技術や経営ノウハウをもたない国家官僚が主導して民族資本家を育成するのは難しい。このため、現実には中国系タイ人が国営企業に雇われたりした。この国家主導型工業化は第2次世界大戦期を挟み、ピブーンが失脚する1957年まで続けられた。

　民主主義に対するピブーンの考え方はやや複雑である。ピブーンは政敵であった人民党文民派（1944年から数年にわたって政権を担当した）をクーデタで追放した時（1947年）、文民派政権が制定した1946年憲法に代えて1932年恒久憲法を再び導入した。1946年憲法は、任命議員の廃止、現職官僚の政治家との兼職禁止、二院制の採用、上院議員間接選挙、下院議員直接選挙を導入するなど、先進的な内容を含んでいた。ピブーンはその後6次にわたって内閣を組織したが、陸軍の実権がしだいに自らの手から離れるようになると、再び民主主義を強調するようになった。1950年代前半には、都市部以外の農村部にも地方自治体を設置して部分的に地方選挙を実施したり、1955年には政党法を制定して政党活動を自由化し、自ら政党を立ち上げその党首に就任した。1956年には労働組合法を制定してタイではじめて労働組合活動を合法化するなど、上からの民主化を進めた。西洋で教育を受けた人民党世代に属するピブーンが民主主義に対してある程度正統性を求めていたことが窺えよう。

（3）サリット体制——1957〜73年

　1957年9月にピブーン政権に対して軍事クーデタを起こした将校たちは、1932年以来政権を担ってきた人民党員とは異なった政治観をもっていた。彼らは人民党員に多かった欧米留学経験がなく、西洋流の議会制民主主義に対してもさほど関心がなかった。1957年クーデタにおいて中核的な役割を果たしたのは、サリット（Sarit Thanarat）元帥である。彼は1947年のクーデタ以来、陸軍の実戦部隊を率いて人民党文民派や海軍派、あるいは参謀本部派の反乱を鎮圧し、陸軍内で頭角を現した。1957年クーデタでピブーンを追放したサリットは、当初憲法や議会の停止を行わず、12月には出直し総選挙さえ実施した。彼は腹心のタノーム大将（Thanom Kittikachon）を首相に任命し国会を運営させたが、議会は混乱し政権運営は困難をきわめた。そこでサリットは1958年11月に「革命」を実行し、議会と憲法を停止した。翌年2月には自ら首相に就任した（サリット政権：1959〜63年）。

　サリットはそれまでの人民党政権とは異なった政策を推し進めた。ここでは3

つの特徴を指摘したい。

　第1に，サリットは自らのクーデタを「革命」（タイ語では「パティワット」）と呼んだ。西洋流の議会制民主主義がタイにそぐわないと考えたサリットは，「タイ式民主主義」の概念を導入した。タイ式民主主義とは「国王を元首とする民主主義」を指し，「ラック・タイ」（タイ的原理）を中核とするものである。「ラック・タイ」とは民族，宗教，国王の3つの要素からなり，国王と仏教の役割を前面において国民統合と国家建設に利用するイデオロギーである（末廣, 1993）。タイ式民主主義のもとでは，政治的支配層，官僚，圧倒的多数の農民からなる被治者大衆はそれぞれの分を弁え，自らの職分にいそしむという静態的な社会像が理想とされる（矢野, 1975）。こうしてサリットは，それ以前の人民党政権時代とは異なり，王室の政治的利用を通して，自らの政治的正統性の強化に努めた。1960年代に入ると国王夫妻も国内各地への行幸を始め，大学やダムの名称に国王家族の名称が相次いで使われるようになり，王室の権威も飛躍的に向上することとなった。

　第2に，サリットは，「開発」（パッタナー）を推進した。「開発」とは単に大規模プロジェクトを対象とした狭い概念ではなく，道路，教育，社会の「開発」という広い意味での社会変革を指す。それまで「開発」という言葉はほとんど使用されず，もっぱら「進歩」（カーオナー）や「繁栄」（チャルーン）という言葉が使用されてきた。サリットは開発とは国の掃除であり，「きちんとすることである」とも述べていた。たとえば彼は，バンコクの交通渋滞の元凶とされていたサムロー（三輪タク）を都内から追いだしたり，タイ人がもっと時間をきちんと守るよう県庁所在地に時計塔を設置したりした。彼はまた，こうした「開発」を進める国家機構整備にも着手した。たとえば，1959年首相府に予算局と国家経済開発庁（後に国家経済社会開発庁）を設置し，世界銀行の助言も得て1961年から第1次国家経済開発計画を策定・実施に着手した。1963年には国家開発省を設置し，サリット自らその初代大臣に就任した（末廣, 1993）。このように彼は，「開発」体制を整備したのである。

　第3に，サリットは工業化戦略にも変更をもたらした。開発事業を推進するには，巨額の資金が必要である。ピブーン政権時代は国家主導型経済政策を指向し，外国企業によるタイ経済支配を嫌って外資導入に慎重であった。しかしサリット政権以降，タイは積極的に外国資本を導入するようになった。1959年には投資委員会を設置し，翌年には新産業投資奨励法を制定した。1960年代にベトナ

ム戦争が激化すると，反共の砦と目されたタイには多額の経済協力・軍事援助が
アメリカからもたらされる。バンコクと東北タイの玄関口コーラートを結ぶフレ
ンドシップ・ハイウェイはその先駆けである（柿崎，2009）。

　サリットは1963年に亡くなったが，彼が築いたこの政治体制（サリット体制）
はタノームにも引き継がれた（1963～73年）。1960年代のタイは国内の政治的安定
と外資導入によって年率約 8 ％の実質経済成長率を達成していた。軍事独裁政権
という盤石の体制のもとで，経済は安定的に運営された。新憲法はなかなか制定
されず，1968年にようやく制定されて翌年には総選挙も実施されたものの，1971
年にタノームが自ら「革命」を起こして憲法と議会を廃止してしまった。しかし
中長期的にみたとき，経済成長は既存の軍を含む官僚エリートに対抗しうる政治
勢力を醸成した。アメリカをはじめとする外国援助で資金がタイに流入し，イン
フラ整備のための建設会社や資材調達会社，運輸業者が潤い，外国資本と合弁企
業を設立した地場資本や商品作物を生産するアグリビジネスも勃興した。こうし
た実業家のなかから，1970年代以降に政治的に重要な役割を果たす政党政治家が
現れたのである。しかし，サリットが作り上げた政治システムは新しい政治勢力
を取り込むだけの柔軟性に欠けていた。硬直的な政治システムは強権的にほかの
勢力を抑えつけるか，さもなくば暴力的に打倒されるほかにないであろう。次節
ではその政治過程を検討したい。

3　タイ政治の多元化

（1）1973 年以降のタイ政治の特徴

　既述のように1932～73年までのタイ政治は，前半期は人民党，後半期は陸軍と
いう支配集団を中心に運営されていた。人民党のパホンは 5 年，ピブーンは途中
4 年間を挟んでのべ15年，革命団のサリットは 4 年，そしてタノームは10年にわ
たって首相の地位に留まった。このような特定の支配集団による政治運営は，
「カナ政治」と呼ばれる（Wilson, 1962）。「カナ」とは，党派，閥，学部などを意
味するタイ語である。クーデタも既存の政治勢力を転覆するためだけでなく，既
存の政治権力を維持するためにも用いられた。第 2 次世界大戦後に人民党内の文
民派や海軍派などを失権させた一連のクーデタ，サリットやタノームが行った憲
法や議会を停止するためのクーデタがそれである。

第 5 章　タイ　121

しかし1973年以降，こうした強権的政治運営はしだいに難しくなった。理由は3つある。第1に，カナの統一を保つのが難しくなった。サリットやタノームが陸軍のトップに長年君臨し続けたことは，陸軍内の非主流派や国軍最高司令部，参謀畑出身者に不満を抱かせた。70年代以降の軍からは，ピブーン，サリット，タノームのような傑出したリーダーは現れなくなった。第2に，「タイ式民主主義」とは異なるさまざまの民主主義思想が政治的に拮抗するようになった（河森，1997）。とくに1970年代半ばにタノーム政権が崩壊し議会制民主主義の時代が一時期訪れると，政治思想は急進化・分極化した。「ラック・タイ」原理を保持する点では大方の国民的合意があったとはいえ，軍，実業家，民衆にどの程度政治参加を認めるかで意見の違いが先鋭化した。第3に，経済成長を背景にした勢力が一定の政治力を発揮し始めた。実業家が政党を結成して国政に大きな影響力を及ぼし始め，90年代には中間層の政治的影響力が注目されるようになった。

　1973〜97年にかけてのタイ政治は，軍，実業家政党，国王という3つの政治的主体によって担われた。議会制民主主義，「国王を元首とする民主主義」，さらには人民民主主義などがこれに交錯した。1973年以前の時期との違いは，軍の政治的影響力が全体的に後退し，政党政治家と国王の影響力が大きくなったことである。以下，3つの時代に分けて（ただし，3つめの時期は2つの時期に分けて説明する），これら3者の関係がどのように変化したのか，経済状況も交えながら考えてみよう。

（2）議会制民主主義の実験期──1973〜76年

　1973年10月14日，タノーム軍事政権が崩壊した（10月14日事件）。「学生革命」とも称されるこの事件で，たしかに学生は重要な役割を果たした。恒久憲法制定を求めるチラシを配布し始めたのは学生であり，政府批判の集会を呼び掛けたのも大学生の全国組織である。タノームが国外に亡命する直接のきっかけとなった軍・警察とデモ隊との衝突事件では，多数の死傷者のなかに学生も含まれていた。とはいえ，その役割は強調されすぎてはならない。タノームは学生・市民に対する強権発動を軍に命じていたが，非主流派に属した当時の陸軍司令官はこの命令に反して動かなかったのである。もし軍内部で意見の一致があり実力行使も辞さなければ，学生・市民といえどもひとたまりもなかったであろう。このことから2つの示唆が得られる。1つは，タノーム政権崩壊の背景に軍内部の対立が

あり，したがってタノーム政権崩壊は軍全体の政治的失墜を必ずしも意味しなかったこと，もう1つは軍が政治的影響力を保持している以上，軍内部の意思統一がとれれば，クーデタを起こす可能性があるということである。

軍事独裁政権崩壊後のタイでは自由な言論空間が生まれ，さまざまな政治思想が開花した。それまでタイでは十分知られていなかった人民民主主義に立脚する社会主義や共産主義も紹介された。それにともない，社会各層の不満が一気に噴出し，労働運動や農民運動も活発になった。工場ではストライキの数が激増し，農民が土地返還や権利証書付与を求めて地方からバンコクに押し寄せて座りこみを行うなど，直接示威行動をとるようになった。問題は，噴出する社会各層の不満や要望を吸収し調整できるだけの政治システムが，あまりに脆弱かつ無力だったことである。1974年に憲法が制定され，翌年1月に総選挙が実施されたが，社会主義政党が大きく勢力を伸ばし，政治の分極化が明らかとなった。第1党となった政党の議席は269議席中わずか72議席を占めるにとどまり，議会内政党数は22に上った。連立政権維持も困難をきわめ，連立政権は1カ月余りで崩壊した。このように，議会は連立政権の維持・運営だけでその精力をほとんど使い果たし，社会各層からの期待に応えられなかったのである。議会制民主主義に失望した人々のなかには，しだいに実力行使に訴えるものも出てきた。人民民主主義を唱えてタイ国共産党に合流する大学生も現れた。インドシナ3国が共産化するという緊迫した国際情勢を背景に，タイにおける王政廃止と共産革命勃発を危惧する右派グループは，「国王を元首とする民主主義」の維持を訴え，左派系政治家や労働運動指導者の暗殺という実力行使に向かった。

こうした不穏な政治状況に議会や政党は有効な対策を打ち出せず，議会制民主主義に対する幻滅が広がった。1976年10月に右派や軍・警察がタマサート大学に集まっていた市民・学生に対して機銃掃射を浴びせかけ，多数の死傷者を伴う武力弾圧を行った（「血の水曜日事件」）。そのあと，軍がクーデタを起こして政党内閣を打倒したが，それに反対する動きはまったくみられなかったのである。

（3）「半分の民主主義」──1976〜88年

1977年に首相となったクリエンサック（Kriengsak Chamanon）やその後を継いだプレーム（Prem Tinsulanond）はいずれも軍出身者である。クリエンサックは3年間（1977〜80年），プレームは8年間（1980〜88年）政権を維持し，国内では外資

導入による輸出指向工業化と開発政策を進めた。プレーム政権は農村開発に力を注ぎ，村人のニーズをボトムアップ方式で県開発計画に反映させるシステムを作ったり，内務省から派遣される官選県知事に独自の開発予算配分権を付与するなど，効果的な開発計画の策定と実施に力を注いだ（重富，2000）。このようにいうと，タイは1973年以前のサリット体制に逆戻りしたかのような印象をもたれるかもしれない。だが，重要な違いがいくつか存在する。

　第1に，彼らは軍出身とはいえ，主流派出身ではなかった。そもそも1976年10月のクーデタ事件は，海軍司令官の名前で行われた。クリエンサックは国軍最高司令部出身であり，陸軍実戦部隊出身ではない。プレームは陸軍出身であったが，サリットやタノームのような第1師団長（バンコク），第1軍管区（中部タイ）司令官といった陸軍内のエリート・コースを歩んできた人物ではない。プレームはまた，首相就任当初こそ現役の陸軍司令官であったが，その年の9月末には60歳定年で陸軍を退役することが決まっていた。つまり，彼らが首相になったのは軍内に強い支持基盤をもっていたからではなく，むしろそれを欠いていたからである。その点で，サリットやタノームと決定的に異なる。

　第2に，彼らは政党政治との共存を目指した。クリエンサック政権は1978年12月に恒久憲法を制定し，翌年4月には総選挙を実施した。クリエンサックは内閣改造を2度行ったが，内閣には政党政治家も含まれていた。次のプレーム政権も同様である。プレームは3度内閣改造を実施したが，内閣に占める政党政治家の比率は当初は2割だったものの，末期で8割に達した（玉田，2006）。つまり，政党政治家が体制内化された。

　第3に，政界と経済界とのパイプが強化された。クリエンサック，プレーム政権期のタイ経済は，第2次石油危機（1979年）による原油価格高騰でインフレ率が高まり苦境にあえいでいた。そこで，プレーム政権期には「経済問題解決のための官民合同調整委員会」が設置され，プレームは経済界代表（タイ国商業会議所，タイ工業連盟，タイ銀行協会）と定期的に会合の機会をもち，彼らの要望を経済政策に反映させた。プレーム内閣には経済界出身の政党政治家も含まれていたが，経済界の頂上団体との会合を制度化したのはプレームがはじめてである（プレームはまた経済閣僚会議もはじめて設置した）。このことは，少なくとも経済政策については，第2節で述べたような官僚政体論が妥当しないことを意味した（Anek，1992）。

クリエンサックやプレームの政治運営に対して，軍内部から批判がなかったわけではない。清廉潔白な人物として知られるプレームは軍の政治介入に対して一線を画したため，軍がより積極的な政治的役割を果たすべきという意見も存在した。実際，1981年と1985年にはプレーム政権に対して軍事クーデタが発生したが不成功に終わった。国王がこれらのクーデタを承認せず，プレームの政治運営を支持したからである。他方プレームはタイ国共産党に合流して反政府運動に参加していた人々に投降を呼びかけ，武力に頼らない方法で国内の極左運動の鎮圧に成功した。要するにプレームは，左右からの攻撃を排除する一方，政党政治家を取り込みつつ国王の支持を背景に，長期政権の運営に成功したのである。それは，総選挙を実施し政党政治家の力を認めつつも，選挙で選ばれる下院議員と任命議員からなる上院議員が同数で，首相を軍のトップが占めるという「半分の民主主義」であった。同時にそれは「国王を元首とする民主主義」の枠内にもあった。こうしたプレームの政治は国王から高い評価を受け，1988年に首相を退任して以降もプレームは国王の諮問機関である枢密院の議員・議長として，今日まで政治的影響力を保持している。

（4）チャートチャーイ政権と「5月流血事件」——1988〜92年

　1988年8月，プレーム首相は議会からの首相続投要請を固辞し政界から引退した。代わりに首相となったのは，タイ国民党党首であったチャートチャーイ（Chatchai Chunhawan）である。彼は首相府大臣1名を除く全閣僚を下院議員から任命した。12年ぶりの政党内閣登場である。彼は運輸，建設，不動産などを幅広く手掛けて成功した実業家であった。彼が首相になったことは，実業家出身の政党政治家の力がそれだけ強くなったことを意味した。憲法改正をともなわないとはいえ，軍人から政党政治家への民主化が実現したのである。

　チャートチャーイが政権を担当した時期（1988〜91年）は，おりしも国際政治の大変動期に当たっていた。冷戦終結プロセスが始まり，1991年にはカンボジア和平も実現した。この動きを敏感に察したチャートチャーイは「インドシナを戦場から市場に」という独自のスローガンを掲げ，1988年の総選挙に臨んで勝利を収めた。首相就任後彼は大学教授たちからなる私設顧問団を任命し，ほかのASEAN諸国の意向にかかわらずタイの国益を重視した外交政策を展開しようとした（永井，2009）。施政方針演説で彼は，対インドシナ政策を外交安全保障政策

第5章　タイ　125

のなかでなく国際経済政策のなかで言及していた。変化は国際経済でも起きつつ
あった。1985年プラザ合意にともないアメリカのドル高政策が是正されドル安政
策に転換すると，自国の通貨高に直面した日本はじめ NIES 諸国・地域（韓国，
台湾，香港，シンガポール）から ASEAN 諸国（ただし，シンガポールを除く）に，
一斉に外国投資資金が流入するようになった。欧米との貿易摩擦回避や安い労働
力を求めて企業が直接投資を行うようになったからである。それまでタイ経済は
不況に苦しんでいたが，1988～90年の3年間にタイは年率10%を超える実質経済
成長率を記録した。1991年には IMF 8 条国に移行し，外国為替の自由化にも踏
み切った。ASEAN 自由貿易地域（AFTA）設置にもタイは合意した。貿易，投
資，金融の自由化，すなわちグローバリゼーションの到来である。

　政治的民主化と経済成長が順風満帆にみえたタイで，1991年2月と92年5月に
大きな政治的事件が起きた。前者は軍事クーデタの成功であり，後者は「暴虐の
5月流血事件」と呼ばれる軍・警察と民主化を求める市民との間の衝突である。
91年2月クーデタは，選挙で選ばれたチャートチャーイ政権を「議会独裁」と批
判して軍が首相の身柄を拘束し，政権を崩壊させた。議会制民主主義こそもっと
も重要という立場からすれば，この論理はいかにもわかりづらい。タイではしば
しば，大臣職を手に入れた政治家がさまざまの便益供与（許認可や公共事業の割り振
り，政府調達）を通して巨額の富を手に入れることができるといわれる。チャート
チャーイ政権はこうした黒い噂に事欠かず，マスコミでもしばしば叩かれていた。
それゆえこの軍事クーデタは，国民の大喝采を浴びて受け入れられた。

　もっとも軍がクーデタを起こした真の目的は，当時チェンマイの離宮に滞在し
ていた国王に拝謁し，国防省幹部の人事異動案承認を得るため飛行機に乗ろうと
したチャートチャーイの身柄を拘束するためであった。つまり，軍に対する政党
の介入阻止が目的である。チャートチャーイ政権の経済政策への反対が理由では
ない。実際，次の暫定政権首相に任命されたのは，元駐米大使・外務事務次官で
退官後タイ工業連盟会長を務めていたアーナン（Anan Panyalachun）であった。
アーナンは経済自由化をさらに推し進めた。軍の意向は，出直し選挙で親軍政党
が第1党となり，その党首が次期首相に就任して間接的にコントロールするとい
うシナリオだった。しかし，その人物に麻薬密売疑惑がもち上がり，軍のもくろ
みが外れた結果，軍のトップが現役将校のまま首相に就任した。サリット体制期
であれば許されていたこの動きに対し，バンコクや地方都市で一般市民や野党政

治家が反対運動を巻き起こしたのである。以上が5月流血事件に至る経過である。

　この事件は，軍と市民運動の両者が国王の裁定で矛を収め，軍は政治の表舞台から一旦撤退することになった。両者が国王の前に跪き，教えを諭される映像は全世界に放映された。タイでは国王をはじめ高位の王族に伺候する際にはこの格好をとるのが普通だが，この映像は世界に衝撃をもって受け取られ，国王の政治的影響力を見せつけるのに十分であった。

（5）政治改革から1997年憲法制定へ──1992〜97年

　この事件はその後の政治や民主化に対して大きな影響を及ぼした。1つは市民社会論の興隆である。抗議運動の参加者たちが携帯電話をもったホワイトカラーからなっていたと主張する論者も登場し，この議論は中間層こそが民主化推進勢力であるとする市民社会論の火付け役となった（船津，2002）。もう1つは政党政治家に対する批判である。軍が失墜すると，今度は政党政治家の汚職が厳しく批判された。タイで軍事クーデタが起きるのは政党政治家が金権政治にまみれているのが原因であり，それゆえ政治改革を行って政治家の資質を引き上げることが重要であるという議論が有力となった。そのため，5月流血事件後に実施された9月総選挙で勝利を収めたチュアン（Chuan Leekphai）民主党連立政権（1992〜95年）は，外部委員からなる政治改革委員会を設置し，さらにバンハーン（Banharn Silapa-acha）政権（1995〜96年）は政治改革委員会が起草した報告書に基づき，憲法を制定する道筋をつけた。

　ただし，憲法草案を作ったのは下院議員ではなく，下院議会の外に設けられた有識者からなる憲法起草委員会である。1991年クーデタで「議会独裁」が国民に受け入れられたように，議会制民主主義はタイでは必ずしも高く評価されていない。バンハーンが首相になったとき彼は外国要人との会議で英語が話せるのかとか，彼が大学院に提出した博士号請求論文を自分で本当に書いたのかが話題になったように，マスコミも政党政治家を見下す傾向がある。5月流血事件でデモに参加していたNGO・市民運動も，国王賛歌を歌いながら民主主義の勝利を称えた（秦，1993）。この時期のタイは，議会制民主主義万能でも「半分の民主主義」でもない，国王後見のもとの民主主義，つまり「国王を元首とする民主主義」を求めていたといえよう。

第5章　タイ　127

1997年10月，憲法草案は上下両院の圧倒的賛成多数を受けて即日施行された。1997年憲法はタイ憲政史上もっとも民主的な憲法と呼ばれた。現役官僚による政治職兼任を一切禁止し，「官僚政体」や「半分の民主主義」を完全に否定した。9年間義務教育，社会的弱者手当支給など社会権的基本権の付与（本章コラム参照）をはじめ，上院議員の直接選挙制導入，地方分権推進など民主主義促進にも熱心であった。独立した選挙管理委員会や汚職撲滅委員会を設置したり，選挙違反が発生した場合のやり直し選挙規程を導入したり，議員の政党間移動の制限，議員と閣僚の兼職禁止，中選挙区制から小選挙区比例代表並立制への変更など，政党と監視体制の強化も目指していた。この憲法は「人民の憲法」と謳われ，たしかに民主的条項を数多く備えていたが，エリート主義的内容を含むものであったことも忘れてはならない（たとえば，国会議員の被選挙権を大卒以上に制限した）。

4　アジア経済危機後のタイ政治

（1）アジア経済危機の影響

　1997年憲法が上下院を通過したとき，タイの通貨バーツはすでに事実上為替自由化を意味する管理フロート制下に置かれていた。1980年代半ば以降，タイ経済は好景気に恵まれていたが，金融自由化によって欧米金融機関や投資ファンドなどの機関投資家の短期資金がタイ国内に流入し，いわゆる「経済のバブル化」現象が生じた。生産性が高まらないまま輸出拡大に頼ってきた経済成長路線のツケは，1996年になると経常収支赤字や株価下落となって現れた。ファイナンス・カンパニーの破綻や業務停止命令が出され，1997年以降外国為替市場では外国投資家によって大量のバーツ売りが浴びせられた。タイ中央銀行は為替レートを維持すべくバーツを買い支えたが，97年7月には手持ちの外貨準備の底がつき，管理フロート制に移行した。バーツ貨は一時その価値を半分にまで落とし，欧米金融機関にドル建て短期ローンを返済できなかったタイの金融機関は，軒並み国有化・清算されたのち，欧米金融機関などに売却された。1997年憲法はこうした経済危機の深まりのなかで通過したのである。

　1997年12月，民主党のチュアンが再び政権を担当した（1997～2001年）。チュアン政権はIMF，世界銀行，アジア開発銀行，日本などから緊急融資を受け，経済再生に着手した。都市部では企業倒産で失業したタイ人がローンを支払えず住

宅や自動車を手放していた。農村でも，農産物の価格下落で農民の債務不履行が大きな問題となっていた。チュアン政権はIMFからの緊急融資を受け入れる代わりに，その条件（コンディショナリティ）として不良債権処理と金融制度改革に乗り出した。チュアン政権はまた雇用確保のため草の根で公共事業を起こした。1999年11月には日本政府からタイ政府に経済覚醒基金が貸与され，中小企業や農民に資金を還流させる措置をとった。ボトムアップによる住民参加型の開発計画を提唱したり，無駄遣いを戒めるプーミポン国王の「足るを知る経済」が喧伝され，経済危機に耐えうる「強い社会」作りや「社会的セーフティ・ネット」構築が声高に叫ばれた。

　チュアン政権はIMFの処方箋に基づいて金融制度改革を実施し，1997年憲法の経過規定にしたがって制度改革を行った。地方分権に熱心に取り組んだのもチュアン政権であり，上記の日本からの経済覚醒基金も自治体を介して農村に還流した。こうした努力にもかかわらず，チュアン政権は経済再生に十分な成果を上げていないという評価が国民の間では支配的であった。このことが，次に登場するタックシン政権を後押しすることになる。

（2）タックシン政権の登場

　1997年憲法下で2001年1月にはじめて行われた総選挙において，タックシン・チンナワット（Thaksin Shinawatra）党首率いるタイ愛国党が勝利した。タックシンは士官学校予科と警察士官学校を卒業した警察官であったが，その後コンピュータ・リース業を手掛け，10年足らずのうちに携帯電話など通信業で実業家として成功を収め，チンナワット・グループをアジア有数の財閥に急速に育て上げた人物である。1990年代半ばに政治家に転身し，アジア経済危機後の1998年にタイ愛国党を自ら立ち上げその党首に就任した。2001年1月の総選挙に当たってタックシンは，豊富な政治資金を背景に明確な政権公約を掲げて選挙戦を終始有利に進め，その結果下院500議席中248議席を獲得して第1党に躍り出た。

　タックシン政権は従来の政権とは違った特徴が少なくない。ここでは2点指摘しておきたい。1つは，政治家主導の政治である。従来のタイ政治は，「官僚政体」論や「半分の民主主義」にみられるように，軍人を含む官僚が政治を主導してきた。1990年代に2度政権を担当した民主党政権も，政策立案と構想を官僚機構に大きく依存していた。これに対しタックシンは，「首相は国のCEO（最高経

第5章　タイ　129

営責任者)」をスローガンに，トップダウン型の政治を好んだ。彼は政策のアイデアを官僚機構でなく，首相の私的顧問団やタイ愛国党の党政策決定委員会に依拠した。タックシンは，政策を決定するのは政治家であり官僚は政治家の指示にしたがって政策を実施すればよいと考え，2002年10月には大規模な省庁再編を実施し，各部局は「ヴィジョン・ミッション・ゴール」を策定するよう求められた（末廣，2009）。彼はまた CEO 型県知事の概念を導入し，県知事の人事権や予算配分権を強化することで行政効率の向上に努めた。サリット政権以来，国の政策は各省庁局からの要望を積み上げて策定された国家経済社会開発 5 カ年計画に依拠してきたが，タックシンは開発計画よりも首相が策定する国家戦略計画を重視した。このように，タックシンは政治手法を大きく変えた。

　もう 1 つは，総選挙において提示した政策綱領を政権についてから実際に実施した点である。いわば「マニフェスト」型政治の実行である。2001年 2 月の施政方針演説でタックシンは 9 項目の緊急社会経済政策を発表し，すぐさま実行に移した。それは，農民の債務返済繰り延べ（モラトリアム），村落基金設置，人民銀行設立，一村一品運動の推進，30バーツ医療サービス，中小企業銀行の設置など，もっぱら経済的に疲弊した農村部住民や都市部住民も含む中下層民を対象とした経済覚醒施策である。これらの政策は「ポピュリスト」的とマスメディアによって厳しく批判されたが，国民の絶大な支持を獲得した。30バーツ医療サービス（30バーツは約100円）は，これまで無保険状態におかれていた農民層に医療サービスを低額で施すもので，時代の要請に適っていたものである。いずれにせよ，選挙公約にしたがって政策を実施した政権は，タックシン政権が初めてであった。

　タックシン政権の下でタイ経済は再び活況を呈し，2002年には早くも 5 ％の経済成長率を達成した。この数字は開発計画担当の国家経済社会開発計画庁や経済学者の予想を上回るもので，「タクシノミクス」（タックシン流経済）と名付けられた。同年には IMF からの緊急融資も完済し，タイは今後外国借款を受け入れないと表明するまでに至った。タックシンは国内経済の振興と輸出促進を結びつける複線政策を推進し，草の根経済を刺激しつつ，輸出販路を拡大・確保するため 2 国間自由貿易協定（Free Trade Agreement：FTA）を積極的に締結した。こうした実績を背景に，タイ愛国党は2005年総選挙で500議席中378議席を占める歴史的勝利を収めた。単独政党による政権獲得は，タイ政治史上初めてである。

（3）2006年9月クーデタ

　このように盤石に思われたタックシン政権は，2006年9月19日に起きた軍事クーデタで崩壊した。陸軍司令官をリーダーとする「国王を元首とする民主主義体制下の統治改革評議会」は，首相外遊のタイミングを狙ってクーデタを起こし，従来のクーデタと同様に陸軍司令官が王宮を訪問して国王に拝謁して，正統性のお墨付きをもらった。同年10月はじめ，元陸軍司令官で当時枢密院議員を務めていたスラユット（Surayud Chulanont）が首相に任命された。スラユット政権のもとで暫定憲法が制定され，ついで恒久憲法案が起草された。2007年憲法はタイ政治史上はじめての国民投票によってかろうじて賛成多数で承認され，施行された。典型的な「タイ政治の悪循環」のパターンである。

　なぜ軍事クーデタは起きたのか。発端となったのは，タックシンの親族が経営する会社がシンガポールの国営企業に売却されたとき，脱税が行われたのではないかという疑惑である。タックシンは合法性を主張したが，マスコミや反タックシン派はタックシンを厳しく批判した。事態を打開するため，タックシンは民意を問うとして2006年2月に議会を解散し4月に総選挙を実施したが，主要野党が選挙をボイコットしたうえ，憲法裁判所が選挙結果を無効と判断した。しかし，タックシンは強気の姿勢を崩さなかった。なぜなら，自らは国民の圧倒的支持を受けて首相になったのであり，一部の市民団体，NGOや有識者の意見に耳を傾ける必要はないと考えたからである。

　タックシン政権の何が問題だったのだろうか。1つは，極端な権力集中である。彼は圧倒的な政治資金を背景に議会を支配した。1997年憲法は政治の安定と政党の強化を目的としており，その狙いはタイ愛国党の登場によってたしかに実現した。議院内閣制は大統領制と比べてしばしば不安定で弱い政権しか生まないと批判されるが，強力な政党が出現すれば議院内閣制はきわめて強力になる。加えてタックシンは，従兄弟を陸軍司令官に任命したり，士官学校予科時代の同期生を軍や警察の要職につけるなど，軍・警察内にも勢力を拡大していた。要するにタックシンは，政党政治家と軍，官僚との従来のバランスを崩してしまったのである。もう1つは，タックシンが「国王を元首とする民主主義」というタイ政治の根幹を否定しかねない存在だと受け取られたことである。彼はさまざまなポピュリスト的な政策を通して，国王を凌ぐ人気も博するようになった。それが彼の意図であったのかどうかはともかくとして，タックシンの存在自体が危険だと

第5章　タイ　　131

認識されるようになった（玉田，2009）。

2006年9月クーデタはタイの政治的混乱に終止符を打つために行われたものであった。しかし実際には，むしろ始まりを意味していたように思われる。

2007年憲法下で2007年12月に総選挙が行われた結果，タックシンを支持する旧タイ愛国党系の政党（タイ愛国党は憲法裁判所が選挙違反と判断し，2007年5月に解党を命じられた）が反タックシン派の政党（民主党など）に勝利した。これを受け，タックシン派のサマック（Samak Sundaravej）が首相に就任した（2008年1〜9月）。しかしサマックの料理番組出演が，憲法の「首相の副業禁止」条項に抵触すると憲法裁判所が判断を下したためサマック政権は総辞職し，タックシンの義理の弟にあたるソムチャーイ（Somchai Wongsawat）が首相に就任した（2008年9〜12月）。だが，2007年12月総選挙でソムチャーイ首相の属する国民の力党が組織ぐるみで選挙違反をしたと憲法裁判所が判断を下し，同党は解党された。ソムチャーイを含む同党幹部も5年間の公民権を剥奪され，同政権は崩壊した。その結果，タックシン支持派から一部離反グループが出て，反タックシン派の民主党党首アピシット（Abhisit Vejjajiva）が首相となった（2008年12月〜2011年8月）。憲法裁判所による政党の解党命令や政治家の公民権剥奪は「司法クーデタ」とも呼ばれ，その判断の公正さに大きな疑問符が投げかけられている。

（4）タックシン支持派と反対派の対立

タックシン支持派と反タックシン派の対立は議会内だけでなく，議会外にも及んでいた。タックシン支持派は反独裁民主主義統一戦線（UDD）に糾合し，他方，反タックシン派は民主主義人民連合（PAD）に糾合した。UDDはシンボルカラーが赤色だったので「赤シャツ派」とも呼ばれた。PADはプーミポン国王の誕生曜日が黄色であり，王室支持のシンボルカラーも黄色だったため，「黄シャツ派」とも呼ばれる。

議会外での反タックシン派の動きは2006年クーデタ前にも見られたが，サマック政権が誕生しタックシンがタイに一時帰国するとPADの動きが再び活発となった。2008年8月以降，PADはサマック政権の退陣を求め，首相府やテレビ局などを4カ月間占拠したことに加え，ドームアン空港やスワンナプーム国際空港の管制塔も占拠した。PADの抗議活動はアピシット政権誕生で一旦沈静化したが，今度はUDDの動きが活発となり，2009年4月にはUDDがASEANサ

ミット会場になだれ込んで会議を中止に追い込んだ。2010年2月に最高裁判所がタックシンの資産没収を命じる判決を下すと，UDD は大規模な抗議行動をバンコク都中心部や北タイ，東北タイで展開し，バンコク都を含む25県に非常事態宣言が発令された。5月半ばには軍はバンコク都内のデモ隊の強制排除に成功したが，市民の巻き添えも含め千人近い死者が出る事態に発展した。バンコク都内では数カ所で放火があったほか，地方では県庁が焼打ちにあうなど騒擾が広がった。

「黄シャツ派」と「赤シャツ派」の色分けはたしかに分かりやすいが，両派の中には穏健派と急進派の両方が含まれており，「赤シャツ派」でも王室に敬意を表する人たちも少なからずいる。タイ国が完全に分断されたとみるのは正確ではない。また両派の対立が長期化するにつれ，UDD，PAD 双方ともに運動の方針をめぐって意見対立がみられるようになった（それゆえ以後の記述では，タックシン支持派と反対派という表現を主として用いる）。とはいえ，タックシン支持派に北タイや東北タイの貧しい人々が多く，反タックシン派にバンコク都に住む都市部中間層や保守層，南部の農民に多いという傾向があることも事実である。

議会では対立に終止符を打つための方策が模索されていた。アピシット政権は2010年5月に国民和解のためのロードマップを提示し，7月には一連の騒乱で死者が出たことを受けて国家和解真相究明独立委員会を設置したり，経済的不平等・格差是正のための国家改革委員会，憲法改正指針検討委員会などを組織した。他方，タックシン支持派は早期の議会解散・総選挙を繰り返し主張していた。非常事態宣言は地方では8月までに解除されたが，バンコク都及び周辺3県では12月まで解除がずれこんだ。4月・5月の集会で逮捕されたタックシン派幹部やメンバーの保釈は認められず，国民和解への道のりは容易ではない。

2011年は前回総選挙から4年目にあたり，総選挙の実施が見込まれていた。アピシットは前年5月のタックシン支持派との交渉で，議会の早期解散・総選挙実施を表明していた。2010年末には選挙制度に関する憲法改正が行われ，翌年7月に総選挙が実施された。タックシン支持派のタイ貢献党が議席過半数を超える第1党となり，タックシンの実の妹であるインラック（Yingluck Shinawatra）が首相に就任した。女性首相の誕生はタイ政治史上初めてのことである。

インラック政権（2011年8月～2014年5月）は憲法改正を目指すとともに，国民和解を進めようとした。タックシン支持派政党は憲法裁判所の不利な裁定を受け

第5章 タイ　133

ていた。インラックも裁判所の二重基準を批判してきた。タックシン支持派政党が長期政権を樹立するには裁判所の命令で解党されないことが不可欠であり，憲法裁判所や最高裁判所の権力縮小が必要となる。他方，後者については，国外に亡命しているタックシン元首相に対する扱いをどうするかが焦点であった。タックシン支持派はタックシンへの恩赦を求めていたが，インラックは軍や他の勢力との政治的対立を回避するため当初は慎重姿勢を崩さなかった。軍との関係も良好に保つため軍人事にも介入しなかった。しかし，憲法改正の動きはタックシン支持派と反対派の対立を再燃させ，「国王を元首とする民主主義」の転覆を狙う動きだと保守派からの反発を招いた。政治的和解の動きはタックシン支持で犠牲を払った人たちの一部から反発を招き，タックシン支持派にも亀裂をもたらした。

（5）2014年クーデタとプーミポン国王の崩御

　2013年11月にインラック政権は恩赦法案を下院に上程し強行採決したが，これに対して野党民主党や反タックシン派は反発し，反タックシン派は再び街頭に繰り出し，インラック政権の即時退陣を求めた。恩赦法案は上院で否決され廃案となり，インラックは12月に下院を解散，2月2日に予定通り下院総選挙を実施したが，南部やバンコク都で立候補者がゼロとなったり，投票妨害で選挙が実施できない事態が生じた。しかし，選挙実施後も反タックシン派の街頭抗議運動は終わらず，憲法裁判所が3月に選挙の無効を下し，さらに混乱が広がった。2014年5月，インラックと関係閣僚が政府高官人事で憲法に違反して縁故者を登用したとして憲法裁判所が裁定し，インラックは首相を失職した。

　この直後，軍が再びクーデタを実施し，プラユット（Prayuth Chan-ocha）陸軍司令官を議長とする国家平和秩序維持評議会が実権を掌握した。2014年5月クーデタは2006年9月クーデタと類似する点と異なる点の両方があった。類似する点は，1958年のサリットのクーデタと同様，議会や憲法を廃止し，暫定憲法を公布，恒久憲法制定後に民主主義に復帰するというロードマップを提示したことである。異なる点は，クーデタの方法である。軍は最初戒厳令だけを出し，関係7団体の代表を一同に集めて調停を試みた。しかしその調停が不調に終わって初めて，プラユットは一同の前でクーデタを宣言したのである。軍がこのように調停を行おうとしたこと自体異例であり，そのタイミングでのクーデタは多くの人を

驚かせた。また，クーデタ首謀者が国王に拝謁する姿は映像で放映されなかった。プーミポン国王は高齢で入院生活を送っており，もはや公衆の前に姿を現すことができなかったからである。

　今後のタイ政治の行く末は依然として不透明である。プラユットはクーデタ後に首相に就任し，恒久憲法公布（2017年4月）まで行きついたが，本章執筆時点（2017年11月）で3年半以上首相職にある。2016年10月にはプーミポン国王が崩御し，ワチラロンコーン国王が即位した（2016年12月）。これまでのタイ政治は，軍，実業家政党，国王のバランスによって保たれてきたが，今後このバランスがどのように変化するのかは予断を許さない。

　皮肉なことにプラユット政権は，国民からの支持を得るために，タックシン政権を支えたブレーンを集めて，タックシンが行ったのと同じ政策を行おうとしている。都市と農村の貧困格差の是正や税制改革，社会福祉制度の充実などである。今後も軍が実力で意見を抑えることができるのかは予断を許さない。インラックは籾米担保融資制度の導入で首相在任中に多額の損害を国庫に与えたとする職務怠慢容疑で弾劾決議が暫定議会で可決され，2017年9月に禁固5年の判決が最高裁判所で確定した。インラックはタイ国外に逃亡したと言われており，タックシン支持派の動向も不透明である。「タイ政治の悪循環」を繰り返さないためには，プレーム政権時代の「半分の民主主義」のように，軍の影響力を残しつつも実業家政党が果たす政治的役割を認めざるをえないように思われる。しかし，新国王の影響力は未知数であり，政治的対立を調停するのは容易ではなかろう。

　＊　本章の執筆に当たっては，青木まき，江藤双恵，遠藤元，玉田芳史，外山文子，宮
　　田敏之の各氏から有益なコメントをいただいた。記して謝したい。

読書案内

① 末廣昭『タイ――開発と民主主義』岩波新書，1993年。
　＊サリット政権前後から5月流血事件までのタイの政治，経済，社会を「開発」と「民主化」という切り口から分析した書。
② 末廣昭『タイ――中進国への模索』岩波新書，2009年。
　＊前著の続編という位置づけ。分析は1990年代からだが，タイの「中進国化」にともなう社会の変化や，タックシン体制とその後の展開を分析している。現在のタイを理解

第5章　タイ　　135

するのに是非ひもといて欲しい一書。

③ 加藤和英『タイ現代政治史──国王を元首とする民主主義』弘文堂，1995年。

　＊19世紀半ばから第1次チュアン政権あたりまでの政治史を丹念に追った研究書。憲法，選挙，クーデタ，ナショナリズムの動きなど，国家レベルの政治の動きを知るのに有益である。

④ 玉田芳史『民主化の虚像と実像──タイ現代政治変動のメカニズム』京都大学学術出版会，2003年。

　＊本章のテーマである「民主化」を5月流血事件，1997年憲法制定，タックシン政権誕生をめぐる政治過程や政軍関係を軸に論じた重厚な実証研究。

⑤ Pasuk Phongpaichit & Chris Baker, *Thailand: Economy and Politics*, 2nd edition, Oxford, Oxford University Press, 2002.

　＊19世紀以降のタイの政治経済史を知るための欧米における標準的な教科書。日本語でも刀水書房から2001年初版改訂版が翻訳されている。500ページを超える大著だが，平易な英語で書かれているので関心のある人は是非挑戦して欲しい。

参考文献

アジア経済研究所編『アジア動向年報』（2009〜2017）アジア経済研究所，2009〜2017年。

柿崎一郎『鉄道と道路の政治経済学──タイの交通政策と商品流通　1935〜1975年』京都大学学術出版会，2009年。

河森正人『タイ──変容する民主主義のかたち』アジア経済研究所，1997年。

重富真一「農村開発政策──変革における制度と個人」末廣昭・東茂樹編『タイの経済政策──制度・組織・アクター』アジア経済研究所，2000年。

末廣昭『タイ──開発と民主主義』岩波新書，1993年。

末廣昭『タイ──中進国への模索』岩波新書，2009年。

ダール，ロバート，河村望・高橋和宏監訳『統治するのはだれか──アメリカの一都市における民主主義と権力』行人社，1988年。

チャルームティアロン，タック，玉田芳史訳『タイ──独裁的温情主義の政治』勁草書房，1989年。

玉田芳史「タイ政治の民主化と改革」玉田芳史・木村幹編『民主化とナショナリズムの現地点』ミネルヴァ書房，2006年。

玉田芳史「タイのポピュリズムと民主化」島田幸典・木村幹編『ポピュリズム・民主主義・政治指導──制度的変動期の比較政治学』ミネルヴァ書房，2009年。

玉田芳史・船津鶴代編『タイ政治・行政の変革──1991〜2006年』日本貿易振興機構アジア経済研究所，2008年。

永井史男「タイの多国間主義外交──経済外交の変化と持続」大矢根聡編『東アジアの国際関係──多国間主義の地平』有信堂，2009年。

秦辰也『バンコクの熱い季節』岩波書店，1993年。

船津鶴代「タイの中間層──都市学歴エリートの生成と社会意識」服部民夫・船津鶴代・鳥居高編『アジア中間層の生成と特質』アジア経済研究所，2002年。

村嶋英治『ピブーン──独立タイ王国の立憲革命』岩波書店，1996年。

矢野暢「稲作国家の政治構造」石井米雄編『タイ国——1つの稲作社会』創文社，1975年。

Anek, Laothamatas, *Business Associations and the New Political Economy of Thailand*, Boulder, Westview Press, 1992.

Chai-Anan, Samudavanija, *The Thai Young Turks*, Singapore, Institute of Southeast Asian Studies, 1982.

Riggs, Fred W., *Thailand: The Modernization of a Bureaucratic Polity*, Honolulu, East-West Center Press, 1966.

Wilson, David A., *Politics in Thailand*, Ithaca, Cornell University Press, 1962.

―― ■■ *Column* ■■ ――――――――――――――――――――――――

地方分権と社会福祉

　1932年立憲革命以来，タイ政治は度重なるクーデタを繰り返しつつも漸進的に民主化を遂げてきた。そうした民主化過程のなかで忘れてはならないのが，地方分権である。

　タイの地方分権には4つの波がある。第1の波は1930年代で，1935年に経済的に繁栄し識字率も高く，税収も期待できた都市部に自治体（テーサバーン）が設置された。テーサバーンは小中学校の設置・運営，住民登録業務，基礎的保健サービス，インフラ整備などを担った。人民党文民派リーダーのプリーディーは農村部にもテーサバーンを設置する予定だったが，義務教育が普及せず，財政基盤に乏しい農村部での自治体設置は困難であった。

　第2の波は，1950年代に準都市部（衛生区と呼ぶ）とその他残余の農村地区に自治体（県自治体と呼ぶ）が設置された。衛生区はテーサバーンが未設置の経済的に繁栄している場所に設置された。衛生区と県自治体には公選議員もいるが，事務方トップは中央政府から派遣される内務官僚（郡長や県知事）が兼務し，自治政府という点では不十分であった。第3の波は1970年代で，1975年にはバンコク都知事が直接住民によって選ばれるようになった（ただし，血の水曜日事件の結果，1985年まで官選都知事が続く）。

　そして最後の波が，1992年5月の流血事件以降今日まで続く地方分権である。1992年9月の総選挙では地方分権も重要な争点となり，1995〜97年にかけて農村部に約7000カ所の自治体が新設された（タムボン自治体）。さらに1997年憲法は地方分権を国家の基本政策の1つと位置付け，内務官僚が自治体経営に参加することも禁止し，自治体の自己決定権が大幅に向上した。衛生区はテーサバーンに格上げされ，県自治体長も県自治体議員の互選で選ばれた（現在，首長はすべて住民の直接公選）。1999年には地方分権推進法が制定され，中央政府から自治体への権限移譲に着手した。

　地域分権はタックシン政権（2001〜06年）期には円滑に進まず，現在にいたるまで停滞したままだが，それでも現在は国家予算の約4分の1が地方自治体から支出され，自治体の職員数も40万人を越えている。業務移譲もある程度進んだが，もっぱらインフラ整備，生業促進，生活の質保障に限られ，教育省が管轄する小中高等学校や保健省が管轄する保健所と病院はほとんど自治体に移譲されていない。

　ところで，移譲された業務のなかで忘れてはならないのが，貧困層，子ども，女性，高齢者など社会的弱者に対する福祉サービスである。1997年憲法は高齢者手当の支給を謳っており，身寄りがない，収入が少ないなど一定の要件を満たした60歳以上の高齢者に支給が始まった。その支給業務に従事するのが，テーサバーンやタムボン自治体である。高齢者手当，身体障害者手当，HIV患者手当は国から自治体を経由して支給されることになったが，国からの支給額が十分でなかった当初は，自治体が独自予算から捻出することも少なくなかった。アピシット政権（2008年12月〜2011年8月）で，高齢者手当は一律に支給されるようになった。近年は日本の地域包括的ケアシステムを参考にした介護福祉ボランティア制度も導入されており，自治体がその

中心的役割を担っている。

「子育て支援」も自治体にとって重要な業務である。教育省をはじめ多くの中央官庁が管轄していた幼児教育施設や託児所も，地方分権の結果，地方自治体に移譲された。その数は約1万7000カ所に上る。タイでは高齢化と並んで少子化も急速に進んでおり，離婚や出稼ぎによって子どもが母方の親族に預けられる例も少なくない。子どもをどう育てればよいのかわからず，育児放棄や虐待の問題も深刻化しつつある。タックシン政権時代，新設された社会開発・人間安全保障省が「家族制度開発」に着手し，「養育保護」，「子どもの非行」などの問題に対処するため，自治体が核となって親子対話の機会を設けたり，子育て問題を解決するための研修プログラムを実施している。2003年には「児童保護法」も制定され，保健省や内務省も幼児教育施設や託児所の設置基準を厳しくするなどして，質の向上に努めている。

このように社会的弱者に対する施策において自治体が果たす役割は小さくないが，自治体の人員や予算は限られている。住民，NGO，コミュニティといかに協働していけるかが課題であろう。

参考文献

永井史男「地方分権改革——『合理化なき近代化』の帰結」玉田芳史・船津鶴代編『タイ政治・行政の変革——1991〜2006年』日本貿易振興機構アジア経済研究所，2008年，117-158頁。

江藤双恵「タイにおける「子育て支援」政策の現状と課題」『年報タイ研究』第9号，2009年，113-140頁。

第6章 ベトナム
──社会主義国家の生きる道

遠藤　聡

この章で学ぶこと

　ベトナムは，国名を「ベトナム社会主義共和国」とする共産党一党独裁制の国家である。こうした政治体制が継続している背景には，この国の歴史的な事情がある。すなわち，①植民地支配に抵抗した民族解放運動の栄光，②フランスとのインドシナ戦争での勝利，③アメリカが介入したベトナム戦争での勝利，④分断国家の統一，これらをもたらした功績などが，ベトナム共産党の「支配の正統性」を保障するものとして語られてきた。

　しかしその後の「負の遺産」も理解しなければならない。1975年のベトナム戦争の終結後，1976年に社会主義国として統一したベトナムは，南部で急激な社会主義的改造を行い，多くの難民を流出させる事態を引き起こした。1978年にはカンボジアに軍事侵攻を行い，インドシナ地域における不安定要因の元凶とみなされた。また，ソ連・東欧諸国からの経済援助に依存する社会主義経済は破綻していった。

　一方で，1986年からドイモイ（doi moi：刷新）を開始し，市場経済の導入や対外開放政策を推進したことで，近年着実な経済成長を遂げている。1995年には ASEAN（東南アジア諸国連合）に加盟し，東南アジアの一員への仲間入りを果たした。1998年に APEC（アジア太平洋経済協力会議）に，2007年に WTO（世界貿易機関）に加盟したことに象徴されるように，ベトナムは国際経済への参入を進めている。

　この章では，まず，現在の「1つのベトナム」がどのような経緯で形成されたかについて，国民国家の時代，冷戦の時代という国際社会の時代性との関連でみていく。冷戦という時代のなかで南北に分断され，アメリカが介入したベトナム戦争では，同一民族同士の戦争を経験した。つぎに，そうした国民国家形成の経験が，その後の統一国家における社会のあり方にどのような影響を与えたのか，またドイモイ以降の市場経済化の進展にともなう経済成長の過程のなかで，民主化の動向などと対比しつつ，社会主義国としてベトナムの存在意義を考えていく。

キーワード　インドシナ戦争，ベトナム戦争，ベトナム共産党，冷戦，難民問題，ドイモイ，社会主義市場経済，人権・信仰の自由，民主化，ホー・チ・ミン

1　国民国家建設の過程

（1）ベトナムの成り立ち

　ベトナムは，インドシナ半島の東縁に南北に細長いＳ字形の国土を成している。公用語であるベトナム語においても北部・中部・南部の方言に相違があるように，この細長い国土は長い年月をかけて作られてきた。しかし，ベトナムの近現代史を振り返った際，この領域の一体性が，「失われた祖国」を回復するための民族解放運動の究極的な目標とされ，南北分断後には，国家統一を目的とする同一民族同士の戦争へとつながっていった。

　紀元前3世紀に中国から独立したベトナムは，現在のベトナム北部を版図とする小国であり，紀元前2世紀から10世紀までは1000年を超える中国の支配を受けていた。その後も中国の影響下にあったベトナムは，科挙官僚制度や儒教を中心とする中国の統治制度を受容していった。中国の支配から脱するために，ベトナムは「中国化」していったのである。そして国力をつけたベトナムは，15世紀から南への拡張（南進）を進めた。15世紀後半には中部のチャンパ王国を制圧し，18世紀後半にはカンボジアの領土であった南部を支配圏に収めた。こうして現在のベトナムに近い版図が形成された。その後，ベトナムは，西方のカンボジアとラオスに対しても従属関係を強要していった。この過程で，ベトナム人指導者層の間に，「インドシナ意識」ともいえる「ベトナム人中心主義」が培われた。前近代における東アジアが中国王朝を中心とする中華世界であるとすれば，インドシナ地域はベトナム王朝を中心とする「小中華」世界であると認識されたのである。

　この「小中華」の形成は，ベトナムではなく，フランスによって達成されることになる。フランスのインドシナ侵略は19世紀半ばから始まり，1887年，フランス領インドシナ連邦が成立した。ここにベトナムは，北部のトンキン保護領，中部のアンナン保護国，南部のコーチシナ植民地に分割統治されるとともに，カンボジア保護国とラオス保護国を含む「1つのインドシナ」のなかに組み込まれた（ラオスの併合は1899年）。中部には形骸化された阮朝が残存したものの，インドシナ全域はフランスの統治下に入った。

第6章　ベトナム　141

（2）ベトナムかインドシナか

植民地期，ベトナムにおけるナショナリズム運動は，1905年に東遊運動を始めたファン・ボイ・チャウ（Phan Boi Chau）に代表される伝統的知識人によって行われた。かれらの運動の目的は「失われたベトナム」の回復にあった。東遊運動とは，日露戦争に勝利した日本にフランスとの闘争への支援を求め，ベトナムの青年たちを日本に留学させた運動である。しかし，この運動は日本に受け入れられず頓挫してしまう。その後，ナショナリズム運動の中心は西洋的近代教育を受けた新知識人，とりわけ共産主義者たちに移っていく。1930年2月，香港で，ホー・チ・ミン（Ho Chi Minh，詳しくは後述）によってベトナム共産党が結成された。ここで問題となったのは「ベトナム」と「インドシナ」のとらえかたであった。当時，モスクワのコミンテルン（共産主義インターナショナル）は「一国一党」原則をとっており，植民地国家においてもその原則が適用された。すなわち，「フランス領インドシナ」における共産党は植民地解放を指導する「1つの共産党」でなければならなかった。同年10月，ベトナム共産党はインドシナ共産党に改称した。

こうしてインドシナでは，ベトナム人共産主義者によるインドシナ独立運動が展開されることになった。ベトナムにとっては，伝統的な「インドシナ意識」の復活でもあった。しかし，インドシナ共産党の独立運動は，植民地政府の弾圧により壊滅状態に陥ってしまう。そうしたおり1939年9月，第2次世界大戦が勃発した。インドシナでは1940年9月，日本軍が北部に，1941年7月には南部に進駐した（仏印進駐）。こうしてインドシナは日仏共同支配に置かれた。

このような時期，1941年1月，30年ぶりに帰国したホー・チ・ミンは，同年5月，ベトナム独立同盟（ベトミン）を結成した。インドシナ共産党員を中核としながらも広範な階層からなる「民族統一戦線」であることを前面に打ち立てることで，運動の目的を「祖国ベトナム」の独立としたのである。ベトミンは，日仏共同支配の圧政に対する不満から多くの人々の支持を獲得していった。日本軍は1945年3月，フランス植民地政府を打倒し（仏印処理），インドシナの3国に名目的な独立を付与した。ベトナムに対しては阮朝のバオ・ダイ（Bao Dai）帝に独立が与えられたが，このベトナム帝国は日本の傀儡といえるものであった。そして同年8月の日本敗戦を受け，ベトナム全土でベトミンによる独立運動がわき起こった（8月革命）。9月2日，ホー・チ・ミンによりベトナム民主共和国の独立

が宣言された。

（3）インドシナ戦争——民族解放戦争から「冷戦のなかの熱戦」へ

　ベトナム民主共和国（ベトミン政府）の独立宣言は，アメリカの独立宣言の引用から始まり，フランス人権宣言の引用へと続くものであった。すなわち，ベトナムの独立は，「自由・平等」の精神に基づく西洋的普遍性をもつものであると喧伝したのであった。しかし，この独立宣言は国際社会からは承認されず，フランスはインドシナの再植民地化を開始した。その後，ベトナムが，フランス，さらにはアメリカと戦わざるを得なかったことは歴史の皮肉かもしれない。1946年12月，フランスとベトミン政府との間で（第一次）インドシナ戦争が勃発した。

　インドシナ戦争は，当初はベトミン政府がフランスに対して独立を求める「民族解放戦争」として始まったといえる。しかし，後述するように冷戦がアジアに波及することによって，この戦争が「冷戦のなかの熱戦」としてとらえられていく。ベトミンの主体がインドシナ共産党であり，フランスが自由主義陣営の一員であったからである。また，植民地主義に対する国際的批判のなか，フランスは1949年7月，バオ・ダイを元首とするベトナム国をフランス連合内の独立国として成立させた。ベトミン政府は北部を主に支配地とし，ベトナム国は主に南部を支配地としていたが，それぞれ主張する国家領域は「1つのベトナム」であった。こうしてベトナムでは，分断国家ではなく，国土を同じとする「2つのベトナム」が併存することになった。なおこの時期，インドシナ共産党は，1951年2月の第2回党大会において，ベトナム労働党への党名変更を行うとともに，カンボジアとラオスにおける共産主義政党の結成を決定した。

　インドシナでの戦争が長期化するなか，1949年10月，中華人民共和国が成立し，1950年6月，朝鮮戦争が勃発したことで，アジアに冷戦が拡大した。一方で，1953年7月の朝鮮戦争休戦協定の締結以降，国際社会は東西陣営間の平和共存の時代に入った。またアメリカは，インドシナの共産化が周辺国の共産化を引き起こすとするドミノ理論を主張することになった。このような状況下で，1954年4月，朝鮮半島問題とインドシナ問題を協議するジュネーヴ会議が，米・英・仏・ソ・中（中華人民共和国）の大国主導で始まった。インドシナ問題に関する協議は5月から開始されたが，会議当初からベトナムの分断化が所与の解決策として議論されることになった。ドイツや朝鮮半島と同様の解決策が強いられたこと

第6章　ベトナム　**143**

になる。同年7月，北緯17度線を軍事境界線とするジュネーヴ協定が締結され，北部にベトナム民主共和国（北ベトナム），南部にベトナム国（南ベトナム）が配されることになった。

（4）ベトナム戦争（第二次インドシナ戦争）——分断国家から統一へ

　ジュネーヴ協定で画定された北緯17度線は，2年以内にベトナム全土における総選挙を経て消滅するはずであったが，やがて分断国家の「国境」として，さらには東西冷戦の「前線」としての意味をもつようになる。南ベトナムでは，フランスの撤退後，アメリカの政治介入が強まり，1955年10月，親米的反共主義者のゴ・ディン・ジエム（Ngo Dinh Diem）を大統領とするベトナム共和国（以下，サイゴン政権）が成立した。サイゴン政権は総選挙の実施を拒否し，北ベトナム（ベトナム民主共和国）と南ベトナム（サイゴン政権）という「2つのベトナム」への分断が固定化することになった。アメリカは，サイゴン政権に対する経済援助・軍事援助を施すことで，「自由主義国・南ベトナム」の存続を図った。

　一方，北ベトナムのベトナム労働党にとっては，北部で土地改革などの社会主義化を進めるとともに，南北の統一問題が最大の課題となった。南ベトナムには旧ベトミン勢力が残存しており，それらの勢力を結集して1960年12月，南ベトナム解放民族戦線（以下，解放戦線）が結成された。「南」ベトナムの「内戦」のなかでサイゴン政権を打倒し，解放戦線を主体とする新たな南の政府との間で統一を実現するというのが北の労働党のシナリオであった。ところが，解放戦線を「北ベトナムの手先」とみたアメリカは，南ベトナムへの軍事関与を強めることになった。アメリカのシナリオは，サイゴン政権軍に対して軍事訓練を施し，軍事作戦を指導・支援することで，サイゴン政権軍が解放戦線を打倒するというものであった。しかし，ジエム政権は腐敗化するとともに強権的な圧政を強め，南ベトナム住民の民意を得ることができなかった。ジエムは，1963年11月，軍のクーデタにより暗殺される。その後，「自由主義国・南ベトナム」の存続を死守するために，「ベトナムの戦争」は「アメリカの戦争」になっていく。

　1965年2月，アメリカの北ベトナムへの空爆（北爆）が開始され，同年3月，米軍が南ベトナムに派兵された。戦争が激化・長期化するなか，1968年1月，北ベトナム軍と解放戦線軍は南ベトナム全土において一斉攻撃を仕掛けた（テト攻勢）。テト攻勢は，次のようにベトナム戦争の転換点となった。第1はパリ和平

会談の開始による和平への模索，第2はアメリカがベトナムからの撤退を模索する戦争の「ベトナム化」，第3は解放戦線の弱体化から生じた南ベトナム問題の「北ベトナム化」である。

　テト攻勢を機に，アメリカではベトナム反戦運動が高まっていった。1968年5月，アメリカと北ベトナムとの間でパリ和平会談が開始された。1969年1月以降，南ベトナム問題の当事者としてサイゴン政権と解放戦線（1969年6月に南ベトナム共和国臨時革命政府を樹立）が同会議に参加した。しかし，実質的な協議は，1970年1月から開始されたアメリカと北ベトナムとの間のパリ秘密会談で行われることになる。また，戦争のベトナム化を図るアメリカは，米軍の漸次撤退を進める一方で，サイゴン政権軍の増強を進めた。さらに南の戦場では，テト攻勢で大きな打撃を受けた解放戦線に代わり，ラオス・カンボジア領内を通る補給路であるホーチミン・ルートから補充される北のベトナム人民軍が革命勢力の主力となっていった。こうして，北ベトナム軍・解放戦線軍とサイゴン政権との間の「同一民族」同士の戦闘が激化していった。

　1973年1月，パリ和平協定が締結され，同年3月，アメリカはベトナムから撤退した。こうして「アメリカの戦争」は終わった。しかし，「ベトナムの戦争」は終わっていなかった。北ベトナムは1975年3月，大規模な南部解放作戦を開始した。1975年4月，北ベトナム軍が主体となった革命勢力によってサイゴンが陥落した。1976年7月，北ベトナムが南ベトナムを併合するかたちで，ベトナムが統一された。同一民族同士の長い激しい戦争の後，平和的な統一ではなく武力による決着で，現在のベトナム社会主義共和国が成立したのであった。「長い戦争」の傷跡は，つぎにみるように多くの混迷を抱えていた。

2　「戦争の国」から「平和な国」へ

（1）ベトナム難民の発生

　1975年4月30日の「サイゴン解放」の日は，平和な時代を迎える日とはならなかった。サイゴン陥落を機として，サイゴン政権の政府・軍関係者や資産家・地主層などが主にアメリカに亡命した。その後に南部で行われた社会主義的改造では，資産没収，収容所監禁，思想改造などが行われ，多くの人々がボートピープルとなって周辺国に逃れていった。さらに，中国との関係悪化から1978年頃から

第6章　ベトナム　145

中国系ベトナム人が難民として流出し，それを契機に難民が大量化した。ベトナム戦争期，南北ベトナムにおける戦死者は300万人といわれているが，かれらの犠牲のうえで成し遂げられた国家統一は，100万人以上の同胞が難民として「祖国」を離れていく社会を作ってしまった。

1976年7月の統一にともない，南ベトナムの首都であったサイゴンは，「北」の指導者の名を授かりホーチミン市に改称された。同年12月，ベトナム労働党はベトナム共産党に改称した。そして，共産党支配下の統一ベトナムでは，「南」の出身者に対する差別が行われることになる。

中越関係の悪化にともない発生した中国系ベトナム人の難民は，南部だけではなく北部からも流出した。当時，国際社会は，ベトナム難民，カンボジア難民，ラオス難民を総じてインドシナ難民として定義し，難民資格審査を免除して大量の難民を受け入れていった。そうしたこともあり，この時期，ベトナムからは中国系以外の人々も難民として大量に流出することになる。その後，難民の流出は1980年代末まで続いていった。

（2）カンボジア問題の発生

カンボジア問題は，ベトナムとカンボジア，ベトナムと中国との対立に加え，当時の国際政治上の対立，すなわち米ソ対立・中ソ対立が表面化したものであった（第8章参照）。

1975年4月，ポル・ポト（Pol Pot）率いるクメール・ルージュがプノンペンを陥落させ，1976年4月，民主カンプチア政府を樹立した。クメール・ルージュとは，カンボジアの共産党の俗名である。前述したようにカンボジアとラオスの共産主義政党は，ベトナム共産党の前身であるインドシナ共産党から分派したものである。それゆえ，当初，西側の国際社会は，ベトナムがイニシアチブを握る「社会主義圏インドシナ」が形成されたと考えた。ところが，実権を握ったポル・ポト政権は，ベトナムに対する敵対行為を続けた。この背景には，ベトナムとの関係を悪化させた中国が，反ベトナムとなったポル・ポト政権に対して経済援助・軍事援助を増大させたことがある。さらにポル・ポトは，クメール・ルージュ内の親ベトナム派に対する粛清を激化させた。一方で，ベトナムは，1978年11月，ソ連との間で友好協力条約を締結し，ソ連と同盟関係であることを国際社会に示した。こうして，中ソ対立の図式がインドシナで「熱戦」として表面化す

ることになった。1979年1月1日には，アメリカと中国が国交正常化を果たす。

　1978年12月25日，ベトナムがカンボジアに軍事侵攻し，1979年1月7日，首都プノンペンを制圧した。カンボジアのポル・ポト政権は崩壊し，1月10日，親ベトナムのカンプチア人民共和国（人民革命党政権）が成立した。ベトナム軍はその後，1989年9月まで駐留することになる。こうした事態に際して，アジアにおける共産主義政党の盟主であり，かつ歴史的にベトナムやカンボジアの「宗主国」であることを自負していた中国は，1979年2月17日，「懲罰」と称してベトナム北部に限定的な攻撃を仕掛けた。中国軍は同年3月5日に撤退するものの，この16日間の戦争は，中国とベトナムとの間の対立を決定的なものにした。西側の国際社会は，ベトナムのカンボジア侵攻を「侵略」であると非難し，経済制裁や経済援助の停止・削減等を行うに至った。カンボジア紛争と中越戦争の勃発は，1980年代をとおしてインドシナ地域のみならず東南アジア地域における不安定要因となった。

（3）ベトナムの路線転換

　カンボジア侵攻後，西側の国際社会から孤立したベトナムは，国営企業や農業合作社を中核とする社会主義計画経済を進めていくが，国の経済は低迷していった。ソ連・東欧諸国からの援助で補てんする配給制度や国家補助金制度も，同諸国からの援助額の削減により破綻していく。このような「国家丸抱え制度」は，バオカップ（bao cap：包給）と呼ばれた。一方，ソ連では1984年4月，ソ連共産党のゴルバチョフ（Mikhail Sergeevich Gorbachev）書記長がペレストロイカ（改革）を提唱し，同年7月，アフガニスタンからソ連軍を撤退させるとともに，中ソ関係の改善を進めることを表明した。こうした時期，ベトナムにおいても，対中関係の改善とともに，カンボジア問題の解決に向けた動きが始まっていた。

　ベトナムは，1985年8月，カンボジアから撤退することを公表し，1986年5月から部分撤退を開始した。同年7月には，対中国強硬派であったレ・ズアン（Le Duan）書記長が死去し，改革派の1人であるチュオン・チン（Truong Chinh）が書記長に選出された。そして12月に開催されたベトナム共産党第6回党大会において，改革派のグエン・ヴァン・リン（Nguyen Van Linh）が書記長に選出される。同党大会では，ドイモイ（doi moi：刷新）が採択され，ベトナムは市場経済の導入と対外開放政策を推進することになった。さらに，中国との関係正常化に

第6章　ベトナム　147

向けた話し合いを行う意思があることも言明された。そのためにも，西側諸国からの経済制裁の要因であり，かつ中越関係悪化の元凶であるカンボジア問題の解決が重要な課題となった。ベトナムは，カンボジア問題の政治解決を図り，全方位外交を進めることで，西側諸国からの経済援助や投資を呼び入れて，国内経済を再建していくことを目指したのである。

　市場経済の導入については，すでに1979年から南部の一部地域で，民間経営や個人・家族経営などの非社会主義セクターの潜在力を重視する新経済政策をとっており，1980年以降は，南部のメコンデルタを中心に農業の生産請負制の導入や市場経済化の実験を行っていた。第6回党大会で書記長に選出されたグエン・ヴァン・リンは，これらの南部改造政策の責任者であった。南部で市場経済化の実験が成功したことは，長らく自由経済を経験していた「南」の存在が注目されることにもなった。

（4）カンボジア和平と難民問題の解決

　カンボジア和平の動向については，1988年7月，インドネシアのジャカルタでカンボジアの4派が一堂に会するジャカルタ非公式会合が開催された。同会議には，ASEAN諸国とともにベトナムとラオスも参加した。ベトナムは1989年4月，同年9月末までにカンボジアから完全撤退することを表明した。こうした時期，国際政治上の大きな変化が起こった。同年5月，ゴルバチョフ書記長が北京を訪問し，最高実力者の鄧小平と会談し，中ソ和解が実現した。このようにカンボジア問題をとりまく対立が緩和したなか，7月30日から8月30日までパリでカンボジア和平国際会議が開催された。同会議では，ヘン・サムリン政権とポル・ポト派との対立が顕著となり，解決策をまとめることはできなかったが，ベトナムは，9月26日，カンボジアからのベトナム軍の完全撤退を完了した。

　1989年11月9日，冷戦の象徴であったベルリンの壁が崩壊した。そして，ソ連・東欧諸国における民主化運動の高まりのなかで，12月3日，アメリカのブッシュ（George Herbert Walker Bush）大統領とソ連のゴルバチョフ書記長との間で行われたマルタ会談で，米ソ冷戦の終結が宣言された。その後，カンボジア和平問題は国連の主導で進められることになった。1991年10月，パリでカンボジア和平国際会議が再開され，カンボジア和平協定が締結された。これを受けるかたちで11月，ベトナムは中国との国交正常化を果たした。

ベトナムからの難民流出については，1979年をピークに減少を続けていたが，ベトナムの路線転換にもかかわらず，1987年頃から，政治難民ではなく外国での豊かな暮らしを求める「経済難民」や「偽装難民」と呼ばれるボートピープルが発生した。こうした状況を背景に，1989年6月，ジュネーヴでインドシナ難民国際会議が開催された。同会議において，包括的行動計画が採択され，家族呼び寄せなどの合法出国計画を促進する一方で，難民認定作業（スクリーニング）の実施や，難民キャンプ滞留者の本国への帰還計画が促進されることになった。これ以降も難民の流出はあったが，国際社会における「ベトナム難民問題」は終わりを迎えることになった。

3　ベトナムの社会主義

（1）ドイモイと社会主義

　ベトナムでは，1986年12月のベトナム共産党第6回党大会で採択されたドイモイの下，市場経済化と対外開放政策が推進されることになった。この背景には，①難民の大量流出やカンボジア軍事侵攻に対する国際的批判，それに関連する西側諸国からの経済制裁，②国内の社会主義経済路線の失政，③ソ連・東欧諸国からの経済援助の削減などから，ベトナムの社会主義経済体制が破綻の危機にあったことがあった。友好的・平和的な国際環境を築くために，カンボジア問題の政治的解決が図られたのである。その一方で，同党大会では，社会主義体制を堅持することが確認された。このときに使われたのが「社会主義への過渡期」という論法であった。

　「社会主義への過渡期」とは，南北統一後の1976年12月に開催された第4回党大会で認定された，20年のうちに社会主義的工業化を達成するという政策の指標となるものである。しかし，急激な集団化や計画経済の実施は多くの国民の生産意欲を低下させ，工業化の達成は困難な状況になっていた。第6回党大会では，「社会主義への過渡期」はさらに長期に及ぶものとされ，その間に，私営や民間経営などの非社会主義セクターを中心とする市場経済化への転換が図られたのである。国営企業や集団経営などの社会主義セクターは，その後，解体や独立採算制へと移行する。ドイモイ採択時，共産党は，市場経済の導入によって国内経済を立て直し，さらに工業生産力を増強させることによって，「過渡期」が終わり，

第6章　ベトナム　149

その後，再び共産党や国家を中心とする社会主義経済体制へ復帰することを想定していた。こうした経済体制は，「社会主義を志向する市場経済」あるいは「社会主義市場経済」と呼ばれることになる。それゆえ，共産党一党制の存続は堅固なものであるととらえたのである。

　しかし，その後，ソ連を中心とする社会主義陣営は大きな激動に襲われた。1989年の冷戦終結を契機に，ソ連・東欧諸国における民主化運動が激化し，東欧諸国の社会主義政権は崩壊していき，1991年12月，社会主義陣営の中心であったソ連が解体した。ベトナムにおけるドイモイとは，社会主義体制内の改革であり，世界の社会主義陣営の存続を前提としていた。こうした国際情勢の激変のなかで，ベトナムは，アメリカなどの「帝国主義国」が人権や民主化問題などを利用して，武力を用いずに社会主義体制の転覆を図るとする「和平演変」を唱え，国内の改革の行き過ぎに警告を発した。さらに，ソ連・東欧諸国の社会主義政権の社会主義政策の誤りを批判することで，ベトナムの社会主義体制の正当性を訴えたのである。

（2）ベトナムの社会主義と「ホーチミン思想」

　1991年6月に開催された第7回党大会で，ベトナム共産党は，ソ連型社会主義からの脱却と「ベトナムの社会主義」の確立を図った。第1に，ベトナムは労働者階級を中心とした「プロレタリア独裁国家」であるとの従来の規定を，「人民の，人民による，人民のための国家」と改めることで，社会主義国家の存在意義を再定義した。第2に，党の指導理念として，マルクス・レーニン主義の普遍性を唱えるとともに，党の指導理念に新たに「ホーチミン思想」を加えた。ベトナムの社会主義は「ホー・チ・ミンが選んだ道」としたのである。こうした規定は，1992年4月に公布された「ドイモイ憲法」とも称される1992年憲法にも明記された。

　建国の父と称されるホー・チ・ミンを語る際，彼が「民族主義者」であるのか「共産主義者」であるのかという命題は避けては通れない。ホー・チ・ミンは1890年（生年については異説あり），ベトナム中部のゲアン省の儒家の家に生まれた。彼は，1911年，フランス船の見習いコックとして祖国ベトナムを離れた。これが，のちに「救国の道」を求める「ホー・チ・ミンの旅」として語られることになる。1919年，第一次世界大戦の戦後処理を協議するヴェルサイユ国際会議に

おいて，グエン・アイ・クォック（Nguyen Ai Quoc：阮愛国）の名で「アンナン人民の要求」（アンナンはベトナムを指す）を提出し，国際社会からベトナムの民族主義者であると認知される。その後，彼はレーニン主義と出会い，国際共産主義運動に没頭し著名な革命家となっていった。他方，ホー・チ・ミン（胡志明）の名が国際舞台に登場したのは，1945年9月に独立宣言をしたベトナム民主共和国の国家主席としてであった。当初，民族解放運動の指導者として認知された彼は，その後の冷戦の進展にともない共産主義者としての側面が注目されていった。

　このようにホー・チ・ミンは，共産主義運動における民族的契機を重視したといえよう。また，彼は1969年に死去したことにより，武力による南北統一や，それ以降の共産党政府の失政には直接的な関与はない。こうしたこともあり，共産党は，「ホーおじさん」のシンボル化を進めるとともに，「ホーチミン思想」を新たに登場させたのである。それでは，「ホーチミン思想」とは，どのようなものであるのだろうか。それは，「マルクス・レーニン主義の創造的適用」であると説明された。すなわち，マルクス・レーニン主義の普遍性を説いたうえで，「ベトナムの社会主義」の特殊性として，ホー・チ・ミンのもつ「民族主義」的な姿勢を強調し，さらに儒教，仏教，道教，民俗文化などのベトナムの「伝統」や「道徳」に即したものであることを唱えた。こうして，マルクス・レーニン主義の「民族化」が図られたのである。

（3）ベトナム共産党の「支配の正統性」

　ベトナム共産党は，1930年の結党以来，党名を変更しながらも（ベトナム共産党，インドシナ共産党，ベトナム労働党，ベトナム共産党），時代に即した「指導の正当性」を強調してきた。すなわち，フランス植民地主義・日本支配からの脱却，抗仏戦争（インドシナ戦争）・抗米救国戦争（ベトナム戦争）での勝利により，ベトナム民族の独立を勝ち取ったという民族解放史における言説である。また，前述した「ホーチミン思想」を登場させることにより，ベトナムの社会主義志向を正当化した。さらに，近年における経済成長のもと，共産党は，発展途上国における「開発独裁」としての役割をもっているようにもみえる。すなわち，権威主義的な国家体制による「政治的安定」のもとで，外資導入による経済成長・開発を目指すという開発体制の要になっているという見方である。

　社会主義国において共産党の一党制が正当化されることには，共産党が労働

第6章　ベトナム　151

者・農民を中心とするプロレタリアートや「人民」の利害を代表する前衛の党であることが前提となる。共産党は全国民の「多数の代表」であるとする論理である。こうした権力観に従いベトナム共産党は，民主集中制という組織原理を用いている。民主集中制とは，下部の民主的討論を踏まえて上部が下した決定に下部が従うものと理解されるが，ベトナムでは「集中」原則の側面が強調されている。すなわち，組織の中で，「前衛」である上部の決定に対して下部が無条件で従う制度のことをいう。

　その実態は以下のようなものとなっている。ベトナム共産党では，5年に1回開催される党大会において中央委員が選出され，そのなかから政治局員が選出され，さらにそのなかから書記長が選出される。現在，党員数約370万人に対して，中央委員は175名，政治局員は19名である。書記長を中心とする政治局が党の政策を決定する仕組みとなっているばかりか，国家主席，首相，国会議長も政治局員が務めている。ベトナムでは，党及び国家機構において，民主集中制に即した「少数の支配」が確立されているといえよう。

　ベトナムの国家機関は，ベトナム共産党と密接な関係を構築している。たとえば，現在の共産党政治局の序列1位は書記長であるグエン・フー・チョン（Nguyen Phu Trong）であるが，国家主席のチャン・ダイ・クアン（Tran Dai Quang）は序列2位，首相のグエン・スアン・フック（Nguyen Xuang Puc）は序列3位，国会議長のグエン・ティ・キム・ガン（Nguyen Thi Kim Ngan）は序列4位である（2017年12月現在）。民主集中制をとる共産党の意思決定が書記長をトップとする政治局にあるとともに，この意思決定の仕組みがそのまま国家機関に人的に適用されているのである。

　共産党は，地方においても，省・県・社という地方行政区分に従い，地方組織を有しており，共産党の政策を全国的に浸透させている。さらに，党や政府の政策を社会に徹底させる組織として，大衆組織の連合体であり，共産党と同様な中央・地方組織をもつベトナム祖国戦線が重要な役割を果たしている。ベトナム祖国戦線とは，前述したベトナム独立同盟（ベトミン）を改組したものである。ベトナム労働総連盟，ベトナム農民会，ホーチミン共産青年団，ベトナム女性連合会のほか，宗教団体，経済団体，人民軍隊など現在44団体で構成されている。制度的には，ベトナム共産党も祖国戦線の一構成団体である。祖国戦線は，選挙における立候補者に対する「資格審査」を行う権限を有している。祖国戦線の推薦

のない独立候補の立候補も認められているが，祖国戦線による選挙関連活動は，実質的には人々の投票行動に影響を及ぼすものと考えられる。このように，共産党は祖国戦線と協力しつつ，全国的な支配体制を構築している。

（4）法治国家と国家機関

　ベトナムは，2007年1月にWTO（世界貿易機関）への加盟を果たしたことに象徴されるように，「法の支配」の強化や法体系の整備を進めている。2001年には1992年憲法を改正し，ベトナムが「法治国家」であることを憲法に明記した。ところで，この法治国家とは，原語では「社会主義法権国家」という。これには，「社会主義的適法性」という概念が背景にある。すなわち，「社会主義的」という枠をはめることで，「社会主義への道」を達成するために法の下の自由に制限を設ける考え方である。長らく戦争や革命の時代が続いたベトナムでは，国会が制定する法律よりも党の決議や決定などが迅速かつ有効に機能してきたということもある。

　とはいっても，近年においては，憲法上の国権の最高機関である国会の役割が重視され，国会における審議を踏まえた法律の制定など国会の立法機能を強化する方向にはある。従来は年2回それぞれ1週間ほどしか開会されなかった国会は，年2回それぞれ4週間ほど開会されるようになった。しかしながら，定数500の国会議員のうち，国会議員を本務とする専従（フルタイム）議員は約25%であり，その他は他職を本務にしたままの非専従（パートタイム）議員であるという現状もある。さらに，国会の常設機関である国会常務委員会に任務や権限が集中している。現在，国会常務委員会は，国会議長，国会副議長4名，委員12名の計17名からなる。いずれも専従議員である。この国会常務委員会が国会における法律制定の計画を策定するのである。

　ベトナムには，中央レベルの国家機関として，立法機関である一院制の国会，行政機関である政府，司法機関である最高人民裁判所・最高人民検察院，国家元首である国家主席が置かれている。しかし，ベトナムでは，立法権，行政権，司法権の間で相互に抑制と均衡を保つ「三権分立」という国家体制がとられていない。国家権力は統一されたものであり，統一的で不可分の国家権力のもとで，立法機関，行政機関，司法・検察機関が，相互に協調しながら職務と任務を分担するとする「三権分業」の概念が成り立っている。

第6章　ベトナム　153

さらに，ベトナムには地方分権や地方自治という制度はなく，1つの国家権力を地方に分配するという「地方分級」という概念が成り立っている。省・県・社の地方行政区ごとに設置される地方議会に相当する人民評議会，地方政府に相当する人民委員会は，地方における国家機関，いわば国家の「出先機関」である。このようにベトナムでは，強固な中央集権制度が確立されている。

4　現代ベトナムにおける展望と課題

（1）国際社会の一員

　ポスト冷戦の時代に入った国際社会では，地域主義（リージョナリズム）を中心とした地域機構の再編・構築が進んだ。東南アジアでは，ASEAN が，ベトナム，ラオス，カンボジア，ミャンマーといった，政治体制・経済体制・経済発展度の異なる国々を ASEAN へ加盟させる路線を進めた。「拡大 ASEAN」については，それまで敵対関係にあったベトナムの加盟が注目された。ベトナムは，ドイモイを開始して以降，市場経済化と対外開放政策を推進しており，ソ連が解体するなかで「東南アジアの一員」としての立場を強調していた。ベトナムは，1995年7月に ASEAN への正式加盟が承認され，「東南アジアの一員」としての地位を得るに至った。同月にはすでにアメリカとの国交正常化を果たしていたベトナムは，国際社会への復帰も果たしたことになる。

　こうして国際社会に復帰したベトナムは，世界の自由主義経済のなかでの確固たる地位を得るために WTO への加盟を目指すことになる。1995年1月に WTO 加盟申請をしたベトナムは，多くの多国間交渉や二国間交渉を重ねることになる。WTO は，①自由（関税の低減，数量制限の原則禁止），②無差別（最恵国待遇，内国民待遇），③多角的通商体制，を基本原則としている。この間，ベトナムは，WTO ルールに適応する国内の法的整備を進めていった。2000年7月には，アメリカとの間で米越通商協定を締結させた。2006年11月には，首都ハノイで APEC 首脳会議を開催した。こうして2007年1月，ベトナムは WTO への正式加盟を果たした。

　ベトナムは，ドイモイ開始以降，民間企業や外資系企業を中心に「工業化・現代化」を進め，工業団地・輸出加工区の整備を進め，1997年のアジア経済危機による影響を受けながらも，2000年代には年6％から8％台の経済成長率を遂げ

た。2008年の世界金融危機後は経済成長が鈍化したものの，経済成長率は2009年には5.3％に回復した。その一方で，国内の経済的な格差の問題が深刻化している。都市部と農村部・山間部（主に少数民族居住地域）との貧富の差の拡大，教育格差の拡大，農村部から都市部への人口移動・移住による都市部のスラム化やストリート・チルドレンの問題などの社会問題が懸念されるなど，「社会主義国」における「平等な社会」の建設が絵空事になってきている。共産党や政府は，「社会的公平」の実現を重視する姿勢をみせ，「貧困撲滅」をスローガンに，農村部・山間部の開発政策を推進するとともに，教育・職業訓練に力を入れることとなった。

（2）人権・信仰の自由

　ベトナムは，国内における人権侵害や宗教弾圧について，長らく国際的批判にさらされてきた。とりわけ，2001年2月に中部高原（ベトナムでは，テイグエンという）で少数民族暴動が発生して以来，少数民族やプロテスタント教徒への弾圧を行っているとの批判に対するベトナム政府の対応が注目されてきた。

　この少数民族暴動の原因として，第1に，少数民族居住地域にキン族（ベトナムの主要民族）が移住した際に発生した土地接収と補償問題，第2に，市場経済化に伴う開発により都市部と農村部の間に生じた格差への不公平感，第3に，2000年のコーヒー価格暴落による当該地域への経済的打撃が指摘できる。さらにその背景には，第1に，当該地方の少数民族にプロテスタント教徒が多いこと，第2に，運動の急進派が「デガ（森の人の意）国家」の独立を目指し，組織的な反政府活動を行っていたこと，第3に，ベトナム政府が「和平演変」を警戒して信仰活動の制限を行ってきたことがあったといわれている。

　この事件で，ベトナム政府当局は，報道統制を敷いたうえで暴動の鎮圧を図り，首謀者には有罪判決が下された。その結果，少なくない人々が難民となり，カンボジアへ避難したり，アメリカに亡命したりした。この事件は，暴動の中心となった組織が，アメリカ在住のベトナム人が組織した反共的なプロテスタント教会であったという背景もあり，単なる少数民族抑圧問題や分離独立運動の領域を超え，ベトナム政府にとって複雑な問題となっていった。その後，事態は鎮静化したかにみえたが，2004年4月には再び，同地方で同様な暴動が発生するに至った。

「人権」に関しては，ベトナムでは，それが，「Human Rights＝人の権利」と「Citizen's Rights＝公民の権利」に分けて規定されていること，さらに，「人権」が「公民の権利」の中に組み入れられていることが注目される。「人の権利」とは，絶対的，普遍的，客観的な価値であるのに対して，「公民の権利」は相対的，主観的，特殊なものであり，国家や民族の諸条件に従って人々の権利を制約する可能性を秘めている。

「信仰の自由」に関しては，「信仰の自由」が保障されてはいるものの，国家による制約があること，すなわち国家による「公認化」が必要とされている。仏教，カトリック，プロテスタント，イスラム教のほか，ベトナム独自の宗教であるカオダイ教とホアハオ教を公認宗教として，各宗教団体の公認化を図っている。他方で，反共産党・反政府活動を行う少数民族や宗教・信仰に対する弾圧が続いている。

（3）民主化の行方

ベトナムは，ドイモイ後，「工業化・現代化」のスローガンのもと，着実な経済成長を遂げてきた。ベトナム共産党の一党支配の背景には，その歴史的な貢献を基にした「指導の正当性」を謳い，ドイモイ以降は，開発体制の中核という存在理由を強調してきた。さらに，ホーチミン思想を新たに「登場」させることによって，ベトナム社会主義の「民族化」を図ってきた。しかし，「新しく変わる」ことを意味するドイモイの時代にあって，建国の父であるホー・チ・ミンの威光に依拠せざるを得ないことは，現在の政治体制における潜在的脆弱性の表れとみることも可能であろう。また，共産党幹部の腐敗・汚職問題に対する批判も大きくなってきている。今日の「戦争を知らない世代」の時代の到来，そして将来的には「国家による開発」以降の時代において，ベトナム共産党は「複数政党制」という政治的民主化要求という新たな試練に立ち向かわざるを得ないであろう。

その際に，ベトナム共産党がいかなる方策を採っていくかが注目されよう。現在の国家機構や選挙体制をみるかぎり複数政党制への移行によっても，共産党支配体制は続いていくとみられる。それでもやはり，「党」による国家管理という社会主義国としてのモデルを堅持していくのであろうか。観光でベトナムを訪れると，道路を埋め尽くすバイクの多さに驚くであろう。また，市場やお店での自由な値引き交渉は楽しいものであろう。そこには，社会主義国としてのイメージ

は湧いてこない。こうした状況が続いていくことが共産党にとって望ましい風景であるのかもしれない。

読書案内

① 遠藤聡『ベトナム戦争を考える──戦争と平和の関係』明石書店，2005年。
　＊現在のベトナムをみる前に，ベトナムが長らく「戦争の国」であったこと，南北に分断された分断国家であったこと，同一民族同士の戦争を経験したこと，統一後の難民の流出など，負の遺産に対する視座を忘れてはならない。本書はこれらのことを伝えている。
② 白石昌也編著『ベトナムの国家機構』明石書店，2000年。
　＊共産党一党制であるベトナムの国家機構の構造を整理している。刊行後になされた行政改革や法改正の動向に留意する必要もあるが，ベトナムの立法過程，国会の組織，司法制度，公務員制度，地方行政組織，国営企業などの組織原理を理解できる。
③ 坪井善明『ヴェトナム現代政治』東京大学出版会，2002年。
　＊ベトナムの現代政治の全体像をみてとれる。歴史地理的観点や発展途上国としての側面を踏まえたうえで，共産党や軍隊の存在意義と役割，国会などの国家機構の組織原理や役割などを網羅的に解説している。
④ 中野亜里『現代ベトナムの政治と外交──国際社会参入への道』暁印書館，2006年。
　＊ベトナムの外交政策について，中国・ソ連，ASEAN諸国との関係の変遷を，主に1980年代の「カンボジア問題」に焦点を当てて分析している。そのうえで，「ドイモイ外交」の展開として1990年代半ばまでを追っている。
⑤ 古田元夫『ホー・チ・ミン──民族解放とドイモイ』岩波書店，1996年。
　＊ベトナムの民族解放運動としての近現代史を学ぶとともに，ドイモイという新しい時代にホーチミン思想が登場した背景など，今日のベトナム政治を理解するうえで，ホー・チ・ミンの存在意義を再認識できる。

参考文献

今井昭夫・岩井美佐紀編著『現代ベトナムを知るための60章（第2版）』明石書店，2012年。
遠藤聡『ベトナム戦争を考える──戦争と平和の関係』明石書店，2005年。
白石昌也編著『ベトナムの国家機構』明石書店，2000年。
千葉文人『リアル・ベトナム──改革・開放の新世紀』明石書店，2004年。
坪井善明『ヴェトナム現代政治』東京大学出版会，2002年。
坪井善明『ヴェトナム新時代──「豊かさ」への模索』岩波新書，2008年。
中野亜里『現代ベトナムの政治と外交──国際社会参入への道』暁院書館，2006年。
中野亜里『ベトナムの人権──多元的民主化の可能性』福村出版，2009年。
中野亜里・遠藤聡ほか『入門東南アジア現代政治史（改訂版）』福村出版，2016年。
古田元夫『ベトナムの世界史──中華世界から東南アジア世界へ』東京大学出版会，1995

第6章　ベトナム　**157**

年。

古田元夫『ホー・チ・ミン──民族解放とドイモイ』岩波書店，1996年。

■ *Column* ■

投票率99%の民主主義

　民主主義が定着しているということは，政治的多元主義，すなわち複数政党制による自由で公正な選挙が定期的に実施されることを指すのであろう。それでは，共産党の一党支配を堅持するベトナムの場合では，民主主義の定着とは何であろうか。それは，5年に1回実施される国会議員選挙における99%という「投票率の高さ」を党への信任とみなすことである。ベトナムにおける被選挙権は21歳以上，選挙権は18歳以上のベトナム公民に与えられる。そして，この18歳以上の「有権者」の99%が投票を行うというのが「ベトナムの民主主義」なのである。筆者がみた2007年5月に実施された第12期国会議員選挙では，投票率99.64%を記録した。

　トラックなどで投票所へ連れて行かれる強制投票があったり，投票所の周りを制服姿の軍人や警察官が威嚇している様子はみられない。また，家族の1人が家族全員分を，あるいはその地域の「顔役」が数名分の投票を行うという，いわゆる「代理投票」も公には「ない」とされている。ただし，長距離トラックの運転手や出張者は滞在先で投票することができることになっており，また身体の不自由な人の家や病院には，選挙管理委員会が投票箱を持って出向くことになっている。自身で投票用紙に記入できない場合には「代書人」による記入，身体障害者の場合にはほかの者による投票箱への投入を認めている。

　ベトナムの国会は一院制で定数500以下，そのうち国会議員を本務とする専従（フルタイム）議員が約25%である。非専従（パートタイム）議員の数が多いのも，長らく戦火が続いたベトナムにおいて，国会による審議よりも，党や政府の判断や決定による政治が続いてきた名残であろう。

　ベトナムでは，共産党員ではなくとも国会議員に立候補できるが，立候補者名簿は，共産党の指導下にあるベトナム祖国戦線が中心となって作成される。祖国戦線は各団体・組織からの推薦者を審査するとともに，民族（53の少数民族が公認されている），性別などを配慮した立候補者名簿を作成する。一方で，団体等の推薦によらない独立候補（自薦候補）の立候補も認められている。国会議員選挙への独立候補の立候補は，1992年に2名が立候補したものの両名とも落選した。1997年の同選挙で，11名が立候補し3名が当選した。統一後のベトナムにおいてはじめての独立候補の当選であった。2002年の同選挙では，13名の候補者のうち当選者は2名であった。

　2007年5月20日に実施された国会議員選挙においても独立候補の当選数が注目されたが，立候補者数845名（独立候補は30名）のなかから総数493人が当選し，独立候補の当選は1名にとどまった。当選者の内訳をみても，少数民族から87人，女性から127人，非党員から43人であり，ベトナム祖国戦線を中核にして設置される協議会議の「予定」から大幅に外れるものではない。すなわち，ベトナムでは，立候補への手続きの段階で，さまざまな団体・組織から推薦者が厳格な資格審査を通った上で，国民のあらゆる階層からの「代表」がすでに選ばれているという発想が生き残っている。有権者がそれを「認める」ということが，続いてゆくのであろうか。

　2002年の国会議員選挙は，ホー・チ・ミンの生誕の日である5月19日に実施したこ

第6章　ベトナム　159

ともあり，投票率は99.73％と史上最大を記録した。2007年もホーの生誕の日の翌日に投票が行われた。建国の父であるホー・チ・ミンが「独立と自由」のために投票を呼びかける顔写真が，「国会議員選挙の投票はすべての公民の権利である」というスローガンとともに，また「ホーおじさん・お誕生日おめでとう」の祝辞とともに街中に飾られていた。投票所には，国旗「金星紅旗」と同じ赤色の投票箱の横に，ホー・チ・ミンの半身像が置かれたり，顔写真が飾られていた。

　ところで，前々期（第12期）の国会議員の任期は4年に短縮された。これには，同じく5年に1回開催される，共産党の党大会の開催年と関係がある。2011年以降は，5年ごとの同じ年に，共産党の党大会における「党の声」が反映された国会議員選挙が実施されることになった。2011年には，1月に第11回党大会が開催され，5月に第13期国会議員選挙が実施された。同選挙では，827名が立候補し500名が当選するとともに，99.51％の投票率を記録した。独立候補については，15名が立候補し4名が当選した。

　また，これまでは「常設」の国会議事堂はなかったが，常設の国会議事堂が2014年に完成した。国会としても使用していたバディン会堂の老朽化・立替え計画にともない隣地の地質調査をしていたところ，そこが約1000年前からの「タンロン（昇竜）遺跡」であったことが判明した。ハノイ建都1000年である2010年10月を前にして，同年7月に同遺跡が世界遺産に登録された。

投票を呼びかける看板

第7章 ラオス

──成熟する人民革命党支配

山田紀彦

この章で学ぶこと

　ラオスは東南アジア大陸部の中央に位置する内陸国であり，人口約690万人の小国である。ラオスは現在，「2020年の後発開発途上国脱却」，そして「2030年の上位中所得国入り」（ビジョン2030）を国家目標に掲げ，経済発展に邁進している。1980年代後半に200ドルにも満たなかった1人当たりGDPは，2010年には約1000ドルとなり，2017年には2400ドルを超えた。各国の経済が伸び悩むなか，ラオスは2000年代に入り，年間平均約7％の経済成長を続けている。10年前まで自転車に乗っていた人々はバイクや車に乗り換え，携帯電話を手にするようになった。欧米の高級車が街を走る光景はもはや珍しくなく，今では渋滞も起きている。とくに都市部の人々の暮らしは目にみえて豊かになり，ラオスは大きな変化を遂げつつある。

　しかし1975年の建国からこれまで，ラオス人民革命党による一党独裁体制に変化はない。ラオスの中心は党であり，党にとっては「2020年の後発開発途上国脱却」も，そのための経済発展も，一党独裁体制が維持できなければ意味はない。ラオスにおいて人民革命党支配は大前提なのである。

　建国から40年以上が経ったが，これまで体制の根幹を揺るがすような「民主化」運動が起きなかっただけでなく，党は巧みに国民の不満を緩和し自らの支配体制を維持してきた。体制に影響を及ぼすような反体制組織も存在せず，党内も結束しているため，現在の人民革命党支配はまさに成熟期を迎えているといえる。

　では，党はどのように安定した支配体制を築いてきたのだろうか。本章はこの問題を中心に考えていく。

キーワード　ラオス人民革命党，一党独裁体制，パテート・ラオ，内戦，社会主義，国家建設，「新経済管理メカニズム」，「チンタナカーン・マイ」（新思考），市場経済化，独裁体制の維持

1 独立闘争とラオス人民民主共和国の誕生

（1）フランス植民地時代

　憲法によると，現在のラオスの起源は1353年にファーグム王が建国したランサーン（100万頭の象の意）王国にある。それまで現在のラオス地域には，いくつもの「くに」（ラオス語で「ムアン」と呼び，首長の権力が及ぶ範囲までをその「くに」とする境界が曖昧な概念）があった。ファーグムはこれらの「くに」を統一し，ラオ族による初の王国を建国したのである（本章では，ラオスの主要民族をラオ族と呼び，民族に関係なくラオス国内に住む全ての人々をラオス人と呼ぶ。現在，ラオス政府は公定民族数を49としている）。その後ランサーン王国は，18世紀に入り3つ（ルアンパバーン王国，ビエンチャン王国，チャンパーサック王国）に分裂し，ベトナムやシャム（現在のタイ）の支配下に置かれた。

　1893年，フランス・シャム条約が締結され，メコン川左岸（川中の島も含む）がフランスの保護領となった。そして1899年，フランスは今日のラオス地域をラオ（Lao）族の複数形である「ラオス」（Laos）と名づけ，仏領インドシナ連邦に編入したのである（現在のラオスと区別するため，フランス植民地時代は「ラオス」と括弧付きで記す）。これにより，現在のラオスの領域がほぼ確定したことになる。

　1900年以降，フランスは「ラオス」全土を11県に分け直轄地として統治し，ルアンパバーン王国地域を保護国とした。各県にはフランス人理事官や官僚が派遣されたが，その数は全国で数百人と少なく，フランスはラオス人官僚を育成する代わりに，ベトナム人官吏を登用し実質的な統治を行った（菊池，2003：152）。いわゆる分割統治である。

　フランス統治時代は官僚制度だけでなく，近代教育制度もほとんど整備されなかった。高等教育を受ける者はベトナムかフランスに留学するしかなく，そのような機会に恵まれたのは当然，王族や高級官僚の子息等，非常に限られた人たちであった。

　官僚制度と教育制度の未整備は，ラオス人の人材やナショナリズムの担い手となる知識人層が育たなかっただけでなく，同じ領域内に住む人々が両制度を通じて出会い，一体感や仲間意識を形成する機会が制限されたことも意味する。つまりこの時期，国民意識はほとんど育たなかったのである。国境が区切られ「国

家」という枠組みはできたが，その中身を構成する「国民」は未だ不在のまま
だった。フランス植民地時代，「ラオス」には近代国民国家としての土台はほと
んど構築されなかったのである。

（2）ナショナリストの登場と独立闘争

1940年6月，第二次世界大戦でフランスがドイツに敗れると，日本軍がインド
シナに進駐し日仏共同支配が始まった。またフランスの弱体化は，タイのピブー
ン政権にとって（1939年にシャムは国名をタイに改称），フランスとの条約で失った
領土を回復する絶好の機会となった。

タイの拡張主義や日本軍の進駐に対抗するため，フランスは初のラオ語新聞
「ラオ・ニャイ」（大ラオス）の発行，ラオ語による文学や芸術の振興，教育機会
の拡大などを通じて，親仏意識を植え付けようとする文教政策を展開した（ラオ
語はラオ族の言葉である）。自らを「ラオス」の庇護者として描き出そうとしたの
である。これは「ラオス刷新運動」と呼ばれる。しかしフランスの意図とは反対
に，独立闘争の担い手となる抗仏ナショナリストを育てる結果となった（菊池,
2002：151-156)。

ナショナリストは大きく4つのグループに分けられる（図7-1参照）。第1は，
ラオス中部や東北タイで活動した「ラオ・ペン・ラオ」（ラオス人のラオス）とい
うグループ，第2は，越僑組織と連携を図り，王家出身のスパヌウォン（Soupha-
nouvong）を中心とし，後にラオス愛国戦線指導部となるグループ，第3は，ベ
トナム独立同盟（ベトミン）と連携し，後のラオス人民革命党指導部を形成する
カイソーン（Kaysone Phomvihane）やヌーハック（Nouhak Phoumsavanh），そして第
4は，フランスにもベトナムにも依存しない独立を目指した後の首相ペッサラー
ト（Phetsarath）である。

以上をまとめて独立運動は，ラオ・イサラ（自由ラオス）運動と呼ばれた。各
グループはフランスやタイに依存した独立，完全独立など，それぞれ異なる独立
構想を描いていた。ただ，グループの中心人物は，エリート・非エリートにかか
わらずラオ族であり，ラオ族を主軸とする国家を描いていた点では共通していた
といえる。

1945年4月8日，日本はフランスを追い出し単独でラオスを支配するため，ル
アンパバーン王国に独立を宣言させる。日本の敗戦後，ラオ・イサラ勢力はこの

第7章　ラオス　163

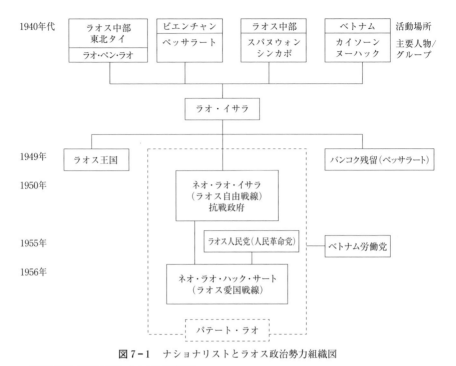

図7-1　ナショナリストとラオス政治勢力組織図
（出所）菊池（2002：161）をもとに筆者作成。

独立を維持しようとするが，「ラオス」復帰を狙うフランスは親仏の国王を取り込み，完全独立を目指すペッサラートを首相から解任することで対抗する。

　10月12日，ラオ・イサラ勢力はラオ・イサラ政府（ラオス臨時人民政府）を樹立し，国王を退位させる。しかし翌年，フランスは武力を伴い「ラオス」に復帰し，ラオ・イサラ政府はタイのバンコクに亡命を余儀なくされた。1946年8月，フランスは「ラオス」がフランス連合内に留まり，立憲君主国となることを定めた暫定協定をルアンパバーン国王と結ぶ。そして1949年7月，フランス・ラオス独立協定が締結され，「ラオス」はフランス連合内で独立を果たすことになる。

　これを受けてラオ・イサラ勢力は，完全独立派と独立容認派に分裂する。前者は完全独立を目指し，ベトミンの支援を求めベトナムに向かった。後者は，ラオスは大国の庇護が必要と考え，また新体制で役割を担いエリート特権を回復する狙いからラオスに戻った。「独立」という大目標だけで結ばれ，運動段階では覆い隠されていた差異が，現実の「独立」に直面することで表面化したのである。

以上のように，第二次世界大戦から終戦直後にかけて，ナショナリストによる
独立運動は「ラオス」を超えて展開した。しかし，日本やフランスが「独立」を
付与したことで，フランスが設定した「ラオス」が独立の枠組みとして徐々に確
定していったのである。そして分裂した独立闘争は，どちらのもとで「国民」を
統合し「国民国家」を建設するか，その指導権をめぐる内戦へと至ることにな
る。

（3）国民統合の契機となった内戦

　言葉も文化も異なる人々が「国民」という共通の意識をもつには，出会い，そ
して時間や経験を共有することが1つのきっかけとなる。多くの植民地では職
場や学校等が出会いの場としての役割を果たした。しかし官僚制度も教育制度も
未整備だったラオスでは，不幸にも内戦がその役割を果たすことになる。

　独立闘争分裂後，スパヌウォン率いる完全独立派はベトミンと連携するカイ
ソーンやヌーハック等と合流する。そして1950年8月，ベトミン解放区で第1回
ラオ・イサラ人民代表者大会を開催し，ネオ・ラオ・イサラ（ラオス自由戦線）と
抗戦政府を樹立した。

　大会で採択された12項目の政治綱領では，「独立，統一，真のラオス国家の建
設」「信仰の自由を含む自由民主主義権の実施」「民族間の平等」などが謳われ
た。とくに，山岳地帯に拠点を構えた自由戦線にとって，「民族間の平等」は少
数民族の支持を獲得するうえで重要な概念であった。そして指導部を非エリート
ラオ族，王族やエリートラオ族，少数民族指導者により構成することで，「民族
間の平等」を実践した。つまりそれまでほとんど「統合」の対象となってこな
かった少数民族を，主要民族であるラオ族と同等の「国民」として位置づけたの
である。これにより自由戦線は，自らが真の「ラオス国家」（パテート・ラオ）を
体現していると正統性を主張する。そして後に自由戦線を含む解放勢力は（フラ
ンス植民地やアメリカ帝国主義からの解放という意），パテート・ラオと呼ばれるよう
になる。

　1953年10月，フランスはラオス王国政府と「フランス・ラオス連合友好条約」
を締結し，ラオス王国の完全独立を認める。しかし自由戦線は，王国政府をフラ
ンスの傀儡と位置づけ闘争を継続した。そして1954年7月，インドシナ問題解決
のためのジュネーヴ会議にてラオスに関する協定が締結され，外国軍の撤退や総

選挙の実施などが定められた。その後1957年11月，愛国戦線（1956年に自由戦線は愛国戦線に改組。後述参照）と王国政府はようやく連合政府を成立させる。しかし，1958年の国会議員補欠選挙で愛国戦線が勝利すると，王国政府内右派が危機感を募らせ，中立派内閣に代わり親米右派内閣を樹立する。これにより両者の関係は悪化し，連合政府はわずか半年で崩壊したのである。

この間，1955年3月22日にフアパン県にて全国人民代表者大会が開催され，マルクス・レーニン主義を基本思想とするラオス人民党（1972年にラオス人民革命党に改称）が設立された。以後，人民党はパテート・ラオの中心勢力として，ベトナム労働党（現ベトナム共産党）の指導下で解放闘争を秘密裏に牽引することになる（図7-1参照）。闘争を前面で指揮したのは自由戦線や愛国戦線であった。共産党ではなく戦線組織を前面にだすことで，より広範な支持を獲得しようとしたのである。したがって1975年にラオス人民民主共和国が誕生し，人民革命党が表舞台に登場するまで，ほとんどのラオス人は党の存在すら知らなかったといわれている。

自由戦線は1956年1月，少数民族出身者や女性，僧侶などを加えた指導部を新たに構成し，ネオ・ラオ・ハック・サート（ラオス愛国戦線）に改組した。とくに組織名に「愛国」という概念を加えたことには意味がある。愛国者とは，新たな政治綱領の内容から判断すると，民族や性別の区別なく「平和・独立・民主・統一」の国家建設に参加する者と理解できる。つまり愛国戦線は，ともに戦い，愛国戦線指導下での国づくりに参加する者を，民族や性別の区別なく「国家」の構成員としたのである。

少数民族の支持獲得はパテート・ラオだけでなく，彼らを支援する北ベトナム，また，対戦相手である王国政府やアメリカにとっても重要となった。北ベトナムは，ラオスを通過し南ベトナムへと至るホーチミン・ルートを通じて，南ベトナムに支援物資を送り込んでいた。ホーチミン・ルートは山岳少数民族地域を通過するため，ルートを建設・維持するうえで彼らの支持獲得は不可欠だったといえる。

一方アメリカにとっては，パテート・ラオの支持基盤である少数民族を，いかに王国政府支配区に取り込むかが課題となった。そこで王国政府はアメリカの助言に基づき，それまで排除してきた少数民族を統合対象と位置づけ，少数民族地域への支援を開始する。内戦が進むにつれ，少数民族は「国家」を巡る争いに全

面的に巻き込まれていったのである。

　内戦の展開により人々は，時にはパテート・ラオ支配区での生活を，また時には王国政府支配区での生活を経験することになった。そのような状況下で，人々は自分たちと異なる民族と出会い，同じ時間と経験を共有したのである。つまり内戦は，ラオス国内の多様な民族が出会い，一体感を形成する初めての「場」を提供したといえる。

　1960年代後半，戦況が有利になるとパテート・ラオはそれまでの政策を修正し，ラオ族を中心とする国家像を示すようになる。1968年10月，愛国戦線は第3回臨時全国大会を開催し12項目の政治綱領を発表した。綱領では，それまでと同様に少数民族への配慮を示す一方で，「ラオ語の標準化」を掲げ，「国語」（＝ラオ語）の使用を義務づけるなど，民族間の「平等」をラオ族を主軸とする「平等」に変化させている。そしてパテート・ラオが無血革命により勝利し，1975年12月2日にラオス人民民主共和国が誕生すると，人民革命党が表舞台に登場しラオ族を中心とする社会主義国家建設が始まったのである。

2　戦後復興と国家の土台作り

（1）機能しなかった社会主義

　人民革命党は当初，資本主義的段階を通らずに直接社会主義国家を建設するとの方針を掲げていた。しかし内戦下にあったこともあり，社会主義国家建設に必要な経済・社会インフラが整っていなかった。したがって党は，銀行や工場などを国有化する一方で，農業集団化を長期的目標と位置づけ，民間や個人経済部門も完全には廃止せず，資本主義的要素も容認するなど一部柔軟な姿勢を示していた。まずは基礎インフラを整備し，衣食住を整え，国民生活を「平常」に戻すことが最優先だったのである。

　しかし戦後のラオスを取り巻く環境は厳しかった。西側諸国の援助は停止され，タイも国境を封鎖したことで，輸入に依存していた生活必需品が不足し，国民生活は大打撃を受けた。加えて，1975年，76年は旱魃に見舞われ食糧が不足した。さらに社会主義体制を恐れ，国家運営を担いうる教育を受けた優秀な人材が多数国を去った。彼らに代わり国家機関で要職に就いたのは，山岳地帯での戦争しか知らないパテート・ラオの幹部であった。党指導のもとで，国民生活は改善

されるどころか，むしろ悪化の一途を辿ったのである。当然，戦後に希望を抱いていた国民の不満は高まった。

　そこで党は，1977年2月の第2期党中央執行委員会第4回総会（党中央執行委員会は通常年2回開催され，国家の基本方針を話し合う）において，社会主義化のペースを速める決定を行う。社会主義化を進めることで，状況の打開を図ろうとしたのである。もっとも顕著な例が農業集団化である。

　1978年5月，党の最高意思決定機関である政治局は，農業合作社に関する決議を公布し，農業集団化を急速に進めた。農業集団化は単に集団生産によって生産性の向上を図ることが目的ではない。農民を組織化し，合作社を末端政治単位として機能させ，農村管理を強化する意図もあった。また国民統合という目的もあった。バラバラに散在する農民を組織化することで，同じ時間や経験を共有させ，一体感を生む狙いもあったのである。

　しかし，自分の土地や家畜を合作社に提供し，かつ，いくら働いても収入は「平等」にしか分配されない「不平等」に農民は反発を強めた。もともと家族が食べるに十分な生産量で満足するラオスの個人農家にとって，無理に余剰を生み出そうとする集団化は性に合わなかったといえる。社会主義化は戦後復興の手段としては機能せず，党は再度路線転換を迫られることになったのである。

（2）「新経済管理メカニズム」の導入

　1979年11月，第2期党中央執行委員会第7回総会が開催され，市場経済原理の一部導入が決定された。カイソーン党書記長は，社会主義への過渡期は長期の過程であり，ラオスはその初期段階にあるため，資本主義や私営経済の廃止は1日で実現できないとの認識を示した。そして，国家経済と集団経済が主導的役割を果たすとしながらも，社会主義の過渡期には5つの経済部門（国家経済，集団経済，国家資本主義経済，私営経済，個人経済）が存在することを認め，非社会主義経済部門を生産拡大と国民の生活改善のために活用するとしたのである。つまり党は大きく路線転換することになった。この背景には，ソ連，中国，ベトナムなど，社会主義圏全体で改革の機運が高まっていたこともある。

　この1979年の路線転換はラオス史にとって3つの重要な意味をもっている。第1は，ラオスにとって社会主義国家建設が実質的かつ現実的な国家目標ではなくなったことである。これはラオスが社会主義国家建設を放棄したことを意味しな

168

い。社会主義国家建設は今でも党が掲げる目標である。しかしこの方針転換により，現実的目標であった社会主義はいつ届くかわからない「理想」となった。そして現実的な国家目標となったのが，戦後復興と国家の土台作りであり，これが第2の点である。そして第3は，新たな目標達成の手段として市場経済原理を導入したことである。

まとめれば，党は社会主義を「理想」に据えることでマルクス・レーニン主義政党としての正統性を維持しつつ，より現実的な国家建設路線に舵を切ったといえる。1970年代後半時点でこの路線転換の意味はさほど明確ではなかった。しかし1990年代に市場経済化が進み，2000年代から高度経済成長を遂げると，次第に社会主義という「理想」と市場経済の「現実」のギャップがはっきりするようになる。

1979年以降，国営企業に部分的自主権が付与され，公務員給与も一部現物支給ではなくなるなど，新しい経済管理メカニズムは徐々に制度化されていった。そして1986年11月，党は第4回党大会（党大会とは5年に1度開催され，党人事や今後5年間の方針を定めるもっとも重要な会議）にて「チンタナカーン・マイ」（新思考）というスローガンを掲げ，新経済管理メカニズムを本格的に推進する。カイソーン党書記長は，旧思考とは問題や事実を覆い隠し，歪曲して功績だけを語ること，また主観的かつ急進的な思考だとし，反対に新思考とは，率直に客観的事実を語ることだと定義した。また経済面における新思考とは，国家がすべてを補てんするメカニズムから採算制に移行し，経済発展や国民生活改善のために非社会主義経済部門を活用することだという。

つまり「チンタナカーン・マイ」（新思考）とは，社会主義中央計画経済にありがちな嘘や偽りから脱却し，事実に基づき現実に即した経済開発を行うため，新しい思考をもって「新経済管理メカニズム」を実施しようというスローガンであり，国民へのメッセージである。そして市場経済メカニズムは1991年に制定された建国後初の憲法に規定され，ラオスは1990年代以降経済発展を遂げることになる。

（3）党中央管理体制の整備

現在，人民革命党は図7-2のような国家管理体制を敷いている。党のトップは党書記長が務め，最高意思決定機関は政治局である。書記長を補佐する組織と

して書記局が置かれ，中央執行委員会が国家の基本方針を協議する。県や郡もほぼ同様の組織形態となっている。村にも党単位という組織がある。つまり中央から村まですべての行政級に党組織を設置し，国家機関を指導・管理している。

　また，すべての国家機関内部にも党組織がある。たとえば省庁では，大臣や副大臣などの省幹部によって構成される党委員会を頂点に，各部局にも党組織が置かれている。つまり同一機関内に党組織がピラミッド状に設置され，各レベルで内部から国家機関を指導・管理するのである。

　そして，党幹部が国家の要職を兼任することで国家への指導・管理を徹底している。ほとんどの政府閣僚，また県・都知事は全員が党中央執行委員である。中央省庁や地方部門組織（保健や農業などのセクター組織）の管理職もほぼ全員が機関内党組織の幹部である。村長の多くも党単位書記が兼任している。つまり党が国家の要職の人事権を握っており，党と国家幹部は高度に重なり合っているのである。

　以上から，党が中央から末端まで組織を整備し，国家管理体制を整えていることがわかる。この管理体制がある限り党支配は安泰といえる。しかしこのような管理体制は建国後すぐに確立したわけではなかった。

　ラオスは歴史的にも地方の自律性が高く，いつの時代も中央集権体制の確立は支配者にとっての課題であった。それは人民革命党にとっても同じである。とくに，建国後数年間は戦後復興に追われ，思うように党支配体制を整備できずにいた。経済開発も財源と資源を保持する県を中心に進められたため，中央は地方の「自律」を容認せざるを得なかった。地方の反発を買うような急激な中央集権化は，戦後の不安定な状況下で国家の統一を維持するうえでも得策ではなかったのである。

　したがって，建国後は地方分権的な制度が敷かれた。地方には人民議会が置かれ，地方行政は議会の互選により選出される人民行政委員会が担った。部門組織は人民行政委員会の直接の管理下に置かれ，中央省庁は専門技術分野のみ地方部門組織を指導した。つまり地方部門組織は中央省庁と地方人民行政委員会の2つに従属する（二重の従属）が，後者の管理をより強く受けることになる。これは地域別管理体制と呼ばれる。

　当時，党中央は県を管理できる手段をもっていなかった。現在は，党中央執行委員が県党執行委員会書記（以下，県党書記と記す）や県知事を兼任しているため

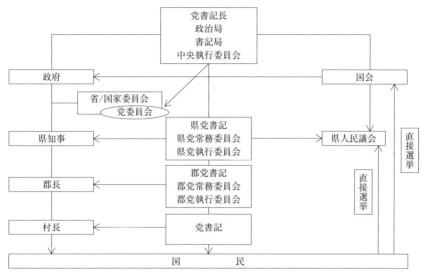

図7-2　党による国家管理メカニズム

(出所) 筆者作成。

(通常，県党書記と県知事は同一人物が務めるが，稀に2人体制をとる場合がある)，党中央は彼らを通じて地方を管理できる。そして県党執行委員会は県や郡の部門組織の長を兼任する委員を通じて地方行政組織を管理する。

しかし建国当時は，県党書記や知事を兼任する党中央執行委員は稀であり，県レベルでも部門組織の長を兼任する党執行委員はほとんどいなかった。また，道路・通信インフラも未整備であったため，物理的にも中央が地方を管理することは難しかったのである。

そして当時の県は，独自の開発計画を実施し，独自に近隣諸国と貿易を行い，独自の税を定めるなど，非常に大きな自由裁量権を有していた。ただ，各県が「独立国家」のように振る舞えば，社会主義国家でなくても国家建設は行えない。国家政策は全国統一的に実施されてこそ意味がある。ただでさえ地方の自律性が強いラオスで，さまざまな権限や責任を地方や企業に委譲する「新経済管理メカニズム」を実施するには，統一的な管理がなおさら不可欠であった。また，一党独裁体制を強化するためにも，党中央管理体制の確立は必要である。そこで党は，市場経済原理の一部導入を機に，党中央管理体制の整備に乗り出す。

まず党は1980年代初頭から，県党執行委員の多くに計画や農業などの主要行政

第7章　ラオス　171

分野の役職を兼任させ，県レベルにおいて党による行政への指導を確立した。そのうえで，多くの党中央執行委員を県党書記に任命し，地方を管理する体制を整えたのである。建国当時，党中央執行委員が県党書記を兼任していたのは，13県のうちわずか2県だけであった。1983年から1984年にかけて，その数は判明しているだけで8県に増え，1987年には11県となっている。2001年には，県レベルにおける全党書記と知事が（当時，県レベルの行政級は1特別市・1特別区・16県で構成されていた。現在は1都・17県となっている），党中央執行委員によって兼任されるようになった。

　つまりラオスでは社会主義化の過程ではなく，市場経済原理を柱とする「新経済管理メカニズム」に着手し，それを実施する過程で党中央による地方への管理体制が徐々に整備されたのである。しかし地域別管理体制に変更はなく，行政制度の中央集権化という課題は残されたままだった。

（4）戦後脱却と中央集権体制の確立

　1991年8月15日，建国後初の憲法が公布された。1975年以降，人民革命党は16年間も憲法を制定せずに国家統治を行ってきた。これには，憲法制定に必要な人材が不足していたこと，また国家建設方針が揺らいだことなどいくつかの理由がある。

　ヌーハック最高人民議会（1991年に国会に改称）議長は憲法制定に際し，経済基盤建設は初期的成功を収め，改革路線と実際の状況が適合してきたため，政治・社会の新しい制度や市民の基本的権利・義務，国家機構の組織を定め，また経済や社会文化の発展や人々に新しい生活を提供するためにも，憲法制定が必要になったと述べている。つまり憲法制定はラオスが戦後を脱却し，国民国家建設という新たな時代に入ったことを象徴しているのである。その意味で1991年の憲法制定はラオス史の分岐点といえる。

　憲法制定に伴い政治制度が変更された。地方人民議会や人民行政委員会が廃止され，国会が唯一の議会となり，県には国家主席が任命する県知事，郡には首相が任命する郡長が置かれることになった（地方行政級は，県，郡，村の3級である）。それに伴い，人民行政委員会に帰属していた部門組織は，中央省庁の直接の管理下に置かれた。これは部門別管理体制と呼ばれる。つまり，国民の政治参加の機会が狭まった一方で，中央集権的行政制度となり，新経済管理メカニズムの実施

体制が整ったのである。憲法第16条は，「経済管理は政府調整を伴う市場経済メカニズムに沿って，また，中央部門の統一的で集権的な管理と地方への合理的な責任分担の協調という原則によって執行する」と規定した。

　当初，党は制度変更を考えておらず，地方議会も人民行政委員会も維持しようとしていた。しかし，ソ連・東欧の民主化がラオスにも波及すると，党指導部は考えを一変させる。1990年，党中堅幹部が多党制導入を訴える書簡を回覧するという事件が起きた。またポーランドでは，ラオス人留学生による民主化デモが行われた。この2つの事件が大きな運動に発展することはなかったが，指導部に少なからず衝撃を与えたといえる。もともと地方議会が機能しておらず，廃止論は出ていた。また「新経済管理メカニズム」を機能させるためにも，中央集権的な管理体制の構築が望まれていた。しかし1990年6月に公表された憲法草案では，地方行政制度に変更はなかった。党指導部が「民主化」に危機感を抱いたことは，政治制度の変更に決定的な役割を果たしたのである。

　中央集権化は，「新経済管理メカニズム」による経済面での「自由化」と矛盾するが，経済・社会面での緩和が，政治面での「締め付け」を招くことは，今日でもみられる党の手法である。そして，「新経済管理メカニズム」が機能し始める1990年代になると，ラオスは経済成長を遂げることになる。

3　進む経済開発

（1）1990年代以降の経済発展

　戦後脱却は，戦後復興に代わる新しい国家目標が必要になったことを意味する。つまり今後どのような国家建設を行うのか，新しい目標を国民に提示する必要が生じたのである。そこで党は，1993年に新たな目標として後発開発途上国からの脱却を掲げた。そして1996年の第6回党大会にて2020年までと期限を定めた。以降，ラオスは経済開発に邁進する。

　憲法制定以降の平均GDP成長率は，1991～1995年が6.4％，1996～2000年が6.2％，そして2001～2015年は約7.4％であり，多くの国が伸び悩むなか，1990年代から現在まで順調な発展を遂げてきた。ラオスは東南アジアでもっとも安定的に高い経済成長を遂げている国といっても過言ではない。

　その成長を支えているのが外国直接投資である。資金，技術，人材が不足する

ラオスにとって，外国直接投資は経済発展には欠かせない。とくに外国投資の70%以上を中国，タイ，ベトナムの3カ国が占めている。タイは隣国で言語や文化が類似していることもあり，ラオスが外国投資を受け入れ始めた1989年以降，一貫してラオスへの投資を続けている。

　一方，中国やベトナムが対ラオス投資を大幅に増やしたのはこの10年のことである。ラオス計画・投資省の統計によると，中国は2015年までの総投資額約54億ドル（認可ベース，以下同じ）のうち，2005〜10年の5年間は約28億ドル，2011〜15年の5年間は約25億ドルの投資を行った。ベトナムは2015年までの総投資額約35億ドルのうち，2005〜10年は約23億ドル，2011〜15年は約11億ドルを投資した。

　ラオスは現在，近隣諸国よりも低い労働賃金や，東南アジア大陸部の中心に位置する立地から外資の注目を浴びている。内陸国が不利であることに変わりないものの，地域の経済統合が進んだ結果，中国，ベトナム，カンボジア，タイ，ミャンマーと国境を接している地理的条件が有利と考えられるようになったのである。そして現在，中国，タイ，ベトナムで生産を行っている企業が同国に母体工場を残しつつ，生産工程の一部をラオスにシフトする分業体制を確立している。これらは「チャイナプラスワン」「タイプラスワン」「ベトナムプラスワン」などと呼ばれる。

　とくに経済成長を牽引しているのが，鉱物資源と水力発電開発である。ラオスには，金，銀，銅，ボーキサイト，錫，サファイアなど，豊富な鉱物資源がある。自国で採掘を行う資本と技術がないため，ラオスは土地と労働者を提供し，外資は資本，技術，市場を提供する代わりに長期の土地使用権を獲得し，広大な土地を開発している。

　またラオスにはメコン川が流れ，その支流にいくつもの水力発電所が建設されている。近年はメコン川主流でのダム建設も始まった。電力のほとんどはタイ，ベトナム，カンボジアなど近隣諸国に売られ，重要な外貨獲得源となっている。

　しかし，天然資源開発は国家に収入をもたらすが，さほど雇用を生み出すわけではなく，国民の収入向上に直接つながらない場合が多い。また，立ち退きや土地紛争，環境問題なども引き起こしている。党は天然資源に依存することの危険性を認識し，製造業や観光産業の育成を図っているが，経済をけん引するまでには至っていない。当面は天然資源に依存せざるを得ないのである。

それは2020年以降も変わらないだろう。人民革命党は2016年の第10回党大会において，新たな国家目標である「ビジョン2030」を掲げた。これは2030年までに所得を現在の4倍（1人当たり約8000ドル）にし，上位中所得国入りを果たすという野心的な目標である。つまりラオスは，これまでと同様のもしくはそれ以上のペースで経済開発を進めなければならない。それは2020年以降も天然資源開発に依存し続けることを意味する。

（2）経済開発の負の側面

順調に経済発展を遂げている一方で，さまざまな問題が起きている。以下では4つの主要な問題を取り上げる。

第1は汚職・不正である。汚職は今に始まったことではない。しかし経済発展とともに，汚職・不正の規模や額がそれまでと比較にならないほど拡大した。たとえば日本円で数億円から数十億円の横領，架空公共事業による不正などが次々に起きている。

もともとメディアは汚職・不正問題を報道してこなかった。党・国家機関職員の汚職・不正は恥ずべきこと，国民に隠すべき問題だったのである。しかし汚職が拡大し国民の不満が高まると，党・政府が問題に対応している姿勢を国民に示す必要が生じた。そして2013年頃から徐々に汚職や不正に関する報道が始まった。

第2は土地紛争である。開発プロジェクトは人がいない場所で行われるとは限らない。水力発電所建設や鉱物資源採掘により土地を収用され，移住を強いられる人々は多い。ラオスでは国民に土地所有権はなく，国家が使用権を付与することで土地を使用できる。したがって土地に対する国家の裁量は大きい。つまり国家は開発のために比較的自由に土地を収用できる。

そして土地を収用された人の多くは，市場価格よりも安い補償額しか得られない。田畑の代替地も肥沃でない場合が多い。当然，土地を失った人々の不満は高まり，これまでほとんど起きなかった住民による抗議行動が起こるようになった。

第3は経済格差である。2017年現在，首都ビエンチャンの1人当たり年間平均所得は5000ドルを超えている。一方，北部ボンサリー県は約870ドルであり6倍近い差がある。家計支出・消費調査結果では，ジニ係数が1992/93年度（ラオスの

予算年度は10月から9月だったが2017年からは暦年となった）の0.311から2012/13年度には0.364と上昇したことが明らかになった（ジニ係数とは0〜1の値で所得分配の不平等を測る指標であり，値が1に近づくほど格差が大きいとされる）。経済発展を遂げた一方で，経済格差は以前よりも拡大している。

第4は環境問題である。水力発電所建設や鉱物資源開発はいうまでもなく広大な土地を開発する。環境や生態系にまったく影響を与えない開発はないだろう。バナナ栽培での除草剤使用による環境や人体への影響，銅採掘による環境被害など，数多くの問題がある。とくに農村や山岳地域の人々への影響は大きい。これまで動植物を採取・捕獲していた山や森林が伐採され，ダム建設で漁獲量が減少している場所もある。経済開発が進んだために生活が苦しくなる人たちがいる。

以上のような経済開発の負の側面の拡大は，党への国民の信頼を低下させる要因となっている。これは独裁体制の維持にとって非常に大きな問題である。

4　人民革命党による体制維持戦略

（1）民意重視と国民の不満緩和政策

一党独裁体制であっても，安定的に体制を維持するには国民の支持が欠かせない。したがって人民革命党は2000年代後半から，民意を重視し国民の不満を緩和するための政治改革に着手した。その1つが国会改革である。

1991年憲法は国会を人民の代表機関であり（第4条），国家の基本的問題を決定する立法機関（第39条）と定めた。しかし1990年代の国会は党の政策を追認するだけの機関であり，立法機関や代表機関としての役割をほとんど果たしてこなかった。

一方2003年に改正された憲法では，国会は国家の基本的問題を決定する立法機関に加えて，「諸民族人民の権利と利益の代表機関」（第52条）となった。些細な変化だが，国会が誰を代表しまた何を代表するのか，その位置づけと役割がより明確になったのである。これを受けて国会は，国民の権利と利益を守るために，2005年にホットラインと不服申立て制度を整備する。

ホットラインとは，国会会期中に限り設置される専用電話回線，Eメール，ファクス，私書箱であり，国民がそれらのチャンネルを通じて国会に対して自由に意見を伝達できる制度である。ラオスでは1991年に地方議会が廃止され2016年

に県人民議会が設立されるまで（後述参照），国会が唯一の国民の代表機関であった。そこで党は国民の意見や考えを聴取し，国会での議論に反映させるとともに，国会を通じて国民の問題を解決しようと考えたのである。現在では一部の県人民議会にもホットラインが設置されている。

ホットラインには政府の政策批判，土地紛争，汚職問題，環境問題などから，近所の騒音や個人の就職問題まで，あらゆる意見や不満が寄せられる。国民から寄せられた意見は政府が答弁を通じて回答するが，1回の会期で多いときは1000件以上の意見が寄せられるため，国会の場ですべてを取り上げることはできない。したがってほとんどの問題は中央や地方の行政機関で対応される。そして対応内容や結果は，テレビ，新聞，ラジオなどのメディアを通じて国民に伝えられる。

たとえば電気料金が高いという国民の批判に対して政府は，ラオスは輸出できる量の電力を生産しているが，国内送電網の整備が十分でなく，地域によっては電力を隣国から輸入する必要があるため，料金が割高になっているとの答弁を行った。しかし国民の不満が高かったため，2017年に引き上げ予定だった電気料金は据え置かれ，一部は引き下げられた。

もちろんすべての意見や提案が国民の選好通りに対応されるわけではない。国民が納得しない回答もある。しかし国会は政府に対して説明責任を果たすよう促し，政府は対応結果やその理由を説明する。国民のインプットに対して何らかの応答を行っているのである。そうであれば，国民の不満がデモなど制度外に表出する可能性は低くなる。

もう1つの不服申立て制度とは，行政や司法の判断に国民が納得しない場合に議会に訴える制度である。たとえば国民は何か問題があれば，郡や県行政機関または裁判に訴えることができる。中央の党や国家機関への直訴も珍しくない。しかし必ずしも行政や司法が公正な判断を下すとは限らないため，結果に不満をもつ国民は多い。

そこで国会は不服申立て制度を整備した。国民は自身の権利や利益が侵害されたとき，行政や司法機関に問題解決を訴えることができるが，行政や司法の決定が公正でないと判断した場合，国会や県人民議会に対して不服申立てを行えるようになった。つまり議会は，国民の問題を解決するための最終機関に位置づけられたのである。

第7章 ラオス　177

不服申立てに対して，国会や県人民議会は行政機関や裁判所の決定を支持する
か，または審議やり直しを命じる。つまり議会は具体的な問題解決策を示すわけ
ではなく，行政と司法の権力逸脱や不正を監督する役割しか果たさない。とはい
え実際に議会が行政や司法の判断に異を唱え，審議がやり直され判断が覆ること
がある。このように国民が不服申立てを行え，議会がそれを拒むことなく対応す
れば，仮に最終決定に不満であっても党や国家への信頼が低下する可能性は低く
なる。

　以上からは，国会や県人民議会が国民の不満緩和にとって重要な役割を果たし
ていることがわかる。そして現在は議会だけでなく，政府，工業・商業省，公安
省，財務省，ラオス電力公社，ラオス労働連盟など，一部の省庁，国有企業，大
衆・社会組織もホットラインを開設した。また首相がフェイスブックページを開
設し，そこに国民がさまざまな意見を書き込むようになった。そして一部の意見
に対して政府が応答することもある。党や政府は国民との多様な双方向チャンネ
ルを設置し，国民の不満緩和に努めているのである。

（2）2015年の憲法改正

　2015年12月，憲法が改正され政治制度や権限に一部変更があった。まず国会が
「国家権力の最高機関」（第52条）と位置づけられた。もちろん実際の最高権力機
関は人民革命党である。しかし近年の国会はホットラインや不服申立て制度を整
備し，国民の代表機関として重要性を増している。形式的とはいえ，国民の代表
機関である国会を国家権力の最高機関に位置づけたことは，民意重視の表れであ
り意義は大きい。

　また，1991年に廃止された県人民議会が復活した。この背景には，地域ごとに
経済・社会問題が多様化したため，住民の政治参加を拡大し，地方が主体的に経
済・社会管理を行えるようにすること，また汚職や不正問題解決のため，地方行
政機関への監督を強化することなど，いくつかの狙いがある。そして県人民議会
の復活に伴い人事権に大きな変更があった。

　第1は知事に関する人事権である。これまでは首相の提案に従い国家主席が知
事を任命・罷免していたが，今後は県人民議会常務委員会（県人民議会の常任委員
会）の提案を県人民議会が承認し（第77条），その後に首相が任命・罷免を行うこ
ととなった（第72条）。

第2は地方部門組織に関する権限である。首相に付与されていた省庁や地方行政機関の組織構成に関する決定権，大臣が有していた県部門長の任命権などが県に委譲された。県人民議会には県行政機関の設立や廃止，また県部門長の任命や罷免に関する県・都知事の提案を審議，承認する権限が付与されたのである。

　中央から地方への権限委譲は，地方の主体性向上に寄与する。しかしこれにより，県が人事や組織に関して自由裁量権を得たことにはならない。現在は中央省庁が県と郡に直接の出先機関を置く部門別管理制度を採用し，中央集権管理を行っている。その制度自体に変更はないため，県は人事や組織に関して中央省庁と折衝する必要がある。これは現行の部門別管理制度でも同様であり，中央省庁は出先機関の人事や組織を決定する際は県と折衝しなければならない。また県知事人事は，実質的には党中央が決定している。したがって今回の改正により実態が大きく変化するわけではないが，中央との折衝において県の優位性が強まることになる。

（3）イデオロギーによる支配の正当化

　2000年代の経済発展により，ラオスは社会主義の理想から大きく離れつつある。しかし人民革命党はマルクス・レーニン主義政党であり，社会主義の理想を放棄することはできない。したがって党は常に，国家建設がイデオロギー的に正しいことを示す必要がある。

　そのために党は，1990年代後半から政治理論・思想の修正に着手した。まず党は，社会主義の過渡期が非常に長期の複雑な過程であるとの認識を示し，汚職や経済格差などのさまざまな問題は，そのような長期の過程に生じる困難だと位置づけた。このような時代認識の修正によって問題が解決され，理想と現実のギャップが埋まるわけではない。しかし少なくとも，政治理論・思想的に社会主義の過渡期に生じる困難や問題を正当化したのである。

　そして党は2006年の第8回党大会において，①経済力を拡大させること，②国家を強健にし，政治分野の安定を堅固にすること，③生活を向上させ人民に利益をもたらすことを，社会主義の3つの基準と定めた。そのうえで，「党の長期目標に到達するために，我々は工業化と近代化を開発の優先事項とみなさなければならない。なぜなら，社会主義建設と工業化と近代化は同じ意味だからである」とし，近代化・工業化と社会主義を同義に位置づけた。そうすることで，現在の

第7章　ラオス　179

経済開発が社会主義の「理想」と矛盾しないと理論づけたのである。

　このような政治理論・思想の構築は現在も続いている。党は2016年の第10回党大会において，建国の父である故カイソーン人民革命党初代書記長の名を冠した「カイソーン・ポムヴィハーン思想」（以下，カイソーン思想）を提示し，それをマルクス・レーニン主義と並ぶ党の新たな政治思想・理論と位置づけた。

　党はこれまで，中国の毛沢東思想，鄧小平理論，ベトナムのホーチミン思想のように，指導者個人の名を冠した思想・理論を構築してこなかった。この背景には，集団の団結を重視し良くも悪くも突出した個人を嫌う社会の特徴や，カイソーン自身も神格化されることを嫌っていたことがある。したがってカイソーン思想を提示したことは，明らかな路線変更といえる。

　とはいえ第10回党大会でカイソーン思想の具体的内容は示されていない。しかし，これまで実施されたカイソーン思想に関するセミナー内容をみると，カイソーンはマルクス・レーニン主義の継承者であり，政治，経済，外交，女性開発，法律，民族大団結，教育，職員・党建設，保健，民族解放，農業，労働，社会主義建設，生活など，あらゆる分野において正しい考えをもち，経済発展に伴って生じるさまざまな問題の解決に指針を与えてくれる道標とされている。

　つまり党はカイソーン思想を掲げ，カイソーンの教えに沿って国家建設を進め，問題解決に取り組んでいると国民に示すことで，現在の国家建設は正しいと主張できるのである。

（4）成熟する人民革命党支配

　ラオスには体制に影響を及ぼすような反体制組織は存在しない。民主化運動もこれまで1度しか起きなかった。1999年10月，アジア経済危機に端を発した経済的不満から，教師や学生を中心とする約200人のグループが民主化デモを試み，直前に拘束される事件が起きた。リーダー数人が逮捕され，また一部は国外に逃亡して事件は収束し，他に波及することはなかった。党は反体制活動に対してはもっとも厳しい対応を採る。

　それは対外国人であっても変わらない。たとえば2012年10月，ラオスで開催されたアジア欧州市民フォーラムにおいて，政府がゴム植林は住民の生活向上に寄与していると主張したことに対して，国内NGOから土地問題が起きていると反論が出された。その後，発言者は当局から嫌がらせを受け，それに対してラオス

では民主的議論の余地がないと体制批判を行ったスイスの NGO 団体代表が国外退去処分となった。またフォーラム運営に携わっていた著名なラオス人社会活動家も何者かに拉致され，消息不明となった。事件の真相はいまだに明らかになっていないが，政府当局が関与したとみられている。

　独裁体制を維持するには，このような暴力や恐怖といった手段が効果的である。しかし軍や警察などの暴力装置だけに依存していてはコストがかかり，国民の信頼も得られない。一党独裁体制であっても，国民からの支持は支配体制の安定的維持にとって不可欠である。

　だからこそ党は，ホットラインや不服申立て制度などを整備し，また政治参加の拡大を通じて国民の不満緩和に努めているのだろう。すべての不満を解消できなくても，国民が党や政府に意見を伝達できるチャンネルを増やし，国民の意見や提案に応答し，説明責任を果たすのであれば，国民の不満が民主化運動に発展する可能性は低くなる。そして党・政府と国民の間の双方向の対話は，党や国家への国民の信頼を高めることに寄与する。党は巧みに国民の不満を制度内に吸収し，独裁体制を維持しているのである。

　しかし現在の制度が今後も有効に機能する保証はない。つまり党は，社会主義の理想と経済発展の現実のギャップを埋め合わせつつ，その時々の状況に適した制度を構築し，国民の不満を緩和し続けなければならない。そしてその作業は，独裁体制を維持する限り続いていくことになる。

読書案内

① 　菊池陽子・鈴木玲子・阿部健一編『ラオスを知るための60章』明石書店，2010年。
　＊村の暮らし，政治，経済，文化，歴史，宗教，言語まで，幅広い分野をカバーしている概説書である。ラオスについて学ぼうとする人，また，ラオスの基本的な事柄を知りたい人は，まず，この本を読むことを勧める。
② 　山田紀彦『ラオスの基礎知識』めこん，2018年。
　＊本書も概説書だが，社会構造やラオスの人々の特徴などこれまでの概説書にはない内容が含まれている。また政治，経済，社会などでは最新の情報が掲載されている。
③ 　横山智・落合雪野編『ラオス農山村地域研究』めこん，2008年。
　＊農村の「豊かさ」や「強さ」から，現在の経済開発で揺れ動く様子まで，ラオス農山村の実態を記した書である。農山村の課題は，国家全体の課題でもあり，ラオスを学ぼうとする人には是非読んで欲しい。

④ 天川直子・山田紀彦編『ラオス　一党支配体制下の市場経済化』アジア経済研究所，2005年。

　＊一党支配体制の維持と市場経済化という課題に，ラオスがどのように対応し，どのような問題を抱えているかを，政治，経済から分析した専門書である。政治思想，地方行政制度，外国直接投資，国営企業改革等を扱っている。ラオスについてある程度基礎知識がある人に勧める。

⑤ 山田紀彦編『ラオスにおける国民国家建設──理想と現実』アジア経済研究所，2011年。

　＊本書はこれまでの先行研究とは異なり，1986年という年や「チンタナカーン・マイ」という概念にとらわれることなく，社会主義国家建設と国民国家建設が重なり合う過程として現在のラオスを捉え，「理想」と「現実」の間で試行錯誤する今日のラオスの姿を，政治，経済，社会それぞれの側面から描いている包括的な研究書である。

参考文献

天川直子「現代ラオスの課題──一党支配体制下の市場経済化」天川直子・山田紀彦編『ラオス　一党支配体制下の市場経済化』アジア経済研究所，2005年。

菊池陽子「ラオスの国民国家形成──1940年代を中心に」後藤乾一編『岩波講座東南アジア史8　国民国家形成の時代』岩波書店，2002年。

菊池陽子「現代の歴史」ラオス文化研究所編『ラオス概説』めこん，2003年。

古田元夫『ベトナム人共産主義者の民族政策史──革命の中のエスニシティ』大月書店，1991年。

山田紀彦「ラオス内戦下の国民統合過程──パテート・ラーオの民族政策と『国民』概念の変遷」武内進一編『国家・暴力・政治──アジア・アフリカの紛争をめぐって』アジア経済研究所，2003年。

山田紀彦「市場経済移行下のラオス人民革命党支配の正当性──党政治・理論誌『アルン・マイ』における議論の変遷を中心に」天川直子・山田紀彦編『ラオス　一党支配体制下の市場経済化』アジア経済研究所，2005年。

山田紀彦「『チンタナカーン・マイ』を再考する──ラオスを捉える新たな視座」山田紀彦編『ラオスにおける国民国家建設──理想と現実』アジア経済研究所，2011年。

山田紀彦「ラオス人民革命党支配の確立──地方管理体制の構築過程から」山田紀彦編『ラオスにおける国民国家建設──理想と現実』アジア経済研究所，2011年。

山田紀彦「ラオスにおける国民の支持調達過程──国会を通じた不満吸収と国民への応答メカニズム」山田紀彦編『独裁体制における議会と正当性──中国，ラオス，ベトナム，カンボジア』アジア経済研究所，2015年。

山田紀彦「人民革命党の現状認識と今後の国家建設方針──政治報告分析」山田紀彦編『ラオス人民革命党第10回大会と「ビジョン2030」』アジア経済研究所，2017年。

— ▦ *Column* ▦ —

村長選挙の実態

　村の行政を司るのは村委員会である。一般的には村長1人，副村長2～4人で構成されている。村長は基本的に村人の直接選挙で選出される。最大得票者が村長となり，得票数第2位以下の2人から4人が副村長となる。ただし，複数の民族が居住し民族同士で折り合いがつかない村などは，郡長が村長を指名する。

　村長は一般的に商店経営者や農民など，村長職とは別の本業をもっている。つまり村長は公務員でもなければ行政特別職でもない。いわゆるボランティアである。したがって村長に給与はなく，国から手当が支給されるのみである。その額は国が指定する村や村長と党職の兼任状況よって，約1500～6500円と大きく異なる。

　一方で村長専従者もいる。たとえば首都ビエンチャンの中心部の村では，居住証明書やバイク等の売買契約書など，毎日さまざまな書類を発行しなければならないため，村長や副村長が村役場に常駐している。そして彼らは書類発行手数料の一部を自分たちの給与に充てる。多いところでは月に数百万キープの収入を得ることができる。一方山岳や遠隔地の農村では，書類発行業務が月に数回だけであり，手数料から得られる収入が月に数万キープしかないところもある。そのような村では村長が村役場に常駐する必要はない。

　2000年代後半までは，村の党単位書記と村長は別々の人物が務めることが多かった。党員でない村長もいた。つまり党幹部でなくても，村人の信頼を集める人が村長となっていたのである。しかし2010年代以降，党政治局は村の党単位書記に村長を兼任させる方針に転換した。この背景には，党の管理下で村の経済開発を進め貧困削減を実現するとともに，末端への管理を強化する狙いがある。とはいえ票の操作を行わない限り，選挙で党書記が選出される保証はない。では，村長選挙はどのように実施されているのだろうか。

　まず，選挙前に選挙管理委員会が住民への事前意見聴取を行い，住民が村内で誰に信頼を置いているかを把握する。実施方法は村によって異なるが，一般的には村の各世帯または有権者に白票を渡し，村長に相応しいと思う人物の名前を1人または複数名記入させる。その際，村民の選択肢を党員に限定している村もある。また，現村委員会メンバーの名が紙に記され，相応しくないと思う委員の名前に線を引き，相応しい人物の名を書き加える方法もある。そして結果は郡に送られ，郡長や郡党執行委員会で5名から9名，もしくはそれ以上（郡によって異なる）の候補者を選ぶ。その際，必ずしも得票順で選ばれるとは限らない。仮に非党員が多くの村民の信頼を得ている場合はこの段階で落とされ，党員しか候補者として残らないこともある。そして党書記はかならず候補者となる。

　投票前には党や政府の方針，また選挙方法などが村民に説明される。その際，郡の代表が党書記に投票するよう暗に促すこともある。また住民が誰に投票すべきかを示すため，村長選挙前に党書記を選出する村もある。村民は候補者の中から1人に票を投じる。選挙法では18歳以上に選挙権が付与されているが，各世帯の代表1名のみが投票する村も多い。

第7章 ラオス　183

開票結果は村民に公正に伝えられる。つまり党書記が最大得票数を得られなくても，村民にはその結果が公表されるのである。しかしそのような場合，村長承認会議で当選者が経験や能力不足を理由に村長就任を辞退したり，村人の同意を取り付けたりし，党書記を村長に任命する。そして最大得票者は副村長となる。ただし党書記の得票数があまりにも低い場合は，村民の意思が尊重され党書記以外が村長に就任することがある。

　また現在でも，場所によっては非党員が村長に選出されている。とくに山岳や遠隔地域の村では，教師や医師が村人の信頼を集めているため，彼らが村長に選出されることが多い。そして郡長や郡党執行委員会も，村の状況により非党員の村長就任を認めている。しかし以前と比較して，党書記が村長を兼任する村の数は確実に増えており，党による末端への管理は強まっているのである。

第8章　カンボジア
—— 内戦の傷痕，復興の明暗

笹川秀夫

■ この章で学ぶこと

　カンボジアの現代政治は，内戦，虐殺，粛清といった血なまぐさい事件が頻発したことに特徴づけられる。政治体制も，1953〜70年のサンクム政権，70〜75年のクメール共和国（ロン・ノル政権），75〜79年の民主カンプチア（ポル・ポト政権），79〜92年の人民革命党政権，93〜97年の人民党とフンシンペックによる連立政権，98年以降の人民党による政権掌握と，さまざまな変転を重ねてきた。

　内戦以前のサンクム政権は，平和な時代として理想化して語られることが，カンボジア国内でも日本でも多い。しかし，多様な意見や考えの存在が認められず，異なる政治信条の者には暴力をもって対峙するという傾向は，サンクム政権にせよ，その後の政権にせよ，共通した特徴だといえる。92年からの国連カンボジア暫定統治機構（UNTAC）の活動と，翌年に実施されたUNTAC監視下での総選挙によって，カンボジアにも民主主義の時代が到来したと思われた。しかし，その後の政治状況は，民主化に逆行する動きが目立つようになっている。

　こうした政治文化のもとでは，政治的な主義主張やイデオロギーを貫き通すことよりも，まずは権力奪取が目的となる。そして権力を手にするためには，軍や警察といった暴力装置が頻繁に用いられ，また外国勢力を巻き込む傾向もしばしばみられる。本章でカンボジアの現代政治史を時系列的に概観することで，多様な意見の存在を無視あるいは抹殺して国づくりを進めてきたことが，どのような問題を抱えているかを理解してほしい。

キーワード　内戦，虐殺，和平，復興，開発，サンクム，クメール共和国，民主カンプチア，人民革命，人民党

1　独立への道程

（1）日本軍政下，1回目の独立

　カンボジアの現代政治史をふり返るにあたって，第二次世界大戦中から本章は話を始めることにしたい。1940年6月，フランスがナチス・ドイツに降伏したことで，翌7月にヴィシー政府が成立した。日本軍は9月に北部フランス領インドシナに進駐するが，カンボジアを含めたインドシナは枢軸国側のヴィシー政府が統治しており，日本とフランスによる二重支配が続いた。しかし，44年8月のパリ解放とヴィシー政府の崩壊によって，インドシナはもはや枢軸国の支配地域でなくなった。そこで45年3月9日，日本軍が「明号作戦」によりインドシナのフランス軍を武装解除し，日本による直接支配が始まった。3月12日，日本軍占領下での名目的なものではあるが，41年に即位していた国王ノロドム・シハヌーク（Norodom Sihanouk, 現地音に近い表記はシハヌック）が独立を宣言した。

　この1回目の独立は，30年代後半から活躍していた世俗のナショナリストが政治の表舞台に立つ機会となった。世俗のナショナリストとは，36年末に創刊され，カンボジアではじめて政治的な主張を掲載したクメール語紙『ナガラ・ヴァッタ』の関係者に代表される人物たちである。同紙は，ベトナム人によるカンボジアの行政ポストの占有を批判し，カンボジアの主要民族クメール人の覚醒を訴える記事をしばしば掲載しており，カンボジアのナショナリズムのはじまりと解釈されている。紙名はアンコール・ワットのパーリ語読みで，40年11月に勃発したタイと仏領インドシナの戦争以降は，タイを批判する記事も掲載されるようになった。こうした反ベトナム感情，反タイ感情，アンコール遺跡の理想化という3つの要素は，現在までカンボジアのナショナリズムを特徴づけている。

　42年7月17日，反仏的な主張を広めていたという罪で，僧侶ハエム・チアウが逮捕される事件が起きた。『ナガラ・ヴァッタ』紙は僧侶や世俗の読者に訴えかけ，逮捕に反対するデモ行進を7月20日に組織する。しかし，デモは鎮圧され，編集長のパーチ・チューン（Pach Chhoeun）が逮捕された。王立図書館と仏教研究所に勤務しつつ，編集に携わっていたソン・ゴク・タン（Son Ngoc Thanh）は，日本に亡命し，同紙は廃刊となった。

　しかし，45年の独立によってフランスによる統治が排除されたことで，『ナガ

ラ・ヴァッタ』関係者に復権の道が開かれた。45年3月にパーチ・チューンがシハヌーク内閣の閣僚に就任し，5月にはソン・ゴク・タンが帰国して外務大臣に就任した。さらに8月11日には，日本の圧力もあってソン・ゴク・タン内閣が成立した。だが日本の敗戦によって，10月に英仏連合軍が首都プノンペンを制圧した。ソン・ゴク・タンは逮捕され，フランスで軟禁されることになった。

（2）民主党の登場

　1945年12月，カンボジアの独立が取り消されたものの，第二次世界大戦以前の植民地支配に回帰することは，世界的な趨勢からも不可能だった。46年1月，フランス・カンボジア暫定協定が調印され，フランス連合内での内政自治がカンボジアに認められた。だが，フランスの復帰に抵抗する武装勢力も国内に存在し，協定調印の同日，クマエ・イッサラ（「自由クメール」の意）がシェムリアップ（現地音に近い表記はシアム・リアプ）でフランス軍の兵舎を襲撃する事件が起きた。ただし，この段階でクマエ・イッサラが統一的な組織の樹立に成功していたわけではない。フランスの復帰に抵抗することでは一致していたものの，タイとつながる勢力や，ベトナム共産主義運動とつながる勢力がいるなど，クマエ・イッサラは雑多な思想をもつ集団にすぎなかった。

　内政自治が認められたことで，中央では憲法の起草，政党の結成，国民議会選挙の準備が着手された。結成された政党は，いずれも王族が指導権を握るものだったが，憲法で国王の権限をどの程度まで認めるか，政党によって意見が分かれた。そうした政党のなかで最有力となったのが，国王の権限を規制し，フランスからの早期独立を主張する民主党である。46年5月，シソワット・ユッテヴォン（Sisowath Youtevong）が結成した民主党は，『ナガラ・ヴァッタ』関係者やソン・ゴク・タン支持者の結集に成功した。

　46年9月の制憲議会選挙で，国王に強い権限を求める保守政党に対し，民主党は圧倒的な勝利を収めた。しかし47年7月，党首ユッテヴォンが病死する。その後はイアウ・カウフ（Ieu Koeus）が党の指導者となり，50年代初頭まで，つねに民主党は議会の第一党であり続けた。ただし，民主党主導の内閣が，安定的な政権を築けたわけではない。閣僚が議員である必要がなく，内閣と議会が頻繁に対立したことや，後にシハヌーク国王が国政に介入するようになったことで，民主党内閣はいずれも短命に終わった。

第8章　カンボジア　187

この民主党を支援する活動に参加したことによりフランス留学の機会を得たのが，ポル・ポト（Pol Pot，本名サロット・ソー）はじめ，後に「クメール・ルージュ」と称されることになるカンプチア共産党の幹部である。イエン・サリー（Ieng Sary），キュー・サンパン（Khieu Samphan，現地音に近い表記はキアウ・ソンポーン），ソン・セーン，キアウ・ポンナリー（ポル・ポトの最初の妻），キアウ・ティルット（イエン・サリーの妻）などが，こうしたフランス留学組に含まれる。

（3）人民革命党の成立

国内では，1947年5月，カンボジア王国憲法が公布された。この憲法は，保守派の主張が反映され，第21条で「すべての権力は，国王から発する」とされるなど，国王の権限が強いものだった。憲法で認められた権限をもちいて，後にシハヌークは国政の場から民主党の影響を排除し，権力を掌握することになる。

50年1月，民主党本部に手榴弾が投げ込まれ，イアウ・カウフが死去する事件が起きた。暗殺を仕掛けた張本人は不明ながら，フランス行政当局の関係者，シハヌーク国王らに嫌疑がかけられた。この時期，シハヌークは国政の場での活躍に興味を示し，同年5月には1カ月と短期間ながら首相の座に就いている。

49年11月，フランス・カンボジア協定が締結され，フランス連合内での限定的な独立が承認された。その結果，もともと雑多な集団だったクマエ・イッサラの一部が投降し，ベトナムの共産主義勢力に接近していた左派勢力は，統一組織を形成する。50年4月，クマエ・イッサラ統一戦線が設立され，臨時抗戦政府が樹立された。これらの組織を率いたのは，ソン・ゴク・ミン（Son Ngoc Minh），トゥー・サモット（Tou Samouth）といったインドシナ共産党に所属していたクメール人の党員である。

51年2月，インドシナ共産党は第2回党大会を開催し，ベトナム，カンボジア，ラオスがそれぞれ独自の党をもつことが決められた。この決議によりインドシナ共産党は解消し，6月28日，クメール人民革命党設立運動委員会が設立された。79年に政権の座につくカンボジア人民革命党，さらに人民革命党から改称した現在のカンボジア人民党は，この日を党の創設日とみなしている。51年9月30日，クメール人民革命党が創設され，幹部が北ベトナムで訓練を受けるようになった。カンボジア独自の党がつくられたとはいえ，実態としてはベトナムの援助が必要だったわけである。

（4）シハヌークの政治介入

　中央では，民主党がシハヌークとの対決姿勢を強めていた。君主制を廃止して共和制を樹立すべきという主張が党内で大勢を占め，シハヌークとの衝突は不可避となった。シハヌークは，依然として国内で人気が高かったソン・ゴク・タンを自らの陣営に引き入れることを模索し，彼の帰国をフランスに求めた。1951年10月，ソン・ゴク・タンが熱狂的な歓迎のもと帰国するが，民主党を支持する新聞を発刊するなど，シハヌークの思惑どおりに事態は運ばなかった。

　52年3月，タイ国境の視察を名目にシェムリアップを訪れたソン・ゴク・タンは，非共産主義系のゲリラ組織に合流した。この行動は，共産主義系すなわちクメール人民革命党と非共産主義系の地下組織を統合することが目的だったと考えられている。しかし，52年に人民民主主義と対仏完全独立を掲げる党規約を採択したクメール人民革命党が，ソン・ゴク・タンの呼びかけに応えることはなかった。以後，50年代後半〜60年代をつうじて，シハヌークによって「クメール・ルージュ（赤いクメール）」と名づけられた共産主義系と，非共産主義系の地下組織が並存するという状況が続くことになる。そして，ベトナム労働党の支援を受けたクメール人民革命党は52年に勢力を拡大し，一時期は国土の5分の3を支配する勢いだった。

　こうして中央政界，地方の地下組織との対立に直面したシハヌークは，自身の力で独立を勝ち取ることが，政争に決着をつける手段であると決断するに至る。52年6月，シハヌークは「合法的クーデタ」を唱え，3年間にわたって国政の全権を掌握することを宣言した。そして53年1月，シハヌークは国民議会を解散し，治安維持法を公布して敵対的な民主党の議員12名を逮捕した。

　53年2月，休暇という名目で，シハヌークが渡仏した。「王による独立のための十字軍」と自ら称した活動の開始である。3月にフランス大統領と会談したものの，色よい返答が得られず，シハヌークはカナダとアメリカを訪問し，独立を承認するようフランスに圧力をかけることを求めた。5月には国防，司法，行政権の一部がカンボジアに賦与されたが，完全独立を求めるシハヌークは，6月，「亡命」を宣言してタイに赴いた。フランスとの外交関係を考慮したタイ政府がシハヌークを支援することはなかったが，ベトナムで長引く第一次インドシナ戦争の負担もあり，フランスもカンボジアの独立を認める方向に傾いていた。

　53年7月，独立の容認がフランス政府から発表され，司法権，警察権，国防権

が順次カンボジアに委譲された。11月9日、カンボジア王国の独立が宣言され、フランス軍が撤兵する式典が催された。2回目のカンボジア独立である。

2　サンクム時代（シハヌーク時代）のカンボジア

（1）サンクム政権の成立

　1954年7月から、第一次インドシナ戦争を終結させる目的でジュネーヴ会議が開催された。カンボジア王国政府は、地下組織であるクマエ・イッサラが出席することに反対し、インドシナ半島全体にベトナム共産主義勢力が影響を拡大することを懸念するソ連や中国も、クマエ・イッサラを支持しなかった。そのためジュネーヴ協定では、クマエ・イッサラの再結集地がカンボジア国内に認められず、ソン・ゴク・ミンら当時の指導者のほか、79年に政権の座につく人民革命党の指導者となるパエン・ソヴァン（Pen Sovan）らが北ベトナムに亡命した。こうしてクマエ・イッサラが指導者を失ったことは、50年代後半にフランスから帰国するポル・ポトらが、共産主義系の地下組織で指導権を掌握する一因となっていく。

　ジュネーヴ協定で王国政府による「領土保全」を確保したシハヌークは、55年2月、自らを信任するか否かを問う国民投票を実施した。賛成票にはシハヌークの写真が印刷され、反対票を投じることは不敬罪にあたると圧力がかけられた。投票の結果は、99％がシハヌークの政策に賛成と発表された。国政の運営に自信を深めたシハヌークは3月に退位し、父を説得して王位に就け、政治に専念することを決断した。ただし、国王としての地位や尊厳を手放したわけではない。「前国王殿下」という肩書きを多用し、父王以上の存在と振る舞うことで、政治的な影響力を拡大することを目指した。

　55年9月の第3回総選挙に向けて、同年4月、シハヌークを総裁に頂くサンクム・リアハ・ニヨム（人民社会主義共同体、以下「サンクム」と略す）が結成された。民主党がサンクムに参加しなかったことから、民主党員の官僚を多数解雇するなどして、サンクムは急速に勢力の拡大をはかった。そのため、さまざまな政治思想の人物がサンクムに参加し、60年代に顕在化する派閥対立の遠因となる。

　9月の総選挙では、サンクムへの投票を誘導するため、秘密警察によってさまざまな妨害や介入が行われた。選挙結果はサンクムが得票83％、全91議席を独占

というもので，民主党に対して圧倒的な勝利を収め，以後は70年に至るまで，サンクムが国会の議席を独占する状況が生まれた。

（2）シハヌークの外交政策

冷戦下，アジア諸国に共産主義が浸透するのを防ぐことを目的として，アメリカはカンボジアにも，経済援助や軍事援助の見返りに政治的な圧力をかけてきた。1954年9月に結成された東南アジア条約機構（SEATO）は，カンボジアを含むものではなかったが，アメリカはカンボジアもSEATOの保護下にあるとの見解を示した。しかし，55年4月，インドネシアのバンドンで開催された第1回アジア・アフリカ会議（バンドン会議）に出席したシハヌークは，中国の周恩来と親交を深め，アメリカに批判的な非同盟中立という外交方針に惹かれていった。56年2月，SEATOへの不参加が発表され，中立外交が宣言された。

57年8月，シハヌークは民主党の残存勢力との公開討論を呼びかける。王宮での討論の後，兵士による民主党員への暴行事件が発生し，同党は壊滅に向かった。58年3月の第4回総選挙で，サンクムは99％の得票を獲得し，サンクム以外で政治活動を行うには，地下組織に参加するしか方法がない状況が生まれた。

こうして国内での権力基盤を固めたシハヌークだが，58年以降，外交では西側諸国との間に軋轢が生じ始めていた。同年はじめに駐イギリス大使に着任したソーム・サリー（Sam Sary）は，イギリスの新聞で女性問題が報道されたことを契機にシハヌークとの関係が悪化し，公然とシハヌーク批判を始めた。アメリカの情報機関がソーム・サリーを支援しているという観測が流れ，59年1月，ソーム・サリー本人は亡命し，彼のグループのメンバーは逮捕された。

さらに59年2月には，シェムリアップを中心に勢力を維持していたダープ・チュオン（Dap Chhuon）によるクーデタ未遂事件が起きた。もともとダープ・チュオンはクマエ・イッサラに属していたが，49年，カンボジアがフランス連合内で限定的な独立を果たした際に投降した人物である。58年末から，ダープ・チュオンはソン・ゴク・タンと連絡を取るようになり，アメリカの情報機関の支援もあって，タイから武器や弾薬が運び込まれた。59年2月，サンクム右派を代表する軍人ロン・ノル（Lon Nol）に率いられた政府軍はシェムリアップに進軍し，ダープ・チュオンは射殺された。

タイとの関係をさらに悪化させる原因になったのは，カンボジア北部，ドン

第8章　カンボジア　191

レーク山脈の断崖絶壁に位置するプレア・ヴィヒア遺跡の領有権問題である。49年からタイが同遺跡に警備員を派遣しており，58年に両国は遺跡を含めた国境画定のための会議をバンコクにて開催するが，会議は決裂し，両国は国交を断絶する結果となった。59年10月，カンボジアが遺跡の領有権をめぐる問題をオランダ，ハーグの国際司法裁判所に提訴した。こうした一連の出来事から，中立とはいえ，シハヌークの外交は徐々に東側諸国に接近していく。

（3）表向きの政権安定と地下活動の進展

1960年4月，父王が逝去したが，シハヌークは復位せず，国家元首として国を率いていく意向を固めた。6月に国民投票が実施され，99.98％がシハヌークに賛成票を投じたと発表された。開票結果に水増しがあった可能性が高いが，シハヌークは国家元首に就任した。

9月，共産主義系の地下組織ではシハヌークとの対決姿勢を鮮明にする動きがあった。クメール人民革命党が第2回党大会を開催し，カンプチア労働者党に党名を変更して，マルクス・レーニン主義を党の指導原理に採択したのである。党書記にはトゥー・サモットが，副書記にはヌオン・チア（Nuon Chea）が選出された。ヌオン・チアは，バンコクで教育を受けたのちタイ共産党に入党していたが，54年に帰国して人民革命党に加入した人物である。

62年6月，第5回総選挙が実施され，またしてもサンクムが全議席を独占した。組閣に際してシハヌークは左派を取り立てることにし，キュー・サンパンやフー・ユオンの入閣が決まった。しかし，フー・ユオンは右派の反対で辞任に追い込まれ，サンクム内での派閥の存在が徐々に顕在化してきた。

6月15日，ハーグの国際司法裁判所で，プレア・ヴィヒア遺跡はカンボジアに帰属するとの判決が下された。翌63年1月，シハヌーク国家元首以下，約1,000名が遺跡を訪れ，「領土保全」の象徴として雑誌などのメディアでこの遺跡が盛んに取り上げられた。

遺跡の領有権をめぐる勝訴もあって，60年代初頭のサンクム政権は，その絶頂期にあったといえる。プノンペンは東南アジアでもっとも魅力的な街といわれ，カンボジアは第二次インドシナ戦争（ベトナム戦争）とは無関係の「平和のオアシス」と謳われた。しかし，植民地時代の移住規制により，第二次世界大戦前に10万人程度だったプノンペンの人口は，60年ごろには50万人にまで膨れ上がって

いた。プノンペンの西部に広がる湿地帯に貧困層が住みつき，そうした地域から住民を強制的に立ち退かせることで市街地が拡大していた。貧富の格差は厳然として存在し，官僚の間には汚職が蔓延していた。だが，こうした負の側面が，国内外で報道されることはなかった。カンボジアに関する海外メディアの報道は情報省によって調査され，批判的な記者は入国を許可されなかった。

　カンプチア労働者党では，62年7月，書記のトゥー・サモットが行方不明になる事件が起きた。首謀者は不明だが，事件を契機にポル・ポトが党の指導権を奪取し，63年2月，ポル・ポトが党書記に，ヌオン・チアが副書記に選出された。翌3月，国家に損害をもたらす「破壊分子」34人のリストを政府が発表し，そこにはポル・ポトの名も含まれていた。そのためポル・ポトは中学校の教師という職を離れ，カンボジア東部に潜伏することを余儀なくされた。

　63年11月，シハヌークは，輸出入，工業，サービス産業の一部などを国有化することを定めた新経済政策を発表する。そして，ソン・ゴク・タンへの支援などを理由に，アメリカからの援助を拒否した。この新経済政策は財政収入を大幅に減少させ，経済の停滞を招いた。さらにアメリカからの軍事援助の停止によって，軍は不満を募らせた。そこで64年はじめ，中国から南ベトナム民族解放戦線への軍事援助物資がカンボジア国内を通過するのを容認する見返りに，援助物資の10％がカンボジア軍に引き渡されることが秘密裡に決められた。こうした南ベトナム民族解放戦線への側面的支援はアメリカや南ベトナム政府の反発を招き，米軍や南ベトナム政府軍のカンボジア国境侵犯が頻発するようになった。65年5月，米軍による領内での爆撃などを理由に，カンボジアはアメリカと国交を断絶した。

　65年6月〜66年9月，ポル・ポトらカンプチア労働者党幹部が北ベトナムと中国を訪問した。都市からの住民の強制退去など，75年にポル・ポトが政権を奪取して以降のさまざまな政策は，文化大革命初期の中国を訪れたことから影響を受けたと考えられている。帰国後，カンプチア労働者党はカンプチア共産党に改称し，拠点をカンボジア北東部に移した。

（4）サンクム内の派閥対立

　1960年代半ばには，左派勢力による政権批判のパンフレットが公然と撒かれるようになった。それに立腹したシハヌークは，66年9月に実施された第6回総選

挙で，従来のようにサンクムの候補者を指名せず，資金力のある右派に有利な自由立候補を採用した。予想通り票の買収が横行し，右派議員が多数当選して，ロン・ノルを首班とする右派内閣が成立した。

63年からの新経済政策による不況のもと，農民は米を政府機関に売却せず，北ベトナムや南ベトナム民族解放戦線に密輸することで生計を立てていた。ロン・ノル内閣は政府が強制的に米を買い上げることを決めたが，67年4月2日，米の強制買い上げに反発する農民200人あまりが政府軍の陣地を襲撃する事件が，バッタンバン州ソムロートで発生した。シハヌークは左派系の活動家の関与を疑い，身の危険を感じたサンクム左派のキュー・サンパン，フー・ニーム，フー・ユオンは地下活動に入り，カンプチア共産党に合流した。

67年ごろから，国内の中国系住民の間に文化大革命への支持が広がり，クメール人学生にも影響を与えはじめていた。その影響で中国との関係が徐々に悪化し，アメリカとの関係改善が模索され，69年6月，アメリカとの国交が回復した。同年8月に成立したロン・ノル内閣で副首相となったシソワット・シリマタ（Sisowath Sirik Matak）は，アメリカからの援助再開を期待して，新経済政策からの方針転換を図り，シハヌークの指導力はしだいに制限されていった。

3 内戦と民主カンプチアによる圧政

（1）クメール共和国の成立と内戦の勃発

1970年のカンボジアは，反ベトナム感情に彩られた事件で幕を開けた。当時，領内には北ベトナムと南ベトナム民族解放戦線から成るベトナム共産軍数万人が駐留しており，人々の不安を掻き立てていた。ロン・ノル内閣は2月，領内のベトナム共産軍への攻撃を開始する。さらに3月には，プノンペンでベトナム共産主義勢力の代表機関が襲撃される事件が起きた。ベトナム共産軍の侵入や経済の行き詰まりを招いたシハヌークへの批判の高まりを受けて，シリマタはシハヌーク解任を計画し，ロン・ノルの賛同を得たことで政府軍の取り込みに成功した。3月18日，シハヌークを国家元首から解任する国会決議が採択された。ロン・ノル政権の成立である。

シハヌーク解任によって，反ロン・ノル政権という点でカンプチア共産党とシハヌークの利害関係が一致し，さらにカンプチア共産党と北ベトナムが共闘でき

194

る環境が成立した。3月にシハヌークはカンプチア民族統一戦線の樹立を宣言し，ロン・ノル政権への抵抗をカンボジア国民に訴えかけた。ベトナム共産軍はカンボジア人ゲリラ部隊の訓練を開始し，攻勢をかけた。6月には，アンコール遺跡公園が共産勢力の手中に落ちた。

　10月9日，ロン・ノル政府は共和制への移行を発表し，国号はクメール共和国と定められた。しかし，アメリカの援助に依存する政権は腐敗がはなはだしく，政府軍でも敵への物資の横流しが横行し，地方では住民の支持が政権から離れていった。72年3月，ロン・ノルが国家元首に就任し，大統領制への移行が発表された。6月，大統領選挙が実施され，ロン・ノルが当選するが，昼間は政府軍が支配し，夜間は共産主義勢力の支配下に入る地域が国内各地に広がる状況にあった。

　73年1月，ベトナムでの停戦合意が成立し，ベトナム共産軍がカンボジア領内から撤退した。自力での戦闘継続に自信を深めていたカンプチア共産党は，停戦には合意せず，北ベトナムに対する不信感を強めた。停戦が成立しなかったことで，3月から米軍による空爆が本格化し，それに反発した多くの農民が共産勢力に加わる一方，避難民が数十万人の規模でプノンペンに逃げ込む事態が生じた。

　8月にアメリカ議会がカンボジア空爆の停止を議決すると，カンプチア共産党軍は攻勢を強め，74年1月末のプノンペン攻撃で首都を孤立させることに成功した。避難民はさらに増え，プノンペンの人口は200万人を超えるようになった。75年1月以降，共産党軍は再び攻勢をかけ，4月1日にロン・ノルが国外に脱出し，11日にはアメリカ関係者も首都を脱出した。

（2）民主カンプチア（ポル・ポト政権）

　1975年4月17日，カンプチア共産党軍がプノンペンに入城し，クメール共和国が崩壊する。都市住民はただちに地方に移動することを命じられ，もともと解放区にいた「旧人民」と区別して「新人民」とみなされて，あらゆる権利を無視される扱いを受けることになった。貨幣，市場，私有財産，公教育の存在を認めない政策が実施され，米の増産こそが国力の増強につながるという理念のもと，人々は強制的に集団化され，農作業や灌漑施設の建設に従事させられた。こうした政策が採られた原因として，前述のように中国訪問時に毛沢東主義や文化大革命の影響を受けたことのほか，ポル・ポトら政権幹部がフランス留学中に触れた

第8章　カンボジア　　195

共産主義思想がスターリン主義の影響が強いものだったことが指摘されている。

知識人は体制を崩壊させる可能性がある存在とみなされ，多くが虐殺された。79年1月に政権が崩壊するまでの間に，飢餓，病気，虐殺，粛清などで，人口の4分の1にあたる約170万人が命を失ったと考えられている。

76年1月5日，新憲法が公布され，民主カンプチアが成立した。シハヌークは前年12月に北京から帰国していたが，以後は政権崩壊まで自宅に軟禁された。

9月になると，政権は粛清によって内部から崩壊のきざしをみせはじめた。50年代から共産主義運動に参加していた古参幹部が逮捕され，プノンペン市内トゥオル・スラエン地区にあるS21収容所に送られた。収容所では，ベトナム共産党やアメリカのCIAとの関係が疑われ，拷問によって真実とかけはなれた自白が引き出された。S21には，高級幹部から一般の人々まで，計1万4000人あまりが収容されたが，ほとんどが拷問と尋問の後に殺害されている。

77年1月から2月にかけて，体制内に敵やスパイが存在するとの憶測が強まり，東部，西部，北部で幹部の大量逮捕と処刑が始まった。また，政権成立直後から中国との関係を深める一方，ベトナムとの関係は悪化しており，4月末からベトナム南部への侵攻が本格化した。こうした状況のもと，東部管区の中堅幹部だったフン・セン（Hun Sen，現地音に近い表記はフン・サエン）やチア・シーム（Chea Sim）はベトナムへ亡命した。

12月16日，ベトナム軍が報復のためカンボジアに侵攻し，31日，両国は国交を断絶した。翌78年4月から，ベトナムはカンボジア国内に反乱を呼びかけ，5月に粛清の危険を感じた東部管区の幹部が反乱を起こした。反乱への報復を逃れた中堅幹部の一人ヘン・サムリン（Heng Samrin，現地音に近い表記はヘーン・ソムルン）は，ベトナムに亡命した。

ベトナムに亡命した中堅幹部は，カンプチア救国団結戦線を結成し，12月25日，ベトナム軍と救国団結戦線軍によるカンボジア侵攻が開始された。79年1月4日までにベトナム軍はメコン川東岸を制圧し，5日にはベトナムに長期滞在していた古参幹部も合流して，カンプチア人民革命党再建大会が開催された。翌6日，シハヌークは北京に脱出し，1月7日，ベトナム軍がプノンペンを制圧，民主カンプチアは崩壊して，ポル・ポトら政権幹部はタイ国境地帯へと脱出した。

（3）カンプチア人民共和国の成立と内戦の継続

1979年1月8日，ヘン・サムリンを議長とするカンプチア人民革命評議会が樹立され，12日にはカンプチア人民共和国の建国が宣言された。こうして，ベトナムやソ連など東側諸国に支援された政権が成立した。シハヌークはニューヨークに赴き，国連安保理でカンボジア問題を議論することを求め，以後は北京を拠点として独自に人民革命党政権への抵抗運動を開始することになる。

人民革命党政権が国内の移動の自由を認めたため，ポル・ポト時代に強制移住させられた人々が故郷に戻る一方，タイ国境には50万人を超えるカンボジア難民が集まった。これらの難民には，内戦の戦火を逃れてきた人々や，戦時下での経済的な困窮から出国を望んだ人々がいるとともに，クメール・ルージュ（ポル・ポト派）の兵士やその家族の難民キャンプも成立した。

9月には国連でのクメール・ルージュの代表権が承認され，人民革命党政権は和平の成立まで，国連や西側諸国からの援助が受けられないという状況が固定化された。しかし，タイ国境に流出した難民たちの話から，民主カンプチアでの虐殺や暴政が徐々に明らかになってきた。民主カンプチアを支援してきた中国が，その後もクメール・ルージュを支援し続けた一方で，西側諸国にとってクメール・ルージュは公に支援できる集団ではなくなった。そこで，タイの支援を受けて，ソン・サーン（Son Sann）がクメール人民民族解放戦線を結成し，ロン・ノル政権の関係者を集結させた。ソン・サーンは，もともと民主党のメンバーだったが，サンクム政権下で首相，財務大臣，国立銀行総裁などの職を歴任し，ロン・ノル政権成立後はフランスに在住していた人物である。こうして西側諸国が援助可能な勢力が出現したことで，カンボジア内戦は国際問題という特徴を帯びた。しかも，米ソ，中ソ，中越の対立が複雑にからむことで，内戦は長期化せざるを得なかった。

人民革命党政権は，ベトナムの支援のもと，社会主義政権としての国づくりを進めた。79年5月ごろから農民を班に編成し，クロム・サマッキー・ボンコー・ボンカウン・ポル（生産増大団結班）と称される農業の集団化が行われるようになった。10月には省庁が創設され，それぞれの役所にベトナム人の顧問が派遣された。81年5月，人民革命党第4回大会が開催され，パエン・ソヴァンが書記長に選出された。7月には，パエン・ソヴァンを首相とする閣僚評議会が成立した。しかしパエン・ソヴァンは，反ベトナム的な言動がもとで，12月に書記長と

第8章　カンボジア　　**197**

首相の座を追われて失脚する。

　同年3月，シハヌークがフンシンペック（独立・中立・平和・協力のカンボジアのための民族統一戦線）を結成し，ソン・サーン派，クメール・ルージュと並んで，人民革命党に対抗する3派の組織が出揃った。つまり，元サンクム政権，元ロン・ノル政権，元ポル・ポト政権の各派が，内戦の当事者になったわけである。

　中国やASEAN諸国は，これら3派の連合を模索するようになる。とくにベトナムとの間に緩衝地帯が存在することを望むタイ政府にとって，連合成立は必須の課題であった。82年6月，3派は民主カンプチア連合政府を樹立し，7月にシハヌークが連合政府の大統領，クメール・ルージュのキュー・サンパンが副大統領，ソン・サーンが首相に就任した。ただし，3派連合の実質的な戦闘組織は，ほとんどがクメール・ルージュの部隊だった。クメール・ルージュが敷設した地雷によって，その後も多くの人が被害に遭うことになる。

　人民革命党政権は，82年10～12月，女性連合，青年組織，労働組合連合の会合を相次いで実施し，国内の組織化と国民の動員を着実に進めた。ベトナム軍を主力とする攻勢で，国土の大半が人民革命党の支配下に入り，とくに84年11月からの乾季攻勢以降，クメール・ルージュはゲリラ戦を挑むことを余儀なくされた。

　同年12月，チャン・シー首相が死去し，翌年1月にフン・センが外務大臣のまま首相に就任したことで，人民革命党の指導部に変化が生じた。つまり，ベトナムに長期滞在した経験をもつ古参幹部から，ベトナムに亡命した元ポル・ポト派へと実権が移ったのである。同時に，79年以前に共産主義と無関係だった人物も，党内で台頭してきた。

（4）カンボジア和平のプロセス

　内戦が国際問題化していた以上，その解決には国際的な政治状況の変化が必要だった。1980年代半ば，ソ連でペレストロイカ，ベトナムでドイモイ政策が実施され，またソ連がベトナムへの援助を見直すようになり，カンボジアでの軍の駐留がベトナム政府にとって大きな負担となってきた。80年代末からは，中越の和解，中ソ国交回復，米ソ及び米越の和解と冷戦の終結，東欧での社会主義国の消滅といった出来事により，カンボジア内戦は当事者による和解さえ進めば，和平交渉が進展し得る環境が整った。そして，内戦の当事者を含めて，カンボジアの人々自身が内戦終結を望んだことが，和平の成立にとって何よりも大きい。

87年12月，シハヌークとフン・センの会談がパリで開催された。会談で実質的な成果をあげることはなかったが，内戦の当事者が会談のテーブルについたという点で大きな前進だった。88年7月と89年2月には，インドネシアのジャカルタで4派による会談が開かれ，各派が互いの存在を公式に認めるようになった。

　89年4月，人民革命党政権は新憲法を採択し，社会主義からの脱却がはかられた。6月には国名がカンボジア国に改められ，土地の私的所有を認めるなど自由主義経済への移行が始まった。駐留するベトナム軍の撤退は徐々に進められていたが，9月に完全撤退が終了した。こうして和平に向けた変化が始まったが，変化への対応は，フン・センに代表される和平推進派と，チア・シームやヘン・サムリンら保守派という二大派閥が人民革命党内に生じる一因となった。

　90年2月，シハヌークとフン・センがタイのバンコクで会談し，和平に向けて最高国民評議会（SNC）を設置する構想が提示された。6月には東京で和平会議が開催され，SNC設置が合意された。国連安保理は，8月に国連カンボジア暫定統治機構（UNTAC）の派遣を発表した。

　91年10月に開催された人民革命党代表者臨時大会で，党名を人民党に変更することが決定され，マルクス・レーニン主義が党の指導原理から放棄された。あわせて，国連管理下での総選挙に向けて大衆政党に脱皮することが目指され，党員数を大幅に拡大する路線が採られるようになった。

　10月23日，4派と関係18カ国がパリ和平協定に調印した。カンボジア和平の成立である。こうして92年からUNTACが活動し，93年に総選挙が実施されることになった。

4　新王国の成立と復興・開発

（1）UNTACと総選挙

　1992年1月，明石康氏がUNTAC代表に任命される一方，同時期にクメール・ルージュは国連管理下での武装解除を拒否する決定を行った。3月にUNTACが活動を開始し，その後は自衛隊を派遣するか否かをめぐって日本国内で激しい議論が交わされた。6月には衆議院で平和維持活動協力法が成立し，9月から自衛隊がカンボジアに派遣されるようになった。しかし，各派が武装解除することになっていた6月からの停戦第二段階に入っても，クメール・ルージュは武装解

除を拒否し，選挙期間中，日本からの文民警察官1名と選挙監視要員1名がクメール・ルージュの襲撃で命を落としている。93年1月，クメール・ルージュは政党登録せず，選挙のボイコットが確定した。

　5月23日，総選挙が実施され，フンシンペックが得票45％で第一党，人民党が得票38％で第二党となった。6月には国会が召集され，70年のシハヌーク解任が非合法であると決議した。9月，シハヌークを国王に選出し，フンシンペック党首のノロドム・ラナリット（Norodom Ranarith, 現地音に近い表記はラナルット）を第一首相，フン・センを第二首相とする連立政権が発足した。国旗と国歌はサンクム政権下のカンボジア王国のものが復活し，70年以前への回帰が目指されたが，フンシンペックと人民党の不安定な連立，クメール・ルージュの残存，武装解除の失敗などから，その後の政治状況は単なる過去への回帰とはならない。

（2）クメール・ルージュの崩壊と武力衝突

　連立政権では，フンシンペックと人民党が閣僚ポストや議会の主要ポストを平等に分有するという方針が採られた。しかし，クメール・ルージュの武装解除が行われなかったため，政府軍や警察もフンシンペックと人民党が分有することになり，1997年の武力衝突の原因となる。クメール・ルージュは，94年7月に成立した法律によって非合法化され，外国からの支援もなくなったことで徐々に弱体化していった。そこで，クメール・ルージュの残存勢力を人民党とフンシンペックのいずれが吸収するかが，国内での勢力伸張のために重要な鍵となった。

　勢力拡大が争われる一方で，各党派とも内部での派閥の存在や亀裂が目立つようになった。95年5月，ラナリットと対立したサム・ランシー（Sam Rainsy, 現地音に近い表記はソーム・レアンシー）がフンシンペックから除名され，同年末にクメール国民党を結党した。人民党では，97年1月の臨時党大会で，チア・シーム派によるフン・セン批判が公然化した。クメール・ルージュでは，96年8月にイエン・サリーが2個師団とともに投降した一方，97年6月，ポル・ポトの指示でソン・センが殺害されたことを契機として，強硬派として知られるター・モックがポル・ポトを拘束する事件が起きた。

　97年7月5〜6日，プノンペンで人民党とフンシンペック両軍による武力衝突が発生した。直接の原因は投降してきたイエン・サリーらをどちらが取り込むかにあったが，もともとUNTAC管理下での武装解除の失敗と，権力の分有とい

う連立政権の行き詰まりが衝突の遠因だといえる。ASEANは緊急外相会議を開き，同年に予定されていたカンボジアのASEAN加盟が延期された。この時期，アジア各国はアジア経済危機の影響を受けていたが，カンボジア経済にとっては武力衝突が原因で援助が止まり，観光客が来なくなったことの影響の方が大きい。もともとUNTAC後のカンボジアでは現地通貨リエルのほかに米ドルが日常的に使用されており，援助の増加や観光開発の進展によって，1ドル約2,500リエルで為替レートが安定していた。しかし，武力衝突によって約4,000リエルにまで通貨が下落し，米ドルが手に入る立場の人と，手に入らない庶民との間で，貧富の差が拡大するようになった。

98年4月15日，ター・モックによって拘束されていたポル・ポトが死去した。死因について，さまざまな憶測が流れたが，死体は直ちに火葬された。

同年7月，総選挙が実施され，クメール国民党はサム・ランシー党に改称して，人民党及びフンシンペックと議席を争うことになった。結果は，人民党が64議席（得票41%），フンシンペック43議席（32%），サム・ランシー党15議席（14%）というもので，11月に人民党とフンシンペックによる連立政権が樹立された。ただし，前回の連立とは異なり，フン・センが単独で首相に就任し，重要な閣僚ポストは人民党によって独占された。また，この総選挙以降，80年代をつうじて構築された人民党の地方行政機構でのネットワークが，集票に利用されるようになった。総選挙が実施され，連立政権が成立したことで，98年12月，カンボジアのASEAN加盟が決定した。

同じ12月，クメール・ルージュのヌオン・チアとキュー・サンパンが政府に投降する。99年3月にはター・モックが逮捕され，クメール・ルージュの武装組織が消滅した。その後は，クメール・ルージュの幹部をどのように裁くかが，国連とカンボジア政府との間で問題となる。カンボジアにおける司法の未熟さと判決への政治的な影響を憂慮した国連が，国際裁判の設置を勧告したのに対し，カンボジア政府は，国内の実情を考慮しない裁判は国民和解を崩壊させかねないとして，国内裁判を主張した。結局，「国際水準の国内裁判」という形態で合意するまでに数年を要し，クメール・ルージュ裁判の開始は2006年7月，「民主カンプチア非合法化法」に基づく幹部の逮捕が07年7月以降，初審問が同年11月20日にまでずれ込むことになった。

第8章　カンボジア　201

（3）人民党の優位確立，開発の光と影

　2003年1月29日，プノンペンで暴徒化した人々がタイ大使館やタイ系企業を襲撃する事件が勃発した。事件は，タイの女優による「アンコール・ワットはタイのものだ」という発言をめぐる噂がカンボジアで報道され，同年に予定されていた総選挙での集票に利用しようと，フン・センが演説で発言を批判したことに起因する。選挙のたびに，他党は人民党を「ベトナム寄りだ」と批判し，国民の反ベトナム感情を利用してきた。フン・センの演説は，こうした批判から国民の目をそらすため，反タイ感情を利用することを意図したと考えられる。しかし，タイ政府は外交官や在留タイ人を引き上げ，カンボジア政府は6億ドル近い賠償金を支払うことになった。なお，事件の首謀者は逮捕されなかったが，党内でチア・シーム派がフン・セン派の追い落としをはかった可能性が高いと，現地の英字新聞は報道している。

　襲撃事件では高い代償を払った人民党中心の政権だが，2003年4月の臨時党大会で党の政治綱領に「開発」という語が加えられ，開発こそが人民党が優位に政権運営を進める正当性の源泉となってきた。都市部での土地投機が過熱し，貧困層が半ば強制的に立ち退きを迫られる問題が頻発している。

　04年10月，シハヌークが退位し，王位継承評議会はノロドム・シハモニ王子を新国王に選出した。シハヌークとは異なり，政治にあまり関心を示さないシハモニ新国王の選出は，人民党にとっても許容できる人選だといえる。06年10月には，ラナリットがフンシンペックの党首から解任される事件が起きた。同年11月，ノロドム・ラナリット党が結成されるが，こうした他党の分裂は，人民党を利するものでしかない。

　08年の総選挙を前に，再び反タイ感情とアンコール遺跡が結びつく事件が起きた。7月7日，かつて1950～60年代に領有権が争われたプレア・ヴィヒア遺跡をカンボジア政府がユネスコ世界遺産リストに登録したことで，カンボジアとタイの両国で世界遺産登録が政治問題化したのである。3月にカンボジアを訪問したタイのサマック首相は，世界遺産への登録を認めていた。このことがタイ国内で反タックシン派の反発を招く。カンボジアでは人民党がタイの反応を選挙キャンペーンに利用し，さらに世界遺産への登録も，政府ではなく人民党の実績であると宣伝された。7月15日，反タックシン派の3人が遺跡に侵入し，その逮捕が原因で両国が軍を派遣する事態にいたる。7月27日の総選挙は，人民党の圧勝に終

わり，123議席中90議席を獲得した。

その後，両国の会談は不調に終わり，ついに10月3日に銃撃戦が勃発，3名が負傷した。さらに15日には，両国軍が再度衝突，カンボジア側に3名，タイ側に1名の死者を出した。タイで反タックシン派のアピシット政権が成立して以降，フン・センはさらに対決姿勢を強めた。11年7月，タックシン元首相の妹インラックがタイで首相の座に就き，カンボジアに対して融和的な政策を採るまで，遺跡での散発的な銃撃戦により，3年間で両国軍あわせて30名以上の兵士が命を落とした。

2012年，カンボジアはASEANの議長国を務めたが，経済援助の急増などに起因して，中国からの影響が強まっていることを示す結果となった。7月に開催されたASEAN外相会議では，南シナ海の島々に対する領有権が問題となり，カンボジアが中国寄りの立場を採ったことから，共同声明を採択できない事態を招いた。同年10月15日，シハヌーク前国王が逝去し，一時代が終わったという印象を人々は抱いたが，いまやカンボジアの政治における国王，王族，王党派の影響力は低下し，政党を中心に政治が動くようになっている。同じ10月，サム・ランシー党と人権党という有力野党2党が合流し，カンボジア救国党が結成された。サム・ランシーはベトナム国境の杭を抜いたことへの有罪判決から国外に逃亡していたが党首に就任し，副党首には人権党の党首だったケム・ソカーが就いた。こうして，与党人民党に批判的な人々の意見に対する受け皿が形成された。

翌13年の総選挙では，投票日である7月28日の直前にサム・ランシーが恩赦を得て帰国したことから，救国党の選挙キャンペーンが大いに盛り上がり，1993年の国連管理下での選挙以来，人民党以外で積極的に投票しうる政党が現れたとの印象を人々は抱いた。政権交代にまでは至らなかったものの，人民党の68議席（得票49％）に対し，救国党は55議席（44％）と大いに躍進した。救国党は，公務員の賃金や，輸出を支える基幹産業となった縫製・製靴産業に従事する労働者の最低賃金を上昇させることを公約としていた。急増する中国からの援助や日系企業の進出を背景に，人民党政府が上からの開発を進めるなか，経済成長の成果が公正に分配されているかどうかが問われた選挙だったとも分析できる。

14年は，政府が進めるベトナムとの国境画定作業に異議を唱えるなど，救国党の勢いが目立ったが，15年以降は救国党やNGOといった批判勢力を封じ込める人民党の施策が政局を動かすようになってきた。15年7月13日，政府による

第8章　カンボジア　203

NGO 規制を可能にする「結社および NGO に関する法」が国会で強行採決された。11月には，サム・ランシーに対して過去の有罪判決を執行するための逮捕状が請求され，サム・ランシーは再び国外逃亡を余儀なくされた。16年からは，人民党によるソーシャル・メディアの政治利用がめだっている。5月には，インターネット上に流れた女性関係のスキャンダル疑惑から，ケム・ソカー救国党副党首に裁判所が出頭を命じ，恩赦が出るまでの半年間，ケム・ソカーは党本部に籠城した。

　2017年に入ると，人民党による救国党および英語メディアに対する抑圧が本格化する。2月の国会で，救国党が出席をボイコットするなか政党法が改正され，党首が有罪判決を受けた場合，最高裁が解党命令を出せるようになった。法案成立を見越して，サム・ランシーは党首を辞任，ケム・ソカーが党首に昇格した。8月になると，米国系ラジオ局のクメール語による番組を流していた国内のラジオ19局が放送停止を命令され，政府にもっとも批判的だった英字新聞『カンボジア・デイリー』が付加価値税の「未納」をフン・セン首相から突然言い渡された。9月3日，アメリカや台湾と結びついて国家の転覆をくわだてたとの理由でケム・ソカーが逮捕され，翌4日，廃刊に追い込まれた『カンボジア・デイリー』紙の最終号では，ケム・ソカー逮捕が一面の記事になった。

　その後10月から，副党首をはじめ救国党幹部が不当逮捕を恐れて国外に脱出している。そうしたなか，11月16日に最高裁が救国党に解党命令を出した。2018年に予定されている総選挙は，またしても人民党に批判的な意見の受け皿が失われる状況が予想される。1993年の選挙での権力分有ののち，97年の武力衝突によって，翌98年の総選挙で人民党への批判票が行き場を失ったことが想起され，既視感を覚える政治状況になっている。

　UNTAC 管理下で成立した複数政党制と連立に基づく政治体制は，カンボジアの独立以来はじめての経験である。しかし，政権の座にある政党にとって，多様な意見の存在を認め，意見に耳を傾ける国政の運営は，一党独裁と比べると手間がかかる。人民党の優位が確立された1990年代末以降のカンボジアでは，民主的とはいえない政治手法がしばしば採られるようになってきた。

　20年以上にわたる内戦や民主カンプチアの圧政からの教訓は，多様性を抹殺し，国内での勢力争いに外国勢力を巻き込むことの危険性だったはずである。今後，再び内戦が勃発し，その内戦に他国が干渉することは考えにくいが，今でも

選挙のたびに反タイ感情と反ベトナム感情が利用され，2003年や08年に見られたように，国内政治の問題が国際化する場合もある。また，民主化を要件としない中国からの援助が急増していることも，カンボジアの外交バランスを崩す可能性が危惧される。人民党内部での派閥対立については，15年6月にチア・シームが死去して以降，フン・セン派の圧倒的優位が伝えられる現在，カンボジアの政治は民主化に逆行する方向で安定する様相を見せている。

読書案内

① 天川直子編『カンボジアの復興・開発』アジア経済研究所，2001年。
　＊和平成立後，本格的にカンボジア研究を始めた最初の世代の研究者による論文集。近現代の地方行政，復興期の法制度の整備，人民革命党政権下の農地所有，復興と家族制度に関する論文などを収める。
② 天川直子編『カンボジア新時代』アジア経済研究所，2004年。
　＊上記『カンボジアの復興・開発』の続編にあたる論文集。カンボジアでは，1990年代後半以降，長期間のフィールド・ワークが可能になり，文献資料の公開も進んだ。そうした研究環境の改善が成果として反映されている。
③ 藤原貞朗『オリエンタリストの憂鬱——植民地主義時代のフランス東洋学者とアンコール遺跡の考古学』めこん，2008年。
　＊植民地期にアンコール遺跡に関わったフランス人研究者を網羅的に論じた研究書。本国のエリート研究者と，インドシナでしか職を得られなかった研究者の比較や，アンコール遺跡をフランス美術史に位置づける視点が斬新。
④ 笹川秀夫『アンコールの近代——植民地カンボジアにおける文化と政治』中央公論新社，2006年。
　＊植民地期にフランス人研究者によって理想化されたアンコール遺跡やアンコール史が，フランス語を習得した現地の知識人にどんな影響を与えたか，カンボジアのナショナリズムがどのように成立したかを論じた研究書。
⑤ チャンドラー，デービッド・P.，山田寛訳『ポル・ポト死の監獄 S21——クメール・ルージュと大量虐殺』白揚社，2002年。
　＊民主カンプチア（ポル・ポト政権）で粛清に遭い，S21収容所に収容された人物の供述調書を分析した研究書。クメール語のカタカナ表記に，現地音とかなり異なるものが含まれているので，注意が必要。

参考文献

天川直子「カンボジアにおける国民国家形成と国家の担い手をめぐる紛争」天川直子編『カンボジアの復興・開発』アジア経済研究所，2001年，21-65頁。
小倉貞男「ポスト冷戦とカンボジアの国民和解」三尾忠志編『ポスト冷戦のインドシナ』

日本国際問題研究所，1993年，157-197頁。

オズボーン，ミルトン，石澤良昭監訳，小倉貞男訳『シハヌーク——悲劇のカンボジア現代史』岩波書店，1996年。

笹川秀夫『アンコールの近代——植民地カンボジアにおける文化と政治』中央公論新社，2006年。

チャンドラー，デービッド・P.，山田寛訳『ポル・ポト伝』めこん，1994年。

ヘダー，スティーブ／ティットモア，ブライアン・D.，四本健二訳『カンボジア大虐殺は裁けるか——クメール・ルージュ国際法廷への道』現代人文社，2005年。

山田裕史「カンボジア人民党の特質とその変容（1979～2008年）」上智大学アジア文化研究所 Monograph Series No. 4，2009年。

四本健二『カンボジア憲法論』勁草書房，1999年。

―― ▟▟ *Column* ▟▟ ――

アンコール遺跡の観光開発をめぐる政治

　日本からカンボジアを訪れる機会として，もっとも多いのが観光だろう。2007年と08年にカンボジアの観光省が発表した統計によると，両年とも200万人以上の外国人がカンボジアを訪れ，日本からは15万人以上が入国している。国別でみると，07年は韓国に次いで日本が2位，08年は韓国，ベトナムに次ぐ3位となっている。こうして観光でカンボジアを訪れたほとんどの人が，アンコール遺跡を目指すことは容易に想像できる。ただし，カンボジアの観光開発がアンコール遺跡に極端に偏っていることや，1990年代後半から急速に開発が進んだことで，さまざまな弊害もみられる。

　カンボジア政府が発表した2008年の統計によると，観光・サービス産業が国内総生産（GDP）の41.8%を占めるという。このように大きなお金が動けば，当然ながら政治が絡んでこざるを得ない。カンボジアにおける観光開発の展開をみると，和平成立後の政治状況と密接に関係していることがみてとれる。

　UNTACが活動していた1992年当時も，観光目的でアンコール遺跡を訪れることは可能だった。ただし，クメール・ルージュが武装解除を拒否したことから，行くことができる場所はプノンペン市内と，アンコール遺跡でも中心部の遺跡に限られていた。さらに，日本人が経営する旅行代理店を含めて，外国資本の旅行会社も設立されてはいたが，ガイド付きのツアーであれば，これらの会社も国営企業からパック・ツアーを卸してもらう仕組みになっていた。社会主義時代の名残といえる国営企業の独占状態にあることから，値段が極端に高く，日本で申し込むと約40万円，タイのバンコクにある旅行代理店ならば約10万円，しかもカンボジア国内には2泊3日しか滞在できないという状況だった。

　その後，93年9月の新王国の成立とともに，カンボジアではさまざまな分野での自由化が推進され，観光もその対象となった。ホテルやゲストハウスが陸続と建てられ，地方からシェムリアップの街への出稼ぎ者も急増して，ゴミなどの環境問題，治安の悪化などが懸念されるようになってきた。

　97年7月にプノンペンで発生した人民党とフンシンペックの武力衝突は，外国からの援助の停止とともに，観光客の激減という結果を招いた。だが，98年7月には総選挙が実施され，選挙直後に不正を訴えるフンシンペックとサム・ランシー党のデモ行進，それに対する軍や警察による鎮圧といった事件はあったが，観光客の数は急速に回復し，現在の年間200万人という数字に至っている。

　98年の総選挙によって，国政の場での人民党の圧倒的優位が確立した結果，アンコール遺跡を中心とした観光開発も，人民党中心に進められるようになった。99年4月，人民党と関係が深いソキメックスという石油会社が，国庫に100万ドルを納めることを条件に，アンコール遺跡の入場料徴収を独占的に受注することが決まった。観光客の数は急増しており，入場料収入は簡単に100万ドルを超えると批判が集まり，2000年8月から，300万ドルまでは50%，300万ドル以上は70%を国庫に納めるとの条件で，ソキメックスの子会社であるソカー・ホテルが入場料の徴収を継続することになった。入札もないまま，こうして私企業が遺跡の入場料から利益を得る状況が2016

第8章　カンボジア　207

年まで続いた。

アンコール遺跡への訪問は，陸路や首都プノンペンから船でという方法もあるが，やはり空路の利益が大きい。1999年12月，カンボジア政府がオープン・スカイ政策を発表し，海外からシェムリアップへの直行便が認可されるようになった。こうした政策は，当然ながら許認可にまつわる利権を生み出す。さらに2000年7月には，国内最大手の航空会社だったロワイアル・エール・カンボージュの機体が燃料漏れを起こし，シハヌーク国王（当時）の北京行きが延期になったことを理由に，フン・セン首相の腹心であるソック・アーンが社長に就任している。

近年，アンコール遺跡を訪れる観光客は，外国人ばかりでなく，現地カンボジアの人たちも増え続けている。1990年代半ばまでは，国旗や紙幣に描かれたアンコール・ワットを毎日のように目にしながら，実際に遺跡を訪れることができないカンボジア人がなんと多いことかと，いわれていた。そうした状況と比べれば，遺跡の観光ができるカンボジアの人たちが増えたことは，喜ばしいといえるだろう。ただし，すべての人たちが観光のために遺跡に赴くことができるわけではなく，貧富の差の拡大という問題も考えなければならない。そのうえ，2003年に勃発したタイ大使館やタイ系企業の襲撃事件や，08年のプレア・ヴィヒア遺跡での武力衝突のように，アンコール遺跡はカンボジアのナショナリズムと密接に結びついており，これらの事件が選挙の結果に影響を及ぼすこともある。

さらに日本からは，1980年代から上智大学を中心とする遺跡の調査，保存，修復の隊が派遣されていたが，94年8月以降，外務省の支援を受けて早稲田大学を中心とした隊も派遣されるようになった。その後も2つの隊が成果を競い合い，ときに対立する状況が続いている。アンコール遺跡をめぐる政治は，政治家や官僚，企業の問題であるだけでなく，カンボジアの一般の人たちや，私たち自身の問題でもある。

第9章 ミャンマー

——人間関係で動く政治のジレンマ

伊野憲治

この章で学ぶこと

2016年3月，ミャンマーでは，国民民主連盟（National League for Democracy: NLD）政権が誕生した。事実上のアウンサンスーチー（Aung San Suu Kyi）政権の誕生であった。大勢としては民主化が進む状況にはあるが，憲法の強引ともいえる解釈によるアウンサンスーチーの国家指南役（国家顧問）への就任，ロヒンジャー（ロヒンギャ：Rohingya）への弾圧に象徴されるようなイスラーム教徒と仏教徒の対立問題など，民主化の質が問われる問題も浮き彫りになってきた。

本章では，こうした疑問に直接答えるというより，このような状況を生み出したミャンマー政治の特質を，ミャンマー社会の人間関係のあり方を1つの手がかりとして読み解いていく。対象とする時期は，英領植民地からの独立を達成した1948年以降現在に至るまでである。本章を貫くキーワードをあげるならば，ミャンマー語で表すと，サヤー・ダベー関係，つまりは1つのパトロン・クライアント関係（Patron-client Relationship）といった人間関係である。この関係は，パトロン（保護する者）とクライアント（保護される者）といった二者が，縦に結びついていく関係で，親分・子分関係，主・従関係，派閥関係に近い関係である（コラム参照）。本章は，独立後のミャンマー政治の動きを，パトロン・クライアント関係で動く社会という，いわばミャンマーの政治文化の土台のうえに置きながら，説明していくことを目的としている。

なお，国名表記に関しては，1989年に軍政当局が，国名の英語表記を Burma から Myanmar への変更を発表して以来，日本でもビルマを使用するかミャンマーに変更するか，政治的思惑も絡んだ議論がなされてきている。しかしながら，ミャンマー語における表記は，当時も変更がなされずミャンマーのままであったことも考慮し，便宜的に，国名を指す場合にはミャンマーで統一し，民族名，組織名を指す場合には，適宜使い分ける。

キーワード 軍政，民主化運動，アウンサンスーチー，パトロン・クライアント関係，市場経済の導入，新憲法，2010年総選挙，2015年総選挙，NLD 政権

1　ミャンマーの独立とアウンサン

（1）独立に向けての政治過程

　1948年1月4日，ミャンマーは，英領植民地より独立を果たした。1886年，上ミャンマーの併合により全土が植民地化されて以降，約半世紀にわたって続いた植民地支配は終わった。新たな国家建設がはじまったが，その前途は多難であった。

　ミャンマーの植民地支配からの解放は，独立（independence）という意味より統合（integration）という意味合いが強い。イギリス植民地支配は，ミャンマーに分割統治をもたらした。多数派である仏教徒ビルマ人にかわって，植民地支配は，カレン人やカチン人，チン人など非仏教徒少数民族を優遇し，植民地支配の一角を担わせた。この分割統治政策が，独立後の国家建設にとって大きな負の遺産となった。英領からの独立という目的で大同団結していた諸民族勢力が，念願の独立が達成された後は，ビルマ人中心につくられた国家へ反旗を翻すことになる。もちろんミャンマーにおける少数民族問題は，植民地化以前から存在した。しかし，イギリスの植民地政策が，その後，現在に至るまで，ミャンマー政治の大きなイシューとなる少数民族問題を深刻化したことは否定できない。

　独立直後から噴出した少数民族問題とともに，ミャンマー政治のその後の展開を考えるとき，もう1つ大きな不安定要素があった。ビルマ人内での主導権争いである。

　ミャンマーが最終的に独立を勝ち取る過程のなかで，運動の中心となった組織は，1944年8月秘密裏に結成されたとされる反ファシスト人民自由連盟（Anti-Fascist People's Freedom League：AFPFL）である。この組織の母体は，1930年代から活動を展開した「我らのビルマ団体」であり，その中心は，学生・青年層であった。第二次世界大戦の勃発にともなって，南方進出を企てた日本陸軍は，南機関という諜報機関を通じて，当時は，対英「過激派」とみられていた，ヤンゴン大学の学生や青年層と接触を図った。30名のビルマ人青年を日本に連れ帰り，ビルマ独立軍結成の準備工作を行った。その指導者がアウンサン（Aung San）であった。アウンサンは，独立の英雄として，今でも多くの国民から慕われている。

アウンサンらは，日本や海南島で軍事訓練を施された後，タイで，ビルマ独立軍を結成した。これが，現軍事政権の権力基盤となっている国軍の源流である。ビルマ独立軍は，日本軍とともに，ミャンマーのイギリス支配を駆逐した。しかし，日本側が約束していた独立は付与されず，ミャンマーには日本軍政が敷かれることになる。日本のこうした対応への反発は，戦況が日本に不利になると表面化し，結局，アウンサンらは，日本軍に反旗を翻し，国内の諸勢力を統合し，AFPFL を結成した。この組織が，後にイギリスと独立交渉を行う組織となっていったのである。

　イギリスとの独立交渉の過程で，少数民族との関係も含め，ミャンマーの諸勢力が独立という大きな目標に向かって大同団結が可能となったのは，実は，アウンサンの個人的資質に負うところが大きいし，実際に現在でも，多くのミャンマー人たちもそのようにとらえている。

　ところが，独立を目前にした1947年 7 月19日，ミャンマーの悲劇ともいえる事件が起こる。アウンサンの暗殺である。この暗殺事件の真相については不明な点が少なくないが，ウー・ソー（U So）という政治家が目論んだとされている。ウー・ソーは，20年代から活躍した政治家で，40年には，植民地政府の首相まで務めた人物であった。背後にイギリスの工作があったなどさまざまな憶測の飛んでいる事件であるが，真相は依然謎のままである。いずれにしても，この事件は，その後のミャンマー政治の動向に決定的な影響を与えた。つまり，これまでさまざまな政治的主義や思惑を超え，アウンサンという人物を要として維持されてきた大同団結に，亀裂が生じることとなったのである。それは，アウンサンとの個人的信頼関係でかろうじて成り立っていた少数民族との関係悪化のみならず，ビルマ人内での主導権争いの激化となって現れた。国家的パトロンとなり得る人物の喪失は，権力の空白，政治の混乱に必然的につながっていったのである。

（2）独立後の混迷

　アウンサンの後を継ぎ，独立初期の議会制民主主義体制下で初代首相に就任したのはウー・ヌ（U Nu）であった。ウー・ヌ政権は，発足当初よりさまざまな難問に直面せざるを得なかった。アウンサン暗殺事件では，彼とともに 6 名の主要指導者も暗殺されたため，混乱は想像を絶した。独立後わずか 2 カ月しかたって

いない48年3月にはAFPFL政権からの権力奪取を目指し，ビルマ共産党が武装蜂起した。6月には，独立にむけての国軍再編に当たって，アウンサンがその失業対策として結成していた私兵団の人民義勇軍の一部が，土地改革等を主張しながら地下に潜行し，中央政府に対して蜂起に転じた。また，8月には，共産党の蜂起に同調する形で，国軍内部でも第1・第3ビルマ・ライフル隊が反旗を翻した。さらにビルマ人内のこうした分裂に拍車をかけたのが，少数民族の動きであった。12月には，カレン民族の連邦からの離脱を目指す武装蜂起が発生した。反乱軍の攻勢は激しく，一時期，新政府は「ヤンゴン政府」と揶揄される状況にまで至った。50年代に入ると，中国国民党の残党軍によるミャンマー領内への侵攻事件が勃発し，政権を別の意味から揺さぶった。そして，58年には，47年憲法で，10年後の連邦からの離脱権を留保されていたシャン州で，反政府組織シャン独立軍が結成されるに至る。

　こうした少数民族がらみ，あるいは中国国民党がらみの問題が噴出するなか，これに追い打ちをかける形で噴出したのが政権与党AFPFL内の分裂問題であった。そもそも，アウンサン亡き後のミャンマー政治は，ウー・ヌの求心力に支えられていたというより，タキン・ティン（Thakin Tin），バスエー（Ba Swei），チョーニェイン（Cho Nyein）らの4名による寡頭体制に近かった。1人の強力な指導者のもとに縦につながってはじめて安定するパトロン・クライアント関係という人間関係が支える政治においては，複数のパトロンが存在し，お互いが牽制し合う，きわめて安定性を欠く体制であったといえる。この不安定性が高まると，パトロン・クライアント集団の房（派閥）の利害が表面化し，国全体で対立構造が生まれる。50年代中央政治の帰結は，ウー・ヌ，タキン・ティンを中心とする「清廉派AFPFL（ヌ・ティン派）」とバスエー，チョーニェインを中心とする「安定派AFPFL（スエー・ニェイン派）」の2つの派閥への分裂とその対立をもたらした。この分裂の原因・背景は，イデオロギー上あるいは政策上の対立ではなく，個人的な権力争いにあった。両派の主導権争いは，清廉派が共産党系の勢力の取り込みを図ったために，共産党を最大の敵と考えるネーウィン（Ne Win）を司令官とする軍部との関係性も悪化させていった。結果的に軍部は，安定派との親密度を高める結果となった。そして，この対立構造は，中央のみならず，パトロン・クライアントという縦の人間関係を軸に，農村各地にも両派の対立として影響を及ぼしていった。

2　ネーウィン体制下のミャンマー

（1）ネーウィン体制の成立

　1950年代後半，とくに顕在化した中央政治，AFPFL政権の混乱は地方へも波及し，58年11月に予定されていた総選挙の実施すら危ぶまれる状況となった。しかしながら，この時点で，軍部がクーデタによる政権奪取を企てていたとはいい難い。むしろ，関係打開のための裏工作が進行していたとみるほうが妥当であろう。結局，ウー・ヌをトップとする清廉派と軍部との妥協案は，軍司令官であるネーウィンに国内の治安を回復させ，総選挙を平和裏に実施するための選挙管理内閣を組閣させ，合法的に権力を一時委譲するというものであった。その間，ウー・ヌは，政党活動に専念し，清廉派の再組織化を図ることができたし，安定派にとっては，関係性の良好な軍が政権を取ることを拒否する理由はなかった。両派の思惑は一致し，9月には，ウー・ヌとネーウィンの間に，期限を半年間に限定した条項も含む政権移譲に関する書簡が交わされた。10月28日，国会が召集され，ウー・ヌが辞意を表明するとともに，後継者としてネーウィンが指名されることになった。

　後にネーウィン体制と呼ばれる26年にわたる独裁体制を築いた人物が，政治の表舞台に登場したのであった。ネーウィンは，アウンサンとともに日本軍に軍事訓練を受けた30人の志士の1人である。独立後，多くの志士が政治家としての道を選択したのに対し，彼は軍人としてのキャリアをつみ，国軍司令官の地位まで上りつめた。共産党や少数民族の反乱があいつぐなか，国軍の再建，体制の維持に奔走した中心的人物であったが，当初は，権力欲は薄い軍人とみられていた。ネーウィンへの権力移譲に関しても，国民の間ではどちらかといえば好意的に受け止められたといわれている。ネーウィンが治安状況の未回復を理由に，59年9月の国会において総辞職または憲法規定の改正による続投を迫った時も，結果的に，国会は，政権の存続という結論を出した。ネーウィン政権は，60年2月に総選挙を実施するまで，治安回復，物価の引き下げ，行政機構の刷新，首都の美化，中国との国境協定の締結など一定の政治的成果をもたらしたといえる。また，軍直営企業を設立するなど，軍の政治からの独立性を確保するための足場を築いていった。他方で，政権の延長とネーウィンの厳格な施策の実施は，国民の

間に息苦しさを感じさせるものとなっていった。徐々に，ネーウィンに対する反感が人々の間に広まっていった。

1960年2月，ネーウィンの公約通り総選挙は実施された。公正でクリーンな選挙であったといわれているが，結果は，それを反映するかのごとく，軍部とは一線を画した勢力とみられていた，ウー・ヌ率いる清廉派が，軍部寄りとされていた安定派の4倍近くの議席を獲得し圧勝した。安定派の領袖であったバスエー，チョーニェインの両者も落選するという結果となった。清廉派大勝の背景には，軍部の強硬な施策実行姿勢への反感が，軍部と近いとされた安定派の不人気につながった点，清廉派が，少数民族の協力を得るために自治権の拡大を約束する一方で，ビルマ人多数が信奉する仏教の国教化を掲げるなど多分に人気取り的政策を掲げたことなどがあげられる。しかし，もっとも重要な要因となったのは，国民の間にネーウィンへの反感とともに広まっていった，ウー・ヌの個人的人気にあったことは否めない。

ウー・ヌは，再び首相の座に返り咲き，清廉派は60年3月に，連邦党と改名し，新内閣が成立した。民主主義体制の新たな一歩が踏み出されるかにみえた。しかしながら，またしても政権与党・連邦党内部での分裂問題が急浮上してくる。連邦党の前身である清廉派には，派閥形成当初から，ベテラン政治家とインテリ層や軍人出身の政治家との間に不協和音が存在した。その不協和音は，総選挙立候補者の選定と総選挙後の閣僚人事において表面化した。仏教の国教化問題にしろ，少数民族の自治権の拡大問題にしろ，選挙時に人気取り的に掲げた政策は，実際には非現実的であり，行き詰まらざるを得なかった。政党内の派閥・権力争いと政治の停滞，ミャンマー政治は再び混乱状況を呈するに至る。

ここにおいて，軍は再び動き出す。1962年3月2日，ネーウィンをトップとする国軍がついにクーデタによって政権を奪取する。きわめて険悪化する国家情勢の収拾，社会主義国家建設を目指した47年憲法の理念への回帰など，軍がクーデタに踏み切った理由についてはさまざまな説が出されている。理由がいずれにしても，全権を担う革命評議会のトップはネーウィンであり，そのメンバーのほとんどは子飼いの軍人である体制が成立した。軍と政治の関係については，これまでにも多くの理論的考察がある。しかし，ここで確認しておきたいことは，とくに実戦経験のある軍隊においては，上官と部下の関係は，一種の温情で支えられるパトロン・クライアント関係にみられるような，縦の人間関係と親和性をもっ

た組織となっている点である。軍内の階級関係や同期意識といった要因も軍の動きを把握するときに重要な要素となってくるが，ネーウィンをパトロンとする軍事集団による権力の奪取という特質が，クーデタとその後の政治を大きく規定していったのである。

（2）ネーウィン体制の展開

　62年のクーデタによって成立した新体制は，政治・経済・外交面で独自の政策を推し進めた。4月には，「ビルマ式社会主義への道」と題する革命政権の基本綱領を発表し，ビルマ社会主義計画党（Burma Socialist Programme Party：BSPP）を発足させた。翌63年には党の基本理念「人間と環境の相互関係の方式」を発表した。綱領や理念は，社会主義経済の採用，従前の議会制民主主義に代わる社会主義的民主主義の導入などをうたっており，「ビルマ式」という言葉が冠されるように，マルクス・レーニン主義の唯物論に比して，精神の物質に対する優位性を認めるなどの特徴がみられた。

　ネーウィン政権は，こうした綱領や理念を示すとともに，経済・政治改革に着手していった。63年には，企業の国有化法を公布し，その後，漸次国有化を進めるとともに，政治的には，64年に，BSPPを除く全政党を非合法化し，一党支配体制への礎を築いていった。外交的には，従前の非同盟中立路線が堅持されたが，「鎖国的」体制が強化されていった。国内の最大の懸案である共産党や少数民族反乱組織との関係では，当初，和平交渉が進められたが，結局交渉は決裂し，武力による鎮圧が基本方針となった。

　ただし，ネーウィン体制下のこうした一連の施策を，綱領や理念との関連のみで理解することには無理がある。たとえば国有化にしても，植民地下にインド人や中国人に握られていた経済をビルマ人の手にとり返すといった意味合いが強く，社会主義の理念に基づいたものというよりは，きわめてナショナリスティックな感情に基づいたものであった。一党支配体制への指向や共産党，少数民族との関係への対応も，ビルマ人中心に作り上げてきた連邦の維持といった感情，当事者にとっては使命感に大きく左右されたといえる。そして，多分に，それはネーウィン個人の性格・考え方によって形成されたものであった。

　ネーウィンの意向が政治の方向性を決定することを端的に示す事例が，アウンヂー（Aung Gyi）の事実上の解任である。アウンヂーは，革命政権内において

は，当時，ネーウィンの右腕とみなされていた。しかし，政権成立直後から，経済政策などで見解の対立が表面化し，結果的に，アウンヂーが辞任に追い込まれた。そのため両者の対立は深刻化しなかったが，いわゆるナンバー2の存在を認めないという，その後のネーウィン政権の性格を特徴づける事件であった。ネーウィンは，こうして，自分に対立する人物の存在を許さない，ネーウィン独裁体制ともいえる体制を築いていったのである。

クーデタから12年後の1974年，BSPPを唯一の指導政党と位置付けた新憲法に基づいて，民政への移管が図られた。軍と政治の関係においては，大きな転換となるかにみえた。しかしながら，その実態は，何も変わらなかった。ネーウィンら軍幹部が軍服を脱ぎ，軍事を含む政治全般を指導するBSPPの要職を独占しただけで，ネーウィンをトップとする体制は維持された。むしろ民政への移行は，クーデタ以降，軍内で強化されてきたネーウィンを頂点とするパトロン・クライアント関係という，目にみえない関係を基盤とした権力関係を，憲法という道具を用いることで，合法的に制度化したのである。目にみえない関係の，いわば近代的正当化であった。政治を一党制か多党制か，議会制民主主義体制か社会主義体制かといった，法的・制度的枠組みでは単純に理解することが難しい，ミャンマー政治の特徴が端的に表れた例であった。

（3）ネーウィン体制の動揺

こうして，権力の集中といった観点からは，安定期に入ったネーウィン体制ではあったが，80年代には，社会主義経済体制諸国に一般的にみられたように，体制の硬直化が顕在化する。まず，経済の行き詰まりである。東南アジア全般の70年代の経済成長に比べ，ミャンマーの孤立化に近い経済政策は破綻をきたしていた。ネーウィン政権以前は，「東南アジアでもっとも富める国」であったミャンマーは，「東南アジアでもっとも貧しい国」へ変容していた。国内での生産力は減退し，闇経済が市場を牛耳る状況となった。米の輸出によって獲得してきた外貨も，強制的な農民からの米供出制度に支えられており，農民の政府への不満の増大とともに，安定的確保が難しくなってきた。そして，1987年ミャンマーは最貧国に認定されるような状況に至った。

経済の衰退と同時に，政治的にも，ネーウィンの独裁体制の硬直化がすすんでいった。軍高官を中心とする特権階層が形成され，国民の大多数には恩恵の行き

届かない状況をもたらした。ネーウィン体制に揺らぎが生じた。この揺らぎには1つの特徴があった。

　通常，パトロン・クライアント関係で権力闘争が展開される場合，派閥闘争のような対立する集団が登場し，その両者間で，政治の各レベルにおいて抗争がおこり，どちらかが権力闘争に勝利し，勝者総取り的な体制が生まれる。ところが，ネーウィン体制末期の状況は，このプロセスとは異なった。体制内でのネーウィンの権力は対立集団の存在を許さないほど絶大なものであった。BSPPや軍の高官はすべてネーウィンに育てられ，キャリアを上昇させてきた人物であり，ネーウィンに取って替わるようなパトロンは，その時点では存在していなかった。むしろ，ネーウィン体制の崩壊は，上から下，つまり縦の流れで恩恵が行き渡らなくなったことによってもたらされた，ネーウィンを頂点とするパトロン・クライアントの房の末端レベルでの関係性の崩壊から生じたのであった。

　それゆえ，1988年7月，ネーウィンが辞任を表明すると，一気にネーウィンを頂点とするパトロン・クライアント関係は，ほころびだしたのである。ネーウィン辞任の背景には，前年に採用した経済開放化政策にもかかわらず，廃貨措置を行うなどへの国民の不満，学生運動の顕在化，運動に対する武力鎮圧への反感など，いわゆる3月事件，6月事件という国内の混乱があった。ネーウィンが，そうした状況下で，なぜ自ら，しかも突然に，権力を手放す決断を下したかに関しては謎である。しかし，ネーウィン自身の決断によってなされたことは疑いえない。当時，ネーウィンの意に反して，権力の座から彼を引きずり降ろせるような人物は皆無であったし，軍部もネーウィンの手にしっかりと握られていた。

　ネーウィン辞任の真相はどうあれ，パトロン・クライアント関係で動く社会にあっては，トップの辞任は，それに代わるだけの新たなトップの出現がない限り，ダイレクトに縦の人間関係の崩壊を導く。1988年8月8日のデモに始まり，その後1カ月半にわたってミャンマーを震撼させた，いわゆる民主化運動は，こうした権力の空白状態がもたらしたともいえよう。

3　民主化運動と軍政の再登場

（1）民主化運動の特徴

　いわゆる民主化運動とあらわしたが，それには理由がある。8月8日にはじま

る運動は，ミャンマー史上最大ともいえる大衆運動となった。ネーウィンに代わって大統領に就任したセインルイン（Sein Lwin）は，当初，武力鎮圧で運動を抑え込もうとした。多くの犠牲者が出たが，人々は街中にバリケードを築き，全土はマヒ状態になった。セインルインは辞任に追い込まれ，体制内穏健派とみられていたマウンマウン（Maung Maung）が代わって政権の座に就いた。マウンマウン政権は穏健な解決策を求めたが，その時点では，運動の勢いを止められる者は誰もいなかった。学生や青年層主体の運動は8月末には，社会主義政権下でネーウィンに連なるクライアント集団ともいえる公務員さえ参加する大運動になった。デモやストで掲げられたスローガンは「デモクラシーの獲得」ではあったが，実は運動の当初からこのスローガンが掲げられていたわけではない。むしろ，このスローガンは，運動の展開過程で，大衆の運動への求心力を維持するために，学生を中心とする民主化運動指導者たちによって導入されていったものであった。運動に参加する大衆の不満は，さまざまであった。そうした多様な不満を解消するための合言葉が「デモクラシーの獲得」であった。獲得すべき「デモクラシー」の内容は，参加者個々人の解釈にゆだねられていた。それゆえ多様な勢力が「デモクラシーの獲得」の名のもと，運動に加わっていったのである。

　一般には民主化運動と呼ばれるこの運動にも，やはりミャンマーの政治文化ともいえるメカニズムが働いていた。学生・青年層を指導者とする運動は，指導者個人の顔がみえない形で始まった。学生連盟が中心となる組織ということは一般に知られていたが，そのトップは「ミン・コー・ナイン（Min Ko Naing）」という人物であった。「ミン」は「王」，「ナイン」は「打ち勝つ」，「倒す」という意味のビルマ語であり，「ミン・コー・ナイン」とは，「王に打ち勝つ」，「王を倒す」という意味になる。明らかに偽名であった。だから運動自体は，明確な顔を欠いていたといえる。そうした状況下，運動の拡大とともに，さまざまな勢力が独自の組織を形成するようになった。そのなかには，元首相ウー・ヌ，ウー・ヌ時代に政治家として活躍したチョーニェインの娘，68年クーデタ後にネーウィンの右腕と言われながら失脚したアウンヂー，国防相まで務め国民からも人気があったが，ネーウィン暗殺事件への関与を理由に失脚したティンウー（Tin Oo）などの勢力があった。さらに，アウンサンの娘，アウンサンスーチーのもとに集う勢力も登場してきた。それだけではない，民主化を標榜する団体・組織の結成は後を絶たなかった。まさしく百家争鳴の様を呈する状況となっていった。ネーウィン

というパトロンを頂点とする体制の崩壊は，それに代わるべき強力なパトロンの出現なしには，さまざまな集団が小さなパトロン・クライアント関係を形成し，運動全体としては無秩序に見える状況をもたらした。9月になると軍の一部がデモ隊に加わるという状況に至った。軍の民主化勢力への合流への期待が人々の間で高まっていった。しかし，軍は動かなかった。人々の軍への期待は，不満に転化し，緊張は高まっていった。

9月18日，ついにソーマウン（Saw Maung）を司令官とする国軍が動いた。しかしそれは，法秩序の回復という名のもとの，軍のクーデタによる政権奪取でしかなかった。ソーマウン国軍司令官を頂点とする，国軍幹部からなる国家法秩序回復評議会（State Law and Order Restoration Coucil：SLORC）が，国家の全権を掌握し，BSPP政権は崩壊した。

（2）軍政の再登場と民主化運動

SLORCは，まず強硬姿勢で，運動の鎮静化を図った。再び多数の犠牲者が出た。反対勢力に対しては，徹底的な弾圧が加えられた。他方で，ソーマウン政権は，国民の要望に応えるという形で，複数政党制民主主義の導入，総選挙の実施を国民に約束した。政党の結成が合法化され，200を超える政党が出現した。各政党は，各々政治活動を展開した。しかし，その活動には，国軍批判を禁ずるなどさまざまな制約が付され，軍主導の民主化を逸脱する言動は，厳しくとりしまられた。

民主化を標榜する200を超える政党の多くは名ばかりであり，実体をともなっていなかった。そうした政党のなかで，圧倒的に存在感をしめしたのが，アウンヂー，ティンウー，アウンサンスーチーらが，中心となって結成した国民民主連盟（National League for Democracy：NLD）であった。

NLDは当初，年齢順に，アウンヂーが議長，ティンウーが副議長，アウンサンスーチーが書記長という体制で臨んだが，結党直後から3者，とくにアウンヂーとほかの2者との間には，溝があった。アウンヂーは，アウンサンスーチーの側近に共産主義者がいるとして，その排除を要求した。ネーウィンの片腕とされた時代もあっただけに，アウンヂーの反共姿勢は，理屈の問題ではなかった。結党直後から，党内は揺れに揺れた。結局，この主導権争いは，ティンウー，アウンサンスーチー側に軍配があがった。アウンヂーは党から追放された。ティン

ウーが議長職につき，副議長は空席とされた。

ティンウーを議長とする NLD の組織はいかなる特徴をもっていたのか。実態は，アウンサンスーチー自身がそのような現状をどのように考えていたかは別にして，彼女を頂点とする組織であった。ティンウーのもとに集まった層は，ネーウィン時代に失脚した旧軍人層でしかなかった。NLD の実働部隊ともいえる学生・青年層や知識人層から，アウンサンスーチーは絶大な支持を得ていた。また，彼女の国民レベルでの人気は，圧倒的であった。

アウンサンスーチーがまず行った活動は，地方遊説であった。この地方遊説で彼女が直接国民に訴えた内容は，ミャンマー政治・民主化の現状を考えるうえでも大変興味深い。彼女の地方遊説での主な主張は，「精神の革命」という言葉に象徴される。遊説では，いわゆる西欧近代民主主義の理念や考え方とともに，ガンディー思想や仏教思想に基づいた自己鍛錬の重要性が説かれた。慈悲の思想の徹底と，それによる自分自身の心のなかにある「怖れ」という感情からの自己解放を説いた。目的と手段は分かちがたく結びついているとし，安易な妥協を許さない姿勢を国民に迫った。彼女の訴える民主化は，体制や制度の変革だけではなく，自己の変革なくしてはもたらされないという思想に貫かれていた。パトロン・クライアント関係で成り立つ社会において，近代思想とガンディー思想，そしてミャンマーの伝統・仏教思想を結びつけることで，自律した個人の確立を目指す「精神の革命」を目指したのであった。そしてこの「精神の革命」は，ミャンマー政治を動かす人間関係への挑戦でもあったのである。

こうした彼女の思想と行動の意味が，一般大衆にどれほど理解されていたかは定かでない。しかし彼女の意図は別にして，地方遊説を通じてアウンサンスーチーは，国民にとって自分たちの生活に安寧をもたらしてくれるパトロンの最有力候補者となっていったのである。アウンサンスーチー人気が高まれば高まるほど，NLD の実権も彼女の手にゆだねられることになっていった。組織的基盤が，こうしてある人物の存在によっているこのような政党においては，一度，アウンサンスーチーが自宅軟禁になり行動が制限されると，NLD の活動自体にも壊滅的な打撃を被り，低調となるという現象が生じることになった。1989年 7 月20日，アウンサンスーチーが自宅軟禁になって以降，NLD は，できる限り SLORC との衝突をさけ，密かに総選挙での勝利を目指すしかなかった。

他方，こうした NLD の対抗勢力とみられた旧 BSPP は，民族統一党（National

Unity Party: NUP）と名称を変更し，来るべき選挙での政権奪取に臨んだ。SLORCは，政党活動に関しては中立的な立場で臨むとしていたが，実際には，NUP勢力の復活を望んでいた。

　こうした状況下，1990年5月，SLORCは，総選挙を実施した。SLORCの思惑は，自宅軟禁によってアウンサンスーチーという柱を失い，活動が急激に低迷したNLDと，旧体制の人間関係が維持されているであろうNUPの勢力は拮抗し，政治においては，結果的に軍が主導権を握ることができるというものであった。それゆえ投票と開票は，きわめて自由で公正な形で行われた。ところが，総選挙結果は，このSLORCの思惑とはかけ離れたものとなった。485議席中392議席をNLD候補者が，4議席をNLDの姉妹政党候補者が占め，ほか民主化を標榜する少数民族政党の健闘が目立ったが，NUPはわずか10議席を獲得したにとどまった。SLORCの大誤算であった。

　NLDが，総選挙直前に採用したスローガンは「スー（アウンサンスーチー）が勝ってこそ幸せになれる」であった。このスローガンに象徴されているように，たとえ自宅軟禁中であっても，NLDの勝利は，すなわちアウンサンスーチーの勝利であった。軍という組織的な後ろ盾はあったものの，NUPの敗北はネーウィンという強力なパトロンを欠いた組織として，当然の結果だったともいえる。

（3）対立の構造

　結果的に，政治権力の対立構造は，NLD対SLORC（ネーウィン，ソーマウン）の2つの勢力によるものであった。「勝者総取り」と称される政治文化にあっては，NLDへの権力移譲は，すなわちSLORC（軍）の政治からの排除を意味する。SLORCとしては，それは許容しがたいものであった。そこでSLORCが考え出したのは，選挙結果の反故である。SLORCは，今回の総選挙結果は，独立後の政治状況を勘案するに，少数民族を含む国民の総意を反映したものではなく，国民各層の合意を得た新憲法の制定がまず必要であり，その憲法に沿った政権移譲という新たな方向性を打ち出した。2003年に軍政側が示した「民主化への7段階のロードマップ」の原型は，すでにこのとき作られていたのである。

　NLD側の国会の即時召集・政権の移譲という要求をSLORCは無視し，再びNLD勢力・民主化勢力への弾圧を強化していった。政治的な緊張状態が続くな

か，1992年，政権は，ソーマウン政権からタンシュエー（Than Shwe）政権に移行した。公には，ソーマウンが健康上の理由で辞任したためであったとされているが，政権交代の背景には，政治経済面での行き詰まりを解消するためであったとする見方もある。いずれにしても，この権力の移譲によって，政治権力関係に大きな違いは生じなかった。国軍司令官をトップとするパトロン・クライアント集団では，軍内の序列が乱れない限り，比較的混乱は少なく権力移譲が行われる。この政権移譲は，軍内の序列を忠実に反映したものであり，基本的には，軍司令官を頂点とする体制には変化はなかった。残された課題は，タンシュエーを頂点とするパトロン・クライアント関係の強化のみであった。

　ネーウィン政権と同様，タンシュエーが体制固めとともに取り組んだのが，目にみえない関係の制度化・正当化であった。総選挙から3年後の1993年1月，SLORCは，制憲国民会議を招集した。しかしその構成は，民主化勢力の代表者の割合は，全体の2割程度で，残りの代表はSLORCが指名した人物で固められていた。89年の自宅軟禁措置によってアウンサンスーチーを欠いていたNLDも，軍政の論理に従わざるをえなかった。NLDは制憲国民会議へ参加し，軍の進める制憲作業に結果的に協力していくことになる。軍の政治への関与の保障，主要閣僚の軍司令官による指名，各レベルの議会における軍司令官指名議員の一定割合の確保，緊急事態における軍の権限強化，そして実質的にはアウンサンスーチーの政治からの排除を目指した大統領資格規定など，94年には憲法の骨子が確定されていった。

　こうした足固めをしたうえで，ASEANへの加盟問題など，国際的な配慮もあり，タンシュエー政権は1995年7月，アウンサンスーチーを自宅軟禁から解放する。しかし，ここにおいても軍政側の予想は，見事に外れる結果となる。軍政側がアウンサンスーチーを解放した背景には，すでにNLDの代表者も含む形で進められてきた制憲国民会議での合意事項によって，彼女の行動は極端に制限されざるを得ないという読みがあった。軍政側からすれば，外堀を埋めたうえでの解放であり，アウンサンスーチー自身も，軍政の敷いた「民主化への道」に乗らざるを得ないだろうと考えていた。ところが，実際の展開は全く異なっていた。

（4）政治的膠着状態

　アウンサンスーチーは，解放後ただちにNLDの指導者として復活し，党内に

絶大な影響力を行使し始めた。制憲国民会議から，NLDの代表者を引き上げ，90年総選挙結果に基づいた即時政権移譲を要求する。毎週土日に自宅前で対話集会を開くなど，NLD自体の活動も再び息を吹き返し，NLDとSLORCの政治的対立状況が再燃することになる。そうしたなか，97年11月，タンシュエー政権は，SLORCを解散し，新たに国家平和開発評議会（State Peace and Development Council：SPDC）を設立し，内閣の大幅な改造を試みる。SLORCの解体，内閣改造の理由は，①国軍内部の人事停滞の解消，②汚職まみれの軍幹部の排除，③軍政のダーティー・イメージからの脱却にあったとされているが，実態は，タンシュエーをパトロンとする集団への組織固めの一環であったといえる。

　タンシュエーによる軍政内部の基盤固めが進むなか，NLDとSPDCの関係を決定的に悪化させたのは，98年5月のNLD主催による総選挙8周年記念大会であった。大会では13の決議が採択された。そのなかには，その後の政治の流れを決定づける次のような決議が含まれていた。

① （90年選挙に基づいた）国会を召集する最終期限を設け，当局にその旨通知する件に関し，本大会は中央執行委員会に，その執行権限を委譲する。
② 国民の意思も，民主的方法も無視した憲法は認めない。
③ 90年総選挙結果を無視し，また新たに総選挙を実施することは絶対に認めない。
④ 連盟の十分な活動が展開できるように，連盟議長と書記長に，その決定・執行権限を引き続き委任する。

　この④にみられるように事実上，アウンサンスーチーへの全権委任であった。その彼女は，この大会の席上で次のように訴えた。

　「民主主義と人権，人権と選挙というのは，分けて考えられることができないほど関連したものです。……選挙結果を尊重しないというのは，食事に招待して御馳走を用意し，その食卓の前に座らせておきながら，召し上がらないで下さいといって，目の前の御馳走をかたづけてしまうようなものです。お客さんをバカにした話です。1990年総選挙の結果を反故にするというのは全国民を騙し，侮辱したことになります。……だからこそ，1990年総選挙の結果を反故にし，また別の選挙を実施するというのは，国民民主連盟としてまったくもって認めがたいと

第9章　ミャンマー　223

いう結論を下したのです」。

　軍政側にとっては，大きな打撃であったことは間違いない。アウンサンスーチーに対する警戒感は高まり，行動へのさまざまな規制が強まる。NLD党員への弾圧も強化されていった。

　そして，8月，NLDの国会の即時開催の要求が軍政によって無視され続けるなか，NLDは，国会議員代表委員会を設立する。この委員会は「1990年複数政党制民主主義総選挙法にそった国会開催原則に基づいて，国会が開催されるまで，国会を代表する」とされた。事実上の並行政権の樹立であった。NLDとSPDCの溝は決定的となり，当局のNLDへの弾圧，反NLDキャンペーンは強化された。2000年9月には，アウンサンスーチー自身も再び逮捕され，02年に再度自宅軟禁から解放されたが，03年5月には，再再度身柄を拘束された。この間，アウンサンスーチーが解放されるとNLDの活動は活発化し，身柄を拘束されると，NLDの活動も沈静化するという状況が繰り返された。

　制憲作業の方も遅々として進まなかった。SPDCが本腰を入れて新憲法の制定に取り組まなかった背景には，NLDの動きのほかに，決定的な要因があった。経済的利権の拡大である。

　軍事政権は，88年の発足当初より，経済の発展を1つの重要な目標としてきた。軍事政権は，積極的に市場経済の導入を試みた。1988年11月には，それまで国の独占であった外国貿易を民間に開放し，100％外資の投資形態も認めた。ミャンマーの貿易額は急激に増加し，国内経済にも民間企業の勃興という結果をもたらした。しかし，こうした対外開放政策によってもたらされた経済的恩恵は，いわば政治寄生的資本主義ともいえる性格を有していた。あくまで政治主導的な開放化政策であり，軍政の意向が経済に強く反映するシステム自体は変わらなかった。1997年のアジア経済危機とそれに伴う外貨不足によって90年代末の経済は，再び統制強化の方向へ向かっていった。アジア経済危機は，ミャンマーの政治的膠着状況下，軍政の不安定要因として重くのしかかっていくかにみえた。この軍政側の不安定要因を一気に解消したのが，天然ガスであった。2001年よりタイへの天然ガスの輸出が本格化し，外貨収入はその後天然ガス輸出の伸びとともに大きく改善していった。さらに天然ガスの国家による独占は，SPDC政権の利権拡大につながり，タンシュエーを頂点とする，パトロン・クライアント集団の忠誠心を高め，軍政内部の一枚岩的結束の強化につながっていったのである。

（5）民政移管

　こうした状況下，2003年8月，軍政の位置づけとしてはナンバー3の地位にあったキンニュン（Kyin Nyunt）第一書記が，首相に就任した直後に発表されたのが「民主化への7段階のロードマップ」であった。ロードマップでは，①96年から休会状態になっている制憲国民会議の再開，②国民会議再開後，規律ある真の民主的国家の実現に向け必要なプロセスを一歩一歩進む，③国民会議によって提示された新憲法の基本原則及び基本原則細則に従って，新憲法を起草する，④国民投票による新憲法の承認，⑤新憲法に従って，立法府の議員を選出する公正な選挙の実施，⑥新憲法に従った，国会の開催，⑦国会で選ばれた国家指導者や政府及びその他の中央機関による，近代的で発展した民主的国家の創出，という7段階の道筋が明示された。

　ロードマップの公表は，微妙な解釈が成り立った。一方で，民主化勢力への一定の譲歩とも受け取られ，国際社会等からはそれなりの評価を受けるとともに，他方で，軍政側の敷いたラインによる民主化以外は許されないという，軍政の強気の姿勢の表れであったとする見方もあった。2004年キンニュン首相の失脚は，その微妙な状況を示していたといえる。キンニュン首相は，軍情報部畑の人材で，比較的リベラルな考え方に立つ穏健派と見られていた。SLORC政権では，第一書記として要職につき，タンシュエー政権内でも，事実上，彼に次ぐ，あるいは彼をしのぐ1・2を争う実力を有していた。このロードマップの提示も，民主化への一定の理解を示すキンニュン首相の意向が強く反映されていたと見られている。タンシュエーにしてみれば，このキンニュンの存在は，体制内での最大の不安要因であった。その人物の突然の解任は，ネーウィン時代にも見られたナンバー2切りの再来であり，タンシュエーを頂点とする軍政内部内強硬派の最終的な体制固めであった。ロードマップに沿って政治過程を進めていくという点は共通していたものの，タンシュエーの意図は，かつてのネーウィンと同様，それを体制の制度化・正当化につなげようとすることにあった。新憲法の制定とそれに基づく総選挙の実施は，民主化を進めようとする軍政の意向の反映ではなかったのである。

　そしてついに2008年5月29日，新憲法の諾否を問う国民投票は，98.12％という高い投票率のもと実施された。軍政側の発表によれば，賛成票を投じたものは，その内の92.48％にあたるとし，それゆえ，新憲法は国民の承認を得たとし

た。新憲法の内容は，おおむね，94年当時の国民会議で決定された骨格に沿った
ものであり，最大の特徴は，軍の政治への関与が憲法上保障された点にある。い
わば，軍司令官をトップとするパトロン・クライアント集団の政治的影響力を，
法的・制度的に認めたものとなっている。さらに，アウンサンスーチーを実質的
に政治の舞台から排除したものであった。導入した政治理念や経済システムは異
なるものの，ソーマウン・タンシュエー政権のとった政治プロセスは，ネーウィ
ン政権時代のパターンが忠実に繰り返されているということもできる。ネーウィ
ンに代わりその座についたのが，結局，タンシュエーという人物だったにすぎな
かった。

　こうして2010年，新憲法に基づく総選挙が実施された。NLDが選挙をボイ
コットしたため，1992年に軍政側がイニシアティブを取る形で結成された体制翼
賛組織が政党化した連邦団結発展党（Union Solidarity Development Party：USDP）
が圧勝し，翌2011年テインセイン（Thein Sein）政権が発足した。軍よりの政権
の成立によって，民主化の流れに大きな動きは無いかに見えた。ところが，テイ
ンセインは，大統領就任直後に，自宅軟禁中であったアウンサンスーチーの解放
に踏み切り，彼女と直接対話を行った。直接対話の実現は大きな意味を持った。
アウンサンスーチーとしては，かねてより要求してきた対話による政治問題解決
という要求が受け入れられたことを意味し，彼女の姿勢に大きな変化をもたらし
た。2012年補欠選挙が実施されたが，アウンサンスーチー率いるNLDは，それ
までの姿勢を改め選挙に参加し，彼女自身も立候補し，国会に議席を得た。
NLDとしては2008年憲法の土俵の上で勝負するといったある種の妥協であった
が，テインセイン大統領とアウンサンスーチーという両トップの判断が，大きく
政治の流れを変えていくことにつながっていったのである。

（6）今後の展望

　2015年に行われた第2回総選挙では，NLDは全国的に候補者を擁立し，連邦
議会の選出議員（軍人議員は除く）の約8割の議席を獲得し圧勝した。翌2016年3
月，ティンヂョー（Htin Kyaw）が大統領に就任し，NLD政権が誕生した。ア
ウンサンスーチーは2008年憲法の規定では，大統領になる資格が無く，NLD側と
しては苦肉の選択ではあったが，1988年にはじまる四半世紀にわたる民主化運動
の勝利であった。アウンサンスーチーは入閣せず，NLD党主として実権を掌握

するかに思われた。

　しかしながら，総選挙で圧倒的勝利を得た NLD は，彼女を外相兼大統領府相につかせたのみならず，4 月には，新たに国家指南役（国家顧問）という役職を作り出し，絶大な権限を彼女に付与することによって，実質的「アウンサンスーチー政権」を誕生させた。大統領はその権限を他の者に委譲することができるという憲法の規定を論拠としたものではあったが，国軍議員からの憲法違反であるとの批判を無視する形での，強引ともいえる国家指南役創設であった。

　2015年総選挙によって，ミャンマーの民主化は加速したかに見えるが，不安定要因も存在している。前政権下で問題化したバングラデシュ国境のヤカイン州におけるロヒンジャー（ロヒンギャ）人への弾圧とそれにともなう難民流出問題は，イスラーム教徒と仏教徒の宗教対立を再燃させる状況となっている。さらに，アウンサンスーチー，トップの意向をうかがいながらしか機能しない政治の体質，パトロン・クライアント関係で動く政治にどの程度変化が見られるのかに関しては今後注視していく必要がある。

読書案内

① 矢野暢『タイ・ビルマ現代政治史研究』京都大学東南アジア研究センター，1968年。
　＊本書は，我が国で出版されたミャンマー政治をあつかった最初の本格的な研究書。ミャンマー政治の概略をつかむための必読書と位置付けることができる。
② 根本敬『アウン・サン』岩波書店，1996年。
　＊アウンサンスーチーの父でもあるアウンサンの人生を扱った「現代アジアの肖像」シリーズの一冊。アウンサンとその時代を扱った研究書。一次資料も活用されている好著といえる。
③ 伊野憲治『アウンサンスーチーの思想と行動』アジア女性交流・研究フォーラム，2001年。
　＊アウンサンスーチー及び民主化運動を扱った研究書の一冊。アウンサンスーチーの思想と行動の特質のほか，民主化運動の概要も把握することができる。
④ 工藤年博編『ミャンマー経済の実像——なぜ軍政は生き残れたのか』アジア経済研究所，2008年。
　＊現軍事政権下の経済の実情を明らかにしようとした 7 名の研究者による共著。経済の概況を把握できるほか，軍政の存続の要因について経済的側面から考察が加えられている。
⑤ 中西嘉宏『軍政ビルマの権力構造——ネ・ウィン体制下の国家と軍隊　1962-1988』京都大学学術出版会，2009年。

＊ネーウィン体制を扱った本格的な研究書。現地で収集した一次資料が，豊富に使われている実証的研究として，とくに参考になり，今後の著者の研究への期待を抱かせる好著。

⑥　永井浩・田辺寿夫・根本敬編著『「アウンサンスーチー政権」のミャンマー——民主化の行方と新たな発展モデル』明石書店，2016年。

＊2015年総選挙結果を踏まえたミャンマー政治・経済の現状に関する概説書。筆者は，第2章「ミャンマー民主化運動」で，民主化運動の流れを解説している。

参考文献

アウンサンスーチー，ヤンソン由美子訳『自由』集英社，1991年。

アウンサンスーチー，伊野憲治編著『アウンサンスーチー演説集』みすず書房，1996年。

伊野憲治『アウンサンスーチーの思想と行動』アジア女性交流・研究フォーラム，2001年。

今川瑛一『ネ・ウィン軍政下のビルマ』アジア評論社，1971年。

桐生稔『ビルマ式社会主義——自立発展へのひとつの実験』教育社，1979年。

工藤年博編『ミャンマー経済の実像——なぜ軍政は生き残れたのか』アジア経済研究所，2008年。

佐久間平喜『ビルマ（ミャンマー）現代政治史　増補版』勁草書房，1993年。

田辺寿夫『ドキュメント　ビルマ民主化運動1988』梨の木舎，1989年。

中西嘉宏『軍政ビルマの権力構造——ネ・ウィン体制下の国家と軍隊　1962-1988』京都大学学術出版会，2009年。

永井浩・田辺寿夫・根本敬編著『「アウンサンスーチー政権」のミャンマー——民主化の行方と新たな発展モデル』明石書店，2016年。

根本敬『アウン・サン』岩波書店，1996年。

矢野暢『タイ・ビルマ現代政治史研究』京都大学東南アジア研究センター，1968年。

— ▞ *Column* ▞ —

人々にとってのアウンサンスーチー

　アウンサンスーチーは，なぜミャンマーの多くの人々に人気があるのか。独立の英雄アウンサンの娘であるという点はたしかに大きい。しかし彼女の兄は，結局ミャンマー政治にかかわらなかった点などを考えると，それのみでは納得のいく説明とはいえない。そもそもアウンサンスーチーが政治の表舞台に登場したのは，1988年のいわゆる民主化運動が最高潮に達した時期であった。当時人々は，何を求めて運動に参加したのか，その点の理解なくして，彼女の人気の本当の理由は分からないのかもしれない。

　88年9月に軍がクーデタで全権を掌握して以降，彼女は精力的に遊説活動を行った。その際，本文中にもあるように「精神の革命」を国民に訴えた。それと同時に，西欧近代民主主義とは何か，人権とは何かを簡潔な言葉で訴えかけてもいる。問題は，なぜそれが必要だったのかということである。仮に民主主義や人権といった思想を理解し，人々が運動に立ち上がっていたとすれば，短い演説時間で改めて説明する必要はなかったはずである。

　こう考えると，人々は何を求めて運動に立ち上がったのかという本質的な疑問が生まれてくる。パトロン・クライアント関係という概念は，そうした疑問にも答えるヒントを与えてくれる。

　この人間関係の特質を簡単に表せば，縦に房状に連なった，個人と個人（一対一）の人間関係である。下図のなかでは，P1とC1，P2とC2といった，個々の2名の関係のことを指し，この個々の関係が縦に連なっていく。その個々を結びつけているのは，パトロンとクライアントの一種の互恵関係・役割の交換関係ともいえる特徴をもつ，暗黙の契約関係である。パトロンは，クライアントに対し，経済的にのみならず生活全般の安全・安寧を可能な限り保障し，恩恵を施す。逆にクライアントは，さまざまなサービスを提供する。そのさまざまなサービスは，極端な場合，人格的な従属に近いものになる。その交換内容の度合いは，その時々のパトロンとクライアントの需給関係に求められる。パトロンとなる人物が多く，クライアントとなる人物が少なければ，総体的にクライアントの地位が優位なものとなる。逆にパトロンとなれる人物が少なく，クライアントが多ければ，パトロンの地位が優位となる。図では，PとCの実線の長さの違いでその関係の強度の違いが示されていると考えていただきたい。

　一見すると，日本でもみられる親分・子分関係や封建社会の主従関係，中根千枝が提唱した「タテ社会の人間関係」に，きわめてよく似た関係である。しかしながら，大きく異なる点は，「タテ社会の人間関係」などが，いわば二君に交わらないことを是とする「温情」に支えられているのに対し，パトロン・クライアント関係は，非常にクールな，両者の打算に支えられているといえる点である。興味深いのは，パトロンであってもクライアントであっても，いずれかが契約不履行と相手を判断した場合，関係性の解消には道義的責任が生じない点である。

　このような人間関係によって動いている社会においては，政治のあり方も異なって

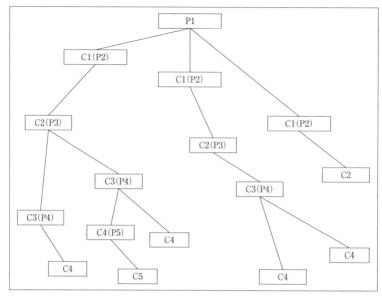

パトロン・クライアント関係概念図

(注) 1. Pがパトロン，Cがクライアントを示す。
2. P1-C1, P2-C2, P3-C3……といった関係が，いずれもパトロン・クライアント関係という。

くる。社会・政治秩序の安定は，どれほど多くの国民が，トップとなるパトロンのもとで恩恵を受けられるかどうかにかかってくる。ネーウィン政権への不満は，まさしく恩恵が末端まで行き届かなくなったパトロンへの不満であったともいえる。その時，現れたのがアウンサンスーチーであり，彼女の訴えた慈悲の政治の実現は，多くの人々に，それぞれの抱く不満を解消する期待をもたらした。人々からすれば，彼女に新たな理想的なパトロンの姿をみたのである。

　民主化運動も，新たなパトロンを求める運動といった視点からみていくと，また別の側面がみえてくるように思えてならない。

第10章　ブルネイ
──現代における絶対君主制国家の安定と改革

金子芳樹

この章で学ぶこと

　ブルネイの人口は約40万人（品川区と同程度）と東南アジア諸国の中で最少であり，また独立から35年足らずと主権国家としての歴史も浅い。そのためか，東南アジアの紹介や解説の中で国として省かれることがしばしばある。確かにブルネイに関する文献，資料，情報は少なく，理解し難い国とのイメージもあろう。しかし実際には，独特の国の形を維持し，小国ながらも異彩を放つ国として，比較政治の観点から大いに興味をそそられる。

　ブルネイは東南アジアで唯一の絶対君主制（専制政治）の国家である。このような政体は，今や世界でも希有となった。1984年に立憲君主制の形態の下に独立したが，実質的には約600年に及ぶ世襲制のスルタンを主権者とする専制政治が続き，「スルタンの私有国」とさえ表される。しかし，北朝鮮のように世界から孤立して強引に個人独裁を続けてきたわけではなく，国際社会に開かれ，受け入れられ，またASEAN加盟国としても着実にその役割を果たしてきた。

　現代におけるこのような専制政体を観察してみると，すぐにさまざまな疑問がわき上がってくる。自由民主主義が世界標準とされるグローバル化の時代に至っても，絶対君主制が維持され続けているのはなぜか。周辺国で進む民主化や「レフォルマシ」（改革）がなぜこの国には波及してこないのか。国民はこの体制をどのように受け止めているのか。政治改革や体制転換が起きる可能性はないのか。

　潤沢な石油・天然ガス収入が国民に高所得と高福祉をもたらしているから，厳格な社会統制によって反体制運動が封じ込められてきたから，独特なマレー人ムスリム社会のパトロン・クライアント関係が強固に保たれているから，といった答えが思い浮かぶ。いずれも間違いではないが，さらに実態に沿った，かつその他の要素も含めた体系的な分析が必要であろう。

　本章では，特異な政治体制を維持してきたブルネイを理解するために，政治と開発のあり方を軸に分析・解説する。

キーワード　絶対君主制，専制政治，政治改革，イスラム，スルタン，マレー人ムスリム社会，レンティア国家，MIB，石油・天然ガス資源，パトロン・クライアント関係

1 国家形成の過程——伝統的統治と西欧型制度の狭間で

（1）脱植民地化の岐路——2つの方向性

ブルネイ（正式な国名は，ブルネイ・ダルサラーム：Brunei Darussalam）は，他の東南アジア諸国から大きく遅れて1984年にイギリスからやっと独立した。しかし，第二次世界大戦後の長い準備期間にもかかわらず，民主主義体制ではなくスルタンが支配する絶対君主制の国としての独立であった。本節では，独立までに長い期間を要したのはなぜか，また独立後の政治体制はいかにして決まったのかに注目しながら，ブルネイの国家形成過程を検討していく。

ブルネイは，マレー人首長（スルタン）を主権者とする王国として繁栄し，16世紀半ばをピークにマレー・イスラム文化や中継貿易などの中心地として広い勢力圏を誇った。しかし，19世紀以降，イギリス帝国の拡大がこの地にまで及んで領土や商業利権が侵食されるようになり，1888年にはサラワクや北ボルネオ（現在のサバ）とともにイギリスの保護国（Protectorate）となった。1906年以降，イギリスは統治責任者として駐在官（Resident）をブルネイに送り込んでマラヤ（現在のマレーシア半島部）のスルタン諸国に準じた植民地統治を行い，宗教（イスラム）を除き行政，財政，外交，防衛などあらゆる面に介入した。一方，イスラムの長としてのスルタンの地位は保障され，マレー人ムスリム社会の伝統に裏打ちされたスルタンと臣民とのパトロン・クライアント関係も保たれた。こうして，西欧型の政治制度・法体系とスルタンの伝統的な権威・統治が併存する二重構造の間接統治下で植民地体制が維持されていったのである。

第2次世界大戦中の日本軍政期が終わった後，復帰したイギリスはマラヤとボルネオの植民地を再編・統合し，大英帝国時代の影響力と経済権益を保ちながら脱植民地化を進めようと考えた。1929年に良質の油田が発見されて経済的価値が高まっていたブルネイも，自ずとその過程に組み込まれることになった。一方，この間にブルネイ国内では独立を志向する二つの相反する動きが起こった。

第1に，1950年に第28代スルタンとして即位したオマール・アリ・サイフディン（Sultan Omar Ali Saifuddin）主導の動きである。スルタンは，対英協調の下に近代国家建設に向けた経済・行政改革を進めるとともに，スルタン制と議会制を併せ持つ自治政府の設立を目指して対英交渉を重ね，1959年には駐在官制度の廃

止（代わりに助言役の高等弁務官を受け入れる）と内政自治の拡大，さらに初の憲法の制定にこぎつけた。この1959年憲法では，スルタンの強い権限を維持しつつ，諮問機関として議会に相当する立法評議会（任命議員17名，民選議員16名）を置くと定めた。さらにスルタンは，1957年にイギリスから独立したマラヤ連邦（1957年に独立）のラーマン（Tunku Abdul Rahman）首相が提唱し，イギリスが後押しするマレーシア連邦構想（ボルネオの3つの保護国とシンガポールをマラヤ連邦に統合）に賛同し，マラヤとの合併による独立を望むようになった。

　第2に，スルタン主導の路線に反発し，独自に独立を目指すナショナリズム運動の登場である。1956年に結成された初の政党，ブルネイ人民党（PRB）は，アザハリ（A. M. Azahari）党首の下，イギリス利権の一掃，サラワクと北ボルネオをブルネイに統合した北カリマンタン統一国家（NKKU）の建設，国政選挙と議会開催の早期実施などを掲げ，住民から幅広い支持を得ていった。また，マレーシア連邦構想に対しては，これをイギリスの「新植民地主義」と非難するインドネシアのスカルノ大統領に同調して反発した。このような情勢下，初めて民意が問われた1962年8月の地方評議会選挙で，PRBは55議席中54議席を獲得する圧勝を収め，立法評議会の民選議員16議席のすべてを確保した。その後PRBは，選挙の結果を重視するイギリス，マラヤ連邦両政府と独自に交渉を始めた。

　しかし，同年12月8日に突如起こったPRBの武装蜂起（アザハリの反乱）で事態は一変した。同党の軍事部門が約4000人の民兵を動員して各地の警察署や高等弁務官邸などを襲撃し，民衆の強い支持を背景に一時はほぼ全土を掌握するに至ったのである。アザハリはフィリピンに渡り，自らを首相とするNKKUの独立を一方的に宣言した（この時期の蜂起の理由についてはまだ十分に解明されていない）。国内が騒乱状態に陥るなか，イギリスは対英防衛協定に基づくスルタンからの支援要請に応えてマレー半島部から2000人の英軍グルカ兵部隊を派遣し，反乱勢力の鎮圧にあたった。英軍の圧倒的な攻撃力と非常事態宣言下での徹底した取り締まりによって，多くの住民が支持・参加したPRBの蜂起は完全に抑え込まれ，事態は間もなく鎮静化に向かった。

（2）マレーシア連邦構想からの離脱と独立達成

　PRBの武装蜂起とその鎮圧は，それまでのブルネイの政治力学を一変させた。反乱以前，スルタンは民意を吸収して王権を脅かすPRBのような政治勢力の台

第10章　ブルネイ　233

頭を警戒し，マラヤ連邦との提携・合併をもってこれに対処しようとしていた。1962年の大規模な反乱は，王国の脆弱性を改めて浮き彫りにし，同時に臣民の忠誠心に対するスルタンの疑念をいっそう強めた。しかし一方で，反乱の失敗とその後の英軍グルカ部隊の駐留，さらにPRBの非合法化と反王権勢力の一掃により，スルタンの王権維持への懸念は縮小に向かい，その結果マレーシア連邦への加盟意欲は逆に減退した。イギリスもこの反乱以降，冷戦下にあって同国の共産化を防ぎ，自国の経済的利益を守る観点から，ブルネイに対する確固たる庇護の必要性を再認識するようになった（鈴木，2015）。

　反乱終結後もブルネイはマレーシア連邦結成への交渉には参加したが，加盟後のブルネイの連邦財政への支出額，マラヤ9州にブルネイを含めた10州のスルタンの間の序列といった加盟条件をめぐる対立や，マラヤ連邦の交渉姿勢に対するブルネイ側の不信感などを背景に，加盟決定期限の直前にブルネイは連邦への不参加を決めた（鈴木，2015）。この結果，独立は持ち越され，1963年8月のマレーシア連邦成立後もブルネイだけは英保護国に留まることになったのである。

　その後20年間，体制選択，安全保障，石油・天然ガス収入の分配などをめぐってイギリスとスルタン側との交渉は継続されたが，双方の折り合いがつかないまま現状維持が続いた。イギリス国内では，植民地解放を叫ぶ国際世論や植民地向け支出の削減を求める国内世論などを受けてブルネイへの早期独立付与を望む声が強まる一方，石油・天然ガスの利権と余剰資産の運用権（英国王直属の植民地経営機関「クラウン・エイジェンツ：Crown Agents」に委託されていた）を確保するために支配の継続を求める主張も根強かった。また，英政府はブルネイに民主主義制度を導入させることで民衆の不満の蓄積を抑えようとしたが，財界などは専制であっても親英的なスルタンによる統治を望んだ。このようにイギリス国内でも意見は割れていた。

　一方，スルタン側は，スルタンの絶対的権限とイギリスによる防衛責任の継続を英政府が保障した上での漸進的な権限移譲を求めた。スルタンはPRBの反乱前後から民主化には消極的であったが，議会制自体は否定せず，選挙も地方評議会（1965，68年）と立法評議会（1965年）で実施するなど一定の改革姿勢を見せていた。しかし，教育や人材開発が未発達なままでの民主化や独立はむしろ混乱を招くとして，本格的な政治改革には踏み込まず，独立も急がなかった。

　この間，PRB以外の野党は活動を許され，新党も結成された。1966年には野

党の連合体として独立人民連合（BAKAR）が結成され，一時は権限移譲の受け皿としてイギリスからも期待された。しかし，スルタン側に対する決定的な代案を打ち出せないばかりか，各党で内紛・分裂が絶えず，また PRB の蜂起失敗後の民衆の政治離れや過激な政治活動への拒否反応なども手伝って，BAKAR は民意を汲み上げる有力な政治組織には育たなかった。このことはスルタン専制を温存させる1つの背景となった。

1960年代後半から70年代にかけて，英政府からの民主化圧力とは逆に，ブルネイ国内では権威主義的な色彩が強まった。在野の政治家に対する締め付けを強める一方，1968年を最後に立法評議会や地方評議会の選挙を停止し，立法評議会議員をすべて任命制に替えた。また，スルタン自身が政治の実権を握りつつ1967年に長男のハサナル・ボルキア（Hassanal Bolkiah）へ譲位するなど，独立後の権力掌握を見据えて身内や側近による体制固めを進めていった。

1970年に入るとイギリスで，民主主義制度の導入に甘く，軍事支援の継続に寛容な英保守党が政権に就いたため独立交渉は進展をみせ，1978年には5年後の完全独立が決まった。懸案の防衛問題については，独立後も英軍グルカ兵部隊約1000人が駐留を続け，同時にブルネイ国軍の拡充・強化と退役英グルカ兵による予備隊の結成などの自立化を進めることになった。また石油・天然ガス収入の帰属については，オイルショック後の石油産業国有化の世界的潮流を追い風に，スルタン側に有利な条件（独立後の国有石油会社の持ち株の5割をブルネイ政府が所有）が通り，資産運用権に関しては「クラウン・エイジェンツ」の投資失敗による巨額損失などを受けてスルタンは同機関への委託を打ち切った（河野，1998）。

イギリスは長年にわたって，石油・天然ガス利権および余剰資産運用権の確保と引き替えに安全保障の傘とスルタンの地位をブルネイ側に保障してきた。独立後の両者の関係については，長い交渉の末，上記のような妥協点に至ったが，政治体制に関しては，イギリスが求めた議会制民主主義の導入は実現せず，結局イギリスは1959年当時と基本的には変わらないスルタンによる専制的な政権へと権限を移譲せざるを得なかった。こうしてブルネイは，1984年1月1日，完全独立の日を迎えたのである。

第10章　ブルネイ　　235

2 政治体制と権力構造——国王（スルタン）専制の基盤

（1）国王専制下の寡頭支配体制

　ブルネイの政体は，1959年憲法を部分的に修正した1984年の独立憲法において，制度的には立憲君主制の装いを持たせた体制として定められた。しかし実質的には，世襲制のスルタン兼国王（the Sultan and Yang di-Pertuan：スルタンと国王は同一人物が就くが，独立後については国家元首としての称号である「国王」を用いることとし，以下，国王と略す）に極度に権限が集中する専制的な政治体制（絶対君主制）となっている。この独立憲法は2004年の一部改正に至るまで修正されることなく，また基本的な政治体制も，小規模な変更を除いては，現在に至るまで独立時の形態を維持している。本節では，このようなブルネイの政治体制を主に制度と権力構造の面から整理してみたい。

　憲法規定に基づくと，行政権は国王に帰属し，国王に任命された首相と閣僚によって行使される。立法権についてもやはり国王に帰属するが，立法過程では議会に相当する立法評議会の助言と同意を得て法制定がなされる。ただし，諮問された同評議会が同意しなくても国王は最終的に裁可できると定められている。また，民主化の尺度となる民選議員の規定については，その定数（1964年の改正で21議席中10議席と規定）が増えるどころか全面的に削除され，立法評議会は職指定の6人（首相，大臣，検事総長，宗教顧問）と国王による任命議員15人（官僚議員5名を含む）のみで構成されることになった。さらに，政情不安の回避を理由に独立の1カ月後に憲法の「立法評議会」と「立法手続」の条項が停止され，その後2004年までの20年間，立法評議会が開催されることは一度もなかった。司法制度については，英統治時代から引き継いだ三審制となっているが，憲法には司法権に関する規定はいっさいない。このように憲法上も国王に極度に権限が集中する制度となっており，三権分立も確立されていない。

　さらに特筆すべきは，1962年のアザハリの反乱の際に宣言された非常事態が，独立を挟んで現在まで一貫して継続していることである。そのため，立法，予算，条約批准など広範にわたる国家の決定は国王と各所轄官庁との間で検討され，国王の勅令（order）として布告されてきた。勅令の適用範囲は，国民の権利，公務員の権限，経済活動，人の身分や財産の処分など，国民生活のほぼすべ

てに及ぶ。

　一方，一般市民の政治活動は言論の自由も含めて厳しく規制された。政党の結成は合法だが，体制批判や改革要求を行った場合，裁判なしで身柄を拘束できる国内治安法（ISA）が発動されるため活動は制限された。1960年代に林立した政党は独立までにほぼ姿を消し，独立後には３つの政党が結成されたが，これらも公務員の政治活動禁止，ISA による幹部の拘束，組織としての登録抹消・非合法化などの措置により本来の活動はできず，現在１党が残っているのみである。

　このように，民意を汲み上げる制度は国政レベルでは機能しておらず，民主主義とはかけ離れた専制的な体制がしかれてきた。もっとも，近隣の東南アジア諸国が独立後まず旧宗主国の議会制民主主義の理念と制度をモデルとして導入したのとは異なり，ブルネイは独立時のモデルをスルタンが絶対的権限を有する中東のスルタン専制諸国に求めてきた。ブルネイ国王の権力の正統性は，西欧的な民主主義制度でも開発独裁体制が主張する開発の実績でもなく，スルタン制とマレー王権の下での支配の伝統に依拠しているのである。

　また，国王に極度に権力が集中するとはいえ，個人独裁ではない。むしろ，歴史的に形成された特権的支配層が，国王を中心とした強固な権力サークルを築いてきた。この支配層には，伝統的階層の上部に位置する王族と貴族層（国王直近の王族，王族の中から選ばれた高官，非王族の高官など）およびそれを取り巻く側近や高級官僚などが含まれる。彼らの影響力は絶大で，省庁の閣僚ポストの多くはこの層によって長らく占められてきた。

　首相ポストには独立から現在まで一貫してハサナル・ボルキア国王が就き，さらに国王は財務相，内務相，国防相を兼務，2015年からは外務貿易相も兼ねてきた。外務相（2005年以降外務貿易相）は独立から2015年までの30年間，３人の国王の弟のうち長弟のモハメッド・ボルキア（Mohamed Bolkiah）が務めた。末弟ジェフリ・ボルキア（Jefri Bolkiah）も一時，青年スポーツ相と財務相の座に就いていた。その他の大臣職もほぼ貴族層が占めてきた。

　官僚機構は，英統治時代以来整備されてきたが，主要な政策の決定・実施や予算外の経費執行などについては原則的に国王の裁可が必要で，官僚の権限は概して小さい。また，社会階層とそれに伴うパトロン・クライアント関係が行政組織内にも組み込まれており，政策の立案，実施のいずれにおいても特権的支配層に対する官僚組織の自律性は低い。なお，官庁の中では国王直属の首相府が規模，

第10章　ブルネイ　　237

権限ともにもっとも大きくなっている。

　また，内閣にあたる閣僚評議会の他に，枢密院（憲法改正，特赦，叙位叙勲など担当），宗教評議会（イスラム全般担当），王位継承評議会の３つの機関（いずれも首相府が事務局）も国王への助言機関として，特権的支配層が影響力を行使する場となっている。ハサナル・ボルキア国王は，強力なリーダーシップを発揮した父親のスルタン・オマールに比べて，これら周囲の助言者（もしくは「取り巻き」）の意見を取り入れるタイプのリーダーといわれている。形態としては国王による専制政治に分類されるが，実態面からみると国王を中心とした支配層サークルが権力と経済利権を共有する寡頭支配（取り巻き政治）体制といえよう。

（2）レンティア資本主義

　国王や特権的支配層に権力が集中するこのような政治体制は，石油・天然ガス資源の輸出収入と海外資産の運用益が支える独特の経済・産業・財政構造と結びつきながら，現在の国家体制を形成してきた。そもそもブルネイの経済発展は，先進国からの資本・技術の導入と国内の安価な労働力の動員を集中的に行い，輸入代替および輸出指向工業化を進めてきた近隣諸国のそれとは大きく異なる。ブルネイ経済は外資が開発するエネルギー資源の輸出にもっぱら依存しており，独立後もほぼ一貫して，石油・天然ガス部門がGDPの約65％，輸出の90％以上を占めてきた。また，石油・天然ガス収入によって築かれた海外資産は数百億米ドルにのぼるともいわれる。

　石油の生産・販売は，ブルネイ政府とロイヤル・ダッチ・シェル社が50％ずつ出資するブルネイ・シェル石油（BSP）社が主に担い，天然ガス開発はブルネイLNG社（政府50％，シェル社，三菱商事が25％ずつ出資）が圧倒的な支配力を持つ。ブルネイは，独立後も同部門に携わる外資を接収して完全国有の石油会社を設立することはせず，石油輸出国機構（OPEC）にも加盟しなかった。それに代わり，外資に採掘権を与え，その代償として出資比率に見合ったロイヤリティを取る採掘契約方式をとってきたのである。

　こういった経済・産業・財政構造は明らかにASEAN型とは異なり，中東産油国のレンティア資本主義（Rentier Capitalism）に近い。海外の企業などから定期的に発生する多額のレント（石油・天然ガス会社が支払うロイヤリティや税金）を収入の基盤とする「レンティア国家」は以下のような特徴を有するとされる。①国

民への課税はなく，財政収支の均衡に縛られずに公共財を供給できる，②国内経済で政府・公共部門が支配的な地位を占める，③余剰資金を国際金融市場で運用する，④製造業，農業部門が育たず，サービス部門は海外からの雇用で賄われる，⑤経済問題の政策決定に政治的思惑が影響する。ブルネイにも，① GDP や政府収入における石油・天然ガス部門への高い依存度，②レント収入の再分配としての豊富な社会インフラと高福祉，③高い公務員比率，④低調な製造業，農業部門，⑤外国人労働者・技術者への高い依存度，⑥王室と政府による巨額の海外資産，⑦国家財政と王室財政および国家事業と王族ビジネスの区別の曖昧さ，といった特徴があり，同国はまさに「レンティア国家」といえる（Gunn, 1993, Cleary and Wong, 1995）。

　ブルネイ政府は，極端に言えば，石油・天然ガス収入が確保される限り，税の徴収や経済開発のための人的・物的資源の動員といった国民に直接働きかける機能を必要としない。いわば「与えるだけの政府」ですむため，動員型の国家に比べて国家と国民との間の契約関係は厳格ではなく，それが伝統的なパトロン・クライアント関係を継続しやすくしているともいえる。このような経済構造も同国の政治体制を支える要素となってきた。

3　安定を支える国家・社会関係

（1）国王による直接統治

　民主主義からは大きくかけ離れた専制政治にもかかわらず，この国では大きな政治的動乱や社会的不和が起こらず，独立後の安定した30年が経過した。他の東南アジア諸国と異なり，権威主義的な体制に挑戦しようとする政治的動きはきわめて鈍く，むしろ国民がこの体制を積極的に受け入れているかのようにさえみえる。本節では，国家と社会（国民）との関係に着目し，国家もしくはその権力を体現する国王が，国民から忠誠や権力の正当性をいかに取りつけてきたかについて，国民の受け止め方を含めて考えてみたい。

　この国の国家と国民の関係の特徴の第1は，国家が国民に対して施してきたアメとムチの内容とその組合せにみられる。アメとは，政府による豊富な石油・天然ガス収入の分配として国民が享受する高所得（1人当たりの GDP はアジアではシンガポールと日本に次ぐ）と高福祉（所得税免除，教育・医療の無償化，低価格住宅の大

第10章　ブルネイ　　239

量供給など）を指し，さらに約7割の国民が公務員として雇用され種々の恩恵を得ている点（これも広い意味で福祉の一部といえる）なども含む。一方，ムチとは，政府による厳格な政治・社会統制であり，狭い領土，少ない人口の国において国民がこれらを回避することは困難である。こういったアメとムチが国民の不平不満を中和・抑制し，民主化要求や異議申し立てを顕在化させない国家の安定化システムとして機能してきたといえよう。

　国家の安定に寄与してきた国家と国民の関係の第2の特徴として，ブルネイ人自らが「民主的」と呼ぶ仕組みも一考に値する。その1つは，国王とその「臣民」との関係である。伝統的に中東アラブ諸国のスルタンは頻繁に地方行脚を行って君主として支配する人々（臣民）の陳情を聞くというが，ブルネイの国王もさまざまな機会に各地に赴き，彼らの直訴に耳を傾ける。公共施設やモスクの建設・修理といった陳情や行政面でのさまざまな異議申し立てを聞き，そして速やかにそれらの案件に対応するのである。また，公務員向けの特別給付金や障害者向けの補助金などが国王や王族から提供されることもある。政府が行う行政サービスと並行して行われるこのような国王からの直接的な「福祉」の提供は，その見返りとしての忠誠と対をなしてパトロン・クライアント関係の基礎となり，それが国王の権力と社会の安定の基盤にもなっている。

　もう1つの「民主的」な要素は，地方行政制度である。ブルネイ人は，国政選挙はないが地方レベルの選挙は昔から存在するとよく言う。ブルネイには4つの州，38の郡，約140の村があり，国王への直訴権を持つ郡と村の長はたしかに選挙で選出される。村長選挙では，村民の推薦を受けた数人の候補者が州行政官に立候補申請を行い，行政官による適性審査後に公示され，村民（国籍保持者）が投票を行う。郡長選挙では郡内の村長から候補者が選ばれ，やはり適性検査後に公示，投票となる。選挙で選ばれた村長や郡長が国王との直接的なパイプを持つことで「民主制」が成り立っているというのである。西欧基準とはかなり異なるが，ブルネイ流の限定的選挙制度といえよう。

　なお，村長を候補者とする郡長選挙の方法は，2011年に立法評議会の議員の一部（4州から各1名）を選ぶ限定的な「国政」選挙が実施された際に適用された。また，女性議員は長らく登場しなかったが，2011年に立法評議会で2名の女性議員（元高官）が任命議員として選定された。

（2）国家理念としての MIB とイスラム化

国家と国民との関係を位置づけるブルネイの国是として，「マレー，イスラム，王権」（Melayu Islam Beraja：MIB）がある。これは，①マレー人の文化的要素，②イスラムの価値体系，③国王の権威，を三位一体として国民意識の形成を図ろうとする概念である。換言すれば，マレー人の伝統文化を国家の核とし，マレー人の宗教であるイスラムに規範を求め，その上でマレー人ムスリム社会の守護者たる国王の絶対的な権力を正当化する国家イデオロギー（理念）といえる。MIBは，独立時に表明されたが，特に1990年代以降，マレー人ムスリムに限らず，すべての国民が尊重・実践すべきものとして，政府によって積極的に啓蒙・推進が図られてきた。初等から高等までの教育機関で MIB は必修科目とされ，また一般国民向けにも各種レベルでさまざまな MIB 講座やセミナーが開催される。

また，1990年代以降，MIB の普及とともに，その重要な柱である国家アイデンティティとしてのイスラムの振興，つまりイスラム的価値・制度を政治・経済・社会システムの中に強く反映させようとするイスラム化政策が推進されるようになった。具体的には，酒類の販売・飲用の全面的禁止，ハラル食品の振興とハラム（非イスラム的）食品の摘発強化，イスラム銀行の設立，大学でのイスラム学部の設置，養豚業の禁止などである。国王自らも頻繁にメッカ巡礼に赴くなど，「信仰心深く宗教的威厳を備えた王」のイメージ作りに腐心してきた。また，イスラム教育・研究面を中心に，アラブ諸国とのパイプも拡大・強化された。たとえば，政府は1992年にエジプトのアズハール大学と協定を結び，アラビア語やイスラム法の教師や研究者を招いて「純度の高い」アラブ文化とイスラム教義の導入・醸成に努めるようになった。

こういった MIB の普及や「上から」のイスラム化は，近代化や開発路線がもたらす安易な欧米化や伝統的価値の崩壊に歯止めをかけ，伝統的価値・制度に依拠する国王の権力を正当化して体制の維持・存続を図る重要な装置となってきたのである。ただし，これはシャリア（イスラム法）に基づく国づくりを目指す排他的なイスラム原理主義とは異なる。ムスリムとしてのアイデンティティは強く持ちつつ，欧米的な価値やシステムと共存しながら近代化を目指すというのが国王と政府の立場なのである。

また，MIB は，インドネシアのパンチャシラやマレーシアのルクヌガラなどの国家理念に近いが，違いもある。多様な国民の統合に力点を置く他の東南アジ

第10章　ブルネイ　　241

ア諸国の国家理念とは異なり，ブルネイの国家理念は多民族性を無視するがごとく，マレー人ムスリムの中心性を躊躇なく打ち出している点で特徴的といえる。ブルネイの民族構成は，首相府省統計局の人口センサス（2016年改訂版）によると総人口42万2,678人のうちマレー系が65.7%，華人系が10.3%，その他（インド系住民および他の少数民族，外国人）が24.0%を占める（なお，この中で国籍保持者は76.8%，永住権保持者は8.0%，一時滞在者は15.2%となっている。出所：Prime Minister's Office, Brunei Darussalam, *Population and Housing Census Update 2016*）。マレー人（＝ムスリム）は多数派とはいえ，華人が10%，他の民族も含めると3分の1を非マレー人が占め，文字通り多民族国家なのである。しかし，この点が国家理念に反映されているとは言いがたい。

　さらに，マレーシアのようにマレー人優先主義の憲法規定はないものの，実際にはマレーシア同様，もしくはそれ以上に手厚くマレー人を優遇する施策（公務員の任用，教育機会，事業免許など）がとられている。反面，第2の民族集団であり，伝統的に民間の商業部門を担ってきた華人などの他民族に対しては，厳しい国籍取得条件を課すだけでなく，MIBに示されるように国民としての位置づけにおいても歴然とした差がある。非マレー人を「二級市民」として扱う傾向は他の東南アジア諸国に比べて格段に強い。その意味でブルネイは，国民国家というよりもスルタンとムスリム「臣民」との関係を軸とするイスラム王国の様相を色濃く残しているといえよう。

4　政治改革のかすかな兆し──「上からのレフォルマシ」

（1）アジア通貨危機と変革のさざ波

　既述のような専制政治の政治経済構造と国家・社会関係がもたらす独特の安定化システムの下で，ブルネイは長らく社会の安定と高い福祉・所得水準を維持してきた。しかし，グローバル化や周辺諸国で民主化が進むなか，この国だけが政治改革，民主化，体制転換などと無関係でいられるのだろうか。じつはブルネイでも，1997年のアジア通貨危機を契機に政治変革の波がわずかながら立ち始めた。

　周辺諸国の通貨が暴落し，高度成長を謳歌してきた各国の開発体制が動揺の最中にあった1998年，その陰に隠れて目立たなかったものの，ブルネイでも独立後

最大の政治的動揺が起こっていた。国王の末弟でありブルネイ投資庁（BIA：石油・天然ガス収入がもたらす余剰資産の管理・運用にあたる政府系投資機関）の長官を務めるジェフリ・ボルキア殿下（1997年2月まで財務相を兼務）が経営権を握る国内最大手の多角的企業アメデオ社が，経営破綻に陥ったのである。同社は，建設，情報通信，観光など多方面に事業を展開する王族系企業で，大型テーマパーク，高級リゾートホテル，高度先端医療機関などの大規模プロジェクトを次々と手がけていた。豊富な資金力を強みに海外からの需要を狙った新型事業を進めており，非石油部門の多角化と競争力強化を目指す政府の開発政策を体現する企業でもあった。しかし，放漫経営や海外での野放図な投資・投機により，アジア通貨危機のなかで経営悪化が表面化したのである。

1998年6月に財務省による調査が始まると，アメデオ社の不透明な経営体質が公然と批判され，さらに国家の資産運用を担うBIAの資金が長官であるジェフリ殿下の下で同社の経営資金に不正に流用されていたことが明らかになった。この事態に国王は，同殿下からアメデオ社の経営権を剝奪し，BIA長官から解任するとともに，同問題に関与した法務相やBIA幹部を罷免した。この事件は，政府と王室の財政や信用に多大なダメージを与えたばかりでなく，この国の政治環境全体にも少なからぬ影響を及ぼした。

第1に，従来は非公式な「噂」の域を出なかった政経癒着や国家・王室財政の不分離・不透明性の問題が初めて政府や国王自らの手で公表・批判されたのである。国王への批判の波及は回避されたものの，政府関係者や政府系メディアは同殿下の責任に言及した（海外メディアは，初等教育しか受けていないことや放蕩癖が強いことなど個人的な背景に注目する傾向が強かった）。このような認識はかねてより国民の間に存在していたが，同事件をめぐって王族や政府当局者から公然と批判されたことで，国民からの評価が社会に表出しやすい環境が生まれた。ブルネイ社会のタブーが1つ破られたともいえる。第2に，政府の側にもこの事件を契機に，伝統的な「王家の国家」から近代的な「法治国家」へ向けた体制整備を図ろうとする動きが現れた。国王は国家資産の管理をモニターする監査委員会を発足させ，定例の演説でも頻繁に「クリーンな政府」の重要性を訴えるようになった。また，この時期を境に伝統的支配層に属する政治家や官僚であっても汚職で摘発されるケースが出始めた。

これら一連の流れの背景には，インドネシアやマレーシアで権威主義体制打倒

による民主化を求めた「レフォルマシ」（改革）運動が高まりをみせ，インドネシアでは体制転換にまで至ったことを，ブルネイ政府もさすがに看過できなかった面がうかがえる。とはいえブルネイでは，この事件を契機に民意が政治に反映しやすくなったわけでは決してない。政府内には王族や政府への批判が体制維持の安全レベルを超えることへの警戒感は強く，バランスをとるかのように，その後，新聞報道を規制する法令（2001年）や社会団体の登録制度を強化する法令（2005年）といった社会統制強化策が導入された。

（2）2004年「改革」とその限界

　1990年代末に起こった政治改革の動きは，数年を経て1つの制度に結実した。立法評議会の再開と憲法改正である。国王は2003年に，独立直後に停止された立法評議会を復活させて憲法改正を行うことを予告し，それを「改革」と位置づけた。そして，国王の勅令に基づき，2004年9月に憲法規定に則って21人の議員が召集されたのである。21人の議員は，閣僚・官僚の職指定議員11人と財界・教育界の有力者や地域の代表などからの国王任命議員10人から構成されていた。

　独立後初の立法評議会では，まず憲法改正案が承認された。改正の柱の1つは国王の行政権の拡大・強化にあった。これは，国家のルール設定を国王の自由裁量から憲法上の国王権限へと制度化しつつ，立法評議会の再開に合わせて国王の権限を同評議会より上位に位置づける意味合いが強い。同時に国王直属の首相府の権限を拡大し，省庁間の調整・統括機能を強化する改正も行われた。

　もう1つの柱は，立法評議会議員の定数を21から45へと拡大し，かつ45人のうちの15人を民選議員とする点であった。一部とはいえ国政に携わる議員を選挙で選ぶとなれば民主化への大きな一歩といえたが，実際には選挙の詳細は明示されず，実施は選挙制度や担当機関などのインフラが整備されてからと，実質的に棚上げされたのである。

　2004年に開催された立法評議会は3日間の会期と短かったが，憲法改正案を審議して可決した後，最終日には国内のさまざまな問題について任命議員が質問し，閣僚・官僚議員が答弁するセッションが開かれた。質問は，失業，住宅，汚職，年金，薬物乱用などから官僚主義の是正，ビジネス環境の整備まで多岐にわたり，それらに対して政府の対応状況が説明された。また，質疑応答の内容は新聞や政府のホームページなどで詳しく紹介された。国民を代表する立場から任命

議員が質問に立ち，政府側が答えるという場を設定し，その内容を広く公開するという点では一定の改革といえよう。翌年からは，改正規定に従って議長1人，閣僚議員14人，官僚議員3人，5人の地方代表を含む任命議員12人からなる30人（定数45人のうち民選議員15人を除く）の議員が召集され，年1回，約1週間の会期で次年度予算の審議と各種問題への質疑応答が行われるようになった。2008年には豪華荘厳な議事堂も完成した。

　このような改革はブルネイでは画期的といえたが，一方，近隣諸国の民主化の流れと比べるとあまりにも限定的かつ歩みが遅い。これを民主化として捉えられるか否かについても留保点が残る。第1に，立法評議会は予算審議や政府との質疑応答の場にはなっていても法案の審議・採決は行わず，肝心の「立法」機能は果たしていない。さらに，従来の憲法では法制定の最終権限は国王にあるものの立法評議会の同意が必要とされていたが，この改正でその条項さえも削除された。法律は依然として国王の勅令として発せられ，同評議会は国民主権を実現する立法機関としては扱われてはいないのである。また，民選議員の選挙に関する具体的なロードマップは示されず，すべて国王の裁量に委ねられていた。

　第2に，政党政治の発展についてである。独立後，国家団結党（PPKB：創設は1986年），人民覚醒党（PAKAR：同2001年），国家開発党（PPB：同2005年）が結成されたが，厳しい規制や人材不足のため国政に関与できる政党には育たなかった。むしろ，2005年の新社会団体令によって政党やNGOなど社会団体の認可や監視の規定が厳格化され，その結果，2007年にPAKAR，2008年にPPKBがそれぞれ解党命令を受けた。仮に選挙が実施されても，現政権のオルタナティブをめぐって政党政治が展開するといった可能性は当面想定できない。

（3）2つの開発路線

　次に，アジア通貨危機後にブルネイがたどった経済開発の過程に目を向けてみよう。通貨危機後の時期を「失われた10年」と称して開発の停滞を嘆く声が聞かれるほど，同国の経済回復は鈍かった。実際に2010年当時，首都バンダル・スリ・ブガワン周辺では新しい議事堂と幾つかのショッピングモールを除いて大規模な開発の様子はほとんど見られなかった。特に国家主導の開発プロジェクトは大きく減った。これは景気循環や資源価格の変動によるものだけでなく，開発路線そのものの転換に由来する面があった。

第10章　ブルネイ　　245

ブルネイの支配層のなかでは1990年代初頭から，一方に欧米的かつ現実主義的な近代化志向を持つ勢力，他方に伝統主義やイスラム志向が強い勢力（欧米的な近代化に対しては保守的で慎重）が併存し，両者が綱引きをしていた，との見方がある。1990年代にジェフリ殿下が主導した開発路線はまさに前者に当てはまる。石油・天然ガス収入を原資に開発業者（欧米系やインド系・華人系のデベロッパー）と組んで先駆的な開発プロジェクトを次々と手がける方法は，非資源部門の開発を目指す政府の開発戦略（後述）とも同調し，製造業の発展が困難な同国にとって有効な開発手法にもみえた。しかし，政経癒着や国家・王室財政の不透明性といった古い政治体質が，その路線に破綻をもたらした。

一方，1990年代には，それと並行してもう１つ，イスラム化やMIBを国家建設の基盤として重視する保守的な路線があった。2000年代の開発の方向性を主導したのは，公金を流用してまで事業を拡大するやり方を大規模開発の歪みと批判し，権力サークル内で主流を占めるようになったこの勢力であったとみなされる。その中心にいたのは国王の長弟であり独立以来長らく外相の座にあったモハメッド・ボルキア殿下である。敬虔なムスリムでもある同殿下は，通貨危機後の戦略を立てる閣僚経済評議会の議長に就いたほか，前出の憲法改正を検討する委員会の長を務めるなど2000年代の政策立案を主導した。この路線の下，国内の大規模プロジェクトは手控えられ，政官財の関係や国王を含めた王族の権限についても透明性やコンプライアンスの重要性が強調されるようになったのである。このような開発路線の転換は，前述の政治面での「改革」とも重なっていた。

5　急がれる経済改革，進まない民主化

（1）産業構造多角化の必要性

21世紀に入ってからのブルネイ経済は，伸び悩み，停滞，危機的状況への突入という経過をたどってきた。2000年代に入り，リーマンショック直後を除くと石油・天然ガス資源の価格が上昇を続けたため，マクロ経済的には大幅な落ち込みは見られなかったが，上記のような開発政策の採用や石油・天然ガス資源の枯渇（政府は2025年と予測）を見込んだ生産量の抑制（石油生産は2006年から10年間で約40％減少）などにより，GDP成長率は伸び悩み，経済は停滞基調で推移した（2000年代の実質GDPの年平均伸び率は２％弱，2010年代に入って2017年までの年平均伸

び率は0.5％弱）。

　1990年代からすでに，石油・天然ガス資源の枯渇に対する危機感を背景として，同資源へ過度に依存する経済構造からの脱却を目指す産業構造の多角化政策が打ち出されていた。開発5カ年計画には製造業・農水業・サービス業の推進が目標として必ず盛り込まれ，その原動力として外資の導入が促された。しかし，石油・天然ガスを精製・加工してメタノールなどを生産する「川下」産業で一部外資の参入もあったが，それ以外では大きな進展はみられず，多角化の進展はきわめて鈍かった。狭い国内消費市場，国内金融市場の未整備，高い賃金・生活水準などに加え，就労人口の7割が公務員職を得る状況下で国民（特に多数派のマレー人）のビジネスマインドが高まらない点もその背景として大きかった。また，資源輸出により築かれた政府と王室の海外資産は数百億米ドルにのぼるため，いざとなればその資産に頼れるという潜在意識が共有されてきた面もあろう。

　しかしながら，2014年をピークに原油価格が急転下落したことで，政府と国民は急速に意識変革を迫られることになった。その後，同国のGDP成長率はマイナスに落ち込み，貿易収支，財政収支がともに大幅な赤字に転じたのである。雇用では5％にもかかわらず，GDPの65％以上，国家収入の90％以上を占める石油・天然ガス産業への過度な依存は，経済の安定性の上で限界に達していた。一過性の資源価格の変動の問題ではなく，経済の構造的問題と受け止めた政府は，産業構造の多角化に向けて本腰を入れ，国内のビジネス環境を改善して非資源部門の輸入代替および輸出指向産業へ外資を呼び込む政策をこれまで以上に推し進めるようになったのである。

　成果として，限定的ながら新たな産業の芽もみられるようになった。資源産業の「川下」部門の他に，自給用農産物，医薬品，ICT，ハラルフード，観光などの分野で外資の流入が小規模ながら起こった。また，2010年半ばからの新たな傾向として，大規模事業を含めた中国からの投資が目立つようになった。同国最大の港を有するムアラ地区での港湾整備，隣接する島への架橋，同島での石油化学プラントの建設などに中国から巨額の資金が投じられたほか，中国銀行（Bank of China）の進出，ムスリムが多い広西チワン族自治区との相互投資なども始まった。ブルネイも他のASEAN諸国同様，外資による産業多角化に真剣に取り組むようになり，その中で「一帯一路」（ブルネイもその経路にあたる）を掲げる中国への依存を強める新たな経済開発の方向性が明確になりつつある。

第10章　ブルネイ　　247

（2）進まない政治改革

　石油・天然ガス産業から得られる潤沢な資金を国民の高所得・高福祉のために
ふんだんに注ぎ込むことが，ブルネイの専制政治を支える１つの重要な柱だとす
れば，その資金またはそれに代わる資金を確保するための上記のような経済改革
は，体制維持にとって生命線である。一方，現体制を支えるもう１つの柱である
はずの国王の権力の正当性，国王に対する国民の忠誠，または国王と国民の間の
パトロン・クライアント関係は，はたして盤石なのであろうか。また法治や民主
化を多少なりとも意識した2004年の「改革」はその後どのように進展したのであ
ろうか。

　じつは，2004年の立法評議会の再開と民選議員枠の設定という，ささやかなが
らもこの国においては画期的な政治的改革のあと，民主化に向けた政治改革はほ
とんど進んでいない。民選議員枠の選挙は，７年後の2011年にわずか４議席のみ
について，しかも従来からある政府が立候補者の資格審査などで介入する地方選
挙と同様の方法で，一度だけ実施されたに留まる。仮に選挙が今後実施されたと
しても，政治的に成熟度が低い市民社会のなかにあって現在の弱小な野党や
NGO が自由に候補者を立てられる可能性はきわめて低い。また，年１回約１週
間の会期で立法評議会は開催され続けているが，相変わらず本来の立法機能は与
えられていない。それにもかかわらず，体制変革や民主化を求める「下から」の
改革運動が起こる兆しはみえず，2004年の「改革」も，前述のように，結局は権
力サークルの枠を越える政治運動の域に留まり，社会に広がることはなかった。

　むしろ，2010年代に入って際立つ国民向けの政策は，現体制の正当性を強化
し，国王や国家への忠誠をより強く求める方向で進められてきた。つまり，MIB
やイスラム的価値の強化・浸透がより強く推進されるようになったのである。国
王は MIB を「神の意志」と宣言し，それが国王と国民の親密な関係の礎であり，
あたかも西欧的民主主義のオルタナティブであるかのように描く傾向が強まっ
た。そして，ついに2014年５月，国王は東南アジアでは初となるシャリア刑法の
導入に踏み切ったのである。現時点では３段階に分けた導入の第１段階（罰金刑
と懲役刑のみ）だが，最終的には石打ち，鞭打ち，手首切断などの身体刑を含む
ハッド刑も導入され，かつ非ムスリムも含めたすべての住民に適用されるとい
う。これもイスラム国家としての純粋性を高め，その守護者としての国王の正当
性を強調する一策といえよう。

このように，ブルネイにおける「改革」は，周辺諸国でみられる反体制勢力や市民運動によって従来の体制のオルタナティブを用意する政治運動とは異なり，現行の政治体制，権力・利権構造を変えない範囲で，しかも「上からの改革」として，また非マレー人を置き去りにしたまま，むしろ現体制への忠誠をより強く求める方向で進められてきた。その意味で，民主化に向けての政治改革は遅々として進んでいない。

（3）「開発専制」の前途

2015年の内閣改造では，閣僚の若返りが進む一方で，引退したモハメッド・ボルキア外務貿易相のポストを国王が兼務することとなり，国王への権力集中がさらに進んだ。1998年に皇太子に就任した国王の長男アルムタディー・ビラー（Al-Muhtadee Billah）殿下は，2005年の内閣改造で新設の首相府付上級相として入閣し，権限が集中する最大官庁の首相府を率いてきた。世襲制に基づく次なる譲位に向けた準備は整いつつある。

石油・天然ガス収入を国民の高所得・高福祉のために大量投入し，同時に国家イデオロギーとしてのMIBを浸透させることで国民から忠誠を調達し，絶対君主制を維持してきたこれまでの「開発専制」は，ブルネイ独特の体制として生き続けている。それをブルネイ内部から積極的に変えよう，または覆そうとする動きは今のところみあたらず，その意味では安定している。とはいえ，その体制の維持は，特に経済的コストの上昇によって年ごとに困難さを増している。期待される産業構造の多角化を含めた新たな経済開発への挑戦は，長年ぬるま湯（油）に浸ってきたかのようなこの国においてはそう簡単でなかろう。

今後は，グローバル化の中で育ち，国際的な感覚と教育を身につけたプロフェッショナルな政治家，テクノクラート，ビジネスマンらによる斬新な改革とその実現に向けた新たなリーダーシップへの期待がいっそう高まろう。国王もそれを意識しているかのように，重要ポストの若返りを進めようとはしている。しかし，そのような新たな人材，勢力が世襲制の専制政治を引き続き受け入れるとは限らない。それでも彼らに依存し，改革を委ねなければならない国王のジレンマがそこにある。欧米でも民主主義の真価が問い直されようとしている現代社会において，ブルネイに残された専制政治の成り行きが注目される。

第10章 ブルネイ 249

読書案内

ブルネイに関する邦語の書籍はきわめて少ないので，論文や英書を含めて紹介する。

① 鈴木陽一「スルタン・オマール・アリ・サイフディン3世と新連邦構想——ブルネイのマレーシア編入問題　1959-1963」『アジア・アフリカ言語文化研究』第89号，2015年3月。

　＊1960年代前半のマレーシア連邦の設立過程に着目し，先行研究の整理と外交史料の綿密な解析を通して当時のイギリスの対植民地政策とブルネイの国内情勢，およびその関連を詳細に描き出している。

② 河野正史『英国植民地とクラウン・エイジェンツ——国際援助の先駆者』論創社，1998年。

　＊全体としては大英帝国時代に世界各地の植民地や属領の開発援助を担った機関を分析・紹介した書であるが，ケーススタディとして同機関とブルネイとの関係を取り上げている。

③ Singh, D.S. Ranajit, *Brunei 1839-1983*, Oxford University Press, 1991.

　＊19世紀から1984年の独立までのブルネイの外交史および国内政治史を通史的に扱っており，付属の対外協定に関する各種資料も含め，トータルに同国の歴史を理解するのに役立つ。

④ Hussainmiya, B.A., *Sultan Omal Ali Saifuddin and Britain*, Oxford University Press, 1995.

　＊徹底した史料の渉猟と分析に基づいて，1950〜60年代の英保護国期のブルネイ政治史が詳細に記述されている。大部で読み応えがある本格的な歴史研究書であり，ブルネイの国家としての成り立ちを詳しく伝える良書である。

⑤ Institute of Southeast Asian Studies (ISEAS) , *Southeast Asian Affairs*, ISEAS（1974年以降の各年版）.

　＊東南アジア各国の情勢を扱った年報であるが，ブルネイの項では各年の政治，経済を詳しく紹介しており，同国の現状分析を含んだ数少ない文献として有用である。

参考文献

金子芳樹「ブルネイの政治体制とその動揺——寡頭支配の構造と体制改革の胎動」『海外事情』第48巻第1号，2000年1月。

河野正史（1998）『英国植民地とクラウン・エイジェンツ』論創社，1998年。

鈴木陽一「スルタン・オマール・アリ・サイフディン3世と新連邦構想——ブルネイのマレーシア編入問題　1959-1963」『アジア・アフリカ言語文化研究』第89号，2015年。

吉野文雄「ブルネイ経済の変貌——経済多様化と地域経済統合の課題」『海外事情』第58巻第12号，2010年。

Cleary, Mark & Wong Shuang Yann, *Oil, Economic Development and Diversification in Brunei Darussalam*, St. Martin's Press, 1994.

Gunn, Geoffrey C., "Rentire Capitalism in Negara Brunei Darussalam", Kevin Hewison Richard Robison, Garry Rodan (eds.), *Southeast Asia in the 1990s : Authoritarianism*

Democracy & Capitalism, Allen & Unwin, 1993.

Hamzah, B.A., *The Oil Sultanate: Political History of Oil in Brunei Darussalam*, Mawaddah Enterprise Sdn. Bhd, 1991.

Hussainmiya, B.A., *Sultan Omal Ali Saifuddin and Britain*, Oxford University Press, 1995.

Saunders, Graham, *A History of Brunei*, Routledge Cruzon, 1994.

Singh, D.S. Ranajit, *Brunei 1839–1983*, Oxford University Press, 1991.

■■ *Column* ■■

現代に生きる「王様の中の王様」はジーンズ姿で国内行脚

　ブルネイのハサナル・ボルキア国王は，21歳にして父である先代のスルタンから国王の座を引き継ぎ，2017年に在位50年目を迎えた。国王としてはいまやイギリスのエリザベス女王に次いで世界第2位の在位の長さを誇る。ただし，エリザベス女王のような政治に口出ししない立憲君主制の王ではなく，ボルキア国王は内閣でも首相の他に主要な閣僚ポストを兼務し，国家財政，外交，警察，軍隊などを統括する。また，法律の制定権と裁判官の任命権を有して立法と司法を実質的に掌握し，さらにスルタンとしてイスラムの長も務める。まさに絶対君主，国民にとっては「全知全能」の王様である。

　世界の中で世襲制の国王を戴く国は20カ国ほどしかない。さらに絶対君主制の国となるとその3分の2にも満たない。また，米フォーブス誌が2011年に発表したところによると，ボルキア国王が所有する資産は約200億ドル（約2兆2千億円）で，並みいる中東産油国の国王を抑えて世界の国家元首の個人資産ランキングで堂々トップを占めた。その意味でも，いまや「王様の中の王様」といえよう。

　そんな恐れ多い王様なのだが，国民はその国王をどうみているのであろうか。じつは，絶対的な権威と絶大な権力・財力を有するボルキア国王は，国民の間でも絶大な人気を誇る。国王自身も，威厳を重視して国民（臣民）との間に一線引く先代とは違い，できるだけ国民の近くにいる国王になろうと志したといわれている。

　国王になってまずしたことは全国行脚，つまり，全国各地の町と村をくまなく回り，人々に接して広く彼らの声に耳を傾けた。現在でもそれは続いており，金曜日の礼拝の折には各地のモスクを訪れ，またラフな格好でさまざまな町村のタウンホールや集会所，はたまた村長の自宅などに出向き（写真参照），気軽に直訴を受ける。公共施設の建設・修繕やモスクの新設などの陳情，行政サービスの不備や開発に伴う生活権の侵害に対する異議申し立てなどを聞く機会を設けているのである。遠隔地では，国王がヘリコプターで村の小学校の校庭にひょっこり降り立ち，その場に村人を集めて陳情を聞くこともあるという。

　また，住民の要望を村（最小の行政区）の村長が取りまとめ，国王に直訴状を提出する道も開かれている。かつて聞き取り調査をした首都近郊の村の村長は，「地元の役所経由で政府に陳情した場合，実現したとしても煩雑な手続きと長い時間を要するが，国王への直訴が通った場合，翌週にはその要望が実現している」と述べていた。

　その他にも，国王や他の王族から一般の人々に「施し」がなされる場合もある。例えば，公務員に給与の他に国王から少額ながら給付金が支払われたり，断食（ラマダン）明けの祝日（ハリラヤ）に各村の村長を通して国王からの贈り物（アラブの伝統的な干し杏など）が村民に配られたりもする。さらに，毎年，断食明けの3日間，王宮が開放され（オープンハウス），国王はじめ王族が国内外からの参列者と個々に握手を交わし，食事やお土産，子供にはお小遣いが振る舞われる。また，障害者に対しては，政府の保障以外に王妃などから補助金が渡されることもあるという。この他に，国王が運営する基金を用いて低所得層向けに住宅を供給するなどの施策もとられ

ている。たとえば，1990年代半ばには水上生活者のために百数十戸の水上住宅が提供された。

このように，政府の行政サービスとは別に，国王や王族から直接に「福祉」が提供される。そして，その見返りが国民から国王への感謝や敬愛，さらに忠誠として示されるのである。国土が狭く人口も少ない小国だからこそ目が届くということはあるとしても，こういったパトロン・クライアント関係が，この国の絶対君主制の支持基盤の一部を成しているといえよう。

時として，国王をはじめとする王族の贅沢な暮らしやその放蕩ぶりが海外メディアなどによって報道されることがある。確かに，ブルネイの王宮は世界でも有数の広大な敷地と豪華な宮殿を持ち，また国王が蒐集した高級車は数百台とも数千台ともいわれる。また，国王の3人の王妃（第1王妃以外とはすでに離婚）との間の11人の子供を含め，兄弟や甥姪などを合わせたロイヤルファミリーの規模は拡大しており，その維持費も軽視できず，なかには多少「やんちゃ」な王族もいる。

実際に，本文で扱ったように，1990年代末には国王の末弟の放漫経営や横領事件が批判されたこともあった。その件でインタビューに答えてくれたマレー系住民は，「国王自身の人格や行動に問題はないが，膨張し続ける王族とその取り巻きの存在，および彼らがこの国の資源収入を大量に浪費していることを考えると将来が不安だ」と問題視していた。現在の体制の問題点は国民にも広く認識されている。

ただし，それがすぐに国王批判や体制転換論に向かうわけではない（国王への批判に対しては不敬罪の適用もあるので，その分は差し引いて考えなければならないが）。それでも，概して国民は，国王や王族の贅沢ぶりや過去の放蕩ぶりをも受け入れたうえで君主制の伝統を重んじ，また国王による国民への実際の接し方や統治者として果たしている役割に尊敬と愛着の念を抱いているように思える。一見すると現代社会では正当性を欠くかにみえる絶対君主制だが，西欧的民主主義の理念やその合理的な方法論の尺度では捉えきれない何かがあるのかもしれない。この国の王様とそれを受け入れている国民の様子をみていると，そんな気がしてくる。

公共の建物や国民の自宅などに掛けられている国王と王妃の写真

村長宅をジーンズ姿で訪問する国王（右）

第10章　ブルネイ　253

第11章 東ティモール
──21世紀最初の独立国家

山田 満

この章で学ぶこと

　東ティモールは，2002年5月20日に21世紀最初の独立国家となった。ただ現地では1975年に一度独立宣言をしているので，5月20日は「独立回復の日」と呼ばれている。さて，東ティモールが東南アジア諸国で際立って独立が遅れた理由は，旧宗主国ポルトガルが1975年になって植民地解放政策に転じたこと，その後24年間にわたり27番目の州としてインドネシアの支配下に置かれていたことであった。

　インドネシアは1997年のアジア経済危機を契機に政権が変わり，1999年8月30日に特別自治州案受入れのための住民投票を実施した。東ティモール住民の約80％は，その提案を拒否し，独立の道を歩むことを選択した。しかし，住民投票後には大きな試練が待ち受けていた。独立に反対であったインドネシア統合派の民兵が，彼らを支援するインドネシア国軍・警察を後ろ盾に，独立派東ティモール人への殺戮を行い，東ティモール全土にわたる焦土化作戦を展開したのである。

　このようななかで東ティモールは，国際社会の支援で治安を回復し，念願の独立を果たすが，中央集権的な一党支配体制をめざすフレテリン（東ティモール独立革命戦線）が主導する国家建設と，それを嫌うカトリック教会，市民社会，西側諸国などとの対立を背景にして，2006年4月ごろから軍内部の対立も絡む権力闘争が激化した。結局，再び15万人に及ぶ国内避難民を流出させる騒擾事件にまで拡大し，国際治安部隊を要請せざるを得ない状況になった。

　2007年に独立後初の国政選挙が実施され，その後12年，17年の国政選挙も無事に終えた。今後は過度に石油資源収入に依存しない経済システムと民主的で安定した政治社会システムをどのように構築していくのか。東ティモール国家建設の課題は多い。

キーワード　フレテリン，ティモール民族抵抗評議会（CNRT），東ティモール再建国民評議会（CNRT），シャナナ・グスマン，マリ・アルカティリ，ラモス・ホルタ，カトリック教会，東ティモール暫定行政機構（UNTAET），ASEAN加盟，石油・天然ガス資源，開発戦略計画（SDP）

1 独立獲得までの闘争史

（1）東ティモールを囲む冷戦下の国際関係

インドネシア大統領スハルトは，アメリカから東ティモール侵攻への許可を得て，1975年12月7日に「スロジャ（蓮）作戦」といわれる陸・海・空軍からなる攻撃を行った。隣国のオーストラリアもインドネシアの軍事侵攻を知っていたという。

また，第二次世界大戦後も植民地をもっていたポルトガルは，アンゴラ，モザンビークといった大きな植民地をアフリカに抱え，植民地経営に行き詰っていた。ついに1974年4月に，独裁政権に対する無血の「カーネーション革命」が起きた。新政権は非植民地化政策を採用するが，大きなアフリカの植民地と違って，東ティモールはアジアの小さな植民地であり，関心の対象外であった。

当時のオーストラリア首相は，東ティモールの経済的自立に否定的な態度を取り，むしろ独立すれば地域の不安定化につながるとさえ述べ，インドネシアの一部になることを提案した。さらに，スハルトはインドネシアへの統合に言及し，独立の選択は，経済的自立ができない以上，中国やソ連の介入を招き，その結果地域の不安化を引き起こすと述べている（松野，2002：54-55）。

このように，ポルトガルの政変による非植民地化政策は，東ティモールという小国をめぐって，アジアの国際関係にも大きな影響を及ぼすことになった。

（2）スハルトの中央集権化と独立運動の萌芽

インドネシアは多民族，多文化，多宗教からなり，建国以来どこかの地域で分離独立運動を抱えていた。1970年代においても，アチェの自由アチェ運動やパプアの自由パプア組織が分離独立をめざし，インドネシア軍と抗争を続けていた。したがって，東ティモールの独立を認めることは，ほかの地域への波及を恐れるスハルト政権として，当然ながら選択肢になかった。

スハルトは，1965年の「9月30日事件」を契機に，反共キャンペーンを実施し，イスラム勢力を味方につけながら権力を奪取した。また，外交的には反共政策を採る一方で，西側諸国からの援助を積極的に受け入れ，強権的な開発独裁体制を敷き，1970年代には中央集権体制を確立していった（第1章参照）。

次に，ポルトガル領東ティモール時代の東ティモールをみてみる。ポルトガル

第11章　東ティモール　255

が東ティモールに近代教育を導入したのは，1960年代であった。近代教育の導入は植民地住民にナショナリズムを引き起こし，やがては独立運動へと発展させる点で重要であった。ちなみに，東ティモール人で最初の農学士（大学卒業者）が誕生したのが，1973年であることからもわかるように，ポルトガルは植民地に近代教育を導入することには積極的でなかった。

現代東ティモール政治を動かす3人の政治指導者，シャナナ・グスマン（Xanana Gusmaõ），ラモス・ホルタ（Ramos Horta），マリ・アルカティリ（Mari Alkatiri）は，1940年代後半に生まれ，1960年代にリセウ（中等教育課程）を卒業している。この結果，東ティモール人による反植民地運動は1970年代に入ってから始まった。すなわち，アルカティリ，ホルタらの国内の反植民地グループと，リスボンの大学で学んでいた留学生グループとの間でアフリカの民族解放闘争をモデルにして，東ティモールの独立に関する議論が始められたのである（松野，2002：32-33）。

（3）東ティモールの主要三政党

ポルトガルの無血革命後，東ティモールでは3つの主要政党が設立する。まず，植民地官僚や富裕農園主などが支持基盤のティモール民主同盟（UDT）が，ポルトガルとの連邦を主張して設立する。次に都市知識人や下層階級からなるティモール社会民主協会（ASDT）が，即時完全独立を唱えて設立し，最後にリウライと呼ばれた封建地主を支持基盤とするティモール人民民主協会（アポディティ）が自治権を保持しつつインドネシアとの合併を主張して設立する。それ以外にもティモール戦士協会（KOTA），労働党も設立された。

ASDTを改称したフレテリンは，まずフレテリンを東ティモール唯一の独立の交渉相手にすることと，次に東ティモールの法的な独立を即時に認めることの2点を，ポルトガルに求めた。これらの要求は，アフリカ植民地国の独立闘争からの影響と経験に基づいたものだった。フレテリンの政策綱領は一党独裁的な社会主義体制に近いものであった（松野，2002：57）。

ポルトガルや近隣諸国の東ティモール独立への否定的な姿勢に危機感を抱いたフレテリンはUDTとの連合を構想するものの，民主化や人権を政党の綱領に掲げる穏健政党のUDTと社会主義的イデオロギーを強化するフレテリンとの関係は接近するどころか，結局両者は対立を深めるだけであった。危機感を覚えた

UDTはクーデタを引き起こすが，結局フレテリンがUDTとの内戦を制し，1975年11月28日に東ティモール民主共和国として独立宣言を行った。

フレテリン主導の東ティモールは，インドネシアのみならず東南アジアの安全保障上危険であると認識された。そこで，インドネシア陸軍特殊工作班のムルトポ中将は，「コモド作戦」という名の親インドネシア派の育成と東ティモールの政情不安定化を目論む。それは結局，フレテリンとの内戦に負けたUDTがインドネシア統合派のアポディティ，KOTA，労働党の4党による「バリボ宣言」につながる。バリボ宣言とは，東ティモールがインドネシアの一部であることを認め，インドネシア側に東ティモール住民救済のための侵攻を要請するものであった。この結果，スロジャ作戦によりフレテリンは掃討され，東ティモールは24年間にわたるインドネシアの27番目の州として支配されることになった。またそれは独立のための闘争の始まりでもあった。

（4）民族自決権からサンタクルス虐殺事件へ

バリボ宣言を理由にインドネシアは東ティモール侵攻を行い，翌年には住民投票を経ることなく併合を果たす。しかし，国連はインドネシアの東ティモール侵攻が，東ティモール人の自決権を侵害するものと判断する。また，東ティモール併合を拒否し，あくまでもインドネシア軍の撤退を求める決議案を行った。しかし，1982年の国連総会まで続いた「インドネシア批判決議」は，アメリカ，日本，ASEAN諸国などの西側諸国のインドネシア支持の広まりを背景に1983年以降には同問題が投票に付されることはなくなった。

その後，東ティモール問題が国際社会で注目を浴びることになったのは，1991年11月に起きた「サンタクルス虐殺」事件であった。この頃，東ティモール問題は国連総会で扱う「民族自決の問題」というよりも国連人権委員会で扱う「人権問題」としてとらえられるようになっていた。同事件の直接的背景は，インドネシアの東ティモール併合を認めていなかったポルトガルが，国連事務総長の仲介で同国議員団を東ティモールに派遣することになったことに端を発する。しかし結局，同伴するジャーナリストをめぐるインドネシア政府との調整がつかず，同国議員団の訪問が中止されることになった。

同議員団を待ちわびていた東ティモールでは，独立要求を国際社会に訴える絶好の機会ととらえていた。他方で，インドネシア軍は議員団訪問の中止を，独立

第11章　東ティモール　257

派青年グループを弾圧する絶好の機会ととらえた。結局，軍の迫害を逃れてモタ
エル教会に非難していた青年たちが襲撃され，約20名の逮捕者と 2 名の死者がで
た。サンタクルス虐殺事件は， 2 週間後にモタエル教会で営まれた死者を弔うミ
サの後，サンタクルス墓地へ向かう参列者が数千人規模になるや，独立要求を掲
げる行進へと変化していくなかで起きた。それは，サンタクルス墓地に駆け付け
たインドネシア軍による，無差別の発砲による虐殺行為であった（松野，2002：
第 1 章）。

　イギリス人映像ジャーナリストが撮った事件のフィルムが国際社会に流れるこ
とになり，国際世論のインドネシア批判が高まる。オランダ，デンマーク，カナ
ダは新規援助停止の制裁措置を採り，日本も事件の解明と責任者の処罰を求める
など，国際社会からのインドネシア軍の人権侵害に批判が集まった。

　サンタクルス虐殺事件を契機に，東ティモール問題に対する国際 NGO の連帯
が高まっていくなかで，1996年10月には東ティモール人の精神的支柱であったカ
トリック教会のカルロス・ベロ司教とラモス・ホルタがノーベル平和賞を受賞
し，東ティモールの国際問題化は顕著になっていく。

（5）アジア経済危機と独立の機会到来

　1997年 7 月にタイを震源地とするアジア経済危機がスハルト政権を襲い，国際
通貨基金（IMF）の支援を仰がざるを得ない状況になった。IMF は，増税と財政
支出の抑制を求め，皺寄せは国民生活に及んだ。しかし，改選期を迎えたスハル
トが国民協議会で再び選出されたことに対して，国民の怒りは頂点に達した。

　翌年，スハルトは退陣を余儀なくされ，彼の腹心であった副大統領のハビビが
大統領職を引き継いだ。ハビビの最大の役割は，破綻した国家財政の再建であ
り，国民生活の改善であった。それには西側諸国からの経済援助が絶対不可欠な
条件であった。そこで，ハビビはインドネシアにとって長年の「背中の棘」であ
る東ティモール問題の解決に着手する。当初，アチェのような特別州案を提示す
るが，結局1999年 1 月には，東ティモール人が自治案を拒否すれば，国民協議会
に東ティモールの「分離」を提案するという決断をする。ついに独立容認に傾く
ことになったのだ。

　インドネシアの東ティモール併合をいち早く容認したオーストラリアもハワー
ド政権になり，ハビビに東ティモールの自決権行使を尊重するように促す。ハビ

258

ビが提案した自治案は，中央政府が外交，防衛，経済・財政を担当するというものであった。5月に，ニューヨーク国連本部でインドネシア，ポルトガル，国連の三者が，住民投票を国連に要請する合意，直接投票の方法に関する合意，治安に関する合意を含んだ文書に署名した。つまり，国連は住民投票に関わる事務的な手続きに責任をもつ代わりに，インドネシアが治安の責任をもつという合意が交わされたのである（5月合意）。

東ティモールでは，ハビビの突然の独立容認を含んだ自治案提案に揺れていた。すでに24年間の支配下で東ティモールに利権を有するインドネシア軍をはじめ，公務員，教員など多数のインドネシア人がいる一方，東ティモール人のなかでも「27番目の州」で生活を依存している人々もおり，独立容認に否定的な動きも始まっていた。そのなかで，インドネシア軍の後ろ盾で数多くのインドネシア統合派民兵組織が設立された。民兵は独立派を中心に襲撃を始め，犠牲者も出始めていた。したがって，住民投票前から治安をインドネシア軍・警察に任せることへの懸念がもたれていた。

住民投票に向けて国連東ティモール派遣団（UNAMET）が統合派民兵からのさまざまな妨害を受けながらも，45万人に及ぶ有権者登録，投票用紙・投票箱などの選挙関連機材の運搬，投票所の設営と運営などを担当して，ついに1999年8月30日に投票日を迎えた。

98.6%の高い投票率のもとで，インドネシア提案の自治案を78.5%が拒否するという結果に終わった。予想通り東ティモール人は独立の道を選択した。しかし，投票終了ごろから統合派民兵の動きが激しくなり，投票箱の運搬を妨害したり，直接それを奪ったり，現地UNAMETスタッフを襲撃するなどの事件が起き始めた。さらに，9月4日の開票結果が発表されるや，インドネシア軍・警察を後ろ盾にした統合派民兵の東ティモール全土にわたる焦土化作戦が始まった。1000人以上の人々が殺害され，インフラの70%が破壊・放火された。

懸念されていたインドネシア軍・警察による治安維持の責任は事実上放棄され，ハビビは国際社会からの批判を回避すべく非常事態宣言を出し，新規部隊投入を約束するものの，結局国連，アメリカなど国際社会からの国際治安部隊受入れに対する圧力を承諾せざるを得なくなった。国連安保理は9月15日にオーストリア軍主導の東ティモール国際軍を，東ティモールの平和と治安回復を目的に派遣することを決定した。9月19日にディリに上陸した国際軍は1週間程度で統合

第11章　東ティモール　　259

派民兵らの騒乱を鎮圧した。しかし，統合派民兵らは約25万人の東ティモール人をインドネシア領西ティモールに強制的に連行していった。

2　フレテリン主導の国家建設

（1）国内外でのレジスタンス運動の様相

　住民投票前後の東ティモールにはインドネシア支配下に，海外で独立運動を展開していた政治指導者らも帰国してきた。彼らは東ティモールがインドネシアに支配されていた時に，いったいどのような活動を海外で展開していたのだろうか。

　1975年12月7日のインドネシア侵攻で，フレテリンは山中に追いつめられていく。フレテリンは，旧ポルトガル植民地軍が中核をなす軍事部門のファリンティル（東ティモール民族解放軍）でゲリラ戦を繰り返す一方で，フレテリン自身は政治組織として「革命」路線を強化し，マルクス・レーニン主義に傾倒する急進派が勢力を握ることになる。その結果，ファリンティルとフレテリンは亀裂を深めていった。

　ファリンティルは体制立て直しを求めて，1981年3月にレジスタンス再編をめざした第1回民族会議を開催した。この会議では，東ティモールを3地域に分割する戦闘戦略を取ること，さらにフレテリン中央委員会，ファリンティル司令官，ゲリラ兵士を支える住民代表を統括する政治組織として民族抵抗革命評議会（CRRN）を置くことが決められた。またもっとも重要な決定は，グスマンがCRRN議長，ファリンティル司令官，国家統制委員を兼務するレジスタンスの最高指導者の地位に選ばれたことであった。

　この会議で，フレテリンは政治組織の最高機関からCRRNの下部組織に位置づけられた。また，フレテリンが敷いたマルクス・レーニン主義路線は1988年12月のマウベレ民族抵抗評議会（CNRM）の設立を契機に，グスマン自らもフレテリンを離脱することで，民族統一戦線を組織の柱として再編されることになった。その後CNRMは，1998年4月にかつて内戦で敵対関係にあったUDTや，市民社会組織をも巻き込んだティモール民族抵抗評議会（CNRT）へと大同団結がなされた。CNRTは，1991年にインドネシア軍に逮捕され獄中にあったグスマンを議長に選出した。

他方，フレテリンはリスボンに海外代表部を置き，アンゴラやモザンビークにも駐在代表を置いて活動を展開していた。またニューヨークではホルタが代表として駐在し独立運動を展開していた。したがって，フレテリンはCNRMの下部組織になる改組案に対して，自ら独立闘争を展開してきた自負心もあり強く反発した。しかし，ホルタに関してはグスマン同様にフレテリンをこの時に離脱し，CNRMの海外代表，その後のCNRT副議長に就任している。

（2）国連暫定統治下の政治状況

司法・立法・行政という史上初の三権を委託された国連東ティモール暫定行政機構（UNTAET）は，世界銀行などの国際開発金融機関，ユニセフなどの国際機関，関係諸国との二国間協力を通じて焦土化された国土の再建を行った。しかしその一方で，当初から国連（外国人）主導の国家建設に対して，東ティモール人自身の積極的な関与を求める声も強かった。そこで，国連事務総長特別代表セルジオ・デメロは，早期に「行政のティモール人化」政策を導入した。

UNTAETは2001年8月に制憲議会選挙を実施する。88議席をめぐって16政党が争った。フレテリンは57％の得票率を得て55議席を獲得する圧勝をした。同選挙にはフレテリン以外にUDT，KOTAといった1975年のインドネシア侵攻前に設立された政党，また選挙前に解散したCNRTの主流だった社会民主党や民主党が参加した。民主党は学生たち主体の抵抗グループの流れを汲み，選挙2カ月前に結成された。さらにフレテリンの初代党首が再生したティモール社会民主協会なども，議席を獲得した。

いずれにしても，フレテリンが55議席を獲得する一方で，第2位の議席が民主党の7議席という圧倒的な議席格差がついた。フレテリンは党首を制憲議会議長に就任させ，実質的実力者アルカティリ書記長が第二次暫定内閣首席大臣（首相）に就いた。フレテリンは議会と内閣を掌握する権力を持つことになった。

早速，フレテリンは憲法制定作業に関与し，翌年実施の大統領選挙で選出されることが確実なグスマンの権力を押さえ込むような規定づくりに取り組んだ。2002年3月に議会で採択された憲法第74条には，「共和国大統領の地位は国家元首で，民族の独立及び国の統合，ならびに民主的制度の円滑な機能を保障する象徴者である」ことが謳われている。

2002年4月に実施された大統領選挙では，予想通り約83％の圧倒的な国民の支

第11章 東ティモール　261

持を得てグスマンが選出された。当時の国民は大統領の地位と権限の限界を理解せず，独立の英雄であるグスマンこそが最高実力者の大統領としてもっとも相応しい人物と思っていたのだ。

（3）アルカティリ＝フレテリン政権の一党支配体制

2002年5月20日に，UNTAETから東ティモール政府に全権が移譲され，21世紀最初の独立国家が誕生した。UNTAETは憲法制定を終えた制憲議会を解散することはせず，そのまま制憲議会議員を国民議会議員として継続させた。したがって，フレテリンの議会と政府支配は継続することになった。アルカティリは暫定内閣首席大臣から自ら組織する内閣の首相になった。この結果，独立後の東ティモールはアルカティリ主導の国家建設で進むことになった。

独立前の4月に実施された大統領選挙では，アルカティリは国民的英雄のグスマンではなく公然と対立候補を応援し，他方でグスマンは「象徴ではなく，国家の統一と民主制を守る大統領になる」と発言するなど両者の対立は決定的になっていた。しかし，アルカティリはグスマンを尻目に，制憲議会選挙での圧勝は国民がフレテリンの単独政権を切望した結果であると主張し，フレテリンの一党支配体制を強化していくことになる。

フレテリンはかつて，1975年11月28日に独立宣言をした時に政策綱領を発表している。アルカティリは首相になって当時信奉していたマルクス・レーニン主義に言及することはなかったものの，随所にかつてのフレテリンの政策綱領を採用している。たとえば，ポルトガル語の公用語化（憲法13条），宗教を必修科目から外そうとしたこと（カトリック教会の反対で撤回），キューバ人医師の積極的な受け入れと東ティモール国立大学医学部生のキューバでの研修派遣の実施などは，外国人医師の積極的な受け入れを示したフレテリンの政策綱領に一致している。外交分野では，中国やキューバとの積極的な交流を進める一方で，アメリカやオーストラリアなど西欧諸国とは一定の距離を保つ非同盟主義的外交政策を採用した。

フレテリンの一党支配体制は，2004年12月以降に開始されたスコ（村落）選挙でのフレテリン候補者の多数当選にも反映され，確実に地方への影響力が及んでいったことがわかる。また，国政レベルでも野党に対する締めつけを強化し，2001年制憲議会選挙前に設立された若い世代を代表する民主党も次の戦略を模索

せざるを得ない状況下にあった。さらに，アルカティリ政権は，レジスタンスの一翼を担った市民社会組織に対しても自由な活動を制限し，他方でフレテリン傘下の組織を優遇したために，市民社会内部においても亀裂が入るようになった。

このようにフレテリンの一党支配体制は，フレテリンの「政府党」の形成につながった。アルカティリはフレテリンを背景に権威主義的政治体制を敷くことになる。おそらく，アルカティリは東南アジア諸国のかつての開発独裁体制を想定し，国家主導の開発を基本に，内政不干渉を外国に求める東ティモールの国家建設像を抱いていたにちがいない。しかしその一方で，反アルカティリ勢力がフレティリン支配の政治社会状況に閉塞感をもち始めていた。

（4）アルカティリ政権への不満要因

東ティモールの国家建設で重要なことは，独立はさまざまなアクター間の大同団結により達成できたことであった。制憲議会選挙結果はフレテリンの圧勝であったものの，実際の民意はフレテリン一辺倒ではなかったのだ。フレテリンの一党支配を打破する狼煙は，インドネシア支配下で東ティモール人の精神的支柱となってきたカトリック教会から上がった。

2005年独立3周年を迎える頃から専制的で，非民主的なアルカティリ政権に対して，アルカティリ首相の辞任を求める大規模な反政府デモが行われるようになった。公立学校の必修科目から宗教教育を外し，選択科目とすることにカトリック教会が反発したことに始まる。また，反アルカティリ勢力には元ファリンティル兵士，学生，民主党などの野党，市民社会組織も含まれていた。さらに，アルカティリの専制的，非民主的な政治手法を好まないアメリカ，オーストラリアなど西欧諸国の関与も指摘された。

学生ら若い世代の不満は，名ばかりの高等教育機関で教員も施設も不十分，卒業後も大学で学んだ知識を生かせる職場がないことであった。雇用の3％に当たる公務員になるためには，ポルトガル語能力を求められるが，24年間インドネシア支配下で育った若い世代は教育言語としてインドネシア語は使えても，ポルトガル語を知らなかった。むしろ，国連暫定統治下で国際語としての英語の必要性を認識したほどであった。結局，24年間東ティモールを離れてポルトガル語圏から帰国してきたフレテリン主導の政治に，不満を持つことにつながった。

元ファリンティル兵士にとっても同様な不満があった。独立のために実際に

闘ってきた英雄に対するアルカティリ政権の配慮の足りなさに怒りをもっていた。また，東ティモール国防軍の正式名称がF–FDTLであり，最初のFがファリンティルの頭文字であったにもかかわらず，実際は採用されない元兵士も多かったのだ。このような反フレテリン＝アルカティリ政権のうねりのなかで，2006年の騒擾事件が起きた。

（5）2006年騒擾事件

独立4年目を迎える2006年4月ごろから，国防軍内での東西問題を発端に政情不安が広がっていく。西部地域出身の兵士が国防軍内での差別待遇をグスマン大統領に陳情するものの，アルカティリ内閣からは拒絶され，それどころか陳情するために兵舎を離れたという軍規違反を理由に，約600人近い兵士が除隊させられた。この処分を不満に元兵士が，政府庁舎前でデモを実施するが，これが暴動に発展し死傷者を出した。ディリ市内では政府軍と除隊兵士，さらには除隊兵士と結託した警察官を巻き込む内戦さながらの銃撃戦が展開された。また，元憲兵隊長も除隊兵士側に加担する複雑な様相を呈した。

国防軍内の東西問題は，一般市民の間にも広まり，西部出身者が東部出身者の自宅を放火・略奪する行為にまで発展し，結局15万人に及ぶ国内避難民を流出させた。このような騒乱を鎮圧できないアルカティリ政権に対する批判は高まる一方で，反アルカティリ勢力を背後にして，大規模なデモが連日展開された。外国の治安部隊派遣でも治安が回復できない状況下において，グスマンは大統領職の進退をかけて内外の世論を味方に非常大権を掌握した。

アルカティリは当初，議会の承認のない「全権掌握」は憲法違反であると主張していたものの，悪化する治安と内外からの辞任要求をのまざるを得なかった。他方，グスマンは「国軍最高司令官として，今後は私が国防と国家治安のすべての責任を負う」と宣言し，国軍と警察の責任者である国防相と内相を更迭した。また，辞任要求を拒否していたアルカティリも騒擾の責任を問われ事実上辞職に追い込まれ，ホルタが首相に就いた。

2006年の騒擾事件は，グスマンとアルカティリの積年の権力闘争を背景に，フレテリン＝アルカティリ主導の一党支配体制に批判的であったカトリック教会，市民社会，西側諸国や，雇用を得られない若者たち，元ファリンティル兵士の不満が結集した結果であった。さらに独立4周年を契機に，国連東ティモール事務

所（UNOTIL）が撤退する予定であったこと，さらには同組織が政治ミッションであり，治安が悪化したときにそれを押さえ込む平和維持軍を有していなかったことなども騒擾を早期に止められなかった理由であった。いずれにせよ，さまざまな要因が騒擾事件を拡大化させた。

3　グスマン連立政権の政策

（1）2006年騒擾事件後の国政選挙

　騒乱事件後の2007年国政選挙は緊張の中で実施された。なぜならば，騒擾要因の1つに，翌年の独立後初の国政選挙を控え，各政党，市民社会，国連関係者の間での選挙法をめぐる駆け引きがあったからだ。実際，2007年の選挙は東ティモールの民主主義の命運がかかっていると，野党や市民社会関係者は考えていた。また，国連安保理は2006年騒擾事件を理由に，再び平和維持能力を備えた国連東ティモール統合ミッション（UNMIT）の設立を決定した。UNMITは選挙プロセスの管理には関与しないが，選挙支援部門では選挙管理の技術的支援と助言を行い，治安部門では投票用紙と選挙関連物品の搬送，及び選挙期間前後の治安維持に当たった。

　国連開発計画は選挙技術支援を担当し，実際の選挙を仕切る国家選挙委員会などがオーナーシップを発揮できるための選挙関連技術支援を行った。また大統領選挙実施に向けて，国際社会からは政府派遣，国際NGO派遣，ヨーロッパ連合などから大統領選挙監視団が派遣された。29カ国・組織から総勢256名が，国内選挙監視員として56組織1847名が，「自由で公正な選挙」実施に向けて選挙監視業務に従事した。決選投票時はそれを上回る内外の選挙監視員が参加した。

　グスマンとアルカティリの直接対決となった国民議会選挙には，大統領選挙時を上回る49カ国・組織や国際NGOから，総勢500名以上の大規模監視団が国際社会から派遣された。国内監視団も28組織から総勢2250名が参加し，民主主義国家の再建を左右する国民議会選挙に対する，内外からの関心の強さを示すものであった。

　大統領選挙は，2002年4月に実施されたので有権者にとっては2回目になる。しかし，独立前と独立後ということで有権者の意識には大きな相違があった。それは共和国憲法における大統領の地位と権限が，議会や政府に比べて制限されて

第11章　東ティモール　**265**

いることを理解している点であった。CNRT 議長でカリスマ的存在のグスマン大統領ですら，権威主義化していくフレテリン＝アルカティリ政権の流れを止めることはできなかったからだ。

2007年4月の大統領選挙には，憲法上再選可能であったグスマンは早期に出馬を否定していた。グスマンは大統領候補としてホルタを推した。他方，フレテリンは党首を立候補させ，グスマンとアルカティリの代理戦争の様相を呈した。グスマンは，大統領選挙を6月実施の国民議会選挙の前哨戦として位置づけていた。両者以外にも，民主党党首ラサマ（Fernando La Sama de Araujo）など将来東ティモール政治を担う次世代の候補者も立候補した。つまり大統領選挙には，「1975年インドネシア侵攻経験世代」対「1981年のレジスタンス再生以降世代」という，もう1つの世代を視野に入れた対立軸が存在した。

（2）2012 年と 2017 年の国政選挙

2009年大統領選挙結果は，フレテリン党首ル・オロ（Francisco Guterres，通称Lu Olo）が27.89％を獲得するも，過半数には至らず大統領選挙法第49条に基づき上位2名による決選投票が実施された。決選投票では，反フレテリン連合が成立してホルタがル・オロに38％の差をつけて第2代目の大統領に就任した。2012年大統領選挙も同様な構図，第1回目でル・オロが28.45％を獲得したが，結局決選投票では，タウル・マタン・ルアク（Taur Matan Ruak）に22.5％の差をつけられてまたしても敗れたのだ。しかし，2012年国民議会選挙以降の政党間の合従連衡が大きく変わる。ル・オロは CNRT の支持を得て3回目の挑戦で，しかも第1回目の投票で過半数の57％を獲得して第4代目の大統領に就任した。

また，2007年国民議会選挙時には，グスマンとアルカティリが直接対決する構図となり，グスマンは自らが党首となる東ティモール再建国民会議（CNRT）を設立した。CNRT は2001年制憲議会選挙前に解散したレジスタンス統合組織であるティモール民族抵抗評議会と同じ頭文字であった。これはグスマンが2007年国民議会選挙で，東ティモールの独立に最大の功績があったのは，アルカティリのフレテリンなのか，それとも CNRT なのかを再び国民に問う戦略があったものと思われる。

グスマン（CNRT）とアルカティリ（フレテリン）の直接対決は，得票数で2万417票差，得票率で4.92％の差，結局議席数においては3議席差でアルカティリ

が勝利した。しかし，フレテリンも総議席数65議席の過半数を獲得できなかった。グスマンは大統領決選投票と同様の戦略でCNRT＝ASDT/PSD連合＝民主党からなる4政党で過半数を獲得する反フレテリン連立政権を樹立した。また4党の中で最大議席数を獲得したCNRT党首のグスマンが首相に任命された。

政権を手放すことになったフレテリン指導部，同支持者からは，比較第一党のフレテリンから首相を選出すべきであると主張された。憲法の解釈をめぐる対立もある一方で，ホルタ大統領は事態収拾を求めてフレテリンを含めた大連立政権を各政党に求めたが，その提案は元々反フレテリンを旗にまとまった連立であったこと，グスマンとアルカティリの反目もあり不調に終わった。次の2012年国民議会選挙までの5年間，フレテリンは「シャナナ"事実上の首相"」とグスマンを呼ぶなどして抵抗を続けた。

グスマン首相は，アルカティリ首相とは違って，オーストラリア，米国などの西側諸国との関係強化をはかり，国内的にはカトリック教会や市民社会の支持を得て政権運営を始めた。しかしながら，12年国民議会選挙後に徐々に国内政治状況に変化の兆しがみえだす。12年選挙自体は，CNRTが30議席を獲得して第1党になり，民主党との連立政権でグスマン首相率いる第5次立憲政府が樹立された。しかしその後，グスマンは政治社会の安定を踏まえ，世代交代論を打ちだす。具体的には，15年2月に自らが首相辞任をするとともにフレテリン所属のルイ・マリア・アラウジョ（Rui Maria Araujo）に首相職を譲り，アラウジョを首班とする第6次立憲政府を実現させた。

内閣には，首相を含む4名がフレテリンから入閣する布陣になった。また，宿敵と見做されていたアルカティリをオエクシ経済特区の責任者に据え，東ティモールが開催議長国になったポルトガル語諸国共同体（CPLP）会議の責任者にフレテリン党首ル・オロを就けた。このように，東ティモール政治は大きな転換点を迎えることになった。第6次立憲政府は，若い世代からの任用が多いことからわかるように，「世代交代内閣」と呼ばれた。グスマン，アルカティリ，ホルタらインドネシア抵抗運動第一世代以後の東ティモール政治を担う政治指導者への権力移譲の道筋が築かれた。

ただ，2017年国民議会選挙を終え，0.2％の差でフレテリンがCNRTを抑えて第1党となり，再びアルカティリが首相に返り咲いた。党首のル・オロが大統領に就任した以上，書記長のアルカティリが首相になるのは自然であったが，やは

第11章　東ティモール　　267

表11-1　2017年国民議会選挙結果（議席獲得政党）

政党・連立名	得票数／同率%	議席数	2012	2007
FRETILIN：フレテリン	168,480（29.7）	23	25	21
CNRT：東ティモール再建国民会議	167,345（29.5）	22	30	18
C-ASDT/PSD：ティモール社会民主協会＝社会民主党	PSD：4,688（0.8）	0	PSD 0	11
PD：民主党	55,608（9.8）	7	8	8
PUN：国民統一党	未登録政党	−	−	3
Aliansa Demokratika：民主連合 KOTA/PPT	未登録政党	−	0	2
UNDERTIM：ティモール抵抗民主国民統一党	1,216（0.2）	0	0	2
FRENTI-MUDANCA：改革戦線	8,849（1.6）	0	2	−
PLP：人民解放党	60,098（10.6）	8	−	−
KHUNTO：ティモール国家統一成長党	36,547（6.4）	5	0	0
投票率76.74% 有効投票総数：568,070（97.28%） 無効投票総数：15,886（2.72%） 有権者総数：760,907（2012：647,814/2007：522,933）		議席総数 65	議席総数 65	議席総数 65

（出所）UNDP, CNE, IFES, 各種報道より筆者作成。
（注）2007/2012年は得票率3％以上，2017年からは4％以上の得票率獲得政党のみに議席配分。全国一選挙区の拘束名簿式比例代表制。ドント方式に基づく議席配分。

り上記の世代交代論から言えば，逆行として映る。第7次立憲政府は9月15日に発足したものの，37名全員の陣容が出揃ったのは，選挙後3カ月を経てからであった。フレテリン＝民主党連立政権が総議席65の過半数に満たない30議席の少数与党であることでなかなか陣容が決まらなかったのだ。

　脆弱なアルカティリ連立政権である一方で，最大野党CNRT，とりわけグスマンの動向は今後の政局に大きな影響を及ぼすことになろう。ルアクのPLPと若い世代が支援するKHUNTOと，どのような連携をとるのか。いま少し状況をみる必要があろう。ただ，少数与党の下で政党間の合従連衡が考えられるものの，政治社会の安定に関する合意は得られているものと思われる。その一方で，どのような経済発展の道筋を描くのか。大規模なインフラ投資を第一に考えるのか，あるいは国民の教育や福祉を最優先に進めるのか。有力者らの汚職・腐敗・縁故主義が顕在化するなかで，今後の政権運営の手腕が試されている。そして同時に，一旦は歩み始めた世代交代を視野にどのような政治の決断が今後下されて

いくのかが注目される。

（3）東ティモールの人間開発状況と石油・天然ガス収入

　東ティモール政治社会の不安定化要因を考えると，紛れもなく主要産業の不在と雇用機会の不足になる。独立した2002年の『人間開発報告書』（UNDP 発行）をみると，東ティモールはアジアでもっとも貧しい国であり，人口の41％が貧困ラインを割る１日55セント（2001年）以下で生活をしていた。また，2006年発行の『東ティモール人間開発報告書』では，2004年当時１人当たりのGDP（国内総生産）は366米ドル，出世時平均余命が55.5歳，成人識字率が50.1％であり，いずれの数字も人間開発の視点から深刻な遅れであると指摘された。

　しかし独立後10年数年を過ぎた2015年の『人間開発報告書』では，１人当たりのGNI（「国民総所得」へ変更）が5,363米ドル，出生時平均余命が68.2歳，成人識字率が58.3％（15歳から24歳の青年識字率は80％近い）へと改善されている。ASEAN10カ国と比べると，ラオス，カンボジアやミャンマーよりも人間開発指数が上位にくる。ただ重要なのは，１人当たりのGNIはあくまで石油資源収入を含んだ数値であり，それを除くと千数百ドル程度に留まり，依然としてアジアの最貧国群に属することには変わりない。

　産業のない東ティモールにとっては，石油・天然ガス開発からの収入は大きな希望である。独立後のアルカティリ政権は，2005年にノルウェーの事例を参考に石油基金を設立した。これは石油の埋蔵量の将来の枯渇に備えて，持続可能な経済成長をめざすための資金の蓄えであり，多額の収入をめぐる対立や腐敗を回避する目的もあった。石油基金法に基づき，石油・天然ガス開発から毎年３％が国庫収入になっていく。直近の2016年国家予算をみると約80％が石油基金から充当された。石油基金の多くは米国債に投資され収入増をめざしている。2016年１月末時点での石油基金総額は約160億米ドルであるが，最近の原油価格の下落で総額が減り，同国の経済成長も鈍っている。したがって，将来石油収入に代わる国家収入源としての産業の育成は必須の政権課題になっている。

　2007年国民議会選挙で政権を奪取したグスマン連立政権は前政権と違って，石油基金の利用に積極的であった。グスマンは2006年騒擾事件の直接的きっかけになった陳情兵士問題の解決に向け，彼らに退職金を供与し，円満退職や海外留学などへのキャリア支援を行った。また，同事件で家屋・財産などを失ったIDP

への補償に，さらには元フレテリン兵士の不満解消に向けて兵士歴に応じた年金も同基金から支給した。グスマンは石油基金への充当金を利用して国内問題の解決に取り組んだ。

グスマン政権の石油基金の取り崩し政策に対して，「現金バラマキ」政策であるという批判もあった。しかし，インフラ整備がいまだ不十分である東ティモールで産業を育成していくには，道路，水道，電気，通信などインフラ整備の充実が求められるし，教育，福祉，キャパシティ・ビルディングなどの人材育成も必要である。グスマンは，持続可能な発展にはまず国民生活の向上をめざした将来ビジョンが必要であると考え，そのために石油基金を利用した。

（4）オーストラリアとの領海画定問題

独立前夜からの国連暫定統治で一時的に国際社会から集まった多額の援助は激減し，「国連バブル」は弾けた。しかし他方で，ティモール海からの石油・天然資源収入が見込める状況下にあった。とは言うものの，ティモール海におけるオーストラリアとの領海画定問題は石油・天然ガス収入に依存する東ティモールにとっては長年にわたる懸案事項でもあった。

1989年にインドネシアとオーストラリアの間でティモール・ギャップ条約が調印され，同海域での共同開発が開始され，1992年には採掘が始まっていた。石油利権を理由にインドネシアの東ティモール支配を認めてきたオーストラリアは政策転換を迫られ，1999年にはフレテリンが求めるティモール・ギャップ共同開発協定の改定を受け入れている。

2003年4月には両国間でティモール海条約が発効した。同条約では，共同石油開発区域（JPDA）のロイヤリティを東ティモールの90％に対してオーストラリアが10％と決められた。JPDA内のバユ・ウンダン鉱区で産出された天然ガス（LNG）は，オーストラリアのダーウィンまでパイプラインが敷設され，そこで液化と出荷が行われた。2006年2月からLNGが初出荷され，日本でも東京電力や東京ガスに輸出されている。

ただ，バユ・ウンダン油田の生産終了は2020年頃とされており，またキタン油田はほぼ生産を終えている段階から，グレーターサンライズ油田への期待が高まっていた。同油田はティモール海条約に基づくと，JPDA内の鉱区は20％程度で，80％がオーストラリア領域に属することになっていた。東ティモールとオー

ストラリアとの二国間協議が行われ，2006年1月にティモール海における海洋諸協定に関する条約（CMATS）が締結され，その結果同油田のロイヤリティは折半することになった。また同時に今後50年間は境界線の協議は凍結するという取り決めが行われた。

　ところが，2007年1月発効の同条約は暗礁に乗り上げることになった。東ティモールの産業開発を重視するグスマン政権は，東ティモールの陸上LNGプラント建設を求めたのだ。東ティモール側にパイプラインを引くことで石油関連事業の開発を考えた。しかし他方で，国際共同操業（JV）側が主張したのが浮遊式LNGプラント方式であったのだ。東ティモール政府とJVパートナーとのプラント建設の方式が対立した状態で次の問題が顕在化する。

　2013年12月に，東ティモール政府はオランダのハーグにある紛争当事国間の合意に基づき国際紛争を解決する国際司法裁判所にオーストラリアを訴えることになった。訴状理由は，第1にオーストラリアがCMATSを交渉する過程で，東ティモール政府閣議室に盗聴器を据えるなどの諜報活動を行ったことである。第2はCMATSが現行の国際海洋法条約（UNCLOS）に基づいた境界線ではないとの訴えであった。もしUNCLOSに基づき領海画定を行なった場合は，グレーターサンライズ油田は東ティモールの領域に含まれ，推定500億米ドルの収入が見込まれることになる。

　これら二つの理由に基づき，東ティモールはグスマンを領海画定の交渉責任者としてオーストラリアとの交渉を続けた。オーストラリアは当初東ティモールの訴えを受け付けず，むしろオーストラリア側に不利になるような証拠隠滅や東ティモール側に雇われた弁護士への圧力を強めた。しかしながら，内外の世論の批判等を受けて，結局2017年8月30日に相手方の当事国が拒否しても裁判手続きが可能な常設仲裁裁判所の仲裁のもとで，東ティモール側の訴えを全面的に受け入れることで両国は合意した。

　独立当初からアルカティリ首相とオーストラリア政府との厳しい交渉が展開され，それがメディアで取り上げられることで，失業に不満を募らせていた若者たちが反オーストラリア感情を露わにした。それはオーストラリア系資本のスーパーマーケットやホテルへの放火・略奪にまで発展したこともあった。今回の領海画定交渉をめぐっても非合法的なオーストラリアの領海画定であるとして，同国大使館前で抗議デモが繰り広げられていた。

第11章　東ティモール　271

4 「紛争から繁栄へ」——開発重視に移行する東ティモール

　2006年騒擾事件，2008年の当時のホルタ大統領とグスマン首相襲撃事件を経験した東ティモールは，グスマン政権下の2010年にSDPを発表することで開発段階へのスタートを切った。国連は，2006年騒擾事件後に国家警察のスクリーニングを実施するなど治安部門改革を行い，日本はJICAの警察研修プログラムの実施などで東ティモールのガバナンスの強化に貢献している。

　また，2007年，2012年，2017年の国政選挙を無事に終え，東南アジア諸国がむしろ民主化から逆行するなかで，民主主義国家として確実に歩みだしている。急ピッチで進むインフラ整備は，悪路で首都ディリや都市部へのアクセスを求める国民の強い要望である。ただその一方で，大規模開発にともなう政治家や政府高官の汚職等は，特に若い世代からの不満を鬱積させている。主な産業が農業であるとは言うものの，商業作物の生産までには至っていなく，雇用の受け皿には依然として遠いのが現実だ。

　2017年国民議会選挙を無事に終え，第7次立憲政府が紆余曲折を経て少数与党として発足した。大統領，国会議長，首相と主要な権力をフレテリンが独占している。アルカティリ政権はPDとの連立政権で行政を司るが，グスマンが党首のCNRT，ルアクが党首のPLP，さらにはKHUNTOが野党連合を結成し，アルカティリとの政治的駆け引きを行っている。今後，場合によっては新たな政治的展開になるかもしれない。しかしながら，すでに述べたように政治ゲームはあっても，人々の日常生活を混乱に陥らせるような事件はもはや考えられない。

　第6次立憲政府が「世代交代内閣」と言われたように，人口120万人程度の60％が25歳以下という世代交代の大きなうねりのなかで，独立抵抗運動第一世代であるグスマン，アルカティリ，ホルタ，さらにはル・オロやルアクらの役割は明確であろう。民主主義に基づく政治社会の安定は当然にしても，若い世代が生活の基盤を築けるための経済の発展と雇用の保障が「紛争から繁栄へ」の道筋になることは言うまでもない。そして，一部の政治権力者や政府高官のみが得するような社会ではない公平，公正な社会の構築が望まれる。

　最後に，東ティモールの対ASEAN政策に触れたい。東ティモールは2002年にASEANのオブザーバーになり，2005年からはASEAN地域フォーラムに加

盟している。2010年3月に来日した当時のホルタ大統領は改めて2012年までの
ASEAN加盟に言及した。このように，ASEAN加盟はすでに同国の外交路線で
あり，政権が変わっても変更はない。ASEANも加盟条件となるASEAN憲章
に基づき，ASEAN調整理事会ですでに審議されており，東ティモールの
ASEAN加盟は規定路線であると考えて良いであろう。

〈付記〉
　ル・オロ大統領は，議会多数派を握る野党連合の要求で，内閣の交代ではなく，国民議
会の解散を憲法100条第1項に基づき，同86条の事由で，2018年1月26日に宣言した。同年
5月に国民議会選挙が予定されている。

読書案内

① 青山森人『東ティモール——抵抗するのは勝利なり』社会評論社，1999年。
② 青山森人『東ティモール——未完の肖像』社会評論社，2010年。
　＊①は独立前から東ティモールに入り，解放闘争を担った指導者たちの聞き取りが多く
　　含まれている。②は独立前後から現在に至るまでの聞き取りを中心とした，ともに同
　　じルポライターの作品。なお，同氏の「青山森人の東ティモールだより」（http://
　　easttimordayori. seesaa. net）も最新の情報が手に入る。
③ 松野明久『東ティモール独立史』早稲田大学出版部，2002年。
　＊日本で出版されている本格的な東ティモール独立に至る通史。ポルトガルに対する反
　　植民地・独立闘争，インドネシア支配下でのレジスタンス運動などが中心。
④ 山田満編『東ティモールを知るための50章』明石書店，2006年。
　＊30人以上の執筆陣で，歴史，紛争後の平和構築，政治・経済，社会・医療，教育・宗
　　教・文化，国際関係の各領域にわたる内容の入門書。東ティモールに関わりをもった
　　専門家，実務家らが執筆している。
⑤ 山田満「東ティモール紛争——新興の独立国家が抱える内的権力闘争」増田弘監修
　　『なぜ世界で紛争が無くならないのか』講談社＋α新書，2009年。
　＊講演録をもとに編集された新書であり，東ティモールの紛争を1975年インドネシア侵
　　攻，1999年の住民投票前後，2006年の騒乱の3つの視点から分けて説明。他地域の紛
　　争と比較可能できる点で有益。

参考文献

青山森人『東ティモール——抵抗するのは勝利なり』社会評論社，1999年。
青山森人『東ティモール——未完の肖像』社会評論社，2010年。
高橋奈緒子・益岡賢・文殊幹夫『東ティモール——奪われた独立・自由への闘い』明石書
　　店，1999年。

高橋奈緒子・益岡賢・文殊幹夫『東ティモール2——「住民投票」後の状況と「正義」の行方』明石書店，2000年。

長谷川祐弘「私の提言」(「国連フォーラム」http://www.unforum.org/teigen/1.html　2007年3月15日閲覧)。

花田吉隆『東ティモールの成功と国造りの課題——国連の平和構築を越えて』創成社，2015年。

松野明久『東ティモール独立史』早稲田大学出版部，2002年。

山田満編『東ティモールを知るための50章』明石書店，2006年。

山田満「独立後初の国政選挙を終えた東ティモールの政治社会状況と今後の展望」『海外事情』第55巻第10号，2007年。

山田満「東ティモール——国家建設と民軍協力」上杉勇司・青井千由紀編『国家建設における民軍関係——破綻国家再建の理論と実践をつなぐ』国際書院，2008年。

山田満「東ティモールの平和構築と市民社会の役割」アジア政経学会監修，竹中千春・高橋伸夫・山本信人編『現代アジア研究2　市民社会』慶應義塾大学出版会，2008年。

山田満「東ティモール紛争——新興の独立国家が抱える内的権力闘争」増田弘監修『なぜ世界で紛争が無くならないのか』講談社＋α新書，2009年。

山田満「平和構築と紛争予防ガバナンス——東ティモールの治安部門改革 (SSR) を事例として」初瀬龍平・松田哲編『人間存在の国際関係論——グローバル化のなかで考える』法政大学出版局，2015年。

Hasegawa, Sukehiro, *Primordial Leadership: Peacebuilding and National Ownership in Timor–Leste*, United Nations University, 2013.

Shoesmith, Dennis, "Timor–Leste: Divided Leadership in a Semi-Presidential System", *Asian Survey*, Vol. XLIII, No. 2, March/April, 2003.

Tanter, Richard, Selden, Mark, and Stephen R., Shalom (eds.), *Bitter Flowers, Sweet Flowers: East Timor, Indonesiaand The World Community*, Rowman & Littlefield Publishers, INC, 2001.

▓ *Column* ▓

東ティモールの3人の政治指導者とポルトガル語公用語化問題

　東ティモールには，シャナナ・グスマン，ラモス・ホルタ，マリ・アルカティリという，過去から現在に至るまで東ティモールの政治を動かす3人の有力な政治指導者がいる。

　日本ではまさに団塊に当たる世代である。3人の政治指導者は東ティモールの独立に多大な貢献をしてきた人物であることは間違いないであろう。しかし他方で，3人は独立という共通の目的をもちながらも，その政治手法や政治思想は異なっていた。そのことが独立後の東ティモールの政治を不安定化させる要因になってきた。

　グスマン氏とは，かつてジャカルタのチピナン刑務所付近の一軒家に軟禁されている際，国際NGOのメンバーとともに訪問して以来，その後も幾度となく話す機会があった。自らゲリラ活動に従事し，兵士を統率する司令官であったという凛々しい経歴を漂わせない，優しい雰囲気と朴訥な話し方の人物であった。絵を描き，詩を読む芸術家肌であり，ポルトガル人の血を引く「イケメン」である。彼にハグされたならば，女性のみならず男性も彼のファンになってしまう，不思議な魅力の持ち主である。

　対照的なのはアルカティリ氏である。アラブ系ムスリムという異色の人物である。彼は小柄でポーカーフェイスであり，時にジョークを交えるインテリという印象であった。アンゴラの大学で教鞭をとっていたという「学者肌」の経歴より，むしろ石油基金創設を決定するような頑強な意思を備えた官僚の雰囲気をもち，またグスマンが多分にポピュリストの要素を兼ね備えているのに対して，恐持ての人物である。

　ホルタ氏は，コフィン・アナンの後任として国連事務総長候補者に名前を連ねた東ティモール人として，もっとも著名な人物である。1997年にノーベル平和賞を受賞したことでも知られているからだ。しかし国際社会での知名度の高さに比べ，国内的にはあまり人気も評価も高くはないようだ。「風見鶏」という悪評を聞いたことがあるが，それはグスマンとアルカティリの両権力者の間で振り子のように立場を変えることが反映しているようだ。

　筆者は，2002年に東ティモール国立大学で客員研究員をしていたころ，全国東ティモール学生協議会に出席し，一般学生たちとともに3人の指導者の演説を傍聴したことがある。グスマンが登場した時は，グスマンの独り舞台という感じで，彼の演説が響きわたる割には学生たちの関心は今一歩，ホルタが登場したときは学生たちとの距離感を強く感じた。それはグスマンに対する親近感とは違う冷めた感情の表れであったように思われる。しかしアルカティリが登場すると，会場は盛り上がった。アルカティリの挑発的な演説は否応でも学生たちの関心を引いていた。

　カリスマ的司令官のグスマン，官僚政治家のアルカティリ，著名な外交官のホルタ，これら3人の政治指導者が1970年代から反植民地運動，独立運動，そして独立後の政治運営をめぐってトライアングルの関係を維持し続けているのだ。

　東ティモール政治の今後の行方は，キングメーカーのグスマンを中心に，アルカティリとホルタ，さらにはタウル・マタン・ルアクヤル・オロの独立抵抗運動第一世

第11章　東ティモール　　**275**

代の動向で左右される。これら指導者の存在が影響を及ぼす一方で，急増する若い世代がどのような動きを示していくのかで東ティモール政治は展開されていくことになる。また，世代交代が進むなかで深刻な問題となっているのが多言語問題である。特に，抵抗運動の第一線の指導者たちが重視するポルトガル語と，インドネシア支配下で育った若い世代のポルトガル語に対する考え方が異なっているからだ。

　かつて筆者が東ティモール国立大学で講義を行った時に，「なぜヨーロッパの小国の言葉を私たちが覚える必要があるのか。東ティモールが国際社会に羽ばたいていくには英語こそが重要な言語だ。それは誰の目にも明らかだ。インターネットだって英語が共通語だ」。当時のアルカティリ政権に対しても，「24年間にわたり，私たち国民がたいへんな思いを強いられていた時期に，海外で生活していた連中が戻り，その間彼らが使っていたポルトガル語を公用語にするとはどういう魂胆だ」という怒りや不満を何回となく聞いた。

　また，インドネシア語については，「悪かったのはインドシア軍と警察，インドネシア人を憎むことはない」という考え方も出始めていた。というのは，インドネシア支配下ですでに通婚がなされており，現にインドネシア人の伴侶を有している者も多いからだ。

　このように，国連暫定統治時代の経験と，東ティモール政府が推進する善隣友好外交で隣国オーストラリアやインドネシアが重視され，その結果，英語やインドネシア語が重要な言語であるという認識がいっそう高まってきている。

　しかし，ポルトガル語は長くポルトガル及び同植民地で過ごしてきた政治指導者の一部にはアイデンティティとして認識されている一方で，子供たちの多言語教育の負担は大きい。ユネスコ東ティモール国民委員会の最終報告では，母語による学習効果の高さが指摘されている。他方で，インドネシア語で教育を受けた世代がすでに中高年になっているが，興味深いのは子供たちが家庭で楽しむテレビ番組の多くはインドネシア語放送であるのだ。その意味でも，ポルトガル語の学習意欲は依然として苦戦しているのだ。

　どうやらポスト・インドネシア抵抗運動世代指導者の役割は，ポルトガル語の公用語化問題の解決であり，子供たちの多言語教育の負担を減らしてあげることになろう。東ティモールの国民や子供たちに安寧な社会を提供し，彼ら彼女たちの将来の夢と希望を保障してあげることに尽きよう。

第12章 ASEAN
――世界政治経済の構造変化と地域協力の深化

清水一史

── この章で学ぶこと

　東南アジア地域の大きな特徴の１つは，地域協力が1960年代から現在まで着実に積み重ねられてきていることである。その地域協力こそ，東南アジア諸国連合（ASEAN：アセアン）である。ASEAN は，当初はアジアで唯一の地域協力機構であり，途上国間ならびにアジアの地域協力・地域統合の代表であり続けている。また，1990年代末から構築されつつあるアジア全体の地域協力やアジアにおける自由貿易協定（FTA）においても，ASEAN が中心である。

　ASEAN は，1967年８月の「ASEAN 設立宣言（バンコク宣言）」を基に，インドネシア，マレーシア，フィリピン，シンガポール，タイの５カ国により設立された地域協力機構である。加盟国は，1984年にブルネイが加盟し６カ国に，1995年にベトナムが，1997年にラオスとミャンマーが，1999年にカンボジアが加盟し10カ国となった。これまで政治協力や経済協力を着実に進めてきており，2015年末には，ASEAN 経済共同体（AEC）を中心に ASEAN 共同体（AC）を創設した。

　東南アジア地域は，政治的にも経済的にも，大きな影響を世界政治経済やアジアの政治経済から受けてきた。そして ASEAN の地域協力も，世界政治経済の構造変化の影響を受けて進められてきた。政治面においては，冷戦構造とその変化が，ASEAN の枠組み自体の変化を含めて大きな影響を東南アジア地域に与えた。経済面においては，貿易や投資の急速な拡大を含めた世界経済の構造変化が，東南アジア地域に1980年代半ばからの急速な経済成長・発展をもたらした。しかし他方では，投資の急速な拡大が1997年からのアジア経済危機の要因ともなり，多大な被害をも与えた。また中国やインドの台頭も大きな影響を与えた。

　本章では，ASEAN の地域協力の展開を，世界政治経済の構造変化とともにみていきたい。そしてその際に，地域協力の深化と国民国家間の緊張についても述べていきたい。ASEAN 地域協力はスムーズに進んできたわけではない。ASEAN 地域協力は，多くの各国間利害対立をともないながら，深化がなされてきたのである。

キーワード　ASEAN 共同体，ASEAN 経済共同体（AEC），ASEAN 政治安全保障共同体，ASEAN 社会文化共同体，ASEAN 協和宣言，第２ASEAN 協和宣言，ASEAN 憲章，アジア冷戦，アジア経済危機，ASEAN 自由貿易地域（AFTA），世界経済

1 ASEAN の設立と協力の過程

（1）ASEAN の設立——1967 年 8 月

ASEAN は，1967年8月8日の「ASEAN 設立宣言（バンコク宣言）」をもとに設立された。「ASEAN 設立宣言」は，ASEAN の第1の目的を「東南アジア諸国の平和と繁栄の基礎を強化するため，平等と連帯の精神のもとに進める共同作業を通じて，地域の経済成長，社会進歩，文化的発展を推進する」ことに置いた。一見してわかるように，政治以外の面でのゆるやかな協力関係の推進を目的としていた。しかし，ASEAN は実際には各国の安全保障などの政治的契機から設立され，当初の性格も政治的色彩が強いものであった（清水，1998：第1章）。

ASEAN の設立は，ベトナム戦争やラオス危機といったインドシナ情勢を背景として，直接にはマレーシアの成立をめぐる域内紛争の緊張緩和の過程から設立された。1963年のマレーシアの成立をめぐって，マレーシアとフィリピン間，マレーシアとインドネシア間で対立が起こり，マレーシアとインドネシア間では武力紛争が引き起こされるまでに至った。しかしインドネシアのスカルノからスハルトへの権力の移行と，それにともなうインドネシアの「マレーシア対決」の緩和を契機として，緊張緩和が行われた。このとき，反共主義に立った国内支配体制を維持しつつ近代化を望んだ各国は，いずれも新たな地域協力機構を設立し，それに参加することを望んだ。インドネシアにとっては，スカルノ政権末期の国際的孤立と国内混乱から一刻も早く立ち直らなければならず，そのためにも近隣諸国との関係改善が緊急の課題であり，地域協力機構が設立されるならばそれに参加することが望ましかった。マレーシアにとっては，インドネシアとの友好関係の確立が安全保障上不可欠であり，とくにイギリス軍の撤退後の国防を考えると，地域協力機構の設立は望ましかった。またフィリピンは，対米依存との釣り合いをとるために地域協力への関与が望まれた。タイにとっても，インドネシアとの友好関係の制度化とともに対米依存との釣り合いを取るため，それは必要であった。シンガポールにとっては国防上の理由とともに，独立国家として対等に扱われるために，地域協力機構の設立とそれへの参加が意味をもった（山影，1991：第3章）。

ASEAN は，ベトナム戦争と，イギリス軍のスエズ以東撤退，さらに米軍の東

南アジア大陸部からの撤退を背景に，政治協力を一層進めていくこととなった。1969年には，サバ領有をめぐるマレーシアとフィリピンの紛争が起こり，その解決に政治協力が成果をあげた。つまりサバの領有問題からマレーシアとフィリピンは国交断絶をしたが，1969年12月の第3回ASEAN外相会議において，両国の和解が達成されたのである。

1971年11月の第1回特別外相会議では，米中和解と国連による北京政府の認知という国際政治の変化に対応して，「東南アジア中立地帯宣言（ZOPFAN）」が出された。東南アジアを「平和，自由，中立の地帯」とすることによって，「外部勢力の干渉からの自由」を保つことを域内外に宣言するものであり，同時にASEANが対外的な共同姿勢を打ち出した最初のものであった。

域外との関係では，1972年にEU（欧州連合）の前身のEC（欧州共同体）と，1973年に日本と経済関係の対話をもった。ASEANが経済関係で域外に対して集団として対応する先駆けであった。その後ASEANは域外に対してまとまって交渉し，域外市場の獲得や経済援助の獲得などの多くの成果を得てきている。

（2）第1回首脳会議と「ASEAN協和宣言」

1976年2月には，世界政治経済の急激な変化を背景に，第1回ASEAN首脳会議が開催された。第1回首脳会議では「ASEAN協和宣言」が出され，同時に「東南アジア友好協力条約」が締結された。「ASEAN協和宣言」は，加盟国の政治経済両面における協力の拡大を宣言し，「東南アジア友好協力条約」は，地域的強靱性（地域としての自立的な強さ：レジリエンス）の強化を通じての地域の平和と安定の促進を求めた。これらにより政治協力が正式に認知され，また経済協力が始められた。ASEAN事務局の創設も合意され，インドネシアのジャカルタに置かれることとなった。

協力強化の背景には，ASEANを取り巻く世界政治経済の急速な変化があった。1975年にはベトナム戦争が終結し，インドシナ3国が社会主義化した。それはASEAN各国に多大なインパクトを与え，ASEAN政治協力の一層の強化を要請した。同時にインドシナ3国の社会主義化により，ASEAN各国は経済的にも成長による安定化が迫られた。また1973年からのオイルショックを契機とする1974〜75年不況の際に一斉に成長が鈍化した各国は，各国だけでは処理しきれない経済危機に対してASEANとしての対処が迫られ，域内経済協力を求めた。

第12章　ASEAN　279

1960〜70年代の南北問題（先進国と途上国の発展格差の問題）の台頭も，ASEAN
に途上国間地域経済協力の推進を後押しした。

　ASEAN は最初の10年間に続き，1976年以後も政治協力を推進し，政治協力こ
そ ASEAN をまとめてきた主要な要因であった。1978年にカンボジアに侵攻し
たベトナムに対抗して ASEAN は共同歩調を取り，また対中国や対ソ連も視野
に置いて，インドシナ政策における共同歩調を取ってきた。そして ASEAN は
国連総会に，カンボジアからのベトナム軍の撤退の要求を提案した。しかしベト
ナム軍の撤退は，1990年代はじめのアジア冷戦の変化後まで果たされなかった。

　域外との関係では，1978年に日本との間で ASEAN 日本外相会議が開催され，
それをきっかけとして参加国を拡大しながら ASEAN 拡大外相会議（PMC）が毎
年開催されてきた。ASEAN 拡大外相会議は，ASEAN が域外国と交渉する主要
な場となってきた。

（3）域内経済協力の開始

　1976年第1回首脳会議と「ASEAN 協和宣言」からは域内経済協力も開始さ
れ，協力の範囲が拡大してきた。1976年からの ASEAN の域内経済協力は，当
時の各国の工業化を背景にして，外資に対する制限のうえに企図された各国の輸
入代替工業化（それまで輸入していた製品を，自国で生産し代替するタイプの工業化で
ある。その際に，各国は自国市場と産業を保護しようとする。主要な市場は自国である）
を ASEAN が集団的に支援するというものであった。ただし ASEAN 共同工業
プロジェクト，ASEAN 工業補完協定，特恵貿易制度などの政策の実践からみて
も挫折に終わり，域内市場の相互依存性の創出という視点からみても挫折に終
わった。挫折の主要な原因は，各国間の利害対立とそれを解決できないことに求
められた。

　たとえば，ASEAN 共同工業プロジェクトの事例である。ASEAN 共同工業プ
ロジェクトは加盟各国が共同出資していくつかの新規の大規模プロジェクトを各
国で分担，設立するものであったが，その割り振りをめぐり当初から各国の利害
が対立した。各国はそれぞれ自国に有利な産業を獲得しようとし，同時に自国の
産業が不利になりそうな場合には執拗に反対した。たとえば石油化学工業は，当
初からシンガポールが名乗りを上げていたが，産油国のインドネシアとマレーシ
アも希望を表明，フィリピンを含む4カ国が競合状態となった。鉄鋼もフィリピ

ンが強く要求したが，マレーシアも名乗りを上げ対立した。こうして石油化学，鉄鋼といった中心的プロジェクトには利害対立が集中し，結局合意できなかったのである（清水，1998：第2章）。

（4）世界経済の構造変化と新たな域内経済協力の展開

だが，1987年第3回首脳会議を転換点として，従来の域内経済協力戦略は，新たな域内経済協力へと転換した。ASEAN域内経済協力の基盤が，世界経済の構造変化を基に変化したからであった。1985年9月のプラザ合意以降，円高・ドル安を背景にNIESそしてASEANへの日本からの直接投資の急増といった形で，多国籍企業の国際分業が急速に進行したのである。たとえばタイにおける日本の投資は，1985年の1億6900万バーツから1986年の16億7500万バーツ，1987年の36億500万バーツ（以上，認可額）へと急速に拡大した。同時にASEAN各国は，その変化に合わせて新たな発展戦略，すなわち外資依存かつ輸出指向工業化（工場を作るなどの外国からの直接投資を積極的に取り入れ工業化し，製品の主要な市場を外国に求め輸出する）の発展戦略に転換した。外資に対する政策もそれまでの直接投資規制的な外資政策を，直接投資を優遇する外資政策に逆転させた。こうして1980年代半ばから，アジアNIESに続くASEAN諸国の急速な経済発展が始まった。このような急速な経済発展は，「東アジアの奇跡」とも呼ばれた。ASEANの協力においても，経済面の発展の支援がもっとも重要な課題となった。

ASEANの新たな域内経済協力戦略は，1980年代後半からはじまった外資依存かつ輸出指向型の工業化を，ASEANが集団的に支援するというものであった。この戦略のもとでの協力を体現したのは，日本の三菱自動車工業（三菱自工）がASEANに提案して採用された，ブランド別自動車部品相互補完流通計画（BBCスキーム）であった。1988年10月第20回経済閣僚会議で「覚書」が調印され，三菱自工，トヨタ自動車，日産自動車などの日系メーカーを中心に，その後着実に実践されることとなった（清水，1998：第4-5章）。

第12章 ASEAN　281

2 冷戦構造の変化とアジア経済危機

（1）アジア冷戦構造の変化と ASEAN

1990年代はじめからは，ASEAN を取り巻く政治経済状況が大きく変化した。何よりもまず，政治的に ASEAN の意味を問い直す歴史的変化が生じた。アジア冷戦構造の変化である。アジア冷戦構造は，東欧革命とソ連崩壊の影響を受けつつ変化を遂げたが，欧州に比して独自の経路をたどった。中国やベトナムは政治体制においては社会主義体制を維持したまま，経済においては「計画経済」から「市場経済」への移行を始めた。中国は再び改革・開放路線に戻り，その後の急速な発展を導いた。東南アジアの冷戦構造を規定していたインドシナ情勢も一変した。1978年12月のベトナムのカンボジア侵攻以来，ASEAN の政治協力はカンボジア問題の解決が中心課題であったが，1991年にはパリ和平協定が調印され，ベトナム軍のカンボジアからの最終撤退とカンボジア和平が実現した。そしてベトナムではドイモイ路線が定着し，インドシナは「戦場」から「市場」へ向かうこととなった（以下，清水，1998：終章）。

ASEAN とベトナムとの対抗関係は急速に変化し，1992年にはベトナムとラオスが東南アジア友好協力条約に調印した。1995年7月には，ASEAN 諸国と長年敵対関係にあったベトナムが，ついに ASEAN の正式加盟国となった。1995年12月第5回首脳会議では，ラオス，カンボジア，ミャンマーが招かれ，はじめて東南アジア10カ国の首脳が集まった。1997年7月にはラオス，ミャンマーも ASEAN に加盟した。その後，1999年にはカンボジアの加盟も実現し，ASEAN はインドシナ諸国を含む東南アジア全域を領域とすることとなった。そしてアジア冷戦構造の変化にともない，ASEAN の政治協力は大きく変化し，ASEAN 協力の重点も政治から経済により移っていった。

他方，経済的にも，冷戦構造の変化にも関連して，巨大な変化が1992年以降現れてきた。ASEAN 各国やアジア NIES 各国の発展とともに，最も大きな変化は，中国の改革・開放に基づく急速な経済発展と中国における対内直接投資の急増であった。中国は，1992年以降10％以上の成長を続けた。沿海部は直接投資を急速に引き付け成長を牽引し，中国をそれまでの世界経済からの孤立から急速にアジア太平洋地域における国際分業に引き入れた。また中国は，直接投資の受け

282

入れ先として，それまで先進国の直接投資を引き付けていたASEANに対抗することとなった。こうして中国の急速な経済発展と直接投資の急増は，ASEANにとって大きな脅威となってきた。

これらの変化を受け，ASEANは域内経済協力の深化を迫られた。1992年第4回首脳会議ではASEAN自由貿易地域（AFTA）が合意され，翌年から関税の切り下げが始められた。AFTAは，「AFTAのための共通効果特恵関税協定」により，適用品目の関税を2008年までに5％以下に引き下げることを目標とした。それは，これまでそれぞれに高い関税を設定され保護されてきた各国産業を開放していくことを意味した。

また，ブランド別自動車部品相互補完流通計画の発展形態であるASEAN産業協力（AICO）スキームが合意され，1996年4月非公式経済閣僚会議で，「ASEAN産業協力スキームに関する基本協定」が調印された。ASEAN産業協力スキームでは，対象となる会社の範囲や製品の範囲も大きく拡大し，その恩典なども大きなものとなった。

ところで，AFTAもASEAN産業協力スキームも，その主要な狙いは直接投資の呼び込みとそれによる発展にあった。各国は協力政策の支援もあり，急速な経済発展を遂げてきた。しかし他方では，自国の産業保護と域内経済協力政策の間の緊張を常に孕んでいた。たとえばマレーシアは，自国の自動車産業の保護のため，AFTAに自動車関連品目を含めることを拒み続けた。

域外との関係では，1994年からASEAN地域フォーラム（ARF）を開催してきた。ASEAN外相会議の際に毎年開催して，アジア太平洋地域の政治と安全保障に関する対話の場を，ASEANが提供してきている。ASEANを中心として東アジア各国，アメリカ，カナダ，ロシア，EUも参加し，東アジアにおける主要な政治安全保障会議となってきた。①信頼醸成，②予防外交，③紛争解決を目指している。

（2）アジア経済危機とASEAN

1997年からは，タイのバーツ危機から始まったアジア経済危機が，ASEAN諸国に大きな打撃を与えた。アジア経済危機は，これまでの矛盾が噴出し近隣諸国に伝播したものであった。90年代に急速に成長していたASEAN各国では成長が鈍化し，さらにはマイナスに落ち込んだ。1998年には，インドネシア，マレー

第12章 ASEAN 283

シア，フィリピン，タイの4カ国はいずれもマイナス成長となった。またたとえば自動車の販売台数は，インドネシア，マレーシア，フィリピン，タイの4カ国の合計で，1997年に対前年比マイナス10.3%，1998年には同じく対前年比でマイナス65.1%となってしまった（以下，清水，2011参照）。

　アジア経済危機は，一面では，各国で対処できない経済問題に対してのASEANとしての集団的な対処を促し，ASEAN協力を強化させた。ただし，他面では，各国の自国産業保護を導く要因となってしまった。タイは自動車や鉄鋼の関税を引き上げ，たとえば自動車では2400cc以下の完成車の関税を42%から80%に，2400cc超の完成車も68.5%から80%に引き上げた。マレーシアも完成車の関税を引き上げ，フィリピンも自動車部品の関税を引き上げた。またタイは，予定されていた自動車部品の国産化撤廃を延期した。

　ASEANは，危機への対処として，1997年第2回非公式首脳会議で，統合への長期目標を示す「ASEANビジョン2020」を，1998年第6回首脳会議で「大胆な措置に関する声明」を出した。「大胆な措置に関する声明」は，①AFTAの早期実施，②ASEAN投資環境の向上，③ASEAN産業協力スキームの改善を打ち出した。

　ただし，これらは短期的には有効とは言えず，危機に対しては域外の日本や中国からの支援が有効であった。また危機への対処を契機に，ASEANプラス日本・中国・韓国（ASEANプラス3）のアジア全体の協力枠組みが構築されることとなった。ASEANよりも広域の地域協力が整備されることは，ASEANの存在を脅かすことを意味した。

　その後，1997年のアジア経済危機を契機に，ASEANを取り巻く政治経済構造がさらに変化してきた。第1に中国の急成長と影響力の拡大である。中国は1997年以降も一貫して7%以上の高成長を維持し，この成長の要因である貿易と対内投資が急拡大した。特に直接投資の受け入れ先としての中国の台頭は，ASEANならびに加盟各国にとって大きな圧力となった。第2に世界全体での貿易自由化が停滞したことと，他方で個別の自由貿易協定（FTA）が興隆してきたことである。第3に中国を含めた東アジアの経済的相互依存性の拡大，そして東アジア大の地域協力の形成等である。ASEANは，これらアジア経済危機以降の構造変化を背景に，域内経済協力を中心に協力の強化が迫られてきた。

　これらのアジア経済危機以降の構造変化の下，ASEANの域内経済協力も着実

に進められてきた。AFTA に関しては，1998年に，ASEAN 先行加盟国が2008年までに予定していた適用品目（IL）の関税の 0 ～ 5 ％への引き下げ期限を，2003年までに前倒しすることで合意した。1999年には，AFTA の目標を「0～5 ％」の関税から「関税撤廃」とし，さらに先行加盟国，新規加盟国のそれぞれの「関税撤廃」時期を2010年，2015年にすることで合意した。

こうして AFTA は，2003年 1 月には先行 6 カ国によって関税が 5 ％以下の自由貿易地域として確立された。ASEAN 産業協力スキームも開始当初は 1 年以上認可が下りなかったが，アジア経済危機を背景に1998年に入って自動車部品をはじめとして認可されるようになった。日系自動車メーカーの自動車部品の相互補完流通が中心であった。AFTA と ASEAN 産業協力スキームにより，自動車や電機などの日系を中心とした外資系メーカーは ASEAN 大での効率的生産を目指し，ASEAN 域内経済協力を活用した国際分業を展開してきた。それは ASEAN の経済発展を推進してきた。

3　ASEAN 共同体への道

（1）「第 2 ASEAN 協和宣言」と ASEAN 共同体

アジア経済危機後の政治経済構造の変化は，ASEAN に協力の深化を強く求めることとなった。2003年10月の第 9 回首脳会議は，「第 2 ASEAN 協和宣言」を宣言し，その後の ASEAN 協力の大きな転機となった。「第 2 ASEAN 協和宣言」は， 3 つの共同体から構成される ASEAN 共同体の実現を宣言した。3 つの共同体は，① ASEAN 安全保障共同体（ASC，後に ASEAN 政治安全保障共同体：APSC），② ASEAN 経済共同体（AEC），③ ASEAN 社会文化共同体（ASCC）である。ASEAN 共同体は，これら 3 つの共同体により「永続的な平和，安定及び地域で共有された繁栄の目的のために相互に再強化を図る」ものであった。また域外国との関係では，中国とインドが域外大国として初めて東南アジア友好協力条約に加盟した（日本は翌年加盟した）。また ASEAN と日本，中国，インド，韓国がそれぞれに自由貿易協定などの協力を強化していくことを確認した（以下，清水，2016参照）。

ASEAN 共同体を構成する 3 つの共同体の中心は② ASEAN 経済共同体であり，最も早くから計画された。2002年11月第 8 回首脳会議で構想が出され，2003

第12章　ASEAN　　285

年の「第2 ASEAN 協和宣言」において，ASEAN 共同体を構成する柱として宣言された。ASEAN 経済共同体は，「2020年までに物品・サービス・投資・熟練労働力の自由な移動に特徴付けられる単一市場・生産基地を構築する」構想である。ASEAN が EU のような単一市場を，あるいは生産要素（資本と労働）の移動を含む共同市場を実現しようという構想である。ASEAN 経済共同体においても依然として直接投資の呼び込みは非常に重要な要因であった。ASEAN 各国にとって依然として直接投資と輸出は発展のための切り札であったが，中国とインドという強力な競争者が台頭し，そのような環境のもとでより直接投資を呼び込むために，各国首脳たちは ASEAN としての協力・統合を求めたのであった。

① ASEAN 安全保障共同体は，ASEAN 諸国が平和に生存するために政治・安全保障協力のレベルを高めることを目標とした。地域内の問題の解決については平和的手段のみを用いること，加盟国の主権的権利を認め包括的安全保障を原則とすることとした。また③ ASEAN 社会文化共同体は，福祉社会の共同体として共に結ばれた東南アジアを構想し，恵まれない人たちや農村人口の生活水準の引き上げを目的とした社会開発協力を促進することを目標とした。

2004年11月末にビエンチャンで開催された第10回首脳会議では，「ビエンチャン行動計画（VAP）」が採択された。ビエンチャン行動計画は，第1に ASEAN 共同体の実現に向けて包括的な統合を追求することを宣言し，第2に，ASEAN の低開発加盟国の発展の問題に配慮し，域内格差の是正を強く打ち出した。また第3に ASEAN 憲章の進展に向けて作業することも宣言した。

上記の域内格差の是正の手段の整備は，ASEAN 域内経済協力を推進する重要な要因である。ASEAN においては，域内における先進国と途上国の間に，大きな所得格差と産業競争力の格差が存在し，その格差は加盟国の拡大とともにさらに増大したからである。その問題の解決は協力・統合の深化とともにさらに重要な課題となってきた。

（2）ASEAN 経済共同体（AEC）確立の加速とブループリント

2007年1月の第12回 ASEAN 首脳会議では，「ASEAN 共同体の15年成立に関する ASEAN 宣言」によって，ASEAN 共同体創設を5年前倒しして2015年とすることを宣言した。2007年11月第13回首脳会議では，「ASEAN 経済共同体ブループリント（AEC ブループリント）」も出された。

AECブループリントは，3つの共同体のなかで最初のブループリントであり，ASEAN経済共同体に関するそれぞれの分野ごとの目標とスケジュールを定めている。それは2015年までのASEAN経済共同体実現のための具体的な行動計画であり，4つの特徴（戦略目標）と17のコアエレメント（分野）が提示され，コアエレメントごとに具体目標と措置（行動）と戦略的スケジュールを示した。4つの特徴（戦略目標）とは，A.単一の市場と生産基地，B.競争力のある経済地域，C.公平な経済発展，D.グローバル経済への統合である（石川，2016）。

　さらに，現在，ブループリントを確実に実施させるために，スコアカード，事務局によるモニタリングを実施している。スコアカードは各国ごとのブループリントの実施状況の点検評価リストである。こうして2015年までのASEAN経済共同体実現に向けて着実に行動が取られている。

　域内経済協力の進展をみると，AFTAによって2003年から関税切り下げが進められ，2008年時点で先行加盟6カ国の平均関税率を1％以下にまで，また新規加盟4カ国を含むASEAN10カ国でも2％以下にまで引き下げられた。最後まで自動車をAFTAに組み入れることに反対していたマレーシアも，2004年1月にAFTAに組み入れた。そして実際に2007年1月には，マレーシアの自動車関税も5％以下に引き下げられた。各国の輸出に占めるAFTA利用の割合も上昇し，たとえば2008年のタイのASEAN各国向けの輸出に占めるAFTA利用率は，インドネシア向け輸出で60.8％へ，フィリピン向け輸出で46.3％に達した（AFTAに関しては助川，2016参照）。

　ASEANからASEANへの域内輸出の比率も徐々に拡大し，25％程度になってきた。ASEAN各国は1980年代半ばから輸出指向の発展を行ってきており，大きな市場が日米など域外に存在するため，域内輸出比率は大きくは拡大しない構造にある。しかし，域内経済協力政策とその支援による域内国際分業の展開とともに，域内輸出比率も徐々に拡大してきているのである。AFTAを核として，次の目標は上記のASEAN経済共同体である。

　世界経済においては，2008年9月にアメリカ発の世界金融危機が起こり，ASEANとASEAN諸国にとっても大きな打撃となった。危機の影響を受け，ASEAN諸国の輸出と成長は一斉に鈍化した。危機の影響のなかでも，アメリカ市場の停滞と世界需要の停滞は，輸出指向の工業化を展開するASEAN諸国の発展にとって大きな制約要因となった。こうして世界経済は新たな局面に入っ

第12章　ASEAN　　287

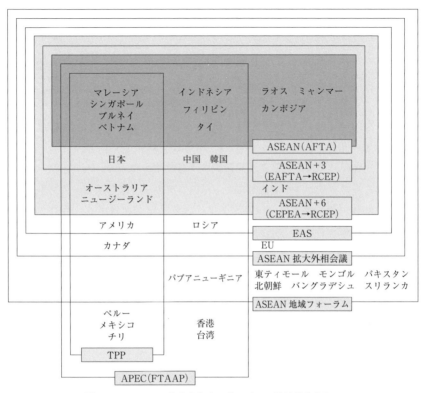

図12-1　ASEANを中心とする東アジアの地域協力枠組み

(注)　( ) は自由貿易地域 (構想を含む) である。
　　ASEAN：東南アジア諸国連合, AFTA：ASEAN自由貿易地域, EAFTA：東アジア自由貿易地域,
　　EAS：東アジア首脳会議, CEPEA：東アジア包括的経済連携, RCEP：東アジア地域包括的経済連携,
　　APEC：アジア太平洋経済協力, FTAAP：アジア太平洋自由貿易圏, TPP：環太平洋経済連携協定。
(出所)　筆者作成。

た。危機への対処の意味でも，長期的発展のためにも，経済共同体へ向けたASEAN域内経済協力の深化がさらに求められてきた。

　域外との関係では，2001年に中国からASEANに提案されたASEAN中国自由貿易地域（ACFTA）をはじめとして，ASEANと日本，中国，韓国，インドなどとの自由貿易協定が進められてきた。ASEANと日本との間では，ASEAN日本包括的経済連携協定（AJCEP）が進められてきた。自由貿易協定によって，それぞれが関税を引き下げ，貿易を拡大しようとしてきた。

　またアジア全体においても，1997年からのASEANと日中韓（ASEANプラス3）の協力や，2005年からの東アジア首脳会議（EAS）のメンバーによる

ASEANプラス6（ASEANと日中韓にインド・オーストラリア・ニュージーランドを含む）の協力が進められてきた。またアジア全体で自由貿易地域を作ろうという構想も生まれてきた。これらの自由貿易協定や自由貿易地域構想において，中心はASEANである（図12−1参照）。アジアの地域協力においては，日本も中国も突出したイニシアチブを握れず，またASEANが従来から着実に協力を進めてきたからである。ただしASEANよりも広い領域の地域協力の実現は，常にASEANの地位を脅かす。それゆえに，広域の地域協力におけるイニシアチブを確保するためにも，ASEANは自らの協力を深化させなければならないのである。

（3）ASEAN憲章の制定と協力の深化

　ASEAN共同体への展開を見てきたが，共同体への歩みとともにASEANでは同時に憲章の制定が進められてきた。共同体へ向けてASEAN協力の深化のために，目標の明確化と制度整備がより必要になってきたからである（以下，清水，2009参照）。

　2007年11月20日の第13回ASEAN首脳会議では，ミャンマー問題も焦点になるなかで，全加盟国によって憲章の署名がなされた。2008年12月にバンコクで開催される予定であった第14回首脳会議は，タイの政治不安定のため延期されたが，インドネシアの提案により12月15日にはジャカルタで特別外相会議が開催され，ASEAN憲章がついに発効された。

　ASEANの設立の根拠はこれまで1967年の「バンコク宣言」にのみ拠っていたが，憲章の発効により，ASEANの設立基盤が法に発展し，その基盤が強化された。法の側面からみると，「宣言」は法ではないが「憲章」は法の1つである。ASEAN憲章はASEANの目標，基本原則，ルールを明確化・成文化し，これまでの制度を整理しさらに新たな制度を構築している。また憲章の制定は，そもそもASEAN経済共同体とASEAN共同体の実現という面をもち，それらの実現のための重要な制度整備でもあった。

　ASEAN憲章によって，ASEANの組織として，首脳会議，調整評議会，共同体評議会，事務総長と事務局，常駐代表委員会，人権機構などが規定された。従来は規定されていなかったが，憲章では，首脳会議が最高意思決定機関であることを明確に規定した。首脳会議の開催を年1回から年2回に増やすことも明記し

第12章　ASEAN　289

た。また議長国制度により，暦年で単一の議長国をもつこととなった。事務総長は，任期5年でアルファベット順の加盟国持ち回りで選出され，2018年1月からは元ブルネイ外務貿易省次官のリム・ジョクホイである。

　ASEANにおける意思決定は，憲章によっても基本原則として協議とコンセンサス（全会一致）に基づくこととされた。現在でも，各国民国家の意思が強く反映する制度となっている。ただし，憲章によってコンセンサスが得られない場合には，首脳会議が決定方式を定めること，重大な憲章違反がある場合，その案件は首脳会議に付託されることとされた。またASEAN内での紛争が解決できない場合には，首脳会議に決定を付託されることが定められた。

　現在のASEANにおいては，依然国民国家の枠は固く，国家間協力というこれまでの路線を維持している。ASEAN憲章には，EUにみられるような国民国家を超える機関（超国家機関）や主権の委譲という要素は，今の時点ではみうけられない。EUのような議会や裁判所も規定されていない。すなわちASEANはEUなどと比較して，各国民国家の意思を反映する形の独自の協力を進めているといえる。

4　世界金融危機後の変化とASEAN

（1）世界金融危機後のASEANと東アジア

　2008年からの世界金融危機後の構造変化は，ASEANを含めた広域の東アジアに大きな転換を迫った。危機の影響のなかでも，アメリカ市場の停滞と世界需要の停滞は，輸出指向の工業化を展開し多くの最終財をアメリカへ輸出して発展してきたASEAN諸国にとって，発展の大きな制約要因となった。世界経済は新たな段階に入り，これまでのアメリカの過剰な消費と金融的発展に基づいた東アジアと世界経済の成長の構造は，転換を迫られてきた（以下，清水，2011，2016参照）。

　ASEANにおいては，アメリカやヨーロッパのような域外の需要の確保とともに，ASEANや東アジアの需要に基づく発展を支援することが，これまで以上に強く要請される。ASEANを含む東アジアは，他の地域に比較して世界金融危機からいち早く回復して成長を持続し，世界経済におけるもっとも重要な成長地域となった。ASEANと東アジアは，主要な生産基地並びに中間財の市場であると

ともに，成長による所得上昇と巨大な人口により，主要な最終消費財市場になっ
てきた。それゆえ，域外との地域経済協力・FTA の構築とともに，ASEAN や
東アジアにおける貿易自由化や円滑化が一層必要となった。

　一方，世界金融危機後のアメリカにおいては，過剰消費と金融的発展に基づく
内需型成長の転換が迫られ，輸出を重要な成長の手段とすることとなった。主要
な輸出目標は，世界金融危機からいち早く回復し成長を続ける東アジアである。
オバマ大統領は2010年1月に輸出倍増計画を打ち出し，アジア太平洋にまたがる
環太平洋経済連携協定（TPP）への参加を表明した。

　TPP は，2006年に P4 として発効した当初は4カ国による FTA にすぎなかっ
たが，アメリカが参加を表明し，急速に大きな意味を持つようになった。以上の
ような状況は，ASEAN と東アジアにも影響を与え始めた。東アジアの需要と
FTA を巡って競争が激しくなってきたのである。

（2）2010年からの FTA 交渉の加速

　世界金融危機後の変化のなかで，2010年は ASEAN と東アジアの経済統合に
とって画期となった。1月に AFTA が先行6カ国で完成し，対象品目の関税が
撤廃された。同時に，ASEAN と中国，韓国，日本との間の ASEAN ＋ 1 の
FTA 網もほぼ完成し，ASEAN とインドの FTA（AIFTA），ASEAN とオース
トラリア・ニュージーランドの FTA（AANZFTA）も発効した。TPP にはアメ
リカ，オーストラリア，ペルー，ベトナムも加わり，2010年3月に8カ国で交渉
が開始された。さらに10月にはマレーシアも交渉に加わり，交渉参加国は9カ国
となった。

　2011年11月には，今後の東アジア経済統合を左右する重要な2つの会議が開催
された。11月12～13日のハワイでの APEC 首脳会議の際に，TPP にすでに参加
している9カ国は TPP の大枠合意を結んだ。APEC に合わせて，日本は TPP
交渉参加へ向けて関係国と協議に入ることを表明した。カナダとメキシコも参加
を表明し，TPP は東アジアとアジア太平洋の経済統合に大きな影響を与え始め
た。TPP へのアメリカの参加とともに，日本の TPP への接近が，東アジアの経
済統合の推進に向けて大きな加速圧力をかけた。

　2011年11月17日の ASEAN 首脳会議で ASEAN は，ASEAN 共同体構築に向
けて努力することを確認するとともに，ASEAN を中心とする東アジアの FTA

である東アジア地域包括的経済連携（RCEP）を提案した。RCEPはその後，東アジアの広域FTAとして確立に向けて急速に動き出すこととなった。

　2012年8月には第1回のASEAN＋FTAパートナーズ大臣会合が開催され，ASEAN10カ国並びにASEANのFTAパートナーである6カ国（日本，中国，韓国，オーストラリア，ニュージーランド，インド）が集まり，16カ国がRCEPを推進することに合意した。同時にRCEP交渉の目的と原則を示した「交渉の基本指針」をまとめた。2012年11月20日には，ASEAN10カ国とFTAパートナー諸国6カ国の計16カ国により，RCEP交渉立上げ式が開催された。こうして東アジア広域のFTAが遂に交渉されることとなった。RCEPは，成長を続ける東アジアにおけるメガFTAであり，また世界人口の約半分と世界のGDPの約30％を含み，ASEANや東アジア経済に大きな影響を与える可能性が大きい。

　TPPに関しては，12月にオークランドで第15回TPP交渉会議が開催され，初めてカナダとメキシコが参加した。2013年3月15日には日本がTPP交渉参加を正式に表明した。日本のTPP交渉参加表明は，東アジアの経済統合とFTAにさらに大きなインパクトを与え，交渉が急加速することとなった。3月には日中韓FTAへ向けた第1回交渉会合がソウルで開催された。5月にはブルネイでRCEPの第1回交渉会合が開催された。そして7月23日には，コタキナバルでの第18回TPP交渉会合において，日本が初めて交渉に参加した。

　こうして世界金融危機後の変化は，世界経済におけるASEANの重要性を高めるとともに，ASEANと東アジアの経済統合の実現を追い立ててきた。ASEANにとっては，自身の統合の深化が不可欠であり，まずはAECの確立が必須の要件となってきた。

（3）世界金融危機後のASEANをめぐる政治経済

　世界金融危機後の変化の中で，ASEANや中国の世界経済における重要性が大きくなり，ASEANにおける貿易構造などの経済構造も変化してきた。たとえば，ASEANの輸出先を見てみよう。ASEANの輸出に占めるASEANのシェアは約25％であるが微増しており，ASEANの域内貿易は依然としてもっとも重要である。またASEANのASEANからの輸入シェアも約25％を占めている。ただし，2010年には中国への輸出シェアが10％を越え，それまで主要な輸出先であった日本，米国，EUを上回った。なお，輸入においてはすでに2007年に，中

国が日本，米国，EU を上回っていた（助川，2015参照）。世界金融危機後にも続く成長とともに中国の存在が大きくなり，ASEAN 域内とともに，ASEAN と中国の貿易関係が強くなってきている。

他方，ASEAN と中国の間には，南シナ海の領有権を巡る問題が深刻となってきた。中国は，世界金融危機後の2009年頃から南シナ海の南沙諸島や西沙諸島において建造物を建築するなど実効支配を進めてきており，それに対してフィリピンとベトナムが強く反対してきた。ASEAN の諸会議においても，両国は中国への批判を続けてきた。またフィリピンは2013年には中国の領有権について，ハーグの常設仲裁判所に提訴した。ただし，カンボジア，ラオス，ミャンマーの各国は経済的にも政治的にも中国との関係が緊密であり，南シナ海の領有権を巡る問題は，ASEAN の一体性に負の影響を与えている。2012年 7 月の第45回 ASEAN 外相会議では，議長国であるカンボジアと，フィリピン，ベトナムが南シナ海問題について合意できずに，共同声明を採択できない事態も生じてしまった。

また中国は，2014年には，中国から陸と海によってヨーロッパにまで至る，きわめて広域の経済圏構想である「一帯一路」を打ちだした。「一帯一路」の行方は，ASEAN 統合や ASEAN 各国の政治経済にも大きく影響する可能性がある。

このような世界金融危機後の政治経済状況のなかで，ASEAN は統合を進めなければならない。また ASEAN としての一体性を維持し続けなければならない。

5　2015年末の AEC 創設と新たな目標「AEC2025」

（1）2015 年末の AEC 創設

世界経済の構造変化が AEC を追い立てるなかで，2015年末には AEC を中心とする ASEAN 共同体が創設された。以下，2015年末に AEC がどこまで実現されたのかについて，（2015年の AEC の目標を定めた）2007年の「AEC ブループリント」に即して簡単に述べたい（AEC の実現状況に関しては，清水，2016，石川，2016，各分野の状況に関して石川・清水・助川，2016の各章を参照）。

「AEC ブループリント」の「A．単一市場と生産基地」で，その中心である①物品（財）の自由な移動において，関税の撤廃に関しては，AFTA とともにほぼ実現した。AFTA は東アジアの FTA の先駆であるとともに，東アジアでもっ

第12章 ASEAN　293

とも自由化率の高いFTAである。先行加盟6カ国は2010年1月1日にほぼすべての関税を撤廃した。2015年1月1日には，新規加盟4カ国（CLMV諸国）の一部例外を除き，全加盟国で関税の撤廃が実現された（なお，CLMV諸国において，関税品目表の7％までは，2018年1月1日まで撤廃が猶予された）。2015年1月におけるASEAN10カ国全体での総品目数に占める関税撤廃品目の割合は，約96％に拡大した。

　原産地規則（その製品がASEAN産であるかどうかを判定する規則）も，利用しやすいように改良されてきた。原産地証明の自己証明制度の導入や税関業務の円滑化，ASEANシングル・ウインドウ（ASW）（通関手続き等のワンストップ・サービス），基準認証も進められている。なお，非関税措置（貿易を妨げる関税以外の措置）の撤廃も進められているが，その課題の達成は先進国でも難しく2016年以降の課題である。②サービス貿易の自由化，③投資や④資本の移動の自由化，⑤熟練労働者の移動の自由化も徐々に進められている。

　「B. 競争力のある経済地域」では，①競争政策，②消費者保護，③知的財産権，④インフラストラクチャー，⑤税制，⑥電子商取引が，「C. 公平な経済発展」では，①中小企業，②ASEAN統合イニシアチブ（IAI）が挙げられており，輸送プロジェクトやエネルギープロジェクト，知的財産権，経済格差の是正等多くの取り組みがなされてきた。ただしこれらも徐々に進められているが，2015年末を通過点としてさらに2016年以降の課題となった。

　「D. グローバルな経済統合」では，①対外経済関係への一貫したアプローチ，②グローバルサプライチェーンへの参加が挙げられたが，それらはASEAN＋1のFTA網の整備やRCEP交渉の進展によって2015年末の当初予想よりも早く達成された。

　2015年末に2007年の「AECブループリント」で述べられた目標のすべてが実現したわけではないが，AFTAの実現によりASEANにおける関税の撤廃はほぼ実現され，域外とのFTAも整備された。1990年代前半のAFTAが提案された時の状況とは大きく異なり，統合が深化してきている。

（2）AECの新たな目標「AEC2025」

　11月21日の第27回ASEAN首脳会議では，2025年に向けてのASEAN統合のロードマップである『ASEAN2025』（ASEAN Secretariat, 2015）が採択された。

表12-1 2007年のAECブループリントと2015年のAECブループリント

AEC2015（2007年）	AEC2025（2015年）
A. 単一市場と生産基地 　A1 物品の自由な移動 　A2 サービス貿易の自由化 　A3 投資の自由化 　A4 資本のより自由な移動 　A5 熟練労働者の自由な移動 　A6 優先統合分野 　A7 食糧，農業，林業	A. 高度に統合され結合した経済 　A1 物品貿易 　A2 サービス貿易 　A3 投資環境 　A4 金融統合，金融包摂，金融安定化 　A5 熟練労働者・ビジネス訪問者の移動円滑化 　A6 グローバル・バリュー・チェーンへの参画強化
B. 競争力のある経済地域 　B1 競争政策 　B2 消費者保護 　B3 知的財産権 　B4 インフラストラクチャー 　B5 税制 　B6 電子商取引	B. 競争力のある革新的でダイナミックなASEAN 　B1 効果的な競争政策 　B2 消費者保護 　B3 知的財産権協力の強化 　B4 生産性向上による成長，技術革新，研究開発等 　B5 税制協力 　B6 ガバナンス 　B7 効率的・効果的規制 　B8 持続可能な経済開発 　B9 グローバルメガトレンド・通商に関する新たな 　　　課題
	C. 高度化した連結性と分野別協力 　C1 交通運輸 　C2 情報通信技術（ICT） 　C3 電子商取引 　C4 エネルギー 　C5 食糧，農業，林業 　C6 観光 　C7 保健医療 　C8 鉱物資源 　C9 科学技術
C. 公平な経済発展 　C1 中小企業 　C2 ASEAN統合イニシアチブ（IAI）	D. 強靭で包括的，人間本位・人間中心のASEAN 　D1 中小企業強化 　D2 民間セクターの役割の強化 　D3 官民連携（PPP） 　D4 格差是正 　D5 地域統合に向けた努力への利害関係者による貢 　　　献
D. グローバルな経済統合 　D1 対外経済関係への一貫したアプローチ 　D2 グローバルサプライチェーンへの参加	E. グローバルASEAN 　域外国との経済連携協定の改善，協定未締結の対話 　国との経済連携の強化等

（出所）ASEAN Secretariat（2008b），*ASEAN Economic Community Blueprint*，ASEAN Secretariat（2015），
　　　ASEAN 2025: Forging Ahead Together から筆者作成。日本語訳に関しては，石川・清水・助川（2009, 2016），
　　　ASEAN日本政府代表部「ASEAN経済共同体（AEC）ブループリント2025（概要）」等を参照。

『ASEAN2025』は，2025年に向けての ASEAN 統合のロードマップであり，AEC を含めた 3 つの共同体のブループリントを含む。

AEC の目標を定める「AEC ブループリント2025」においては，「A．高度に統合され結合した経済」，「B．競争力のある革新的でダイナミックな ASEAN」，「C．高度化した連結性と分野別協力」，「D．強靭で包括的，人間本位・人間中心の ASEAN」，「E．グローバル ASEAN」の 5 つの柱が示された。5 つの柱の中心と言える「A．統合され高度に結合した経済」では，①物品貿易，②サービス貿易，③投資環境，④金融統合，金融包摂，金融の安定，⑤熟練労働とビジネス訪問者の移動促進，⑥グローバル・バリュー・チェーンへの参画強化が述べられている（ASEAN Secretariat, 2015）（表12－1 参照）。

2007年の「AEC ブループリント」に比べると，「C」の部分は新たに加えられた柱である。またそれぞれの柱の中身が再編されるとともに，新たな内容が加えられている。たとえば「A．統合され高度に結合した経済」では，「⑥グローバルチェーンへの参加」は，今回のブループリントでは「A」の部分に付けられた。また「④金融統合」では，「金融」が前面に出るとともに，2007年のブループリントでサービスや投資等に含まれていた金融関連の項目がまとめられた。

2016年以降の AEC においては，これまで達成してきた関税撤廃等の成果の上に，未達成の部分を達成して統合を深化させていく現実的な路線を採っていると言える。しかし今後，さらに統合の加速を迫られ，新たな目標を追加する，あるいは達成時期を2025年から前倒しする可能性もあろう。

6　ASEAN の課題

ASEAN は，従来東アジアで唯一の地域協力であり，時間をかけながらも着実に協力・統合を深化させてきた。ASEAN は，域内での平和と安定に貢献し，経済発展に貢献してきた。ASEAN は東アジアで最も深化した経済統合となり，現在では AFTA という自由貿易地域（FTA）を確立するとともに，2015年には AEC を創設している。また ASEAN は，東アジアの地域協力・統合においても中心となってきた。

ただし，ASEAN においては，そもそも利害対立が起こりやすい構造を有してきており，現在においても各国の状況の違いがあり，依然いくつかの統合への遠

心力を抱えている。最近では，長年 ASEAN 統合の遠心力であったミャンマーの民主化は進展したが，各国の政治の不安定，発展格差，各国の自由貿易へのスタンスの違いがあり，南シナ海の領有をめぐる各国の立場の違い，それにも関連する各国の中国との関係の違いが，統合の遠心力となっている。また域内諸国間の紛争解決の制度はあまり機能していない。しかし ASEAN はこのような緊張と問題を抱えながらも，統合を深化させていかなければならない。また東アジアの地域協力・統合においてイニシアチブを確保し続けなければならない。

　世界金融危機後の変化のなかで AEC と RCEP を追い立ててきた TPP は，2015年10月に遂に大筋合意され，さらに2016年2月には全12カ国によって署名された。2016年11月までの状況では，TPP 大筋合意と署名が，ASEAN と東アジアの経済統合をさらに進めると考えられた。しかし2016年11月8日にはアメリカの大統領選でトランプ氏が当選し，ASEAN と東アジアに大きな衝撃を与えた。2017年1月20日には実際にトランプ氏がアメリカ大統領に就任し，アメリカは TPP から離脱することとなった。トランプ大統領は，これまで世界の自由貿易体制を牽引してきたアメリカの通商政策を逆転させてきている。

　TPP が進まない現在の世界経済の状況のなかで，ASEAN と RCEP はさらに重要となる。ASEAN の AEC は東アジアでもっとも深化した経済統合であり，東アジアの経済統合をリードしている。RCEP は成長を続ける東アジアのメガ FTA であり，RCEP の実現は東アジア全体の発展に資するであろう。RCEP を提案し牽引しているのは ASEAN であり，その役割は重要性を増している。

　東アジアには，現在，「一帯一路」やアジアインフラ投資銀行（AIIB）のような中国主導で，ASEAN が中心とはならない協力もかぶさってきている。今後の展開によっては，ASEAN や東アジアの経済統合にも大きな影響を与える可能性がある。ASEAN にとっては，さらに自らの統合を深化させるとともに，RCEP を出来るだけ早く確立することが肝要である。

　ASEAN は日本にとっても最重要なパートナーの1つである。政治的にも経済的にも ASEAN との関係は不可欠である。また日系企業にとっても最重要な生産拠点と市場である。ASEAN と日本の関係がさらに緊密になることが求められる。さらに日本には，ASEAN と連携して RCEP を進めていくとともに，アメリカが離脱した後に日本が提案した TPP11（アメリカ抜きの11カ国による TPP），日本 EU・EPA を含めた3つのメガ FTA を進め，世界経済の貿易自由化と通商

第12章　ASEAN　　297

ルール化を進めていく役割がある。

　本章で見てきたように ASEAN は，これまで世界の政治経済の構造変化を受けながら，それに対応して協力・統合を深化させてきた。そして ASEAN は世界の政治経済の構造変化の焦点でもある。政治面では，世界政治の変化の焦点である冷戦構造の変化に大きく影響された。経済面では，世界経済の変化の焦点である国際貿易や国際投資の拡大に大きく影響された。特に国際的な投資（資本移動）の増大は，1980年代半ばからの ASEAN 各国の急速な経済発展をもたらした。しかし他方で，1997年のアジア経済危機や2008年からの世界金融危機をもたらした。今後，さらに大きく変化する世界政治経済のなかで，どのように統合を進めることができるか。さらには，世界政治経済の構造に変化を与えるような能動的なアクターになれるか。そして地域協力・統合を深化させることによって，地域の安定と経済発展を維持できるか。以上が ASEAN にとっての重要な課題である。

　東南アジアを見ていく際には，ASEAN の分析は欠かせない。そして ASEAN を見ていくことは，世界とアジア全体の政治経済の構造を見ていくことにも繋がるのである。

読書案内

①　山影進『ASEAN──シンボルからシステムへ』東京大学出版会，1991年。
②　山影進『ASEAN パワー』東京大学出版会，1997年。
　　＊①と②は，我が国における ASEAN 研究の代表の１つである。ASEAN の政治協力について，その設立時から丹念に分析している。
③　山影進編『新しい ASEAN──地域共同体とアジアの中心性を目指して』アジア経済研究所，2011年。
　　＊設立から現在までの ASEAN の歴史をたどるとともに，変わりつつある ASEAN がどこに向かおうとしているのかについて，多角的に分析している。
④　清水一史『ASEAN 域内経済協力の政治経済学』ミネルヴァ書房，1998年。
　　＊世界経済の構造変化のもとでの ASEAN 域内経済協力を，その開始の1976年から1990年代後半まで長期的に分析している。
⑤　石川幸一・朽木昭文・清水一史『現代 ASEAN 経済論』文眞堂，2015年。
　　＊ASEAN の歴史と概要とともに，①経済発展，②経済統合，③産業と企業の３つの面から ASEAN 経済を解説している。
⑥　石川幸一・清水一史・助川成也編『ASEAN 経済共同体の創設と日本』文眞堂，2016

年。

　＊2009年の『ASEAN 経済共同体』，2013年の『ASEAN 経済共同体と日本』に続く，同
　　じ編著者による 3 冊目の ASEAN 経済共同体（AEC）に関する著作である。2015年に
　　創設された AEC に関して詳細に分析している。

⑦　大庭三枝編『東アジアのかたち——秩序形成と統合をめぐる日米中 ASEAN の交差』
　　千倉書房，2016年。

　＊ASEAN を含めた東アジア地域秩序を，日米中 ASEAN の政治や経済の専門家が，各
　　国や地域の政策に焦点を当てて多面的に明らかにしている。

⑧　黒柳米司・金子芳樹・吉野文雄編著『ASEAN を知るための50章』明石書店，2015年。

　＊政治，経済，社会など多くの分野にわたる50章から，地域協力機構としての ASEAN
　　を解説している。

　　また ASEAN に関しては，ASEAN 事務局のホームページ（http://asean.org/）が大い
に参考になる。日本の外務省のホームページの ASEAN のページ（http://www.mofa.go.
jp/mofaj/area/asean/index.html）や，日本アセアンセンターのホームページ（http://www.
asean.or.jp/ja/）も参考になる。また日本アセアンセンターの『ASEAN 情報マップ』
（http://www.asean.or.jp/ja/wp-content/uploads/2013/08/ASEAN_Mapweb_1106_201711re-
vised_Formatted.pdf）（毎年改訂，現在は2017年版）は，ASEAN の社会経済指標，貿
易・投資・企業など多くのデータを一覧できる（日本語と英語が併記）。

参考文献

石川幸一「ASEAN 経済共同体の創設とその意義」石川・清水・助川編，2016年。

石川幸一・朽木昭文・清水一史編『現代 ASEAN 経済論』文眞堂，2015年。

石川幸一・清水一史・助川成也編『ASEAN 経済共同体——東アジア統合の核となりうる
　　か』日本貿易振興機構（ジェトロ），2009年。

石川幸一・清水一史・助川成也編『ASEAN 経済共同体と日本』文眞堂，2013年。

石川幸一・清水一史・助川成也編『ASEAN 経済共同体の創設と日本』文眞堂，2016年。

浦田秀次郎・牛山隆一・可部繁三郎編『ASEAN 経済統合の実態』文眞堂，2015年。

大庭三枝編『東アジアのかたち——秩序形成と統合をめぐる日米中 ASEAN の交差』千倉
　　書房，2016年。

黒柳米司・金子芳樹・吉野文雄編『ASEAN を知るための50章』明石書店，2015年。

清水一史『ASEAN 域内経済協力の政治経済学』ミネルヴァ書房，1998年。

清水一史「ASEAN 憲章の制定と AEC」石川・清水・助川編，2009年。

清水一史「アジア経済危機とその後の ASEAN・東アジア——地域経済協力の展開を中心
　　に」『岩波講座　東アジア近現代通史』第10巻，岩波書店，2011年。

清水一史「世界経済と ASEAN 経済共同体」石川・清水・助川編，2016年。

清水一史「トランプショックと ASEAN 経済統合」『世界経済評論』第61巻第 5 号，2017
　　年。

清水一史「ASEAN 経済統合の深化と ASEAN Centrality」『国際問題』第665号，2017年。

助川成也「ASEAN の貿易と投資」石川・朽木・清水編，2015年。

助川成也「物品貿易の自由化に向けた ASEAN の取り組み」石川・清水・助川編，2016
　　年。

鈴木早苗編『ASEAN 共同体——政治安全保障・経済・社会』アジア経済研究所，2016年。

高原明生・田村慶子・佐藤幸人編，アジア政経学会監修（2008）『現代アジア研究 1：越
　　境』慶應義塾大学出版会，2008年。

三重野文晴・深川由起子編『現代東アジア経済論』ミネルヴァ書房，2017年。

山影進『ASEAN——シンボルからシステムへ』東京大学出版会，1991年。

山影進『ASEAN パワー』東京大学出版会，1997年。

山影進編『新しい ASEAN——地域共同体とアジアの中心性を目指して』アジア経済研究
　　所，2011年。

ASEAN Secretariat, *ASEAN Charter*, Jakarta, 2008a.

ASEAN Secretariat, *ASEAN Economic Community Blueprint*, Jakarta, 2008b.

ASEAN Secretariat, *ASEAN 2025: Forging Ahead Together*, Jakarta, 2015.

Severino, R. C., *Southeast Asia in Search of an ASEAN Community*, ISEAS, Singapore,
　　2006.

■ *Column* ■

ASEAN 憲章と ASEAN のアイデンティティー

　ASEAN 憲章は，ASEAN の目標，基本原則，ルールを明確化・成文化し，これまでの制度を整理しさらに新たな制度を構築した。また ASEAN 憲章によって，ASEAN の設立根拠が初めて法に基づくこととなった。

　ASEAN 憲章は，「前文」と「全55条」から構成され，4つの「付属文書」が付いている。「前文」では「ASEAN 共同体」の構築を強調している。「目的（第1条）」では，地域の平和，安全，安定を維持強化すること，地域的強靭性を強化すること，核兵器や大量破壊兵器の存在しない地域としての東南アジアを維持することが述べられている。これらの目的の次に経済目標が2つ並べられている。第1に，安定，繁栄し，高度な競争力を有し，経済的に統合された単一市場と生産基地を創出することである。第2に，ASEAN 域内での貧困を削減し域内発展格差を縮小することが述べられている。これら経済目標の次は，民主主義を強化し，グッドガバナンスと法の支配を強化し，人権と基本的自由を促進することである。そして最後に，東アジアの各種の地域協力枠組みにおける ASEAN の主要な役割を維持することを強調した。

　「原則（第2条）」では，加盟国の独立や主権を尊重すること，加盟国の内政への不干渉，ASEAN に共通の利益に深刻な影響を与える案件に関して協議を強化すること，法の支配，グッドガバナンス，民主主義の原則を支持すること，基本的自由と人権を尊重すること，社会的正義を推進すること，国連憲章・国際法・国際人権法を支持することを規定した。また「ASEAN の法人格（第3条）」では，ASEAN は，多国間組織として法人格を付与されることを明文化した。

　「組織」に関しては，本文で述べたように，「ASEAN 首脳会議（第7条）」，「ASEAN 調整評議会（第8条）」や「ASEAN 共同体評議会（第9条）」，「ASEAN 事務総長と事務局（第11条）」などが規定された。ミャンマー問題にも関係する人権に関して，「ASEAN 人権機構（第14条）」の設置も入れられた。「組織」に関して明確に規定した事は，ASEAN 憲章の大きな意義の1つであった。

　「運営と手続き」では，議長国制度や業務語を定めた。「第31条 ASEAN 議長」で，議長国は年次持ち回りであること，暦年（1月から始まる，カレンダーの年）で単一の議長国をもつことを定めた。ASEAN の議長国は2017年にはフィリピンであり，2018年にはシンガポールである。2018年には，ASEAN 首脳会議をはじめ ASEAN の主要な会議がシンガポールで開かれる。また「ASEAN の業務語（第34条）」では，業務語を「英語」と定めた。

　そして ASEAN の「アイデンティティー」も，今後の ASEAN の協力の深化にとって重要である。「ASEAN のアイデンティティー（第35条）」では，「共有する運命，目標及び価値を達成するため ASEAN は，共通アイデンティティーと加盟諸国民間の帰属意識を促進する」と定めた。「ASEAN のモットー（第36条）」は，「1つのビジョン，1つのアイデンティティー，1つの共同体」である。各市民の各国の国民であるという意識とともに，ASEAN の一員でもあるという意識が，ASEAN 協力の深化のために必要なのである。今まではほとんど意識されていなかった ASEAN

アイデンティティーの醸成は，今後の協力の深化に大きく影響するであろう。

ASEANアイデンティティーに関連して，「ASEANの旗（第37条）」と「ASEANのエンブレム（第38条）」も定められた。右の図がASEANの旗である。「ASEANの旗」と「ASEANのエンブレム」は同じようなデザインで，安定し，平和的で，統一され，活力に満ちたASEANを表している。旗とエンブ

ASEANの旗

（ASEAN事務局HP〔http://asean.org/asean/about-asean/asean-flag/〕より）

レムの色（青，赤，白，黄色）はすべてのASEAN加盟国の旗の主な色を表している。そして「青」は平和と安定を，「赤」は勇気と活力を，「白」は清らかさと繁栄を表す。真ん中の「稲の束」は，東南アジアのすべての国を含むASEANが友情と連帯によって束ねられるという，ASEANの創設者達の夢を表す。「稲の束」は，加盟国の数が増えるにつれ増え，現在は10本となっている。

旗に関しては，ASEAN憲章の付属文書で，丈と幅の比が2対3と定められ，またテーブルの旗（10cm×15cm），部屋の旗（100cm×150cm），車の旗（10cm×30cm），競技場などの旗（200cm×300cm）の仕様も定められた。

「ASEANの日（第39条）」も，8月8日に決められている。1967年に「バンコク宣言」によってASEAN設立を宣言した日である。また「ASEANの歌（第40条）」も，定められている。

これらのうち「業務語（英語）」，「モットー」，「歌」について，ASEANは地域協力の先駆のEUを超えた成果と胸を張っている。

憲章の制定は，ASEANにとって重要な成果であった。ASEAN共同体の確立へ向けても不可欠の制度整備である。今後どのようにASEAN憲章を基にさらに協力が進められるか，またASEANとしてのアイデンティティーが醸成されてくるのかに注目していただきたい。

なお，ASEAN憲章は，ASEAN事務局のホームページで原文をみることができる（http://asean.org/storage/2017/07/8.-July-2017-The-ASEAN-Charter-21th-Reprint-with-Updated-Annex-1.pdf）。ASEAN憲章の日本語全訳は，本文の参考文献にある石川・清水・助川（2009）に付録として収められている。またASEAN憲章について詳細は，清水（2009）を参照していただきたい。

あとがき

　八重洲ブックセンターや紀伊国屋など大手書店の「各国事情」コーナーや「社会科学・人文科学」コーナーには，中国関連の本がところ狭しと並んでいる。なかには，「有名大手書店がこの本を専門書扱いにするの？」と首をかしげたくなる本までが，専門書として平積みされていたりする。一方，東南アジア関係の本のコーナーの広さは，東南アジアが11カ国もあるにもかかわらず，中国関連の半分どころか4分の1にも満たない。最近出版されて学会で話題になっている本だけでなく，授業で学生に紹介するような一般書さえも揃っていなかったりする。

　今や世界経済を牽引し，政治的にも大きな発言力を有しつつある中国なのだから仕方ないのかと納得する一方で，東南アジアの多くの国は短期間で経済成長しただけでなく，独裁的な政治体制から民主化を達成するという快挙を成し遂げ，また日本が目標とする多文化社会を実現している国が多いにもかかわらず，日本の東南アジアへの関心は薄れているのかと，がっかりもしていた。そんなときに，ミネルヴァ書房の下村（現 岡崎）さんから「現代東南アジア政治が概観できるような本を作ってみませんか」という嬉しい申し出をいただいたのである。小倉までわざわざ来てくださった下村さんと一緒に関門海峡ワタリガニのパスタを食べながら，東南アジアの今を熱く語ったことを鮮明に覚えている。

　ただ，生来が怠け者の私1人が編者になったのでは，本はいつになったら出版できるかわからないので，九州東南アジア研究会の仲間である清水一史さん（第12章担当）と横山豪志さん（第1章担当）を共編者にお誘いし，3人で知恵を絞りながら本の目的と全体構成，執筆陣を考えた。現代東南アジア諸国の政治を，国民国家建設，民主化，経済発展などのプロセスと問題点，アジア経済危機のインパクトとその後の体制変動などを概観する，発展から取り残された弱者にも配慮したものにすることが本書の目的と決めるまで，3人で長い時間をかけて議論した。もっとも，すべての章が目的のすべてを網羅して書かれているとは限らない。経済発展はまだまだこれからという国もあれば，アジア経済危機の影響をほとんど受けなかった国もあるからである。

当初はラオスの章をお願いする方が思い浮かばなかったが，東南アジア研究会の仲間である笹川秀夫さん（第6章担当）から，「これまでの東南アジア関係の入門書では，ラオスはほとんど無視されている。インドシナを理解するためにもぜひラオスの章を立てて欲しい」と言われ，山田紀彦さん（第8章担当）をご紹介いただいた。その意味でこの本は，「東南アジア研究はおもしろい」と信じて研究を続け，同時に，出来るだけ多くの人に東南アジアを理解して欲しいと願っている東南アジア研究者の熱い思いが詰まった本である。

　各章の執筆者は，各国や地域の政治や国際関係，経済を専門とし，それぞれの地域を歩き回り，「虫の眼（ミクロな観察と考察の眼）と鳥の眼（東南アジアおよびアジア全体の歴史や国際政治，経済から見る眼）」を持った若手や中堅の研究者ばかりである。ただ，専門分野では十分な業績を積んだ執筆者ではあっても，それぞれの国や地域の歴史や政治をわかりやすく書くことは，予想以上に大変困難な作業であった。執筆者と編者の間で何度も草稿の往復があった。編者からのいくつもの注文を忍耐強く受け止めて，何度も書き直してくださった執筆者の方々には，心から感謝を申し上げたい。

　ただ，そのような執筆者の優しさと忍耐，努力のおかげで，東南アジアほぼ全域を一定の視点から説明するという本になり，学生や一般の方々にも読みごたえのあるものになったと編者はひそかに自負している。また，コラムには，本文では書けないエピソードや虐げられる人々の物語を入れることで，本文をより理解できるようにした。コラムから伝わる執筆者の人となりを想像するのも，読者の楽しみとなるに違いない。年表は全体の歴史がわかるものにした。当初は各国別の年表を各章につけることも考えたが，たとえば，1965年はインドネシアでは9月30日事件が起こり，フィリピンではマルコス長期政権が誕生し，シンガポールは独立国家となり，ベトナムでは北爆が恒常化した年であるとひと目で理解するために，全体を網羅する表になるよう工夫した。

　本書は完成に至るまで多くの方々にお世話になった。執筆陣を決めるときには，九州東南アジア研究会の仲間たちに助けていただいた。たまたま研究室にやって来た北九州市立大学の学生たちには草稿を読んでもらい，コメントをお願いした。どうもありがとうございました。

　最後になったが，ミネルヴァ書房の下村麻優子さんには，企画段階から完成に至るまで本当にお世話になった。下村さんは最初の一般読者として的確なコメン

トをくださり，編集者として編者の細かく難しい要求に優しい京ことばで快く応じてくださった。下村さんなしでは本書の刊行はありえなかっただろう。本書は下村さんの情熱にも支えられている。ありがとうございました。

2011年1月20日

田 村 慶 子

東南アジア関連年表

* 年表中の略記は以下の国における事項を示す。
〔イ〕インドネシア，〔マ〕マレーシア，〔フ〕フィリピン，〔シ〕シンガポール，〔タ〕タイ，〔ベ〕ベトナム，〔ラ〕ラオス，〔カ〕カンボジア，〔ミ〕ミャンマー，〔ブ〕ブルネイ，〔東〕東ティモール，〔A〕ASEAN.

西暦	関連事項
1930	2.3.〔ベ〕ベトナム共産党結成（その後，インドシナ共産党，ベトナム労働党への党名変更を経て，現在のベトナム共産党に至る）。 6月頃〔ミ〕「我らのビルマ人協会」結成。
1932	6.24.〔タ〕立憲革命により絶対王政崩壊。
1935	11.15.〔フ〕独立準備政府（コモンウェルス政府）が発足し，ケソンが大統領就任。
1938	12.16.〔タ〕ピブーン政権成立。
1941	5.19.〔ベ〕ベトナム独立同盟（ベトミン）結成。 12.27.〔ミ〕「ビルマ独立軍」結成。
1942	1.2.〔フ〕日本軍によるマニラ占領。 2.15.〔シ〕日本軍によるシンガポール占領。 3.8.〔ミ〕日本軍によるヤンゴン占領。 3.9.〔イ〕日本軍によるジャカルタ占領。
1945	3.12.〔カ〕シハヌーク国王が独立を宣言。 3.27.〔ミ〕ビルマ軍，日本軍へ反旗を翻す。 8.15.日本の敗戦。 8.17.〔イ〕インドネシア独立宣言。 8.19頃〔ミ〕AFPFL結成。 9.2.〔ベ〕ベトナム民主共和国の独立を宣言。 10.12.〔ラ〕ラオ・イサラ政府（ラオス臨時人民政府）樹立。 12.14.〔カ〕カンボジアの独立を取り消し。
1946	4.1.〔マ〕半島部でマラヤン連合が発足。マレー人がこれに反発。 4.1.〔シ〕シンガポールはマラヤから分離し，イギリスの直轄植民地になる。 7.4.〔フ〕アメリカから独立。 12.19.〔ベ〕第一次インドシナ戦争勃発。
1947	7.19.〔ミ〕アウンサン暗殺。 11.8.〔タ〕軍事クーデタ。
1948	1.4.〔ミ〕ミャンマー独立。ウー・ヌ政権成立。 2.1.〔マ〕半島部でマラヤ連邦が発足。
1949	7.19.〔ラ〕フランス・ラオス独立協定締結。フランス連合内でラオスが独立。 12.27.〔イ〕オランダからインドネシア連邦共和国へ主権委譲。
1950	8.13.〔ラ〕第1回ラオ・イサラ人民代表者大会開催。ネオ・ラオ・イサラ（ラオス自由戦線）と抗戦政府を樹立。

307

	8.17.〔イ〕インドネシア連邦共和国から共和国に再編。
1953	10.22.〔ラ〕フランス・ラオス連合友好条約締結。ラオス王国が完全独立。
	11.9.〔カ〕カンボジア王国独立。
1954	5.17.〔フ〕国軍の攻勢を受けて,フクバラハップの司令官が投降する。
	7.21.〔ベ〕インドシナに関するジュネーヴ協定調印(ベトナムの南北分断化へ)。
	11.21.〔シ〕人民行動党結成。
1955	3.22.〔ラ〕ラオス人民党(現ラオス人民革命党)創立。
	4.7.〔カ〕サンクム(人民社会主義共同体)結成。
	4.18〜22.アジア・アフリカ会議(バンドン会議)開催。
	7.27.〔マ〕初の連邦立法評議会選挙。連盟党が圧勝。ラーマンが首席大臣就任。
	9.27.〔イ〕第1回総選挙。
1957	8.31.〔マ〕マラヤ連邦がイギリスから独立。首相はラーマン。
	9.16.〔タ〕サリットによる軍事クーデタ。ピブーン失脚。
1958	2.15.〔イ〕インドネシア共和国革命政府樹立宣言。
	10.29.〔ミ〕ネーウィン選挙管理内閣成立。
1959	5.1.〔シ〕内政自治権を持つ自治領となり,リー・クアンユーは自治領首相に就任する。
	7.5.〔イ〕「指導される民主主義」開始。
1960	2.6.〔ミ〕総選挙実施。ウー・ヌ政権復活。
1962	3.2.〔ミ〕ネーウィン,クーデターにより全権掌握。
	12.8.〔ブ〕スルタン制打倒を掲げる「アザハリの反乱」勃発。
1963	2.20.〔カ〕ポル・ポトがカンプチア労働者党の書記に就任。
	9.16.〔マ〕〔シ〕マレーシアの結成。サバ,サラワク,シンガポールがイギリスから独立。
	11.20.〔カ〕シハヌークが新経済政策を発表,アメリカの援助を拒否。
1965	3.2.〔ベ〕アメリカ,北ベトナムへの爆撃(北爆)の恒常化,3.8.南ベトナムに地上軍を派遣(アメリカの戦争へ)。
	8.9.〔マ〕〔シ〕マレーシア連邦からシンガポールが分離独立。リー・クアンユーは初代シンガポール首相に就任。マレーシアは半島部,サバ,サラワクで構成される。
	9.30.〔イ〕9月30日事件。
	12.30.〔フ〕マルコスが大統領就任。
1966	2.1.〔シ〕教育現場での2言語政策の開始。
	3.11.〔イ〕スカルノからスハルトへ大統領権限委譲。
1967	8.8.〔A〕ASEAN設立。「ASEAN設立宣言(バンコク宣言)」。
	10.5.〔ブ〕ハサナル・ボルキアが第29代スルタンに即位。
1968	4.13.〔シ〕総選挙で人民行動党が国会の全議席を獲得する(〜1981.10)。
	12.26.〔フ〕共産党(毛沢東主義派)が創設。
1969	5.13.〔マ〕5月13日事件。
1970	3.18.〔カ〕シハヌークを国家元首から解任,ロン・ノル政権成立。
	9.22.〔マ〕ラザクが第2代首相に就任。翌年から新経済政策を開始。
1971	11.27.〔A〕「東南アジア平和自由中立地帯宣言(ZOPFAN)」。
1972	9.21.〔フ〕マルコス大統領が戒厳令を布告。
1973	1.27.〔ベ〕ベトナム和平に関するパリ協定の調印(3.29.米軍撤退完了)。

	10.14.〔タ〕政変によりタノーム失脚。
1974	1.15.〔イ〕反日暴動（マラリ事件）。
	3.2.〔ミ〕民政移管。ビルマ社会主義計画党政権誕生。
	4.25.〔東〕ポルトガル革命。
	7.1.〔マ〕国民戦線が正式に成立。
1975	4.17.〔カ〕ロン・ノル政権が崩壊，ポル・ポト政権成立。
	4.30.〔ベ〕サイゴン陥落（解放），ベトナム戦争終結。
	11.28.〔東〕フレティリンの独立宣言，インドネシアの全面侵攻。
	12.1〜2.〔ラ〕全国人民代表者大会開催。王制の廃止とラオス人民民主共和国の樹立を宣言。
1976	1.15.〔マ〕フセインが第3代首相に就任。
	2.23〜24.〔A〕第1回首脳会議で「ASEAN協和宣言（バリ・コンコード）」，「東南アジア友好協力条約（TAC）」に署名。
	7.2.〔ベ〕ベトナム統一，ベトナム社会主義共和国成立。
	10.6.〔タ〕10月6日事件。
1977	2月初旬〔ラ〕人民革命党第2期中央執行委員会第4回総会開催。社会主義化の促進を決定。
1978	12.25.〔ベ〕カンボジア侵攻（カンボジア紛争）。
1979	1.7.〔カ〕ポル・ポト政権が崩壊，人民革命政権が成立。
	2.17〜3.5.〔ベ〕中越戦争勃発。
	11.10〜29.〔ラ〕人民革命党第2期中央執行委員会第7回総会開催。市場経済原理の一部導入を決定。
1980	3.3.〔タ〕プレーム政権成立。
1981	7.16.〔マ〕マハティールが第4代首相に就任。
	3.1〜8.〔東〕民族抵抗革命評議会（CRRN）開催，グスマンCRRN議長就任。
1983	8.21.〔フ〕ベニグノ・アキノ上院議員が暗殺される。
1984	1.1.〔ブ〕ブルネイ・ダルサラーム（ブルネイ）が独立。
	1.8.〔A〕ブルネイがASEANに加盟。
	2.1.〔シ〕総選挙で人民行動党の支持率が12.7％も低下。
1986	2.25.〔フ〕ピープル・パワーによる民主化，コラソン・アキノが大統領就任。
	5.5.〔シ〕メディアへの規制強化（法改定）。
	11.13〜15.〔ラ〕人民革命党第4回大会開催。「チンタナカーン・マイ」をスローガンに「新経済管理メカニズム」を本格的に実施。
	12.15.〔ベ〕ベトナム共産党第6回党大会でドイモイ（刷新）を採択。
1987	12.14〜15.〔A〕第3回ASEAN首脳会議「マニラ宣言」。
1988	8.4.〔タ〕チャートチャーイ政権成立。
	8.8.〔ミ〕大規模な反政府集会。翌日，政府による無差別発砲。
	9.18.〔ミ〕国軍，クーデターにより全権掌握。SLORC（ソーマウン）政権成立。NLD結党。
1989	7.20.〔ミ〕アウンサンスーチー自宅軟禁。
1990	11.28.〔シ〕ゴー・チョクトンが第二代首相に就任。
1991	2.23.〔タ〕軍事クーデタ。アーナン政権成立（3.2.）。
	6.24.〔ベ〕ベトナム共産党第7回党大会で「ホーチミン思想」の登場。
	8.15.〔ラ〕憲法公布。

東南アジア関連年表　　309

	10.23.〔カ〕内戦当事者4派がパリ和平協定に調印。
	11.5.〔ベ〕ベトナム, 中国と国交正常化。
	11.12.〔イ〕〔東〕サンタクルス虐殺事件。
1992	1.27～29.〔A〕第4回 ASEAN 首脳会議で「シンガポール宣言」。ASEAN 自由貿易地域（AFTA）に合意。
	3.15.〔カ〕国連カンボジア暫定統治機構（UNTAC）が活動開始。
	4.18.〔ベ〕1992年憲法（ドイモイ憲法）公布・施行。
	4.23.〔ミ〕タンシュエー政権成立。
	5.17.〔タ〕暴虐の5月流血事件。
	6.30.〔フ〕ラモスが大統領就任。
1993	9.21.〔カ〕カンボジア王国成立, シハヌークを国王に選出。
1995	7.11.〔ベ〕ベトナム, アメリカと国交正常化。
	7.28.〔ベ〕〔A〕ベトナムが ASEAN に加盟。
1996	3.18～20.〔ラ〕人民革命党第6回大会開催。「2020年の後発開発途上国脱却」を国家目標に掲げる。
	12.10.〔東〕ベロ司教, ラモス・ホルタにノーベル平和賞授与。
1997	7.2.〔タ〕バーツ暴落。
	7.アジア経済危機発生。
	7.5～6.〔カ〕プノンペンで人民党とフンシンペックが武力衝突。
	7.23.〔ラ〕〔ミ〕〔A〕ラオスとミャンマーが ASEAN に加盟。
	10.11.〔タ〕タイ王国憲法発布, 施行。
	11.15.〔ミ〕SLORC, SPDC に改称。
	12.14～16.〔A〕第2回 ASEAN 非公式首脳会議「ASEAN ビジョン2020」。
1998	4.23.〔東〕ティモール民族抵抗評議会（CNRT）結成, グスマン CNRT 議長就任。
	5.23.〔イ〕スハルト退陣, ハビビ大統領就任。
	6.30.〔フ〕エストラダが大統領就任。
	9.2.〔マ〕アンワル副首相の解任。改革を求める運動が高まる。翌年の第11回総選挙で UMNO が苦戦。
	9.17.〔ミ〕NLD, 並行政権設立。
	12.15～16.〔A〕第6回 ASEAN 首脳会議「ハノイ行動計画」と「大胆な措置に関する声明」。
1999	4.30.〔カ〕〔A〕カンボジアが ASEAN に加盟。
	6.22.〔イ〕1955年以来の「自由で公正な」総選挙。
	8.30.〔イ〕〔東〕直接住民投票実施, インドネシア統合派民兵による焦土化作戦。
	10.20.〔イ〕ハビビ退陣, アブドゥルラフマン・ワヒド大統領就任。
	10.25.〔東〕国連東ティモール暫定行政機構（UNTAET）設立。
2001	1.20.〔フ〕ピープル・パワー2によりエストラダ政権崩壊, アロヨが大統領就任。
	2.9.〔タ〕タックシン政権発足。
	5.1.〔フ〕ピープル・パワー3に対してアロヨが非常事態宣言。
	7.23.〔イ〕アブドゥルラフマン・ワヒド解任, メガワティ大統領就任。
	8.30.〔東〕制憲議会選挙実施（フレティリン55議席獲得）。
2002	4.14.〔東〕大統領選挙実施（グスマン当選）, 5.20.独立（東ティモール民主共和国）。
2003	10.7～8.〔A〕第9回 ASEAN 首脳会議「第2 ASEAN 協和宣言（バリ・コンコードⅡ）」ASEAN 安全保障共同体（ASC）, ASEAN 経済共同体（AEC）,

	ASEAN 社会文化共同体（ASCC）に合意。
	10.31.〔マ〕アブドゥラが第5代首相に就任。翌年の第12回総選挙で国民戦線が圧勝。
2004	6.30.〔フ〕アロヨが再選を果たすが，後に不正選挙疑惑が暴露される。
	8.12.〔シ〕リー・シェンロンが第三代首相に就任。
	9.25.〔ブ〕独立後初の立法評議会を開催。
	10.20.〔イ〕スシロ・バンバン・ユドヨノ大統領就任（2009年再選）。
2006	3.18〜21.〔ラ〕人民革命党第8回大会開催。経済開発が工業化と近代化の新たな段階に入る。
	4月下旬〜5月下旬〔東〕騒乱で15万人の国内避難民流出，国際治安部隊要請。
	9.19.〔タ〕軍事クーデタによりタックシン政権崩壊。
2007	〔シ〕ジニ係数の拡大。アメリカよりも貧富格差の大きな国となる。
	〔シ〕一人当たり国民所得が日本を抜く。翌年は日本が上回る。
	4.9.〔東〕大統領選挙及び決戦投票，5.9.実施（ラモス・ホルタ当選）。
	6.30.〔東〕国民議会選挙実施（グスマン前大統領が首相に就任）。
	8.19.〔タ〕国民投票により新憲法承認。
	11.18〜22.〔A〕第13回首脳会議で「ASEAN 憲章」，「ASEAN 経済共同体（AEC）ブループリント」に署名。
2008	2.11.〔東〕ホルタ大統領，グスマン首相襲撃事件発生。
	3.8.〔マ〕第13回総選挙で野党が躍進。5つの州で野党政権が発足。
	5.〔ミ〕新憲法成立。
	12.15.〔A〕「ASEAN 憲章」発効。
	12.15.〔タ〕アピシット民主党政権成立。
2009	2.26〜3.1.〔A〕第14回首脳会議「ASEAN 政治安全保障共同体（APSC）ブループリント」，「ASEAN 社会文化共同体（ASCC）ブループリント」に署名。
	4.3.〔マ〕ナジブが第6代首相に就任。
2010	6.30.〔フ〕ベニグノ・アキノ三世が大統領就任。
	10.28〜30.〔A〕第17回 ASEAN 首脳会議「ASEAN 連結性マスタープラン」。
2011	3.30.〔ミ〕テインセイン新政権成立。
	5.7.〔シ〕第11回総選挙，与党 PAP の得票率は史上最低，野党の躍進。
	8.〔タ〕インラック政権成立。
	8.19.〔ミ〕テインセイン大統領・アウンサンスーチー会談。
2012	3.17.〔東〕大統領選挙。
	4.1.〔ミ〕国会議員など補欠選挙実施。アウンサンスーチー当選。45選挙区中43選挙区で NLD 候補者が当選。
	4.16.〔東〕大統領選挙決選投票タウル・マタン・ルアク当選。
	7.7.〔東〕国民議会選挙（CNRT 党首のグスマンが首相）。
	7.9.〔A〕ASEAN 外相会議で，南シナ海の領土問題に対しカンボジアが中国寄りの立場を採ったことで，共同声明の採択に失敗。
	10.2.〔カ〕サム・ランシー党と人権党が合流し，カンボジア救国党を結成。
2013	4.13.〔ミ〕アウンサンスーチー来日。
	5.5.〔マ〕第13回総選挙。与党が政権を維持したが，得票数で野党を下回った。3つの州で野党が政権を維持。
	7.28.〔カ〕第5回総選挙，人民党が辛勝するも，野党救国党が躍進。

東南アジア関連年表　　311

2014	1.1.〔ベ〕2013年憲法施行。
	5.〔タ〕軍事クーデタによりインラック政権崩壊。プラユット陸軍司令官が首相就任。
	10.20.〔イ〕ジョコ・ウィドド大統領就任。
2015	2.12.〔東〕ルイ・アラウジョ内閣発足。
	3.23.〔シ〕リー・クアンユー初代首相死去。
	7.13.〔カ〕国会がNGO法を強行採決。
	9.11.〔シ〕第12回総選挙，与党PAPの大勝。
	10.13.〔カ〕プノンペン都地裁がサム・ランシー救国党党首に逮捕状を発行。
	11.21.〔A〕第27回首脳会議「ASEAN2025」を採択。
	12.8.〔ラ〕憲法改正。
	12.31.〔A〕ASEAN経済共同体（AEC）を含めた3つの共同体によるASEAN共同体（AC）を創設。
2016	3.18～22.〔ラ〕人民革命党第10回大会開催。「ビジョン2030」と「カイソーン・ポムヴィハーン思想」を提示。
	5.26.〔カ〕プノンペン都地裁がケム・ソカー救国党副党首に出頭要請。以後，ケム・ソカーは党本部に半年間籠城。
	10.13.〔タ〕ラーマ9世プーミポン国王死去。
2017	2.11.〔カ〕サム・ランシー救国党党首が辞任を表明
	2.22.〔カ〕最高裁が解党命令を出せるようにする政党法の改正を国会で強行採決。
	3.2.〔カ〕救国党がケム・ソカーを党首に選出。
	3.20.〔東〕大統領選挙（ル・オロ大統領）。
	4.19.〔イ〕ジャカルタ州知事決選投票で，華人キリスト教徒の現職が敗れる。
	7.22.〔東〕国民議会選挙（フレテリン＝民主党連立でアルカティリ首相）。
	9.3.〔カ〕ケム・ソカー救国党党首を逮捕。
	11.16.〔カ〕最高裁が救国党に解党命令。

索　引

（＊印は人名）

ア　行

＊アーナン　126
＊アウンサン　210
＊アウンサンスーチー　209, 218
＊明石康　199
　赤シャツ派　132, 133
＊アギナルド　65
＊アザハリ　233
　アジア・アフリカ会議（バンドン会議）
　　22, 191
　アジア（経済）通貨危機　28, 113, 128,
　　129, 242, 245, 277, 283, 284
　アチェ　27, 31
＊アピシット　132, 133, 138
＊アブドゥッラー・バダウィ　54, 55
＊アブドゥルラフマン・ワヒド　29, 30
　アマナ　41, 57
　争われる民主主義　83
＊アロヨ　77
　アンコール・ワット　186
＊アンワル・イブラヒム　51-53, 55
＊イアウ・カウフ　187
＊イエン・サリー　188
　生き残りのイデオロギー　94
　イギリス　89, 232, 234
　イギリス軍基地　94
　イギリス東インド会社　89
　イスラム　14, 15, 28, 34
　イスラム化　52, 241, 246
　イスラム系政党　18, 24, 29, 32
　一帯一路　247, 293, 297
＊イメルダ　71
　イルストラド　65
　インドシナ共産党　188
　インドシナを戦場から市場に　125
　インド人　3, 95

　インドネシア共和国　16
　インドネシア共和国革命政府　20
　インドネシア国軍　17
　インドネシア債権国会議　25
　インドネシア批判決議　257
　インドネシア連邦共和国　17
＊インラック・チンナワット　133-135, 203
＊ウー・ヌ　211
　英語教育　66
　英語国家　100
　英領マラヤ　3
＊エストラダ　76
　エリート支配　63
　王による独立のための十字軍　189
　汚職・不正　175
　汚職撲滅委員会　31, 33
＊オマール・アリ・サイフディン　232
　オランダ　6, 89
　オランダ領東インド　3
＊オン・ジャアファル　46

カ　行

　改革　28, 29, 31
　海峡植民地　43, 90
　戒厳令　70
　外国直接投資　173
　外相会議　289
＊カイソーン　180
　カイソーン・ポムヴィハーン思想（カイ
　　ソーン思想）　180
　開発（パッタナー）　120
　華僑　4
　革命　119-121
　華人　4, 22, 26, 30, 34
　カティプーナン　65
　カトリック教会　258
　カナ政治　121

313

＊ガルシア　69

環境問題　176

カンプチア共産党　194

カンプチア人民革命党　196

カンプチア人民共和国　197

カンプチア民族統一戦線　195

カンプチア労働者党　192

カンボジア・デイリー　204

カンボジア救国党　203

カンボジア国　199

カンボジア紛争　147

カンボジア和平協定　148

官僚政体　116, 124, 128, 129

議会制民主主義　18

議会独裁　126, 127

黄シャツ派　132, 133

義賊　82

希望連盟　57

＊キュー・サンパン　188, 194

共産党（インドネシア）　21-23

キリスト教　6

＊キリノ　68

＊キンニュン　225

クーデタ　78

9月30日事件　23

クマエ・イッサラ　187

クメール・ルージュ　197, 199, 201

クメール共和国　195

クメール人民革命党　188

クラウン・エイジェンツ　234, 250

グラカン　41, 47, 50

＊クリエンサック　123-125

グループ選挙区制度　98

グルカ　233, 235

グレーターサンライズ油田　270

クロム・サマッキー・ボンコー・ボンカウ
　ン・ポル　197

経済改革　75

経済開発庁　99

経済格差　175

＊ケソン　67

＊ケム・ソカー　203, 204

権威主義体制　7

県人民議会　178

県党執行委員会書記　170

憲法　172

憲法裁判所　131-134

＊ゴ・ディン・ジエム　144

工業化・現代化　154, 156

公共住宅　101

抗日救国運動　5

後発開発途上国　173

＊ゴー・チョクトン　103

5月13日事件　47, 48, 52

5月流血事件　125, 127, 135

国王を元首とする民主主義　113, 120, 122,
　123, 125, 127, 131, 134

国軍　14, 21-25, 28-30

国内治安法（ISA）　237

国民戦線　50, 55, 56

国民党　67

国民統一党（NUP）　220

国民統合　7

国民民主連盟（NLD）　209, 219, 221, 226

国連カンボジア暫定統治機構　199

国連東ティモール事務所（UNOTIL）
　264

国連東ティモール統合ミッション（UN-
　MIT）　265

国連東ティモール派遣団（UNAMET）
　259

国会　176

国会議員代表委員会　224

国家開発政策　52

国家資源　78

国家指南役（国家顧問）　209, 227

国家信条（ラッタ・ニヨム）　118

国家平和発展評議会（SPDC）　223

国家法秩序回復評議会（SLORC）　219,
　221

＊コラソン・アキノ　72

ゴルカル（職能団体）　24

ゴルカル党　31

314

サ 行

最高国民評議会 199
最高裁判所 133,135
サイゴン 144
サイゴン陥落 145
サクダル党 66
サバ 93
＊サマック 132,202
＊サム・ランシー 200,203,204
サム・ランシー党 201
サラワク 93
＊サリット 7,119,121,122,124,134,135
サリット体制 119,121,124,126
3月11日命令書 23
サンクム 190
三権分業 153
サンタクルス虐殺事件 27,257
＊ジェフリ・ボルキア 237,243
＊ジェヤラトナム 97
＊シソワット・シリマタ 194
＊シソワット・ユッテヴォン 187
指導される民主主義 20,21,23
＊シハヌーク 168-182,185
司法クーデタ 132
社会改革アジェンダ 75
社会主義 179
社会主義国家 167
社会主義市場経済 150
社会主義戦線 94
社会主義への過渡期 149
社会主義法権国家 153
社会的公平 155
ジャカルタ憲章 16
＊シャナナ・グスマン 256
シャリア 241,248
ジャワ 15,18,19,30
＊周恩来 191
10月14日事件（学生革命） 122
住宅開発庁 99
粛清 90
ジュネーヴ会議 165,190

ジュネーヴ協定 144
上位中所得国 175
条件付現金給付 80
小中華 141
昭南島 90
＊ジョコ・ウィドド 33
ジョホール王国 89
シンガポール・プレス・ホールディング社
　97
シンガポール民主党 97
新経済管理メカニズム 169
新経済政策 48,50,52
人権 156
信仰の自由 156
新人民軍（NPA） 70
新秩序 23
新聞報道（改正）法 97
臣民 240
人民公正党（PKR） 41,54,55,57
人民行動党（PAP） 47,92
人民党 114-119,121
人民党世代 119
人民連盟 55-57
＊スカルノ 14-16,20-23,233
頭脳流出 105
＊スパヌウォン 163
＊スハルト 7,14,23,25-28,255
スマトラ沖地震 31,36
＊スラユット 131
スルタン 232,234-236,252
スロジャ（蓮）作戦 255
制憲議会選挙 261
政治局 169
政治理論・思想 179
精神の革命 220
性と生殖に関する健康・権利法 80
世界金融危機 287,290,291,293
石油・天然ガス 231,235,238,269
絶対君主制 231,232,236,253
説明責任 177
＊セルジオ・デメロ 261
1997年憲法 127-129,131,138

索　引　315

専制政治　231, 239, 248, 249
全体主義体制　7
想像の共同体　73
＊ソーマウン　219
＊ソーム・サリー　191
＊ソムチャーイ　132
＊ソン・ゴク・タン　186, 189
＊ソン・ゴク・ミン　188
＊ソン・サーン　197
村長選挙　183

タ　行

＊ター・モック　200
＊ダーブ・チュオン　191
第2 ASEAN協和宣言　277, 285, 286
第5次立憲政府　267
第6次立憲政府　267
第7次立憲政府　268
タイ愛国党　129-132
対決政策　94
第三の中国　95
タイ式民主主義　120, 122
タイ政治の悪循環　115, 131, 135
タイプラスワン　174
＊タウル・マタン・ルアク　266
タクシノミクス（タックシン流経済）
　　130
＊タックシン・チンナワット　129-135, 138,
　　139, 202
＊タノーム　7, 119, 121, 122, 124
タムボン自治体　138
多様性の中の統一　14, 33, 34
ダルル・イスラム運動　19
足るを知る経済　129
＊タン・チェンロック　46
＊タンシュエー　222
＊チア・シーム　196, 199, 202, 205
治安維持法　98
治安部門改革　272
地域別管理体制　170
血の水曜日事件　123, 138
＊チャートチャーイ　125, 126

チャイナプラスワン　174
＊チュアン　127-129, 136
中越戦争　147
中央執行委員会　170
中央積立基金　101
中間層　103
中国　9
中国人　3
駐在官　232
チンタナカーン・マイ（新思考）　169
ティモール・ギャップ共同開発協定　270
ティモール・ギャップ条約　270
ティモール海条約　270
ティモール海における海洋諸協定に関する
　　条約（CMATS）　270
ティモール民族抵抗評議会（CNRT）
　　260
＊テインセイン　226
テーサバーン　138
テクノクラート　70
ドイモイ　147, 154, 156
統一マレー人国民組織（UMNO）　40, 41,
　　43-46, 50, 52, 56
＊トゥー・サモット　188, 193
闘争民主党　29, 33
党大会（ラオス）　169
党単位　170
党中央管理体制　171
党中央執行委員　170
東南アジア条約機構　191
東南アジア司令部　2
東南アジア中立地帯宣言（ZOPFAN）
　　279
東南アジア友好協力条約　279, 282
東南アジア連合　2
独裁体制　181
特別な地位　44, 47, 49, 50
独立準備政府（コモンウェルス政府）　67
土地収用法　99
土地紛争　175

316

ナ 行

ナガラ・ヴァッタ 186
*ナジブ 58
ナショナリズム（運動） 15, 20, 82, 118,
　142, 162, 186, 233, 256
*ナスティオン 20
　7段階のロードマップ 225
ナムフレル 73
西イリアン解放闘争 21
二重機能論 24
27番目の州 259
2006年騒擾事件 264
2007年憲法 132
2008年憲法（新憲法） 225
2010年総選挙 226
2014年クーデタ 132
2015年総選挙 226
日本軍政 4, 16
任命議員制度 102
*ヌーハック 172
*ヌオン・チア 192
*ネーウィン 213
ネオ・ラオ・イサラ（ラオス自由戦線）
　165
ネオ・ラオ・ハック・サート（ラオス愛国
　戦線） 166
農業合作社 168
農業集団化 168
農地改革 71
ノーベル平和賞 258
*ノロドム・シハヌーク 186, 189
*ノロドム・シハモニ 202
*ノロドム・ラナリット 200

ハ 行

バークレー・マフィア 25
*パーチ・チューン 186
*ハエム・チアウ 186
*パエン・ソヴァン 190, 197
*ハサナル・ボルキア 235, 237, 252
パシュン 65

*ハッタ 16
ハッド刑 248
パティワット 120
パテート・ラオ 165
パトロン・クライアント関係 63, 209,
　231, 232, 237, 240, 248, 253
*ハビビ 28, 29, 258
パプア 27, 31
*パホン 117, 118, 121
バヤン・ムーナ 78
バユ・ウンダン油田 270
ハラル 241, 247
バリボ宣言 257
パリ和平協定 145, 199
パンチャシラ 14, 16, 26, 27, 34, 241
反独裁民主主義統一戦線（UDD） 132,
　133
*バンハーン 127
反ファシスト人民自由連合 210
半分の民主主義 113, 123, 127−129, 135
汎マレーシア・イスラム党（PAS） 41,
　44, 50, 52, 55−57
ピープル・パワー 73
ピープル・パワー2 77
ピープル・パワー3 77
東アジア地域包括的経済連携（RCEP）
　292, 294, 297
東ティモール国際軍 259
東ティモール再建国民会議（CNRT）
　266
東ティモール人間開発報告書 269
ビジョン2030 175
非政府組織（NGO） 75, 248
*ビナイ 79
*ピブーン 118−120, 122
*ビリャール 79
ビルマ社会主義計画党 215
敏感問題 49
*ファーグム王 162
ファリンティル（東ティモール民族解放
　軍） 260
*ファン・ボイ・チャウ 142

索　引　317

フィリピノ・ファースト　69
フィリピン革命　65
フィリピン共産党（CPP）　70
＊フー・ニーム　194
＊フー・ユオン　194
＊プーミポンアドゥンヤデート（プーミポン国王）　115, 132, 134
フェイスブック　178
＊フクバラハップ　68
不服申立制度　177
ブミプトラ　48, 50
部門別管理体制　172
＊プラユット・チャーンオーチャー　134, 135
フランス・シャム条約　162
フランス・ラオス独立協定　164
フランス・ラオス連合友好条約　165
フランス領インドシナ連邦　141
プランテーション　4
＊プリーディー　138
ブルネイ　231
ブルメスタ（全体闘争）　20
プレア・ヴィヒア遺跡　192, 202
＊プレーム　123–125, 135
フレテリン　256
＊フン・セン　196, 198, 199, 205
文化大革命　194, 195
フンシンペック　198, 200
＊ペッサラート　163
ベトナム共産党　142, 151
ベトナム共和国　144
ベトナム国　143, 144
ベトナム社会主義共和国　140, 145
ベトナム戦争　140
ベトナム祖国戦線　152
ベトナム独立同盟（ベトミン）　5, 142
ベトナムプラスワン　174
ベトナム民主共和国　142–144
ベトナム労働党　143
＊ベニグノ・アキノ　72
＊ベニグノ・アキノ3世　79
＊ヘン・サムリン　196, 199

ベンテン計画　19
暴虐の5月流血事件　126
暴力　78
＊ポー　77
＊ホー・チ・ミン　142, 151
ポーク・バレル　69, 79
ホーチミン思想　151, 156
ホーチミン・ルート　145, 166
ボートピープル　145
ホットライン　176
＊ボニファシオ　65
ポピュリスト　130, 131
ポピュリズム　76
＊ポル・ポト　146, 188, 193, 195, 200
ポルトガル語公用語化　262
ポルトガル語諸国共同体（CPLP）会議　267
ポルトガル領東ティモール時代　255

マ 行

マウベレ民族抵抗評議会（CNRM）　260
＊マカパガル　69
＊マグサイサイ　69
マシーン政治　69
＊マゼラン　64
＊マニュエル・ロハス　81
＊マハティール　51–54, 58
麻薬戦争　82
マラッカ王朝　2
マラヤ・インド人議会　40
マラヤ華人協会　40
マラヤ共産党　5, 91
マラヤ連邦　44, 47, 92, 233, 234
マラヤン（マラヤ）連合　43, 91
マラリ事件　26
＊マリ・アルカティリ　256
マルクス・レーニン主義　150, 151, 179, 260
＊マルコス　7, 70
マレー・ムスリム社会　231
マレーシア・インド人議会（MIC）　40, 41, 45, 46, 50

マレーシア華人協会（MCA） 40, 41, 45,
　46, 50
マレーシア対決　23, 25, 278
マレーシア統一プリブミ党（PPBM） 41,
　58
マレーシア連邦　93
マレー人　95
マレー人ムスリム社会　232
マレー半島　89
マンダラ国家　3
未完の革命　84
南シナ海　9
南ベトナム解放民族戦線　144
民意　176
明号作戦　186
民主化　29
民主化運動　8, 180, 217
民主化デモ　173
民主カンプチア　196
民主カンプチア連合政府　198
民主行動党（DAP） 41, 47, 50, 55, 57
民主集中制　152
民主主義　7, 66
民主主義人民連合（PAD） 132
民主党　187, 190
民族の政治　38, 40
ミンダナオ島　78
＊メガワティ　29-31
メスティーソ　64
メディア　76
モノカルチャー経済　4
＊モハメッド・ボルキア　237, 246, 249

ヤ・ラ・ワ行

友愛的同化　66
輸出指向（の）工業化　26, 71, 98, 281,
　287, 290
＊ユドヨノ　31, 32
輸入代替工業化　280
4C　104
＊ラーマ7世　116, 118
＊ラーマン　52, 233

ラオ・イサラ（自由ラオス）運動　163
ラオ・イサラ政府（ラオス臨時人民政府）
　164
ラオス刷新運動　163
ラオス人民革命党　166
ラオス人民党　166
ラオス人民民主共和国　167
ラック・タイ（タイ的原理） 120, 122
＊ラッフルズ，トーマス・スタンフォード
　89
＊ラプラプ　64
＊ラモス　75
＊ラモス・ホルタ　256
ランサーン王国　162
＊リー・クアンユー　7, 91, 92
＊リー・シェンロン　103
＊リサール　65
立憲革命　113-117, 138
立憲君主制　231, 236, 252
立法評議会　236, 244, 248
領海画定問題　270
＊ル・オロ　266
ルック・イースト政策　52
＊レ・ズアン　147
例外状態　82
冷戦　71
レフォルマシ　53, 231, 242, 243
レンティア国家　238, 239
レント　238, 239
連邦団結発展党（USDP）　226
連邦党　66
連盟党　46, 50
労働者党　97
＊ロドリゴ・ドゥテルテ　80
＊ロハス　68
ロヒンジャー（ロヒンギャ）　209
＊ロン・ノル　194
ワチラロンコーン国王　135
和平演変　150
＊ワン・アジザ　53

索引　319

A to Z

AEC ブループリント　287, 293-296

ASEAN 安全保障共同体（ASC，後の
　　ASEAN 政治安全保障共同体：AP-
　　SC）　285, 286

ASEAN 外相会議　279, 293

ASEAN 拡大外相会議（PMC）　280

ASEAN 共同工業プロジェクト　280

ASEAN 共同体（AC）　277, 285, 286, 289,
　　291, 302

ASEAN 協和宣言　277, 279, 280

ASEAN 経済共同体（AEC）　277, 285-
　　287, 293, 296, 297

ASEAN 憲章　277, 289, 290, 301, 302

ASEAN 産業協力（AICO）スキーム
　　283, 285

ASEAN 事務局　289, 301, 302

ASEAN 事務総長　289, 290, 301

ASEAN 社会文化共同体（ASCC）　277,
　　285, 286

ASEAN 自由貿易地域（AFTA）　277,
　　283, 285, 287, 291, 293, 294, 296

ASEAN 首脳会議　279-286, 289, 291, 301

ASEAN 政治安全保障共同体（APSC）
　　277

ASEAN 設立宣言（バンコク宣言）　277,
　　278, 289

ASEAN 地域フォーラム（ARF）　283

ASEAN 中国自由貿易地域（ACFTA）
　　288

ASEAN とインドの FTA（AIFTA）　291

ASEAN とオーストラリア・ニュージーラ
　　ンドの FTA（AANZFTA）　291

ASEAN 日本包括的経済連携協定（AJ-
　　CEP）　288

ASEAN のアイデンティティー　301, 302

ASEAN プラス 6　289

ASEAN プラス日本・中国・韓国
　　（ASEAN プラス 3）　284, 288

EU（欧州連合）　9

MIB（マレー、イスラム、王権）　241,
　　246, 248, 249

TPP（環太平洋経済連携協定）　291, 292,
　　297

執筆者紹介 （執筆順，＊は編者）

＊**田村　慶子**（たむら・けいこ）**改訂版へのはしがき，序章，第4章，あとがき**

　　編著者紹介参照

＊**横山　豪志**（よこやま・たけし）**第1章**

　　編著者紹介参照

篠崎　香織（しのざき・かおり）**第2章**

　東京大学大学院総合文化研究科地域文化研究専攻博士課程単位取得退学，学術博士（東京大学）
　現　在　北九州市立大学外国語学部国際関係学科准教授
　主　著　「華人の政治意識の変化──『政治嫌い』，『イスラム嫌い』は解消されたのか」山本博之編
　　　　　『二大政党制は定着するのか──2013年マレーシア総選挙の現地報告と分析』日本マレーシア
　　　　　学会，2013年
　　　　　『プラナカンの誕生──海峡植民地ペナンの華人と政治参加』九州大学出版会，2017年
　　　　　「東南アジアにおける体制移行と街頭の政治──小さな政治再編を積み重ねるマレーシア」阿
　　　　　部容子・北美幸・篠崎香織・下野寿子編『「街頭の政治」──国際関係学からのアプローチ』
　　　　　法律文化社，2018年

日下　渉（くさか・わたる）**第3章**

　九州大学大学院比較社会文化学府博士課程単位取得退学，博士（比較社会文化，九州大学）
　現　在　名古屋大学大学院国際開発研究科准教授
　主　著　『反市民の政治学──フィリピンの民主主義と道徳』法政大学出版局，2013年
　　　　　『フィリピンを知るための64章』（共編著）明石書店，2016年

永井　史男（ながい・ふみお）**第5章**

　京都大学大学院法学研究科博士課程単位取得退学
　現　在　大阪市立大学大学院法学研究科教授
　主　著　『自治体間連携の国際比較──平成の大合併を超えて』（共編著）ミネルヴァ書房，2010年
　　　　　『変わりゆく東南アジアの地方自治』（共編著）アジア経済研究所，2012年
　　　　　「序論・東南アジアの内政と外交」『国際政治』第185号，2016年

遠藤　聡（えんどう・さとし）**第6章**

　早稲田大学大学院文学研究科東洋史専攻博士後期課程単位取得退学
　現　在　共立女子大学ほか非常勤講師
　主　著　『ベトナム戦争を考える──戦争と平和の関係』明石書店，2005年
　　　　　『開発途上国の政治的リーダーたち』（共著）ミネルヴァ書房，2005年
　　　　　『入門東南アジア現代政治史（改訂版）』（共著）福村出版，2016年

山田　紀彦（やまだ・のりひこ）**第 7 章**

上智大学大学院外国語学研究科地域研究専攻修士課程修了

現　在　日本貿易振興機構アジア経済研究所在ビエンチャン海外調査員

主　著　『ラオス　一党支配体制下の市場経済化』（共編著）アジア経済研究所，2005年

　　　　『ラオスにおける国民国家建設——理想と現実』（編著）アジア経済研究所，2011年

　　　　『独裁体制における議会と正当性——中国，ラオス，ベトナム，カンボジア』（編著）アジア経済研究所，2015年

笹川　秀夫（ささがわ・ひでお）**第 8 章**

上智大学大学院外国語学研究科地域研究専攻博士課程単位取得退学，博士（地域研究，上智大学）

現　在　立命館アジア太平洋大学アジア太平洋学部教授

主　著　『アンコールの近代——植民地カンボジアにおける文化と政治』中央公論新社，2006年

伊野　憲治（いの・けんじ）**第 9 章**

一橋大学大学院社会学研究科博士課程単位取得退学，博士（社会学，一橋大学）

現　在　北九州市立大学基盤教育センター教授

主　著　『ビルマ農民大反乱（1930〜1932年）』信山社，1998年

　　　　『アウンサンスーチーの思想と行動』アジア女性交流・研究フォーラム，2001年

　　　　『アウンサンスーチー演説集』（編訳著）みすず書房，1996年

金子　芳樹（かねこ・よしき）**第10章**

慶應義塾大学大学院法学研究科政治学専攻博士課程単位取得退学，博士（法学，慶應義塾大学）

現　在　獨協大学外国語学部教授

主　著　『マレーシアの政治とエスニシティ——華人政治と国民統合』晃洋書房，2001年

　　　　『現代の国際政治（第 3 版）』（編著）ミネルヴァ書房，2014年

　　　　『ASEAN を知るための50章』（編著）明石書店，2015年

山田　満（やまだ・みつる）**第11章**

東京都立大学大学院社会科学研究科政治学専攻博士課程単位取得退学，博士（政治学，神戸大学）

現　在　早稲田大学社会科学総合学術院教授

主　著　『「平和構築」とは何か』平凡社新書，2003年

　　　　『東ティモールを知るための50章』（編著）明石書店，2006年

　　　　『東南アジアの紛争予防と「人間の安全保障」——武力紛争，難民，災害，社会的排除への対応と解決に向けて』（編著）明石書店，2016年

＊清水　一史（しみず・かずし）**第12章**

編著者紹介参照

《編著者紹介》

清水　一史（しみず・かずし）
　　北海道大学大学院経済学研究科博士課程修了，博士（経済学，北海道大学）
　現　在　九州大学大学院経済学研究院教授
　主　著　『ASEAN 域内経済協力の政治経済学』ミネルヴァ書房，1998年
　　　　　『現代 ASEAN 経済論』（共編著）文眞堂，2015年
　　　　　『ASEAN 経済共同体の創設と日本』（共編著）文眞堂，2016年

田村　慶子（たむら・けいこ）
　　九州大学大学院法学研究科博士課程単位取得退学，博士（法学，九州大学）
　現　在　北九州市立大学法学部政策科学科教授
　主　著　『現代アジア研究 1 　越境』（共編著）慶應義塾大学出版会，2008年
　　　　　『多民族国家シンガポールの政治と言語──「消滅」した南洋大学の25年』明石書店，2013年
　　　　　『シンガポール謎解き散歩』（本田智津絵との共著）KADOKAWA，2014年
　　　　　『シンガポールを知るための65章』（第4版）（編著）明石書店，2016年
　　　　　『シンガポールの基礎知識』めこん，2016年

横山　豪志（よこやま・たけし）
　　京都大学大学院法学研究科博士課程単位取得退学
　現　在　筑紫女学園大学文学部アジア文化学科准教授
　主　著　『民主化とナショナリズムの現地点』（共著）ミネルヴァ書房，2006年
　　　　　『「国家英雄」が映すインドネシア』（共著）木犀社，2017年

　　　　　　　　　東南アジア現代政治入門［改訂版］

　　2011年3月25日　初　版第1刷発行　　　　　〈検印省略〉
　　2014年4月15日　初　版第3刷発行
　　2018年4月30日　改訂版第1刷発行

　　　　　　　　　　　　　　　　　　　　　定価はカバーに
　　　　　　　　　　　　　　　　　　　　　表示しています

　　　　　　　　　　　　　　　清　水　一　史
　　　　　編 著 者　田　村　慶　子
　　　　　　　　　　横　山　豪　志
　　　　　発 行 者　杉　田　啓　三
　　　　　印 刷 者　藤　森　英　夫

　　　　　発行所　株式会社　ミネルヴァ書房
　　　　　　　　607-8494　京都市山科区日ノ岡堤谷町1
　　　　　　　　　　　　　電話代表　（075）581-5191番
　　　　　　　　　　　　　振替口座　01020-0-8076番

　　　　　　Ⓒ清水・田村・横山，2018　　　　亜細亜印刷・新生製本
　　　　　　　　　　　ISBN978-4-623-08326-8
　　　　　　　　　　　　Printed in Japan

はじめて学ぶ政治学

―――――岡﨑晴輝／木村俊道 編

A5判美装カバー　340頁　本体2800円

●古典・名著への誘い
政治という人間の営為を，その「深み」において理解し，実践する。

国際政治学入門

―――――大芝　亮 編著

A5判美装カバー　242頁　本体2800円

理論的枠組みから国際政治の舞台で実際に起こっている事例までをわかりやすく解説
した，初めて学ぶ人の11章。

新版 現代の国際政治

―――――長谷川雄一／高杉忠明 編著

A5判美装カバー　436頁　本体3500円

●冷戦後の日本外交を考える視角
国際政治の諸相を，日本外交の将来を見通し，考察する。

テキスト国際開発論

―――――勝間　靖 編著

A5判美装カバー　352頁　本体2800円

●貧困をなくすミレニアム開発目標へのアプローチ
国際社会における貧困問題の今を学ぶテキスト。

開発途上国の政治的リーダーたち

―――――石井貫太郎 編著

A5判美装カバー　384頁　本体3600円

●祖国の建設と再建に挑んだ14人
途上国の政治指導者の生涯と，当該国の発展の歴史。

現代世界の女性リーダーたち

―――――石井貫太郎 編著

A5判美装カバー　280頁　本体3200円

●世界を駆け抜けた11人
情熱と努力を傾けた彼女たちの熱い生き様がよみがえる。

―――――ミネルヴァ書房―――――

http://www.minervashobo.co.jp/